# SQL Server 2005 – Der schnelle Einstieg

D1721241

### Windows Server 2003 SP1

*Eric Tierling*
*1344 Seiten, € 59,95 [D]*
*ISBN 3-8273-2243-X*

Der Bestseller jetzt auch für Service Pack 1! Ausführlich widmet sich dieses Buch allen wesentlichen Aspekten von Windows Server 2003. Die detaillierte Beschreibung von Active Directory, Gruppenrichtlinien, Windows NT-Domänenupgrade, TCP/IP-Diensten und Sicherheits-merkmalen ermöglicht Unternehmen einen optimalen Einsatz. Clustering mit Netzwerklastenausgleich und Clusterdienst, E-Mail-Server, GPMC, Terminaldienste, Remotedesktop und Webverwaltung, Volumen-Schat-tenkopie sowie die Smartcard-Integration und sichere Wireless-LAN-Unterstützung stellen weitere Highlights dieses Buches dar

### Exchange Server 2003

*William Boswell*
*848 Seiten, € 69,95 [D]*
*ISBN 3-8273-2227-8*

William Boswell beantwortet die drei Schlüsselfragen eines jeden Administrators: Wie funktionieren die Fea-tures tatsächlich? Wie hole ich das meiste aus meinem System heraus? Was mache ich bei Problemen? Dabei legt er ein besonderes Augenmerk auf Systemabhän-gigkeiten und beschreibt z.B., wie Exchange problemlos mit Outlook und anderen E-Mail-Clients zusammen-arbeitet. Außerdem berücksichtigt er zahlreiche nützli-che third-party-tools, die dem Administrator die Arbeit erleichtern und zeigt, dass Exchange 2003 nicht nur ein Mail-Server, sondern ein fester Bestandteil der Kommu-nikations-Infrastruktur des Unternehmens ist.

Klemens Konopasek
Ernst Tiemeyer

# SQL Server 2005 – Der schnelle Einstieg

## Abfragen, Transact-SQL, Entwicklung und Verwaltung

 ADDISON-WESLEY

An imprint of Pearson Education

München • Boston • San Francisco • Harlow, England
Don Mills, Ontario • Sydney • Mexico City
Madrid • Amsterdam

Bibliografische Information Der Deutschen Bibliothek

Die Deutsche Bibliothek verzeichnet diese Publikation in der Deutschen Nationalbibliografie;
detaillierte bibliografische Daten sind im Internet über *http://dnb.ddb.de* abrufbar.

10  9  8  7  6  5  4  3  2  1

08   07   06

ISBN-13: 978-3-8273-2349-1
ISBN-10: 3-8273-2349-5


© 2006 by Addison-Wesley Verlag,
ein Imprint der Pearson Education Deutschland GmbH,
Martin-Kollar-Straße 10–12, D-81829 München/Germany
Alle Rechte vorbehalten
Einbandgestaltung: webwo, Marco Lindenbeck (mlindenbeck@webwo.de)
Lektorat: Sylvia Hasselbach, shasselbach@pearson.de
Korrektorat: Sandra Gottmann, sandra.gottmann@t-online.de
Herstellung: Claudia Bäurle, cbaeurle@pearson.de
Satz: mediaService, Siegen, www.media-service.tv
Druck und Verarbeitung: Bercker, Kevelaer
Printed in Germany

# Inhaltsverzeichnis

# Vorwort

Nach einigen Jahren Pause gibt es wieder eine neue SQL Server-Version. Nachdem das Release-Datum mehrfach verschoben wurde, kann der SQL Server 2005 nun seine Feuertaufe bestehen. Wir sind einhellig der Meinung, das Warten hat sich gelohnt, und das in mehrerlei Hinsicht, denn das Endprodukt kann sich wirklich sehen lassen.

Schließlich macht es wenig Sinn, eine Datenbank, die das vitale Zentrum eines jeden Unternehmens darstellt, in demselben Rhythmus wie ein Office-Paket zu tauschen. Der Bedarf nach einer neuen SQL Server-Version ist bei den Kunden lange gar nicht gegeben gewesen. In der Branche ist generell die Meinung vertreten worden, Microsoft solle sich lieber Zeit lassen und dann einen großen Wurf landen, als die Kunden zu einem Releasewechsel zu drängen, der zuerst viele Probleme erzeugt und nur mit erheblicher Verzögerung ein paar Verbesserungen bringt. Microsoft hat aus der Vergangenheit viel gelernt und nun ein stabiles Produkt auf den Markt gebracht.

Viele Neuerungen sind schon im Vorfeld heftig diskutiert worden und haben so die Erwartungen in die neue Version schon sehr früh außerordentlich hoch gesteckt. Ein Großteil der Neuerungen betrifft die Kernaufgaben der Datenbank selber. Die weiteren, neuen Features bieten aber vor allem auch Möglichkeiten, die Datenbank noch besser ins gesamte IT-Umfeld zu integrieren. Die wohl am meisten diskutierte Neuerung ist die Integration der Common Language Runtime, die jetzt Entwicklern die Möglichkeit bietet, auch serverseitig mit .NET-Programmiersprachen Anwendungen zu erzeugen. Auf diese und viele andere Neuerungen wird in diesem Buch eingegangen. SQL Server und Visual Studio sind nun eng miteinander verbunden. In vielen Bereichen interagieren die beiden Produkte, für so manche Funktionalität des SQL Servers wird das Visual Studio benötigt.

Dieses Buch richtet sich an all diejenigen, die sich effizient in den SQL Server 2005 einarbeiten möchten. Es sind nicht nur Einsteiger in dieses Thema und dieses Produkt, sondern auch Umsteiger von MS Access und Softwareentwickler, die Datenbankkenntnisse für die Umsetzung ihrer Projekte benötigen. Das Buch filtert aus der Vielzahl an Möglichkeiten jene Themen heraus, die für das Arbeiten mit dem Produkt besonders wichtig sind und am häufigsten in der Praxis benötigt werden. Insofern haben wir für Sie mit der Auswahl der Inhalte eine Vorentscheidung getroffen, die Ihnen durch die Konzentration auf das Wesentliche *den schnellen Einstieg* erleichtern soll. Mit den in diesem Buch vermittelten Kenntnissen werden Sie in die Lage versetzt, effizient und umfassend mit dem neuen SQL Server zu arbeiten. Auch Umsteiger von früheren SQL Server-Versionen werden hier wertvolle Informationen für ihre weitere Arbeit mit dem Produkt finden. Schließlich sind nicht nur viele neue Features hinzugekommen, auch so mache altbekannte Funktionalität ist nun an einer anderen Stelle und manchmal unter einem neuen Namen anzutreffen.

Unter der Systemumgebung Windows hat der SQL Server mittlerweile die absolute Marktführerschaft bei Client-Server-Datenbanken erlangt. Ein großer Vorteil: Um auch anspruchsvolle Anwendungen zu realisieren, kann ein und dasselbe Datenbankmodul des SQL Servers plattformübergreifend verwendet werden, angefangen bei Notebooks unter Microsoft Windows XP bis hin zu großen Multiprozessorservern unter Microsoft Windows Server 2003 Datacenter Edition.

Die Lektionen des Buches sind so aufgebaut, dass Sie direkt an Ihrem Computer arbeiten und die Anwendungen unmittelbar durch Nutzung des SQL Server ausprobieren und realisieren können. Zum Aufbau des Buches im Einzelnen:

Im ersten Kapitel geben wir Ihnen einen Einstieg in die Leistungsmerkmale und Anwendungspotenziale des SQL Servers 2005. Neben der Vorstellung der Editionen sowie der Erläuterung der Vorgehensweise zur Installation, erfahren Sie, welche Voraussetzungen Ihr System für den Einsatz dieses Produktes erfüllen muss.

Im zweiten Kapitel lernen Sie die Tools kennen, mit denen Sie auf den SQL Server zugreifen können. Sie benötigen diese, um den SQL Server zu verwalten und auf ihm Datenbanken zu erstellen, aber auch um mit ihm Anwendungen optimal entwickeln zu können. Hier kommen Sie erstmals mit dem neuen SQL Server Management Studio in Kontakt, welches das umfassendste dieser Tools ist und den Enterprise Manager sowie den Query Analyzer der Vorversionen abgelöst hat.

Das dritte Kapitel befasst sich mit der Erstellung einer Datenbank, dem Anlegen von Tabellen und dem Einrichten von Beziehungen. Sie erfahren dabei, aus welchen Komponenten eine SQL Server-Datenbank besteht, und erlernen gleichzeitig, Datenintegrität durch den Einsatz von Constraints zu implementieren. Der Einsatz von Datenbankdiagrammen, die nicht nur zum Erstellen von Tabellen und Beziehungen dienen, sondern auch ein ideales Tool zur Dokumentation der Datenbank sind, wird ebenso beschrieben.

Im Regelfall wollen Sie nicht ausschließlich Daten in eine Datenbank einpflegen, sondern natürlich Informationen auch wieder aus dem System herausbekommen. Zu diesem Zweck erfahren Sie im vierten Kapitel, wie Sie effizient durch den Einsatz von Abfragen, Sichten und SQL-Anweisungen auf Daten zugreifen. Sie erhalten dabei auch einen kompakten Überblick über die wichtigen Sprachbereiche und Anweisungen der Structured Query Language (SQL).

Kapitel 5 bietet Ihnen einen Überblick über die Datenbanksprache Transact-SQL, die Ihnen sowohl bei der Datenbankprogrammierung als auch bei der Verwaltung von Datenbanken wertvolle Dienste leistet. So können alle Aufgaben, die Sie mit einem grafischen Verwaltungstool erledigen, auch direkt über diese Sprache realisiert werden. Dadurch können Sie solche Aufgaben in Ihre Applikationen einbauen oder sich Ihre eigenen Verwaltungstools zusammenstellen. Dieses Kapitel soll Ihnen die Sprachkomponenten und die dabei verwendeten Strukturen erläutern.

Nach der allgemeinen Einführung in Transact-SQL lesen Sie im darauf folgenden Kapitel 6, wie Sie diese Sprache zur Programmierung von gespeicherten Prozeduren (Stored Procedures) einsetzen. Durch den gezielten Einsatz solcher Prozeduren bilden Sie die datenbezogenen Vorgänge Ihrer Datenbankapplikation auf dem Server ab. Diese müssen dann von den verschiedenen Client-Programmen nur noch aufgerufen werden. So realisieren Sie effiziente Client-/Server-Applikationen.

Transact-SQL wird aber auch zur Programmierung von Triggern verwendet, die es Ihnen erlauben, Automatismen in Ihre Datenbank zu integrieren, die auf das Einfügen, Ändern und Löschen von Datensätzen reagieren. Besonders interessant für die Praxis werden die in dieser Version neuen Datenbanktrigger sein, mit denen Sie sowohl Änderungen an der Datenbankstruktur überwachen als auch bei Bedarf unterbinden können. Des Weiteren lernen Sie die benutzerdefinierten Funktionen (Userdefined Functions, UDFs) kennen. Diese Funktionen können im Gegensatz zu gespeicherten Prozeduren auch in SQL-Anweisungen eingesetzt werden und erweitern dadurch den Einsatzbereich in der Programmierung von Transact-SQL. Sie können sie darüber hinaus mit dem Ziel verwenden, die Standardfunktionen vom SQL Server zu erweitern.

Das Kapitel 7 beschäftigt sich mit den Neuerungen, welche die .NET-Integration dem SQL Server bringt. Sie lesen hier nicht nur, wie Sie Prozeduren, Funktionen und Trigger mit einer .NET-Programmiersprache entwickeln, sondern auch, wie Sie neue Aggregatfunktionen selbst programmieren können. Diese stehen Ihnen dann innerhalb von SQL-Anweisungen wie andere Aggregatfunktionen auch zur Verfügung. Die neuen Server Management Objects (SMO), mit denen Sie auf so gut wie alle Funktionalitäten des SQL Servers programmatischen Zugriff haben, runden dieses Kapitel ab.

Da Sie von einer Datenbank nicht viel haben, wenn Ihre wertvollen Daten nicht sicher sind, erfahren Sie in Kapitel 8, wie Sie eine SQL Server-Datenbank regelmäßig sichern und im Ernstfall auch wieder herstellen können. Datenbanksicherungen haben ihre Bedeutung aber nicht nur bei einem Störfall, sondern sind auch in der täglichen Arbeit mit der Datenbank wichtig, weil sie zum Beispiel auch dafür verwendet werden, eine Datenbank von einem Server auf einen anderen zu übertragen.

In Kapitel 9 finden Sie alle Informationen, die Sie für die Herstellung der Sicherheit Ihrer Datenbank benötigen. Sie lesen in diesem Kapitel, wie Sie auf Ihrem SQL Server Benutzer anlegen und diesen die verschiedenen Berechtigungen zuweisen. Wir erläutern Ihnen, wie Sie diese Aufgabe sinnvoll und rationell erledigen.

Zum Abschluss gibt Ihnen das zehnte Kapitel einen Überblick über erweiterte Funktionalitäten und Services, die Ihnen je nach eingesetzter Edition des SQL Server 2005 ergänzend zur Verfügung stehen. Dazu gehören neue Features wie die Datenbankspiegelung, mit der Sie die Hochverfügbarkeit Ihres Datenbanksystems garantieren können, sowie die Integration Services zur Implementierung von Workflows.

Mit diesem Buch können Sie anhand von problembezogenen Aufgabenstellungen in anschaulicher und systematischer Form die zahlreichen Möglichkeiten des SQL Servers 2005 für die Datenbankentwicklung kennen lernen und schrittweise erarbeiten. Dabei eignet sich das Buch sowohl zum Selbststudium als auch als begleitende Unterlage für Schulungen.

Und nun viel Erfolg beim *schnellen Einstieg* in die Arbeit mit dem SQL Server 2005 und der Nutzung dieses Buches.

Klemens Konopasek, Ernst Tiemeyer
Graz/Hamminkeln, im März 2006

## Icons

In diesem Buch werden verschiedene Icons verwendet, deren Bedeutung Sie hier finden.

 Mit diesem Symbol soll auf eine Textpassage besonders hingewiesen werden.

 Mit diesem Symbol sind Informationen gekennzeichnet, mit denen Sie sich das Leben leichter machen können.

 Wenn Sie dieses Icon sehen, finden Sie Informationen, wie sie etwas besser nicht machen sollten.

 Hierzu gibt es Dateien auf der dem Buch beigelegten CD-ROM zu finden.

# 1 Leistungsvermögen und Arbeitsumgebung des SQL Servers 2005 – ein Überblick

Sie haben sich dafür entschieden, den SQL Server 2005 intensiver für die Entwicklung von Datenbanken zu nutzen. Eine gute Entscheidung, denn in vernetzten Umgebungen und bei hohen Anforderungen an das Datenmanagement ist der SQL Server ohne Zweifel eine gute Wahl.

In diesem Kapitel wollen wir Ihnen zunächst einen Einblick in die Anwendungsmöglichkeiten dieser Datenbanksoftware geben. Anschließend werden die möglichen Versionen und Editionen des SQL Servers 2005 vorgestellt sowie die Vorgehensweise zur Installation erläutert. Darüber hinaus sollen Sie kennen lernen, wie Sie mit dem SQL Server 2005 arbeiten, um vorhandene Datenbanken und darin enthaltene Datenbankobjekte zu nutzen. Schließlich wird in diesem Kapitel auch dargestellt, wie eine Integration zu Client-Umgebungen erfolgen kann. Den Abschluss dieses Kapitels bilden die Besonderheiten der Express-Version.

## 1.1 Einsatzmöglichkeiten des SQL Servers

Ohne eine Datenbank können Organisationen jeglicher Art – seien es Unternehmen, Behörden oder gemeinnützige Institutionen – die Informationsflut und ihre vielfältigen Verwaltungs- und Informationsmanagementaufgaben mittlerweile gar nicht mehr effizient bewältigen. Darüber besteht weitgehend Einigkeit.

Worin liegt das Besondere des Einsatzes von Datenbanken? Gut aufgebaute Datenbanken und praktisch erfolgreich umgesetzte Datenbanklösungen ermöglichen es, in Organisationen insgesamt, bestimmten Abteilungen oder für einzelne Endbenutzer die anfallenden Daten systematisch zu verwalten und auf dieser Basis umfassende Auswertungen vorzunehmen. Gespeichert werden die Daten in strukturierter Form. Das bedeutet eine Ablage von Datenelementen eines Themengebietes in genau bezeichneten Feldern einer Tabelle. Verschiedene Tabellen lassen sich dabei gezielt miteinander verknüpfen.

Für den Aufbau und die Nutzung einer solchen Datenbank wird ein Programm benötigt (ein *DBMS = Datenbankmanagementsystem*). Folgende Leistungsmerkmale eines Datenbankprogramms können aus Anwender- und Entwicklersicht herausgestellt werden:

▶ Ein Datenbankprogramm wie der SQL Server ermöglicht eine *Sammlung von Daten und ihre logische Verknüpfung*, so dass eine systematische Verwaltung der anfallenden Daten gegeben ist. Dabei werden die Daten zu bestimmten Themengebieten in unterschiedlichen Tabellen abgelegt, die wiederum – abhängig von den Anforderungen der Anwender – in besonderer Weise miteinander verbunden sein können.

▷ Um die *Eingabe neuer Daten sowie die Pflege der Daten* zu erleichtern, werden in einer Datenbankanwendung Tabellen und ggf. auch übersichtliche Bildschirmformulare bereitgestellt. So können auch DV-unerfahrene Endbenutzer die Möglichkeiten eines Datenbankprogramms nutzen.

▷ In einem Datenbankprogramm wie dem SQL Server stehen leistungsfähige Werkzeuge zur *Abfrage von Daten* zur Verfügung. Damit lassen sich beispielsweise Informationen zur Entscheidungsfindung bereitstellen. Neben einfachen Abfragen kann eine Datenbank auch sehr komplexe Problemstellungen lösen (in Abhängigkeit von den Datenmengen bzw. den Anforderungen an die Such- und Selektionsprozesse).

▷ Mit einer Datenbank können zahlreiche *Auswertungen in übersichtlicher Form* vorgenommen und aktuelle Verzeichnisse auf Knopfdruck erstellt werden.

▷ Datenbankprogramme (wie der SQL Server) verfügen auch über eine *Programmierfunktionalität*. So können sich wiederholende Aufgabenstellungen – etwa Standardabfragen oder Aktualisierungsarbeiten – automatisiert, schnell und fehlerfrei erledigt werden.

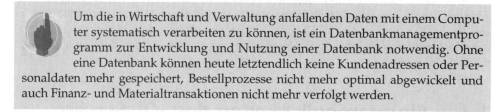

Um die in Wirtschaft und Verwaltung anfallenden Daten mit einem Computer systematisch verarbeiten zu können, ist ein Datenbankmanagementprogramm zur Entwicklung und Nutzung einer Datenbank notwendig. Ohne eine Datenbank können heute letztendlich keine Kundenadressen oder Personaldaten mehr gespeichert, Bestellprozesse nicht mehr optimal abgewickelt und auch Finanz- und Materialtransaktionen nicht mehr verfolgt werden.

Die zuvor skizzierten Leistungspotenziale zeigen, dass die Verwendung eines Datenbankprogramms neue Möglichkeiten gegenüber herkömmlichen Lösungen für das Datenmanagement bietet. Dies funktioniert allerdings nur bei einer systematisch ausgeklügelten Organisation der Daten. Eine genaue Betrachtung betrieblicher Informationssysteme macht nämlich deutlich, dass die meisten Daten von verschiedenen Bereichen oder Abteilungen bzw. an verschiedenen Arbeitsplätzen eines Betriebes oder einer Verwaltung benötigt werden.

Betrachten wir als Beispiel einen Fertigungsbetrieb mit mehreren Abteilungen:

▷ Artikeldaten sind unter anderem für die Bereiche Einkauf, Lager, Fertigung, Buchhaltung, Verkauf und Controlling von Interesse, weshalb mehrere Stellen einen Zugriff auf diese Daten benötigen.

▷ Dabei kann von jedem Bereich eine unterschiedliche Sichtweise auf die Daten gewünscht sein. Während beispielsweise im Controlling bezüglich der Artikeldaten die Preise und Umsätze eine besondere Bedeutung haben, sind für den Einkauf auch qualitative Artikeldaten wie Vorzugslieferant oder strategische Bedeutung wichtig.

Das Grundproblem des Einsatzes von Datenbanken in der Unternehmenspraxis kann somit durch die folgende Abbildung verdeutlicht werden:

*Abbildung 1.1: Das Ausgangsproblem der Datenorganisation*

Die vorstehende Übersicht zeigt auch die wesentlichen Entscheidungsbereiche bei der Einführung von Datenbanklösungen:

▶ Wo sollen die anfallenden Daten gespeichert werden? (Entscheidung zwischen zentraler, dezentraler und verteilter Speicherung)

▶ Wie sollen die anfallenden Daten miteinander verbunden werden? (Entwurfsproblem mit Festlegung der Tabellen und ihrer Verknüpfung)

▶ Welche Auswertungen soll die Datenbanklösung bereitstellen? (gewünschte Berichte)

▶ Welche Zugriffsmöglichkeiten sollen den einzelnen Endbenutzern oder Benutzergruppen (Abteilungen) gewährt werden?

Die aufgelisteten Fragen können mit einer Server-Datenbanklösung in einer geeigneten Weise beantwortet und umgesetzt werden. Grundlegende Varianten sind zunächst einmal:

▶ File-Server- und

▶ Client-Server-Lösungen.

Bei einer *File-Server*-Lösung sind die Datenbankdateien am Netzwerk frei zugänglich. Benötigt ein Endbenutzer Daten, müssen ganze Datenbankdateien über das Netz übertragen werden. Auswertungen (beispielsweise Abfragen, Lesen eines Datenfeldes) erfolgen am lokalen Rechner durch das installierte lokale Datenbanksystem, die gesamte Programmintelligenz befindet sich beim Client (Desktop).

Für komplexere Anwendungen ist die Nutzung einer *Client-Server-Datenbank* notwendig. Im Unterschied zu einer File-Server-Lösung wird die Datenbankanwendung auf Clients und Server verteilt, wobei sich die eigentliche Datenbankdatei (die relationale Datenbank) dann weitgehend auf dem Server befindet. Dieser übernimmt vor allem Aufgaben der Datenhaltung. Der Client dient demgegenüber weitgehend der Präsentation der Daten, etwa durch Bereitstellung und Speicherung von Formularen und Berichten. Um die Kommunikation zwischen den Clients und dem Datenbankserver zu realisieren, verwendet die Anwendung *SQL (Structured Query Language)*.

Beispiel: Benötigt ein Endbenutzer (etwa ein Einkaufssachbearbeiter) bestimmte Informationen zu den einzukaufenden Artikeln, so kann dieser auf der Client-Seite SQL-Anfragen formulieren, die an den Server geschickt werden. Als Ergebnis empfängt der Client Daten in Form von Tabellen. Den Hauptanteil der Datenbankverarbeitung – also das Selektieren und Darstellen der Daten – übernimmt dabei der Server.

Für den Fall, dass das relationale Datenbanksystem auf dem Server so genannte *gespeicherte Prozeduren* (Stored Procedures) unterstützt, können die SQL-Anweisungen zusammengefasst und auf dem Server gespeichert werden. Der Anwender kann dann eine solche gespeicherte Prozedur aufrufen. Es muss somit nur eine Nachricht über das Netz geschickt werden, dass eine bestimmte Prozedur ausgeführt werden soll. Die Verarbeitung übernimmt der Server, der als Ergebnis nur Teile des Datenbestandes zum Client überträgt.

Die Merkmale einer modernen Client-Server-Datenbank illustriert die folgende Abbildung:

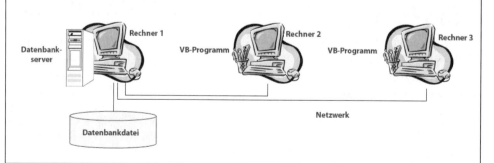

*Abbildung 1.2: Client-Server-Datenbanken: Merkmale*

Vereinfacht ausgedrückt ist eine Client-Server-Lösung eine Anwendung, welche die in Netzwerkumgebungen erforderlichen Aufgaben des Datenmanagements verteilt (es findet sich auch der Begriff „verteilte Datenbanken"):

▶ Auf den Computern aller im Netzwerk eingebundenen Benutzer ist eine *Front-End-Clientkomponente* des Datenbankprogramms installiert. Sie ermöglicht die eigenständige Abwicklung bestimmter Aufgaben (zum Beispiel die Präsentation von Daten, mitunter auch die teilweise Speicherung von ausgewählten Daten und individuellen Programmen).

▶ Die Front-End-Clientkomponente arbeitet integriert mit den Daten einer *Serverkomponente*. Dies ist eine Back-End-Datenbank, die auf einem Netzwerkserver gespeichert ist.

▶ Die Serverkomponente nimmt vor allem Aufgaben der Datenhaltung wahr. Mitunter können auch hier noch weitere Aufgaben dazukommen; beispielsweise das Ausführen von Programmen.

Ein wesentlicher Vorteil: Heterogene Hardware- und Anwendungsplattformen lassen sich einfach miteinander verbinden.

Eine Entscheidung über die geeignete Serverlösung muss unter Beachtung der Rahmenbedingungen und der individuellen Anforderungen getroffen werden. Wichtig: Leiten Sie – bevor Sie eine Anwendung entwerfen und realisieren – die für Ihren Fall gültigen Einsatzkriterien ab. Nachfolgend einige Überlegungen, die bei der *Entscheidung für eine Client-Server-Datenbank* helfen können:

▶ Ihre *Datenbestände* erreichen 100.000 und mehr Datensätze. In diesem Fall ist der Umstieg auf eine Client-Server-Lösung angesagt. Verschärfend kann hinzukommen, dass Sie häufig Aktualisierungsläufe über diese großen Datenbestände starten müssen.

▶ Muss die Datenbanklösung auf mehr als 25 bis 50 *Benutzer* skaliert werden, ist die Verwendung einer Client-Server-Lösung anstelle einer File-Server-Lösung unbedingt zu empfehlen.

▶ *Geringere Netzwerkbelastung* und *schnellere Abfrageverarbeitung* sind weitere Argumente für eine Client-Server-Lösung. Bei großen Datenbanken müssen für Abfragen mit einer File-Server-Datenbank große Datenmengen im Netzwerk verschoben werden. Im Gegensatz dazu werden bei Client-Server-Lösungen Abfragen auf dem Server ausgeführt, der für gewöhnlich wesentlich leistungsstärker ist als die angeschlossenen Client-Arbeitsstationen. Das Ausführen von Abfragen auf dem Server erhöht die Serverauslastung wesentlich stärker als eine Dateiserverlösung, dafür kann jedoch der Netzwerkverkehr entscheidend verringert werden – insbesondere wenn Benutzer eine kleine Datenuntermenge wählen.

▶ *Größere Zuverlässigkeit* und *besserer Datenschutz* sprechen ebenfalls für Client-Server-Lösungen. Die Zuverlässigkeit bei einem File-Server-System ist inhärent begrenzt, da die Datenbank als Datei im Dateisystem verwaltet wird und leicht beschädigt werden kann. Ein Beispiel: Wenn eine Arbeitsstation oder ein Dateiserver fehlschlägt, während in eine Client-Datenbank geschrieben wird, kann die Datenbank beschädigt werden. Die so beschädigte Datenbank kann in der Regel wiederhergestellt werden, indem sie komprimiert und dann repariert wird. Dazu müssen jedoch zunächst alle Benutzer die Datenbank schließen. Dies ist bei einer Client-Server-Datenbank nur selten notwendig. Durch das Isolieren aller Datenbankdateien unter der Steuerung eines

Datenbankservers wie dem SQL Server bietet die Client-Server-Architektur für derartige Vorgänge eine größere Zuverlässigkeit sowie andere erweiterte Features, die von der Dateiserverarchitektur nicht bereitgestellt werden können.

▶ Datensicherung ist ein wichtiges Thema unserer Zeit. Dabei wird im Datenbankumfeld natürlich eine *Online-Datensicherung* gewünscht. Ein besonderer Vorteil des Client-Server-Systems ist die Tatsache, dass der Datenbankserver eine automatische Zeitplanung ermöglicht. So können Sie Ihre Datenbank sichern, ohne aktuelle Benutzer aus der Datenbank ausschließen zu müssen.

▶ Hauptargument für File-Server-Lösungen sind in der Regel Kostendaten. So entfallen die zuweilen nicht unerheblichen Aufwendungen für die Anschaffung der Server-Software.

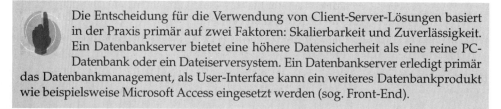

Die Entscheidung für die Verwendung von Client-Server-Lösungen basiert in der Praxis primär auf zwei Faktoren: Skalierbarkeit und Zuverlässigkeit. Ein Datenbankserver bietet eine höhere Datensicherheit als eine reine PC-Datenbank oder ein Dateiserversystem. Ein Datenbankserver erledigt primär das Datenbankmanagement, als User-Interface kann ein weiteres Datenbankprodukt wie beispielsweise Microsoft Access eingesetzt werden (sog. Front-End).

Welche Anwendungen können Sie mit einer Client-Server-Datenbank realisieren? Das Spektrum der Anwendungsmöglichkeiten hat sich in den letzten Jahren durch Fortschritte der Informations- und Kommunikationstechnologien sowie durch die Implementierung neuer Leistungsmerkmale in aktuellen Programmversionen immer mehr ausgeweitet.

Festzuhalten ist: Der SQL Server ist ein relationales Client-Server-Datenbank-Managementsystem (RDBMS) für unterschiedliche Anwendungsbereiche:

▶ Online-Transaction-Processing-Lösungen (OLTP)

▶ Webanwendungen (E-Commerce-Lösungen, firmenübergreifendes B2B)

▶ Data-Warehousing (via OLAP-Services)

Microsoft SQL Server 2005 ist eine Datenbank- und Datenanalyseplattform für den umfangreichen Einsatz von *OLTP-* (*Online Transactional Processing*, Online-Transaktionsverarbeitung), *Data Warehousing-* und *E-Commerce*-Anwendungen.

### Online-Transaction-Processing-Lösungen (OLTP)

Mit einer Client-Server-Datenbank können Transaktionen aller Art realisiert werden. Letztlich lassen sich Informations- und Kommunikationsprozesse einfach unterstützen. OLTP-Systeme (Online Transaction Processing, Online-Transaktionsverarbeitung) müssen in der Lage sein, eine Vielzahl (mitunter sogar Tausende) von gleichzeitig platzierten Aufträgen verarbeiten zu können.

Ermöglicht wird dies durch die Database Engine (Datenbankmodul) des SQL Servers. Es ist der eigentliche Kerndienst, mit dem das Speichern, Verarbeiten und Sichern von Daten realisiert wird. Sie gewährleistet einen gesteuerten Zugriff und eine schnelle

Transaktionsverarbeitung, wobei auch Anforderungen der anspruchsvollsten Datenverarbeitungsanwendungen erfüllt werden können.

Ein Unternehmen kann dabei die SQL Server 2005-Komponenten zum Ausführen von Aufgaben auf unterschiedlichen Ebenen verwenden:

▶ *Management von Unternehmensdaten*: In Unternehmen sind vielfach Standardsoftwarepakete für Personalplanung und Personalverwaltung, Produktionsressourcenplanung sowie Lagerverwaltung und Vertriebsmanagement implementiert. Für diese Systeme müssen Datenbanken vorhanden und in der Lage sein, große Datenmengen zu speichern und eine große Anzahl an Benutzern mit Informationen zu versorgen.

▶ *Management von Abteilungsdaten*: Jede Abteilung kann über einen eigenen SQL-Datenbankserver verfügen, der abteilungsspezifische Anwendungen übernimmt. Alle diese Server replizieren dann regelmäßig ihre Daten zu einem zentralen Datenbankserver, der für das gesamte Unternehmen verwendet wird.

▶ *Management von Daten mit Integration zu mobilen Systemen*: Arbeiten beispielsweise mehrere Angestellte im Kundendienst oder Vertrieb als mobile Benutzer (mit einem Notebook oder Personal Digital Assistant), so ist eine Integration auch ohne Netzwerkverbindung möglich. So kann beispielweise jeden Morgen mithilfe der Replikation ein Datenaustausch für den Tag auf das Notebook oder das Gerät, auf dem Microsoft Windows CE (Pocket PC) ausgeführt wird, realisiert werden. Nachdem während des Arbeitstages extern und autonom gearbeitet wurde, erfolgt dann am Ende des Arbeitstages mithilfe der Merge-Replikation die erneute Verknüpfung mit dem zentralen Datenbankserver.

▶ *Branchenspezifische Lösungen:* Diese sind mit einer SQL Server-Datenbank einfach zu entwickeln und zu nutzen. Beispiele sind etwa ein Seminarmanagementprogramm für einen Schulungsanbieter oder ein Patienteninformationssystem für eine Arztpraxis.

### Webbasierte Datenbanklösungen

Eine besondere Entwicklung der letzten Jahre sind webbasierte Lösungen. Sollen nicht allein statische HTML-Seiten präsentiert, sondern auch eine dezentrale Dateneingabe über einen Browser realisiert werden, kann ein dynamischer Datenaustausch mittels des Datenbankservers erfolgen. Sie verwenden in diesem Fall eine oder mehrere Webseiten als Front-End-Clientanwendung, die mit einer gemeinsam genutzten Server-Datenbank verbunden ist. Für das Entwickeln von Webseiten, die mit Daten in einer Back-End-Datenbank arbeiten, gibt es verschiedene Möglichkeiten. So lassen sich beispielsweise Active Server Pages (ASP.NET-Dateien) unter Verwendung eines Text- oder Skripterstellungs-Editors oder ausgewählter Tools wie Microsoft Visual Studio.NET erstellen. Besonders bietet sich dazu die Visual Web Developer Express Edition an, die frei bei Microsoft zum Download bereitsteht.

 Der Vorteil: Webbasierte Datenbanklösungen können für Benutzer entwickelt werden, auch wenn diese keine Client-Datenbank installiert haben (beispielsweise kein Microsoft Access).

Mögliche Gründe für das Fehlen einer Client-Datenbank sind:

▷ Die in der Client-Datenbank angebotenen Features (beispielsweise das individuelle Erstellen von neuen Abfragen oder Berichten) werden von den Endbenutzern in ihrer Praxis nicht benötigt.

▷ Da externe Benutzer auf die zentrale Serverdatenbank zugreifen, ist es überhaupt nicht möglich, diese auf einen Clientstandard zu bringen. Andererseits werden dezentral Daten der zentralen Datenbank benötigt, die eventuell noch über einen Browser aktualisiert werden können.

Aus diesen Gründen implementiert eine steigende Anzahl an Unternehmen große Websites, um ihren Kunden die Eingabe von Aufträgen, die Kontaktaufnahme mit dem Kundendienst, den Informationsabruf zu Produkten und die Durchführung vieler anderer Aufgaben zu ermöglichen, für die früher der Kontakt zu Angestellten hergestellt werden musste. Für diese Sites ist ein in das Web integrierter, aber dennoch sicherer Datenspeicher erforderlich.

 Die Anwendung kann sogar so weit gehen, dass Benutzer aus der ganzen Welt rund um die Uhr auf Websites zugreifen können. Die Flexibilität des Programmcodes ist von großer Bedeutung, um die Interoperabilität mit vorhandenen Systemen sowie die Fähigkeit, schnell auf sich ändernde Unternehmensanforderungen zu reagieren, sicherzustellen.

Eine Erweiterung der Anwendung ergibt sich, wenn nicht nur eine Dateneingabe dezentral ausgeführt werden soll, sondern gleichzeitig damit ein Kauf oder eine Reservierung erfolgen soll. SQL Server 2005 stellt dazu umfassende auf Webstandards basierende Datenbankprogrammierfunktionen bereit und bietet gleichzeitig die für E-Commerce erforderliche Skalierbarkeit und Verfügbarkeit.

Hinzu kommen zunehmend die Forderungen nach firmenübergreifenden Datenbanklösungen (sog. B2B = Business to Business). SQL Server 2005 bietet dazu eine integrierte XML-Unterstützung für Webentwickler und Datenbankprogrammierer. *Extensible Markup Language* (XML) ist ein Standard, der eine Formatierungs- und Datendarstellungssprache definiert, die von bestimmten Datenbanken oder Anwendungen unabhängig ist. Für die webgestützte Übertragung von Daten zwischen Anwendungen nimmt die Bedeutung dieses Standards immer mehr zu. Das Programm SQL Server 2005 kann Daten aus XML-Dokumenten extrahieren und sie in den relevanten Tabellen in einer Datenbank speichern sowie die Resultsets von Abfragen als XML-Dokumente zurückgeben.

 Neu ist beim SQL Server 2005, dass XML-Daten direkt in einer Tabelle in einem Feld mit dem neuen Datentyp XML gespeichert werden können.

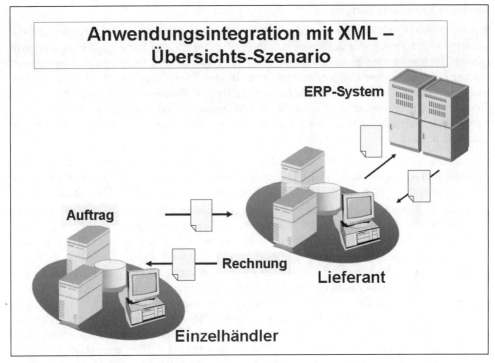

*Abbildung 1.3: Anwendungsintegration*

Im Detail unterstützen die Komponenten von SQL einen XML-Server in folgender Weise:

▶ Unterstützung des XML-Datentyps.

▶ Möglichkeit, XQuery-Abfragen für in Spalten und Variablen gespeicherte XML-Daten vom XML-Typ anzugeben.

▶ Möglichkeit, das Massenladen von XML-Daten zu realisieren.

▶ Erweiterungen für die in SQL Server 2000 eingeführte FOR XML-Klausel und OPENXML-Funktion.

XML ist nicht nur die Standardtechnologie für den Datenaustausch im Web. Sie entwickelt sich vielmehr auch schnell zur bevorzugten Technologie für das Integrieren von E-Commerce-Systemen. Unternehmen, die Business-to-Consumer(B2C)-, Business-to-Business(B2B)- und Extranet-Weblösungen entwickeln, verwenden die XML-Unterstützung, um so die Integration von Back-End-Systemen und den Datentransfer über Firewalls zu erleichtern.

## Data-Warehouse-Lösungen

Geschäftsleitung, Controller und Marketingmanager benötigen immer anspruchsvollere Analysen und Trendinformationen, um ihren Führungs- und Steuerungsaufgaben voll gerecht werden zu können. Die Basis dafür liegt zu einem Großteil in den bereits auf Servern gespeicherten Unternehmensdaten. In der Praxis werden zur Lösung dieser Aufgabenstellung OLAP-Systeme (Online Analytical Processing, Analytische Online-Verarbeitung) benötigt und zu entwickeln sein, indem auf einfache Art und Weise Informationssammlungen aus OLTP-Daten erstellt werden, die dann für anspruchsvolle Datenanalysen genutzt werden können.

Microsoft SQL Server 2005 stellt mehrere Komponenten zur Verfügung, die es Datenbankentwicklern gestatten, OLTP-Daten zu OLAP-Daten zu transformieren und die OLAP-Informationen für Entscheidungsträger verfügbar zu machen. Das Vorgehen:

▸ Zum Erstellen leistungsfähiger Datenintegrationslösungen werden MS SQL Server 2005 Integration Services (SSIS) bereitgestellt. Dies ist eine umfassende Plattform, die auch ETL-Pakete (Extraction, Transformation and Load) für das Data Warehousing einschließt. Sie stellt quasi einen Ersatz zu den Data Transformation Services (DTS) der Vorgängerversion SQL Server 2000 dar. Vorhanden sind grafische Tools und Assistenten für das Erstellen und Debuggen von Paketen, Tasks zum Ausführen von Workflow-Funktionen (wie z. B. FTP-Vorgänge, Ausführen von SQL-Anweisungen und Senden von E-Mail-Nachrichten), Datenquellen und -ziele zum Extrahieren und Laden von Daten, Transformationen zum Bereinigen, Aggregieren, Zusammenführen und Kopieren von Daten, ein Verwaltungsdienst – den Integration-Services-Dienst – zum Verwalten von Integration Services sowie Schnittstellen zur Anwendungsprogrammierung (APIs, Application Programming Interfaces) So lassen sich letztlich spezifische OLTP-Daten aus den zentralen Datenbanken extrahieren.

▸ Die extrahierten Daten werden in ein Data Warehouse geladen und liegen dann dort in zusammengefasster und bereinigter Form vor.

▸ Um das Data Warehouse im Hinblick auf Geschäftstrends zu analysieren, werden vom Endbenutzer (Controller, Marketingmanagement) die angebotenen Analysis Services verwendet. Die ausgewiesenen Trends zeigen dem Management Entscheidungsalternativen auf, die ergriffen werden könnten, oder deuten Risiken an, die verringert werden müssen, um zu positiven Geschäftsdaten zu kommen.

Die Analysis Services stellen sowohl OLAP- (Online Analytical Processing, analytische Online-Verarbeitung) als auch Data-Mining-Funktionalität für Business-Intelligence-Anwendungen bereit. So lassen sich mehrdimensionale Strukturen mit Daten, die aus anderen Datenquellen (z. B. relationalen Datenbanken) aggregiert wurden, entwerfen, erstellen und verwalten. Außerdem wird mit den Analysis Services das Entwerfen, Erstellen und Visualisieren von Data-Mining-Modellen ermöglicht. Um die entsprechenden Daten zu generieren, stehen verschiedene Data-Mining-Algorithmen zur Verfügung.

Fazit: Der SQL Server hat sich aufgrund seiner Leistungsfähigkeit, Skalierbarkeit, Verwaltbarkeit, Programmierbarkeit und aufgrund seines Wertes zur bevorzugten Datenbank von Data-Warehouse-Anwendungen entwickelt. Beispiele dafür sind Kundenmanagement- (Customer Relationship Management, kurz CRM) und BI-Lösungen (BI = Business Intelligence).

# 1.2 Versionen und Editionen des SQL Servers

Dem Buch liegt die aktuelle Version SQL Server 2005 zugrunde. Das System Microsoft SQL Server 2005 hat sich gegenüber dem Vorgängersystem SQL Server 2000 wesentlich verändert. Das betrifft nicht nur den eigentlichen Datenbankhintergrund, sondern die umfangreiche Erweiterungen der Arbeits- und Einsatzmöglichkeiten und ganz besonders die vollständig veränderten Arbeitsoberflächen für den Datenbankadministrator und den Datenbankentwickler.

Besondere Fortschritte bzw. Merkmale der Version 2005 gegenüber den Vorgängerversionen sind der folgenden Tabelle zu entnehmen:

| Thema | Beschreibung |
|---|---|
| Erweiterte Funktionen im Datenbankmodul | Mit der Database Engine (Datenbankmodul) werden neue Erweiterungen der Programmierbarkeit eingeführt. Dazu zählen etwa die Integration mit den Erweiterungen von Microsoft .NET Framework und Transact-SQL, neue XML-Funktionen und neue Datentypen. Darüber hinaus wurden Verbesserungen an der Skalierbarkeit und Verfügbarkeit von Datenbanken vorgenommen. |
| Spracherweiterungen zur Nutzung der neuen Dienste | Die im Rahmen des Systems SQL Server 2005 bereitgestellten neuen Dienste werden direkt durch neue Transact-SQL-Anweisungen, Erweiterungen bekannter Befehle und gespeicherte Systemprozeduren unterstützt. Das betrifft beispielsweise die Verwaltung von Objekten des Notification Services, des Service Brokers usw. |
| XML-Erweiterungen | Die Unterstützung der Arbeit mit XML-Dokumenten wurde auf eine völlig neue Stufe gehoben. So wurde ein Datentyp XML eingeführt, der in der Lage ist, XML-Dokumente bis zu einer Größe von 2 GByte aufzunehmen. Die FOR-Klausel der SELECT-Anweisung wurde wesentlich erweitert, um z.B. auch diesen Datentyp belegen zu können. Auf Daten dieses Datentyps können Methoden direkt angewandt werden. |
| „Echte" Fehlerbehandlung | Es wird erstmals eine „echte" Fehlerbehandlung eingeführt. In gespeicherten Prozeduren, Funktionen und Triggern können TRY…CATCH-Blöcke eingefügt werden, mit deren Hilfe SQL-Exceptions abgefangen und behandelt werden können. |
| Erweiterungen der Schnittstellen für den Datenzugriff | Verbesserungen sind bzgl. Microsoft Data Access (MDAC) und am SQL-Client-Anbieter von .NET Framework realisiert. So bietet SQL Server 2005 Entwicklern von Datenbankanwendungen optimierte Benutzerfreundlichkeit, Steuerung und Produktivität. Mit dem SQL Native Client steht eine neue Schnittstelle für den Zugriff zur Verfügung, die nicht mehr von MDAC-Versionen abhängig ist. |
| Reporting Services | Es ist eine neue, serverbasierte Berichtsplattform. Sie unterstützt das Erstellen, Verteilen und Verwalten von Berichten sowie den Zugriff durch Endbenutzer. |
| Replikationsverbesserungen | Die Replikation des SQL Servers 2005 bietet Verbesserungen in den Bereichen Verwaltbarkeit, Verfügbarkeit, Programmierbarkeit, Mobilität, Skalierbarkeit und Leistung. |

| Thema | Beschreibung |
|---|---|
| Integration Services | Mit Integration Services werden eine neue erweiterbare Architektur und ein neuer Designer eingeführt, um die Datenintegration zu verbessern, etwa für den Aufbau eines Data Warehouses. Dabei wird der Auftragsablauf vom Datenfluss getrennt und eine umfassende Ablaufsteuerungssemantik bereitgestellt. Darüber hinaus bieten Integration Services eine verbesserte Paketverwaltung und -bereitstellung sowie viele neue Aufgaben und Transformationen für Pakete. |
| Erweiterungen von Analysis Services (SSAS) | Mit SQL Server Analysis Services werden neue Verwaltungstools, eine integrierte Entwicklungsumgebung und die .NET Framework-Integration eingeführt. Durch neue Features werden die Data-Mining- und Datenanalysefunktionen von SQL Server Analysis Services erweitert. |
| Erweiterungen der Tools und Dienstprogramme | Mit SQL Server 2005 wird eine integrierte Sammlung von Verwaltungs- und Entwicklungstools eingeführt, welche die Benutzerfreundlichkeit, die Verwaltbarkeit und die Unterstützung von Vorgängen für umfangreiche SQL Server-Systeme verbessern. |
| Notification Services | Notification Services ist eine neue Plattform zum Erstellen stark skalierter Anwendungen, die Benachrichtigungen senden und empfangen. Notification Services kann rechtzeitig personalisierte Nachrichten an Tausende oder Millionen von Abonnenten senden, die eine Vielzahl von Geräten verwenden. |
| Erweiterungen bei der Berechtigungsvergabe | SQL Server 2005 verwaltet den Zugriff auf eine Vielzahl von Ressourcen verschiedenster Art (z.B. den Server selbst, Datenbanken, Services, Tabellen, Sichten, Prozeduren usw.). Jede Art von Ressource besitzt eine Reihe von Zugriffsberechtigungen, die alle an Einzelkonten, Gruppen und Prozesse vergeben werden können. Mit SQL Server 2005 werden gegenüber dem Vorgängersystem wesentlich mehr Rechte eingeführt, die entsprechend der zu nutzenden Ressource an den Zugreifenden vergeben werden müssen. |

*Tabelle 1.1: Einige Neuerungen des SQL Servers 2005*

Hinzuweisen ist außerdem darauf, dass Microsoft SQL Server 2005 Entwicklern neue Möglichkeiten durch die bessere Integration mit dem *.NET Framework* oder spezielle Entwicklungstools für Transact-SQL und XML bietet. Außerdem ist eine .NET-zentrierte Art der Datenbankentwicklung in Visual Studio 2005 integriert. Entwickler können daher dieselben Tools zum Entwickeln und Debuggen von Datenbankobjekten und Skripten nutzen, die sie zum Schreiben von .NET Framework-Komponenten und -Anwendungen verwenden.

Durch die Integration der *Common Language Runtime* (CLR) in die Datenbank-Engine können Datenbankprogrammierer jetzt optional auch die .NET-Sprachen C# und Visual Basic .NET verwenden. Das .NET Framework stellt Tausende von Klassen und Methoden mit vielen integrierten Funktionen bereit, die sich problemlos auf der Serverseite einsetzen lassen, falls notwendig und sinnvoll.

## Editionen des SQL Servers 2005

Microsoft liefert den SQL Server 2005 in einer Vielzahl unterschiedlicher Editionen aus. Ziel dieser Produktdifferenzierung ist es, den Kunden ein Angebot zu unterbreiten, das es ermöglicht, den jeweiligen Anforderungen einzelner Organisationen und Personen im Hinblick auf Leistungsfähigkeit, Laufzeit und Preise gerecht zu werden. Darüber hinaus werden zahlreiche Zusatzkomponenten ausgeliefert. Welche dieser Komponenten im Einzelfall für die Installation ausgewählt werden, hängt von den konkreten Anforderungen des Unternehmens oder des Benutzers ab.

Einen Überblick über die Varianten gibt die folgende Tabelle:

| Edition | Bedeutung/Anwendung |
| --- | --- |
| SQL Server 2005 Enterprise Edition (32 Bit und 64 Bit) | Es ist die umfangreichste SQL Server-Edition, die optimal für große Unternehmen und hochkomplexe Anforderungen geeignet ist und quasi das Komplettangebot, mit dem hohe Anforderungen an das Datenbankmanagement erfüllt werden können. Dazu rechnen die Unterstützung der größten OLTP-Systeme (Online Transaction Processing), hochkomplexer Datenanalysen, Data-Warehousing-Systemen und Webanwendungen für Unternehmen. |
| SQL Server 2005 Standard Edition | Das Angebot richtet sich an kleine und mittelständische Unternehmen, welche die erweiterten Leistungsoptionen der SQL Server 2005 Enterprise Edition nicht benötigen. Im Lieferumfang der Edition sind auch die wesentlichen Funktionen von E-Commerce, Data Warehousing und Branchenlösungen enthalten. Durch die hohe Verfügbarkeit einzelner Features wird die zur Unterstützung von Unternehmensabläufen erforderliche Funktionalität bereitgestellt |
| SQL Server 2005 Workgroup Edition (nur 32 Bit) | Die Workgroup Edition ist für kleine Arbeitsgruppen oder Abteilungen gedacht, wobei keine Beschränkungen von Größe oder Benutzerzahl der Datenbank gegeben sind. Die Edition kann entweder als Front-End-Webserver oder für Abläufe in Abteilungen und Zweigstellen eingesetzt werden. Im Bedarfsfall kann problemlos auf Editionen wie Standard oder Enterprise aktualisiert werden. |
| SQL Server 2005 Developer Edition | Besondere Edition für Programmierer, um Anwendungen zu entwickeln und zu testen, die SQL Server 2005 als Datenspeicher verwenden. Ermöglicht wird das Erstellen von Anwendungen beliebigen Typs auf der Basis von SQL Server. |
| SQL Server 2005 Express Edition (nur 32 Bit) | Die Express Edition ist eine frei erhältliche Datenbank, die einfach zu verwenden und zu verwalten ist. Sie ist auch in Microsoft Visual Studio 2005 integriert und für die Entwicklung von datengesteuerten Anwendungen geeignet. Die Datenbank kann sowohl wie eine Clientdatenbank als auch als einfache Serverdatenbank eingesetzt werden. SQL Server Express wendet sich an kleinere Softwarehersteller und Serverbenutzer sowie Entwickler, die nicht berufsmäßig Webanwendungen entwickeln. |

*Tabelle 1.2: SQL Server 2005-Editionen*

Die *Enterprise Edition* ist das Flaggschiff der Reihe. Sie bietet eine skalierbare Datenbankserverumgebung für Unternehmen jeglicher Größe. Die Enterprise Edition hat keine Beschränkungen in Hinsicht auf CPU, RAM oder Datenbankgröße, ermöglicht Multimode-Clustering, Online-Indizierung, Oracle-Replikation und viele weitere Funktionen. Die SQL Server 2005 Enterprise Edition passt sich den erforderlichen Leistungsebenen problemlos an, so dass die größten OLTP-Systeme (Online Transaction Processing, Online-Transaktionsverarbeitung) und Websites sowie umfassende Data-Warehousing-Systeme in Unternehmen unterstützt werden. Sie bietet dazu die notwendigen Optionen für Skalierbarkeit und Zuverlässigkeit mit verteilten und partitionierten Sichten, Protokollversand und Failover-Clusterunterstützung, die für unternehmensweite, branchenspezifische und Internetszenarien erforderlich sind. Außerdem werden alle Vorteile der High-End-Hardware mit Unterstützung für bis zu 32 CPUs und 64 GB RAM genutzt. SQL Server 2005 Enterprise Edition enthält außerdem erweiterte Analyse- bzw. OLAP-Features für den Umgang mit sehr großen Cubes mit vielen Dimensionen für Data-Warehouse-Anwendungen.

Die *Standard Edition* enthält bereits Funktionen, die für eine Unternehmensdatenbank erforderlich sind, wie zum Beispiel 2-Node-Clustering, unbegrenzte RAM-Unterstützung, bis zu vier Prozessoren, unbegrenzte Datenbankgröße sowie eine Auswahl an Business-Intelligence-Funktionen. Die SQL Server 2005 Standard Edition stellt eine erschwingliche Option für kleine und mittelständische Unternehmen dar, die keine erweiterten Features für Skalierbarkeit und Zuverlässigkeit oder mehrere der erweiterten Analysefeatures von SQL Server 2005 Enterprise Edition benötigen.

Die wichtigste Einschränkung der *Workgroup Edition* ist die Begrenzung auf 3 GByte verfügbaren RAM im System, was sie für umfangreiche Datenbank-Deployments weniger geeignet macht. Zu den weiteren Beschränkungen gehört das Fehlen von Partitionierungsfunktionen, Parallelverarbeitung sowie indizierte Ansichten. Die Workgroup Edition bringt auch keine signifikanten Funktionen für Hochverfügbarkeit, Management und Analyse mit wie andere Editionen dieses Produkts. Trotz dieser Einschränkungen ist die Größe einer Workgroup-Edition-Datenbank nicht begrenzt.

Mit SQL Server 2005 *Developer Edition* lassen sich komfortable Anwendungen auf Basis des SQL Servers erstellen und ist quasi eine besondere Option für Entwickler von Datenbanken, die SQL Server 2005 als Datenspeicher der zu entwickelnden Anwendungen verwenden. Die Edition umfasst alle Funktionen der Enterprise Edition, beinhaltet jedoch einen besonderen Endbenutzer-Lizenzvertrag (EULA) für Entwicklungen und Tests. Obwohl die Developer Edition alle Funktionen der Enterprise Edition unterstützt, um es Entwicklern zu ermöglichen, Anwendungen zu schreiben und zu testen, die diese Funktionen verwenden können, wird die Developer Edition nur für den Einsatz als Entwicklungs- und Testsystem, jedoch nicht für den Einsatz als Produktionsserver lizenziert.

> Kostenlos aus dem Web kann die SQL Server 2005 Evaluation Edition heruntergeladen werden. Diese Edition ist eine mit allen Funktionen ausgestattete Version, die ausschließlich zur Evaluierung der Funktionen des SQL Servers dient und maximal 180 Tage ab dem Installationsdatum ausgeführt werden kann. Sie finden den Download (zurzeit) unter: *http://www.microsoft.com/germany/sql/downloads/testsoftware.mspx*

Schließlich sei noch auf die *Mobile Edition* (nur 32 Bit) hingewiesen: Für SQL Server 2000 bot Microsoft eine Windows CE-Edition des Produkts. Für die SQL Server 2005-Edition wurde diese in Mobile Edition umbenannt, und Microsoft hat die Mobilfunktionen erweitert.

Bereitgestellt werden darüber hinaus besondere Verwaltungstools. Diese zeigt im Überblick die folgende Tabelle:

| Verwaltungstool | Erläuterung |
|---|---|
| Database-Engine (Datenbankmodul)-Optimierungsratgeber | Damit wird der Nutzer des SQL Servers 2005 beim Erstellen einer optimalen Menge von Indizes bzw. indizierten Sichten unterstützt. |
| SQL Server Management Studio | Das Tool „SQL Server Management Studio" (kurz SSMS) wurde mit der Edition des Microsoft SQL Servers 2005 neu eingeführt, das Entwicklern und Administratoren mit den unterschiedlichsten Fähigkeiten Zugriff auf SQL Server bietet. Es stellt eine integrierte Umgebung für den Zugriff, die Konfiguration, Verwaltung und Entwicklung aller SQL Server-Komponenten bereit. Dieses Tool ersetzt die aus früheren SQL Server-Versionen bekannten Features des Enterprise Managers, des Query Analyzers und des Analysis Managers. |
| SQL Server Profiler | Dies ist eine grafische Benutzeroberfläche, um eine Instanz der Database Engine (Datenbankmodul) zu überwachen oder eine Instanz von Analysis Services bereitzustellen. |
| SQL Server-Konfigurationsmanager | Dieses Tool stellt eine einfache Konfigurationsverwaltung für SQL Server-Dienste, Server- und Clientprotokolle sowie Clientaliase bereit. Es ermöglicht das Verwalten der Dienste, die mit SQL Server verknüpft sind, zum Konfigurieren der Netzwerkprotokolle, die von SQL Server verwendet werden, und zum Verwalten der Konfiguration der Netzwerkkonnektivität von SQL Server-Client-Computern. |

*Tabelle 1.3: Verwaltungstools des SQL Servers 2005*

# 1.3 SQL Server 2005 installieren

Voraussetzung für die Nutzung von Microsoft SQL Server 2005 ist eine sachgerechte Installation. Dazu muss Ihr Computer bestimmte Systemanforderungen bezüglich Hardware und Betriebssystem sowie Internetzugang erfüllen.

▶ *Speicherplatz*: Für eine volle Installation werden circa 350 MB Festplattenspeicher benötigt. Die Installation der Beispieldatenbanken schlägt mit weiteren 390 MB zu Buche.

▶ *Arbeitsspeicher*: Hier unterscheiden sich die Werte der Express Edition von jenen der übrigen Editionen. Die Express Edition benötigt minimal 128 MB Arbeitsspeicher, empfohlen werden 512 MB oder mehr. Allerdings kann nicht mehr als 1 GB Arbeitsspeicher genutzt werden.

 Wenn Sie mehr als 1 GB Arbeitsspeicher zur Verfügung haben, erwägen Sie, mehrere Instanzen der Express Edition auf einem Rechner zu installieren, um diesen auszunutzen.

Für alle anderen Editionen werden mindestens 512 MB Arbeitsspeicher veranschlagt, 1 GB oder mehr werden empfohlen. Jedoch kann die Workgroup Edition nicht mehr als 3 GB nutzen. Bei allen anderen Editionen – auch der Evaluation Edition – ist der nutzbare Speicherplatz nicht limitiert. Dies ist durchaus eine Verbesserung gegenüber der Vorgängerversion. Konnte doch die Standard Edition des SQL Servers 2000 lediglich 2 GB RAM nutzen.

▶ *Prozessor*: Sie benötigen für den SQL Server 2005 einen Pentium-Prozessor mit mindestens 500 MHz Taktfrequenz, 1 GHz oder höher wird empfohlen.

▶ *Betriebssystem*: Je nach Edition werden unterschiedliche Anforderungen an das Betriebssystem gestellt. Einen Überblick gibt die folgende Tabelle:

| Edition | Betriebssystem |
|---------|----------------|
| Enterprise Standard | Windows Server 2003 Standard Edition ab SP1<br>Windows Server 2003 Enterprise Edition ab SP1<br>Windows Server 2003 Datacenter Edition ab SP1<br>Windows Small Business Server 2003 Standard Edition<br>Windows Small Business Server 2003 Premium Edition<br>Windows 2000 Server mit SP4<br>Windows 2000 Advanced Server mit SP4<br>Windows 2000 Datacenter Server mit SP4 |
| Evaluation Workgroup | obige, und zusätzlich:<br>Windows XP Professional mit SP2<br>Windows XP Media Edition mit SP2<br>Windows XP Tablet Edition mit SP2<br>Windows 2000 Professional mit SP4 |
| Developer | obige, und zusätzlich:<br>Windows XP Home Edition mit SP2 |
| Express | obige, und zusätzlich:<br>Windows Server 2003 Web Edition mit SP1 |

*Tabelle 1.4: Betriebssystemanforderungen für die Installation*

Im Zusammenhang mit dem Verwenden von Microsoft SQL Server 2005 sind darüber hinaus verschiedene Internet-Anforderungen gegeben:

| Komponente | Anforderung |
|------------|-------------|
| Internet-Software | Microsoft Internet Explorer für alle Installationen von Microsoft SQL Server 2005 sowie für Microsoft Management Console (MMC) und die HTML-Hilfe erforderlich. Die Minimalinstallation ist ausreichend, und Internet Explorer muss nicht der Standardbrowser sein. |
| Internetinformationsdienste | Wenn Sie XML-Anwendungen entwickeln wollen, sind weitere Anforderungen denkbar. |

*Tabelle 1.5: Internet-Anforderungen*

Da im Download-Paket der *Express Edition* nicht alle benötigten Komponenten enthalten sind, muss vor der Installation noch das *Microsoft .NET Framework 2.0* separat von der Microsoft-Seite heruntergeladen und installiert werden. Gegebenenfalls muss zuvor auch noch der *Windows Installer* mindestens in der Version 3.0 installiert werden. Dieser steht auch als Download bereit. Sie finden alle benötigten Komponenten unter dem Menüpunkt Downloads auf der SQL Server-Standardseite *http://www.microsoft.com/germany/default.mspx.*

Wie ist vorzugehen, um den SQL Server 2005 auf Ihrem Computer zu installieren? Legen Sie dazu zunächst die beiden mitgelieferten SQL Server 2005-Installationsdatenträger (CDs oder DVD) bereit.

Legen Sie die erste vorhandene Microsoft SQL Server 2005-CD in das CD-ROM-Laufwerk ein. Im Normalfall wird das Installationsprogramm auf der CD automatisch gestartet. Ergebnis:

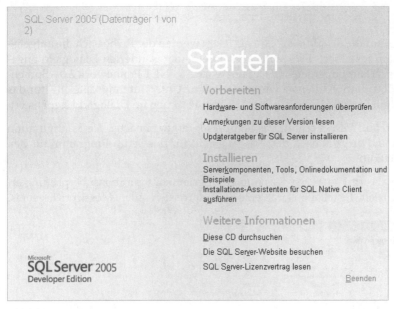

*Abbildung 1.4: Setup starten*

Falls dies nicht der Fall ist, klicken Sie doppelt im Stammverzeichnis der CD auf die Datei AUTORUN.INF.

Wählen Sie, sofern die Betriebssystemvoraussetzungen gegeben bzw. die erforderlichen Servicepacks (etwa SP 2 bei Windows XP) installiert sind, in dem angezeigten Dialogfeld bei INSTALLIEREN die Option Serverkomponenten, Tools, Onlinedokumentation und Beispiele aus. Es wird das Dialogfeld zur Zustimmung zu den MS-Lizenzbestimmungen angezeigt. Klicken Sie auf ZUSTIMMUNG im Optionsfeld und danach auf WEITER. Ergebnis ist ein Dialogfeld, das die Installationsvoraussetzungen (etwa zu installierende Softwarekomponenten) anzeigt:

Abbildung 1.5:
Installationsvoraussetzungen

Nach dem Klicken auf die Schaltfläche INSTALLIEREN werden der Reihe nach die aufgelisteten Komponenten installiert. Dies wird auch in einem gesonderten Dialogfeld angezeigt. Sind die Serverkomponenten .NET Framework 2.0, .NET Framework 2.0 – Sprachpaket, Microsoft SQL Native Client sowie verschiedene Unterstützungsdateien – für das Setup fertig konfiguriert, wird dies durch ein grünes Häkchen im Dialogfeld signalisiert.

Nach dem Klicken auf WEITER scannt das Setup-Programm zunächst die Konfiguration Ihres Computers und zeigt danach das Ausgangsfeld für das Setup-Programm für den MS SQL Server 2005 an.

Klicken Sie abermals auf WEITER, so dass nun eine Systemkonfigurationsüberprüfung erfolgt, mit der potenzielle Installationsprobleme erkannt werden sollen. Mögliches Ergebnis:

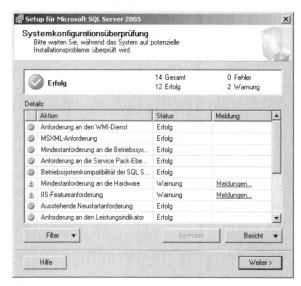

Abbildung 1.6:
Systemkonfigurationsüberprüfung

Dabei können die angezeigten Informationen gefiltert sowie ein Bericht angezeigt bzw. gespeichert werden. Nach dem Klicken auf WEITER erfolgt die Abfrage der Registrierungsinformationen:

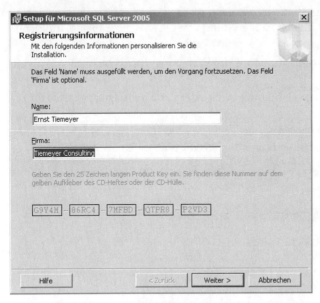

*Abbildung 1.7: Registrierungsinformationen*

Ergebnis ist die Anzeige des Dialogfeldes *Zu installierende Komponenten*:

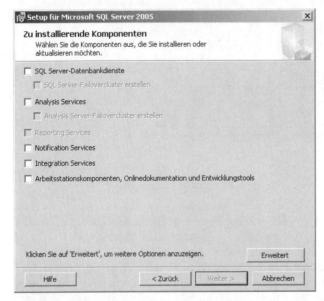

*Abbildung 1.8: Zu installierende Komponenten*

Das Dialogfeld stellt mehrere Optionen bereit:

▶ *SQL Server-Datenbankdienste* installieren: Mit dieser Variante wird das SQL Server-Setup gestartet und ein Bildschirm zum Auswählen von Installationsoptionen angezeigt.

▶ *Analysis Services* installieren: Mit dieser Variante werden die Analysis Services installiert, welche die Möglichkeit für die Aufbereitung von OLAP-Cubes bieten, mit denen eine Data-Warehouse-Lösung aufgebaut werden kann.

▶ *Notification Services*: Ein neues Feature, das die Erstellung von asynchronen Anwendungen erlaubt.

▶ *Integration Services*: Dienste zur Datenintegration, die der Nachfolger der Data Transformation Services sind.

▶ *Arbeitsstationskomponenten, Onlinedokumentation und Entwicklungstools*: Mit dieser Option installieren Sie neben der Dokumentation die Verwaltungstools des SQL Servers.

Angezeigt werden kann auch ein erweitertes Feature-Fenster, um die Auswahl weiter zu spezifizieren:

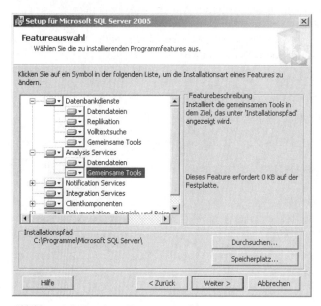

*Abbildung 1.9: Erweiterte Featureauswahl*

Auch eine Anzeige des jeweils benötigten Speicherplatzes ist möglich.

 Es empfiehlt sich hier vor allem, den jeweiligen Zielordner für Programme und Datendateien zu differenzieren. So kann das Verzeichnis …\PROGRAMME\MICROSOFT SQL SERVER, in dem standardmäßig die Installation der Software erfolgt, beibehalten werden. Ändern Sie allerdings hier bereits das Verzeichnis für die Datendateien nach Ihrem Wunsch. Unter dem ausgewählten Ordner wird beim Setup die Ordnerstruktur \MSSQL.1\MSSQL angelegt. Darunter werden weitere Ordner wie zum Beispiel der Ordner DATA als Standarddatenordner angelegt.

Nach Klicken auf W EITER können Sie eine Standardinstanz installieren oder eine benannte Instanz angeben.

Wenn im Dialogfeld Instanzname das Kontrollkästchen Standard verfügbar ist, können Sie die Standardinstanz oder eine benannte Instanz installieren:

▶ Um eine Standardinstanz zu installieren, aktivieren Sie das Kontrollkästchen *Standard*. Es wird dann der bekannte Rechnername als Instanz verwendet.

▶ Wenn Sie eine benannte Instanz installieren möchten, deaktivieren Sie das Kontrollkästchen Standardinstanz, und geben Sie im Bearbeitungsfeld den Namen für eine neue Instanz ein. Der Name darf bis zu 16 Zeichen umfassen und muss mit einem Buchstaben oder einem der Zeichen &, _ (Unterstrich) oder # (Raute) beginnen. Der Name darf nicht *Default* oder *MSSQLServer* lauten.

▶ Wenn das Kontrollkästchen Standard nicht verfügbar ist, wurde bereits eine Standardinstanz installiert, so dass Sie nur eine benannte Instanz installieren können.

Zur Erläuterung sei darauf hingewiesen, dass ab SQL Server 2000 erstmalig die Möglichkeit besteht, mehrere Instanzen des SQL Servers auf einer Maschine zu installieren. Deshalb kann auch der Name der Instanz frei gewählt werden. Falls Sie einen besonderen Instanznamen verwenden, müssen Sie auch daran denken, dass sich Clients dann immer mit dem Server unter folgender Syntax für den Suchpfad verbinden: *Rechnername\Instanzname*

Nach dem Klicken auf W EITER erscheint das Dialogfeld für Dienstkonten, über das die Anmeldekonten definiert werden.

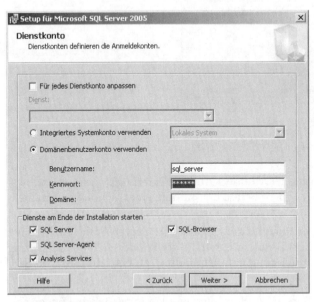

*Abbildung 1.10: Dienstkonten auswählen*

Bei der Verwendung des integrierten Systemkontos *Lokales System* ist der Server nicht in der Lage, auf Ressourcen im Netzwerk zuzugreifen. Möchten Sie zum Beispiel automatisiert in der Nacht Daten exportieren, kann die Exportdatei nur am Server selber, aber nicht auf einem Netzlaufwerk abgelegt werden. Verwenden Sie ein Domänenkonto, um einerseits gezielt Berechtigungen im Netzwerk zu vergeben, andererseits um Berechtigungen auf dem lokalen Rechner einzuschränken. Dies ist vor allem aus Sicherheitsgründen ratsam, wenn der SQL Server auf einem Internetserver installiert wird.

Legen Sie daher alternativ ein Domänenkonto an und fügen es der Gruppe der lokalen Administratoren hinzu. Möchten Sie die Rechte einschränken, geben Sie dem Konto nur die vollen Zugriffsrechte auf die Datenverzeichnisse und das Recht zum Anmelden als Dienst.

Nach dem Klicken auf WEITER wird das Dialogfeld *Authentifizierungsmodus* angezeigt:

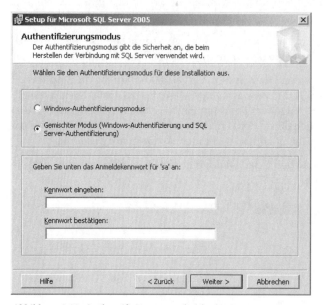

*Abbildung 1.11: Authentifizierungsmodus festlegen*

Das vorstehende Bild zeigt, dass der SQL Server in einem von zwei Authentifizierungsmodi ausgeführt werden kann:

▶ *Windows-Authentifizierungsmodus* (Windows-Authentifizierung): Der Windows-Authentifizierungsmodus ermöglicht Benutzern mithilfe eines Windows Domänen-Benutzerkontos das Herstellen einer Verbindung.

▶ *Gemischter Modus* (Windows-Authentifizierung und SQL Server-Authentifizierung): Der gemischte Modus ermöglicht Benutzern, mithilfe der Windows-Authentifizierung oder der SQL Server-Authentifizierung eine Verbindung zu einer Instanz von SQL Server herzustellen.

Benutzer, die eine Verbindung über ein Windows-Benutzerkonto herstellen, können entweder im Windows-Authentifizierungsmodus oder im gemischten Modus eine vertraute Verbindung verwenden. Die SQL Server-Authentifizierung wird für Benutzer benötigt, die über kein Domänenkonto verfügen oder zum Beispiel von extern über eine Firewall zugreifen und daher kein Domänenkonto verwenden können.

Ausführliche Informationen über die beiden Authentifizierungsmodi und die Anmeldemöglichkeiten finden Sie in Kapitel 9.

Übernehmen Sie im Dialogfeld *Authentifizierungsmodus* nicht die Standardeinstellungen, sondern wählen Sie den gemischten Modus und vergeben ein Kennwort. Dieses wird dem Benutzer *sa* zugewiesen, der volle Systemadministratorenberechtigungen am SQL Server besitzt. Klicken Sie danach auf WEITER.

Nun sind die Sortierungseinstellungen für das Sortierverhalten des Servers zu wählen. Hier sollten Sie die Standardeinstellungen übernehmen. Über die Sortierung wird die so genannte *Collation* (Sortierungskennzeichner) eingestellt. Diese legt für Sortierungen und Vergleiche fest, welche Zeichen aufgrund der gewählten Ländereinstellung als gleich angesehen werden. So legen Sie je nach Auswahl fest, ob bei Suchvorgängen ein „ß" einem „ss" gleichgesetzt wird. Sie legen hier nur die Standardeinstellungen für den Server fest. Sie können für jede Datenbank später eine andere Standardeinstellung und sogar für jedes Feld einer Tabelle mit einem Charakter-Datentyp eine eigene Einstellung wählen.

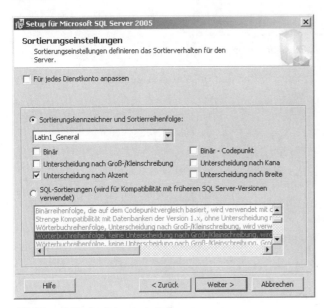

*Abbildung 1.12: Sortierungseinstellungen*

Im anschließenden Dialog können Sie festlegen, ob Sie automatisch Fehlerberichte an Microsoft senden möchten und ob Sie Daten zur Feature-Verwendung automatisch an Microsoft übertragen möchten. Standardmäßig sind beide Optionen deaktiviert.

Nun kann die Installation gestartet werden. Ein besonderes Dialogfeld zeigt zur Kontrolle noch einmal die Komponenten, die nun installiert werden:

*Abbildung 1.13: Abbildung 1.13:Gewählte Installationsoptionen*

Während der Installation wird der Setup-/Installationsstatus angezeigt:

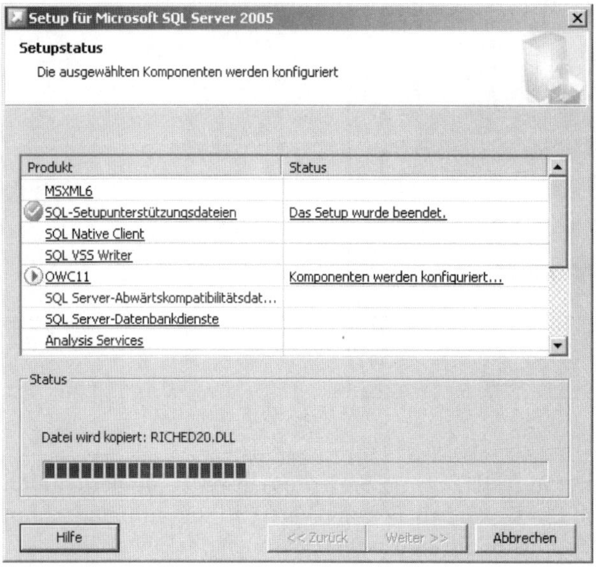

*Abbildung 1.14: Setupstatus*

Nach der Fertigstellung wird das Ergebnis mit einem abschließenden Dialog angezeigt. Wenn Sie möchten, können Sie sich Protokollinformationen anzeigen lassen.

## Ergebnis der Installation

Bei der Installation von Microsoft SQL Server 2005 erstellt das Setup-Programm die in der folgenden Tabelle gezeigten Datenbank- und Protokolldateien (= System- und Beispieldatenbanken):

| Datenbank | Datenbankdatei | Protokolldatei |
|---|---|---|
| master | master.mdf | mastlog.ldf |
| model | model.mdf | modellog.ldf |
| msdb | msdbdata.mdf | msdblog.ldf |
| tempdb | tempdb.mdf | templog.ldf |
| AdventureWorks | AdventureWorks_data.mdf | AdventureWorks_log.ldf |

*Tabelle 1.6: Datenbanken nach dem Setup*

Zur Bedeutung der Dateien:

▷ Die Datenbanken *master*, *model*, *msdb* und *tempdb* sind Systemdatenbanken, die nachfolgend noch erläutert werden. Die Systemdatenbanken werden vom SQL Server selbst benötigt und sollten möglichst unangetastet bleiben (nur ansehen, nichts ändern). Die Integrität dieser Datenbanken ist sehr wichtig, damit der SQL Server richtig funktioniert.

▷ Die Beispieldatenbanken *AdventureWorks* (wenn installiert, da optional) dient dem Erkunden und Kennenlernen einer SQL Server-Datenbank und wird als Lerntool bereitgestellt. Die aus den Vorversionen bekannten Beispieldatenbanken *pubs* und *Northwind* gibt es in der aktuellen Version nicht mehr.

 Der Standardspeicherort für die Datenbank- und Protokolldateien ist PROGRAMME\MICROSOFT SQL SERVER\MSSQL\DATA. Dieser Speicherort kann abweichen, wenn Sie den Standardspeicherort bei der Installation von SQL Server geändert haben.

Nachdem die Installation von Microsoft SQL Server 2005 durch das Setup abgeschlossen ist, können mithilfe der grafischen und der Eingabeaufforderungs-Dienstprogramme weitere Konfigurationen erfolgen. In der folgenden Tabelle wird die Unterstützung der Tools beschrieben, die zum Verwalten einer Instanz von SQL Server 2005 verwendet werden.

| Tool bzw. Dienstprogramm | Erläuterung/Anwendung |
|---|---|
| SQL Server Management Studio | wird verwendet, um Abfragen zu bearbeiten und auszuführen sowie um die Standardtasks von Assistenten zu starten |
| SQL Server Profiler | grafische Benutzeroberfläche zum Überwachen einer Instanz des SQL Server-Datenbankmoduls oder einer Instanz von Analysis Services |

| Tool bzw. Dienstprogramm | Erläuterung/Anwendung |
|---|---|
| Database-Engine(Datenbankmodul)-Optimierungsratgeber | liefert Unterstützung beim Erstellen einer optimalen Menge von Indizes, indizierten Sichten und Partitionen |
| Business Intelligence Development Studio | Entwicklungsumgebung für die Lösungen Analysis Services und Integration Services |
| Eingabeaufforderungsprogramme | verwaltet SQL Server-Objekte von der Eingabeaufforderung aus |
| Integration Services = Daten importieren und exportieren | stellt einen Satz grafischer Tools und programmierbarer Objekte zum Verschieben, Kopieren und Transformieren von Daten bereit |

*Tabelle 1.7: Übersicht über die Verwaltungstools*

Um nach der Installation auf diese auch über das Netzwerk zugreifen zu können, müssen unter Umständen noch folgende Einstellungen vorgenommen werden:

▷ Bei der Developer, Evaluation und Express Edition ist der Zugriff über das Netzwerk standardmäßig deaktiviert. Um diesen zuzulassen, aktivieren Sie im Tool zur Oberflächenkonfiguration (siehe auch Kapitel 2) die Remoteverbindungen über TCP/IP.

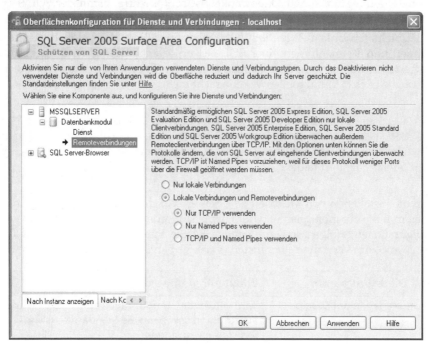

*Abbildung 1.15: Remoteverbindungen über Oberflächenkonfiguration zulassen*

Alternativ können Sie dazu auch den SQL Server Configuration Manager verwenden. Dort müssen Sie lediglich unter der SQL Server-Netzwerkkonfiguration das Protokoll TCP/IP aktivieren. Beide Einstellungsmöglichkeiten haben dieselbe Wirkung. Der Serverdienst muss nach der Umstellung jedoch neu gestartet werden. Dies können Sie im Configuration Manager gleich erledigen.

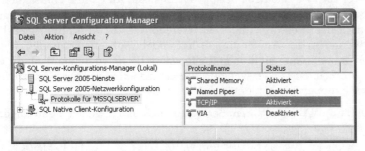

*Abbildung 1.16: TCT/IP-Serverprotokoll aktivieren*

▶ Da die zuvor genannten Editionen in der Praxis oft auf dem Betriebssystem Windows XP installiert werden, muss eine Ausnahme in der Windows-Firewall erstellt werden, damit Zugriffe nicht vom Betriebssystem geblockt werden. Erstellen Sie eine Ausnahme für den Port 1433, der standardmäßig vom SQL Server verwendet wird.

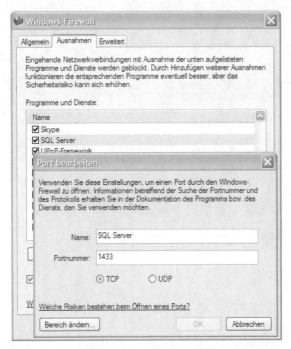

*Abbildung 1.17: Port für SQL Server in Windows-Firewall freischalten*

# 1.4 Datenbanken installieren und nutzen

Um eine vorhandene Datenbank (beispielsweise die Beispieldatenbank zu diesem Buch) nutzen zu können, müssen Sie diese vorab auf dem Server anfügen.

In Microsoft SQL Server 2005 werden neue Beispieldatenbanken für Online-Transaktionsverarbeitung (OLTP, Online Transaction Processing), analytische Online-Verarbeitung (OLAP, Online Analytical Processing) und Data Warehouses zur Verfügung gestellt. Diese Datenbanken werden in den Anwendungs- und Codebeispielen verwendet, die in der SQL Server 2005-Onlinedokumentation enthalten sind. Beispieldatenbanken, die in früheren Versionen von SQL Server verwendet wurden, stehen zum Downloaden zur Verfügung (*Northwind* bzw. *pubs*).

Um die Beispieldatenbank WAWI auf Ihrem Server zu verwenden, gehen Sie in folgender Weise vor:

1. Kopieren Sie die Dateien WAWI_DATA.MDF und WAWI_LOG.LDF von der Begleit-CD in ein lokales Verzeichnis auf Ihrem Rechner, zum Beispiel in den Standarddatenbankordner MSSQL.1\MSSQL\DATA.

2. Gehen Sie zum SQL Server Management Studio (Bedienung wird im nachfolgenden Kapitel noch ausführlich erklärt), und aktivieren Sie über *Verbinden* die Option *Datenbanken*.

3. Klicken Sie beim Objekt *Datenbanken* mit der rechten Maustaste, und wählen Sie den Befehl ANFÜGEN. Ergebnis:

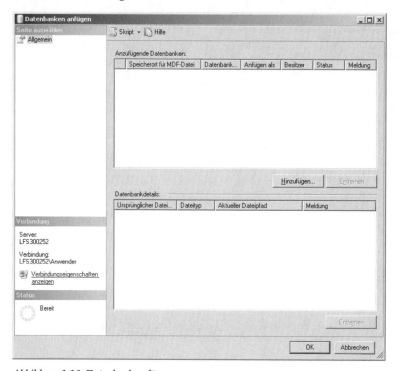

*Abbildung 1.18: Datenbank anfügen*

4. Klicken Sie auf HINZUFÜGEN; und wählen Sie die gewünschte Datenbank, beispielsweise die primäre Datendatei WAWI_DATA.MDF der Datenbank *Wawi*.

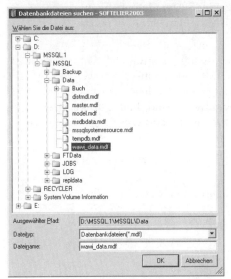

*Abbildung 1.19:*
*Datenbankdatei der Datenbank auswählen*

5. Nach dem Klicken auf OK ist die Datenbank verfügbar:

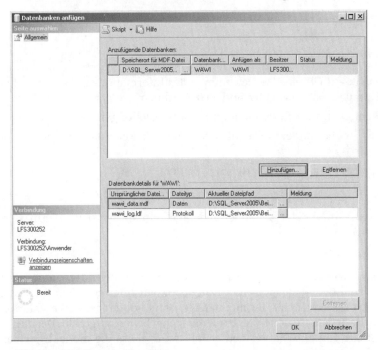

*Abbildung 1.20: Datenbank anfügen*

6. Bestätigen Sie mit OK, um den Vorgang erfolgreich abzuschließen.

# 1.5    Die Systemdatenbanken

Microsoft SQL Server-Systeme verfügen über vier Systemdatenbanken:

- master
- model
- msdb
- tempdb

Im Management Studio werden diese zur besseren Unterscheidung von den benutzer-erstellten Datenbanken durch den eigenen Ordner SYSTEMDATENBANKEN getrennt.

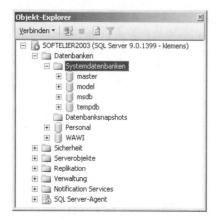

*Abbildung 1.21: Systemdatenbanken*

Die *master*-Datenbank enthält eine Aufzeichnung aller Informationen, die auf System-ebene für ein SQL Server-System wichtig sind. Dazu rechnen:

- alle Anmeldekonten und alle Systemkonfigurationseinstellungen
- das Vorhandensein aller anderen Datenbanken, einschließlich der Speicherorte der Datenbankdateien
- die Initialisierungsinformationen für den SQL Server.

 Achten Sie darauf, dass Sie immer über eine aktuelle Sicherung der master-Datenbank verfügen.

Die *model*-Datenbank wird als Vorlage für alle Datenbanken verwendet, die in einem System erstellt werden. Bei Neuanlage einer Datenbank wird der erste Teil der Datenbank derart erstellt, dass der Inhalt der model-Datenbank kopiert wird. Anschließend wird der verbleibende Teil der neuen Datenbank mit leeren Seiten aufgefüllt. Wichtig: Da *tempdb* bei jedem Start von SQL Server neu erstellt wird, muss die model-Datenbank immer in einem SQL Server-System vorhanden sein.

Die *msdb*-Datenbank wird vom SQL Server-Agent verwendet, um Termine für Warnungen und Aufträge zu planen und Operatoren aufzuzeichnen.

Jede Datenbank, einschließlich der Systemdatenbanken, verfügt über einen eigenen Satz von Dateien. Diese Dateien werden nicht mit anderen Datenbanken gemeinsam verwendet.

*tempdb* nimmt alle temporären Tabellen und andere temporäre Objekte auf. Diese Datenbank wird darüber hinaus in allen anderen Situationen verwendet, in denen temporärer Speicherplatz benötigt wird, beispielsweise für Arbeitstabellen, die von dem SQL Server erzeugt werden. tempdb ist eine globale Ressource. Die temporären Tabellen und temporär gespeicherten Prozeduren für alle Benutzer, die eine Verbindung zum System hergestellt haben, werden in dieser Datenbank gespeichert. tempdb wird bei jedem Start von SQL Server neu erstellt; das System startet somit mit einer leeren Kopie dieser Datenbank. Da temporäre Tabellen und temporär gespeicherte Prozeduren beim Trennen von Verbindungen automatisch gelöscht werden und keine Verbindung aktiv ist, wenn das System heruntergefahren wird, enthält tempdb niemals Inhalte, die von einer SQL Server-Sitzung bis zur nächsten gespeichert werden. Standardmäßig wird tempdb während der Ausführung von SQL Server nach Bedarf vergrößert. Anders als andere Datenbanken wird tempdb jedoch bei jedem Start des Datenbankmoduls auf die Anfangsgröße zurückgesetzt.

 Wurde für tempdb nur ein kleiner Umfang definiert, muss bei jedem Neustart von SQL Server eventuell ein Teil der Verarbeitungslast des Systems dafür aufgewendet werden, tempdb automatisch in dem Umfang zu vergrößern, der zum Unterstützen der anfallenden Arbeitslast erforderlich ist. Sie können diesen zusätzlichen Aufwand vermeiden, indem Sie ALTER DATABASE verwenden, um die Größe von tempdb heraufzusetzen.

Zu Beginn dieses Kapitels wurde bereits betont: Der erfolgreiche Betrieb von SQL Server hängt von der Integrität der Informationen in den Systemdatenbanken/Systemtabellen ab. Aus diesem Grund wird das direkte Aktualisieren der Informationen in der Systemtabelle durch Benutzer nicht unterstützt.

Stattdessen stehen administrative Tools zur Verfügung, die Benutzern das umfassende Verwalten des Systems sowie aller Benutzer und Objekte in einer Datenbank ermöglichen. Benutzer können die administrativen Dienstprogramme, z. B. SQL Server Management Studio, verwenden, um das System direkt zu verwalten. Programmierer können die SMO-API (siehe dazu auch Kapitel 7) verwenden, um die vollständige Funktionalität für das Verwalten von SQL Server in ihre Anwendungen einzubinden. Programmierer, die Transact-SQL-Skripte und gespeicherte Prozeduren erstellen, können die gespeicherten Systemprozeduren sowie DDL-Anweisungen von Transact-SQL verwenden, um alle administrativen Funktionen in ihren Systemen zu unterstützen.

## Datenbankobjekte in der SQL-Serverdatenbank

Diese Aufstellung zeigt eine Übersicht über die wichtigsten Datenbankobjekte. Genauere Informationen finden Sie unter anderem in Kapitel 3.

| Ordner | Bedeutung/Anwendung |
|---|---|
| Diagramme | Ermöglicht wird eine grafische Darstellung der Beziehungen zwischen den Tabellen einer SQL Server-Datenbank. |
| Tabellen | Tabellen sind Datenbankobjekte, die sämtliche in einer Datenbank enthaltenen Daten umfassen. Die Daten in den Tabellen sind, ähnlich wie in einer Kalkulationstabelle, in Zeilen und Spalten angeordnet |
| Sichten | Eine Sicht ist eine virtuelle Tabelle, deren Inhalt durch eine Abfrage definiert wird. Wie eine echte Tabelle besteht auch eine Sicht aus einem Satz benannter Spalten und Zeilen mit Daten. |
| Synonyme | Synonyme können für andere Datenbankobjekte erstellt werden, um darauf mit diesen anstelle der Originalnamen zugreifen zu können. |
| Gespeicherte Prozeduren | Eine vorkompilierte Auflistung von Transact-SQL-Anweisungen, die unter einem Namen gespeichert und als Einheit verarbeitet wird. SQL Server stellt gespeicherte Prozeduren zum Verwalten von SQL Server und Anzeigen von Informationen über Datenbanken und Benutzer bereit. |
| Benutzer | Einzelpersonen, die aus Sicherheitsgründen vom System identifiziert wurden. |
| Rollen | Berechtigungsgruppen, die eingesetzt werden, um die Sicherheit zu gewährleisten. |
| Regeln | Regeln werden als separate Objekte erstellt, die anschließend an die Spalte gebunden werden. |
| Standardwerte | Mit einer Standardeinschränkung können Sie einen Wert für eine Spalte definieren, der immer dann eingefügt wird, wenn ein Benutzer keinen Wert einträgt. |
| Benutzerdefinierte Datentypen | Datentypen werden hier vom Benutzer selbst definiert. Dies ermöglicht es beispielsweise, spezielle von der Anwendung benötigte Daten zu speichern. |
| Benutzerdefinierte Funktionen | Funktionen sind Unterroutinen, bestehend aus einer oder mehreren Transact-SQL-Anweisungen, die Code für die Wiederverwendung kapseln. SQL Server beschränkt die Benutzer nicht auf die integrierten Funktionen, die im Rahmen der Transact-SQL-Sprache definiert sind. Die Benutzer können vielmehr ihre eigenen benutzerdefinierten Funktionen erstellen. |
| Datenbanktrigger | Datenbanktrigger sind ein neues Feature der aktuellen Version, mit dem Änderungen an anderen Datenbankobjekten protokolliert und gegebenenfalls auch verhindert werden können. |

*Tabelle 1.8: Datenbankobjekte einer SQL Server-Datenbank*

# 1.6 Gratis: die Express Edition

Der Nachfolger von MSDE (Microsoft SQL Server Desktop Edition) heißt in dieser Version *SQL Server 2005 Express Edition*. Auch diese Version ist wieder kostenlos und kann legal mit der eigenen Software vertrieben werden. Microsoft pusht diese, auch um sie als Ablöse für die eigene Desktop-Datenbank MS Access zu positionieren. Microsoft selber ist mit MS Access im Moment nicht mehr so ganz glücklich, da einerseits eine Portierung der Entwicklungsumgebung (derzeit VBA/Visual Basic for Applications) auf .NET mit enormem Aufwand verbunden ist, aber andererseits ein Beibehalten der alten Umgebung wider die eigene Philosophie ist.

Die SQL Server 2005 Express Edition kann nicht nur separat heruntergeladen und installiert werden, sie ist auch im Setup des Visual Studios 2005 enthalten.

Die markantesten Unterschiede der Express Edition gegenüber der MSDE 2.0 sind folgende:

▶ Die *maximale Datenbankgröße* ist von 2 GB auf 4 GB verdoppelt worden. Dieser Maximalwert betrifft jedoch nur eine einzelne Datenbank. Sie können also mehrere Datenbanken mit bis zu 4 GB Größe mit dieser Edition nutzen.

▶ Mit der *SQL Server Management Studio Express Edition* steht erstmals auch ein grafisches Tools für die kleine Edition zur Verfügung. Bisher musste man auf ein solches verzichten, wenn nicht eine andere Edition zusätzlich lizenziert worden ist. Vielfach sind kleinere Tools von Drittherstellern eingesetzt worden.

▶ Leider gibt es in der Express Edition nun den *SQL Server Agent* nicht, womit keine zeitgesteuerten Aufträge mehr definiert werden können. Dieses Feature fehlt in der Praxis wirklich, da es bei vielen Kleinstinstallationen zumindest für die tägliche automatische Sicherung Verwendung gefunden hat. Wenn Sie den Server Agent auch weiterhin benötigen, müssen Sie jetzt mindestens die Workgroup Edition einsetzen. (Lesen Sie über einen möglichen Workaround in Kapitel 8.)

Im Großen und Ganzen ist die Express Edition eine für viele Anwendungsfälle sehr gut einsetzbare Datenbank, die kein Geld kostet. Sie ist eine echte Alternative zur Verwendung einer Desktop-Datenbank wie MS Access, da sie die klassischen Merkmale einer Serverdatenbank aufweist:

▶ Erhöhte Stabilität im Betrieb

▶ Reduktion der Netzlast durch Serverdatenbank

▶ Datensicherheit durch effizientes Sicherheitssystem

▶ Sicherung im Online-Betrieb

▶ Möglichkeit eines Desaster Recoverys

▶ Serverseitige Programmierung durch Transact-SQL und CLR-Integration

▶ Protokollierung von Transaktionen

 Im gesamten Buch wird an den verschiedensten Stellen auf die Besonderheiten und Unterschiede der Express im Vergleich zu anderen Edition eingegangen. Sie finden an diesen Stellen viele wertvolle Informationen zur Express Edition.

# 2 Die grafischen Tools des SQL Servers 2005

Eine der größten Stärken von Microsoft ist es, auch komplexe und komplizierte Sachverhalte und Produkte durch perfekte grafische Oberflächen vielen Benutzergruppen nahe bringen zu können. Auch Einsteigern in ein Thema wird somit das Arbeiten mit Produkten möglich gemacht. Dem Profi wird durch einfachen Zugriff auf Funktionen geholfen, die Arbeit möglichst effizient und effektiv zu erledigen. Manchmal kommt einem da schon der Gedanke: „Wenn das so einfach ist, kann das wirklich jeder!"

In diesem Kapitel möchten wir Ihnen die vielfach neuen grafischen Tools des SQL Servers 2005 vorstellen. In diesem Bereich gibt es ja einige Neuerungen und vor allem auch Verbesserungen. Vor allem gibt es erstmals auch zur freien Einstiegsedition des SQL Servers, der Express Edition, grafische Tools. Bei der MSDE (Microsoft SQL Server Desktop Edition), der freien Edition der Vorgängerversion, musste man noch ohne eigene grafische Tools auskommen.

Die meisten der „alten" grafischen Tools sind komplett durch neue Tools ersetzt worden. Diese sind auf Basis .NET komplett neu entwickelt worden.

 In diesem Kapitel lernen Sie den grundlegenden Umgang mit den grafischen Tools. Über die Inhalte, die sich dahinter verbergen, lesen Sie in den nachfolgenden Kapiteln.

## 2.1 Die Tools im Überblick

Zum Einstieg möchten wir Ihnen einen Überblick über die in diesem Kapitel beschriebenen Tools geben. Zuvor möchten wir aber kurz auf jene Tools eingehen, die Umsteiger von Vorversionen in dieser Form jetzt nicht mehr vorfinden werden.

▶ *Dienst-Manager*: Der Dienst-Manager hat dem einfachen Starten und Beenden der SQL Server-Dienste gedient. Am auffälligsten ist das Symbol rechts unten in der Windows-Taskleiste gewesen. Der Dienst-Manager ist Microsofts Intension, alle Tools mit Managed Code (.NET) abzubilden, zum Opfer gefallen.

Das Schöne an diesem Tool ist gewesen, dass man auf einen Blick gesehen hat, ob der Server läuft oder nicht. Der Dienst-Manager ist standardmäßig in das Autostart-Menü eingetragen und damit automatisch gestartet worden.

*Abbildung 2.1: Dienst-Manager und Symbol in Taskleiste*

Die Funktionalität wird nun über den Konfigurations-Manager bereitgestellt. Das Taskleisten-Symbol gibt es jedoch nicht mehr.

▷ *Enterprise Manager*: Der Enterprise Manager, der in die Microsoft Management-Konsole eingebettet ist, ist das grafische Tool für alle Verwaltungsaufgaben in den Vorversionen gewesen. Mit ihm sind beispielsweise Datenbanken und Datenbankobjekte erstellt, Sicherungen gemacht, Servereinstellungen vorgenommen und Benutzer und Berechtigungen verwaltet worden. Aber auch die Konfiguration des Servers selber ist über dieses Tool erfolgt. Diese Aufgaben sind auf das neue SQL Server Management Studio übergegangen.

▷ *Query Analyzer*: Der Query Analyzer ist das Tool schlechthin für alle Entwickler und jeden gewesen, der mit SQL-Anweisungen den SQL Server abgefragt hat. Auch sämtliche Verwaltungsaufgaben konnten durch den Aufruf von Transact-SQL-Anweisungen vorgenommen werden. Eine wichtige Funktionalität ist das Erstellen und Ausführen von SQL-Skripten gewesen. Den Namen hat das Tool, das noch früher I-SQL-Windows geheißen hat, von der Möglichkeit, Ausführungspläne von SQL-Anweisungen anzuzeigen, welche die Basis von Performanceanalysen sind.

▷ *OSQL*: Eigentlich ist OSQL ja kein grafisches Tool, sondern ein Kommandozeilentool, dennoch sei es hier in der Aufzählung berücksichtigt. OSQL ist sozusagen der kleine Bruder des Query Analyzers für die Kommandozeile. Mit diesem können jede Transact-SQL sowie SQL-Anweisung ausgeführt und auch SQL-Skripte gestartet werden. Der große Vorteil: Es ist auch bei der freien Edition MSDE verfügbar. Es ist in der aktuellen Version durch SQLCMD ersetzt worden.

▷ *SQL Server-Netzwerkkonfiguration* und *SQL Server-Clientkonfiguration*: Diese Tools haben es auf Server sowie Client ermöglicht, die zu verwendenden Netzwerkprotokolle zu konfigurieren. Diese Funktionen finden Sie nun im Konfigurations-Manager wieder.

▷ *Daten importieren und exportieren*: Die Funktionalität des bisher eigenständigen Programms, das direkt über das Startmenü aufgerufen werden konnte, ist nun in das Management Studio integriert.

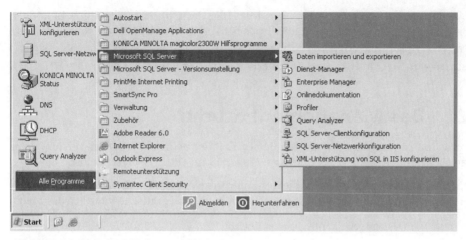

*Abbildung 2.2: Tools des SQL Servers 2000 im Startmenü*

Nun wenden wir uns den neuen und in dieser Version verfügbaren Tools zu.

In der Regel installieren Sie die grafischen Tools bei jeder Serverinstallation automatisch auf diesem mit. Gerade bei Entwicklern wird der SQL Server oft auf der lokalen Maschine installiert, wodurch die Tools automatisch zur Verfügung stehen.

 Da die grafischen Tools auf neuester .NET-Technologie aufbauen, wird auf dem Rechner das .NET Framework 2.0 benötigt. Dieses wird beim Setup automatisch installiert, wenn es noch nicht vorhanden ist.

Natürlich lassen sich diese Tools auch separat installieren. Haben Sie die CD-Ausgabe des SQL Servers 2005, benötigen Sie dazu nur die zweite CD. Wählen Sie im Startdialog der Installation die Option *Nur Tools, Online-Dokumentation und Beispiele*, um die Entwicklungs- und Verwaltungstools ohne den SQL Server auf Ihrem Rechner zu installieren.

▶ *SQL Server Management Studio*: Das Management Studio ist das neue Haupttool des SQL Servers 2005. Es ist von Grund auf unter Verwendung von .NET-Technologien neu programmiert worden. Es vereint die Funktionen des Enterprise Managers und des Query Analyzers in einem Tool und ersetzt diese beiden Programme.

▶ *SQL Server Management Studio Express*: Erstmals seit es die kleine freie Version des SQL Servers gibt, wird dieses auch mit einem ebenso freien grafischen Verwaltungstool ausgestattet.

▶ *SQL Server Konfigurations-Manager*: Der Konfigurations-Manager dient der Einstellung der verwendeten Netzwerkprotokolle und der SQL Server-Dienste.

▶ *SQL Server-Oberflächenkonfiguration*: Mit dem Tool zur Oberflächenkonfiguration können Sie Dienste, Netzwerkprotokolle und Features, die Sie nicht benötigen, deaktivieren und damit die Verwaltbarkeit und Sicherheit erhöhen.

▶ *SQL Server Profiler*: Der Profiler dient der Überwachung von Anweisungen und Prozessen auf dem Server, in erster Linie der Auswertung der Performance und der Analyse der ausgeführten Anweisungen.

▶ *Datenbankmodul-Optimierungsratgeber*: Mit Hilfe des Optimierungsratgebers können Sie Ihre Datenbank analysieren und Tipps für Verbesserungen der Leistung erhalten.

▶ *SQLCMD*: Das Tool SQLCMD (SQL Command) ist das Kommandozeilentool für den Einsatz von SQL und Transact-SQL und löst in dieser Funktion OSQL ab.

## 2.2 Das Management Studio

Wie erwähnt ist das Management Studio *das* Tool der neuen SQL Server-Version, da es die zwei bisherigen Haupttools *Enterprise Manager* und *Query Analyzer* ablöst.

Das Management Studio ist nicht wie der Enterprise Manager in die Microsoft Management-Konsole integriert, sondern verwendet vielmehr das grafische Interface des Visual Studios.

### Anmelden

Beim Starten des Management Studios müssen Sie sich erstmals anmelden. In der Regel melden Sie sich am Datenbankmodul (Database Engine) an. Da das Management Studio nicht nur der Verwaltung der Datenbanken, sondern auch der weiteren SQL Server-Services dient, steht im Anmeldedialog als Servertyp Folgendes zur Wahl:

▶ *Datenbankmodul*: Dies ist die Standardauswahl für das Arbeiten mit Datenbanken.

▶ *Analysis Services*: Zugriff auf die Verwaltung der Analysis Services zur Erstellung von Data Warehouse-Anwendungen.

▶ *Reporting Services*: Die Reporting Services bieten die Möglichkeit, Berichte, die auf Daten des SQL Servers basieren, in verschiedenen Formaten auszugeben und Benutzern, zum Beispiel über den Browser, zur Verfügung zu stellen.

▶ *SQL Server Mobile*: Erstellen oder Bearbeiten einer Datei für ein Device mit einem Pocket-PC-Betriebssystem.

▶ *Integration Services*: Die Integration Services sind der Nachfolger der *Data Transformation Services* und werden für das Abbilden von Workflows verwendet.

*Abbildung 2.3: Anmeldedialog*

Melden Sie sich am Datenbankmodul über Windows-Authentifizierung oder über SQL Server-Authentifizierung mit Eingabe eines Benutzernamens und eines Kennwortes an.

 Informationen über Authentifizierungsmodi und Anmeldungen finden Sie in Kapitel 9.

Warum können Sie sich auf einem frisch installierten Server direkt auf dem Rechner mit Windows-Authentifizierung anmelden?

▷ Um den SQL Server auf einem Rechner installieren zu können, müssen Sie direkt oder indirekt Mitglied der lokalen Administratorengruppe sein.

▷ Für die lokale Administratorengruppe wird automatisch eine Anmeldung am SQL Server mit Administratorrechten auf dem SQL Server (Mitglied der Rolle *sysadmin*) erstellt. Über diese Windows-Gruppe werden Sie dann auch authentifiziert.

▷ Wenn Sie beim Setup schon den gemischten Modus gewählt haben, können Sie sich auch mit dem Anmeldenamen *sa* und dem im Setup vergebenen Kennwort über SQL Server-Authentifizierung anmelden.

 Um sich von einem Remote-Rechner aus anmelden zu können, müssen Sie sich entweder über eine der zwei eben genannten Methoden anmelden können – zum Beispiel wenn Sie Mitglied der Gruppe Domänenadministratoren sind – oder sich zuvor einmalig lokal anmelden und ein neues Konto erstellen. Wie das funktioniert, lesen Sie in Kapitel 9.

Wählen Sie den Server, an dem Sie sich anmelden möchten, aus. Wird er in der Auswahlliste noch nicht angezeigt, wählen Sie <*Suche fortsetzen…*> aus, um einen Server zu suchen.

*Abbildung 2.4: Lokalen Server auswählen*

Auf dem ersten Register werden lokal installierte Server – es können ja mehrere Instanzen auf einem Rechner installiert werden – angezeigt.

Auf dem Register *Netzwerkserver* werden Installationen auf anderen Rechnern angezeigt.

Abbildung 2.5:
Netzwerkserver verbinden

 Sie können sich mit dem Management Studio sowohl an einem SQL Server 2005 (Version 9.0 – siehe Abbildung 2.5) als auch an einem mit einer älteren Version, wie zum Beispiel dem SQL Server 2000 (Version 8.0), anmelden.

 Sie können sich an einer lokalen Standardinstanz wie in den Vorversionen auch durch manuelle Eingabe eines Punktes oder von *(local)* anmelden. Ist der Server über das Netzwerk nicht anders erreichbar, können Sie auch die IP-Adresse des Servers verwenden. Wenn Sie auf eine benannte Instanz zugreifen, müssen Sie den Instanznamen mit einem Schrägstrich getrennt ergänzen. Die Express Edition legt beim Setup standardmäßig eine benannte Instanz an, auf die Sie dann mit `Rechnername\SQLExpress` zugreifen.

Nach erfolgter Anmeldung sehen Sie im Management Studio folgende Fenster angezeigt:

▶ *Objekt-Explorer*: Hier haben Sie alle Objekte des Servers, an dem Sie sich angemeldet haben, im Zugriff.

▶ *Zusammenfassung*: Dieses Fenster entspricht dem rechten Fenster beim Enterprise Manager der Vorversionen. Hier werden nach Auswahl einer Objektkategorie die enthaltenen Objekte angezeigt.

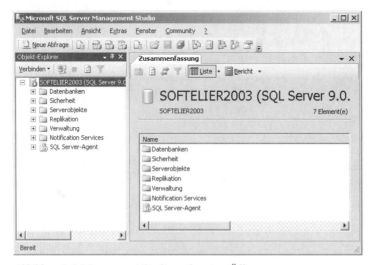

*Abbildung 2.6: Management Studio nach erstem Öffnen*

Funktionen für angezeigte Server, Datenbanken und Datenbankobjekte sind über das Kontextmenü zugänglich. Daher nimmt das Kontextmenü bei der Verwendung des Management Studios, vor allem im Objekt-Explorer, eine zentrale Rolle ein. Dies erinnert stark an den Enterprise Manager.

Neben diesen beiden standardmäßig eingeblendeten Fenstern können noch folgende Fenster angezeigt werden:

- ▶ *Registrierte Server*
- ▶ *Vorlagen-Explorer*
- ▶ *Projektmappen-Explorer*
- ▶ *Eigenschaftsfenster*
- ▶ *Lesezeichenfenster*
- ▶ *Toolbox*

Die einzelnen Fenster können angedockt, verschoben und auf Register gelegt werden. Blenden Sie die gewünschten Fenster über das Menü ANSICHT ein, und ziehen Sie es mit der Maus an die gewünschte Position. Über das Kontextmenü im Titelbereich der Fenster können Sie die Fenster als *andockbar, unverankert, automatisch in Hintergrund* und als *Dokument im Registerkartenformat* festlegen.

Die nachfolgende Abbildung zeigt, wie Sie zum Beispiel das Fenster *Registrierte Server* an einer neuen Position andocken. Sie ziehen es ein wenig mit der Maus. Die Andockpositionen werden nun angezeigt. Jetzt müssen Sie nur mehr den Mauszeiger auf das Symbol für die gewünschte Zielposition bewegen. Die etwaige neue Position wird grau hinterlegt angezeigt. Lassen Sie die Maustaste nun los, wenn Sie das Fenster endgültig an dieser Position andocken möchten. Programmierern wird diese vom Visual Studio her bestens bekannt sein.

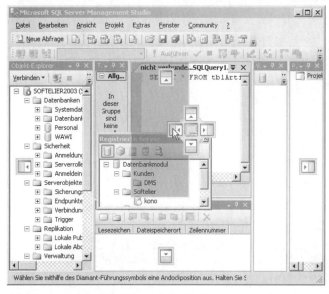

*Abbildung 2.7: Fenster im Management Studio andocken*

Blenden Sie nur jene Fenster ein, die Sie wirklich benötigen. Vor allem empfiehlt sich der Einsatz von Bildschirmen mit hoher Auflösung, um bequem
arbeiten zu können. Normale XGA-Auflösung mit 1024 x 768 Punkten ist in
der Praxis oft zu wenig, wenn Sie mehrere Fenster parallel einsetzen.

### Server registrieren

Wenn Sie mit mehreren Servern arbeiten, empfiehlt sich die Verwendung des Fensters
*Registrierte Server*. Dies erleichtert den Zugriff auf verschiedene Server im Netzwerk.
Blenden Sie dieses über den Menübefehl ANSICHT\REGISTRIERTE SERVER ein.

*Abbildung 2.8: Registrierte Server*

Sie können hier über das Kontextmenü neue Server registrieren. Um eine bessere Übersicht und Ordnung zu behalten, können Sie nach Belieben Servergruppen (Ordner)
erstellen, denen Sie dann die einzelnen registrierten Server zuweisen. Um eine Servergruppe zu erstellen, wählen Sie das Datenbankmodul und im Kontextmenü den Befehl
NEU\SERVERGRUPPE… aus.

*Abbildung 2.9: Neue Servergruppe anlegen*

Im Dialog geben Sie den Namen für die Servergruppe ein und wählen den Ort aus, unter
dem die neue Gruppe eingefügt werden soll.

Registrieren Sie neue Server über den Befehl NEU\SERVERREGISTRIERUNG…, den Sie
ebenfalls im Kontextmenü finden. Wie bei der Anmeldung am Datenbankmodul zuvor
geben Sie den Servernamen und die Anmeldeinformationen ein.

Neu ist in dieser Version, dass bei einer Registrierung frei ein Name für diese Registrierung vergeben werden kann. Dies ist besonders dann hilfreich, wenn Sie einen Server über die IP-Adresse registrieren müssen, weil er über das Netzwerk nicht anders erreichbar ist.

*Abbildung 2.10: Neue Serverregistrierung*

Testen Sie die Verbindung über die Schaltfläche TESTEN, bevor Sie sie endgültig speichern. Der Server wird unterhalb jener Servergruppe angezeigt, die beim Ausführen des Befehls markiert gewesen ist. Sie können die Zuordnung zu einer Gruppe jederzeit über den Befehl VERSCHIEBEN NACH… im Kontextmenü ändern. Wenn es Ihrer Übersicht dient, können Sie auch Servergruppen ineinander schachteln. Dies könnte am Ende ungefähr ein Bild wie das nachfolgende ergeben.

*Abbildung 2.11: Registrierte Server in mehreren Servergruppen*

Um auf die Objekte eines registrierten Servers zuzugreifen, wählen Sie im Kontextmenü einen der beiden Befehle:

▶ VERBINDEN\OBJEKT-EXPLORER: Im Objekt-Explorer wird der Server mit seinen Objekten dargestellt.

▶ VERBINDEN\NEUE ABFRAGE: Ein neues Abfrage-Editorfenster wird geöffnet. Für die Anmeldung werden die bei der Registrierung des Servers verwendeten Informationen herangezogen.

### Der Objekt-Explorer

Der Objekt-Explorer ist neben dem Abfrage-Editor jener Bereich, mit dem Sie mit Sicherheit am häufigsten arbeiten werden.

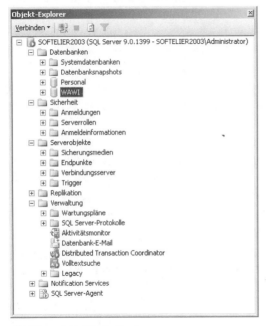

*Abbildung 2.12: Objekt-Explorer*

Von hier aus kann auf alle Objekte des gewählten Servers zugegriffen werden. Um einen Server im Objekt-Katalog anzuzeigen, gibt es mehrere Möglichkeiten:

▶ Der Server, an dem Sie sich beim Öffnen des Management Studios angemeldet haben, wird immer automatisch im Objekt-Explorer angezeigt.

▶ Klicken Sie in der Symbolleiste des Objekt-Explorers auf VERBINDEN\DATENBANK-MODUL…, um sich über einen neuen Anmeldedialog an einem gewünschten Server anzumelden. Es können so mehrere Server untereinander im Objekt-Explorer angezeigt werden.

▶ Über das Kontextmenü im Fenster *Registrierte Server* über den Befehl VERBINDEN\OBJEKT-EXPLORER.

▶ Im Menü DATEI über den Befehl OBJEKT-EXPLORER VERBINDEN.

Im Objekt-Explorer haben Sie vor allem folgende wichtige Objekte im Zugriff:

▷ *Datenbanken*: Neben den Benutzerdatenbanken werden die *Systemdatenbanken* sowie *Datenbank-Snapshots* in eigenen Ordnern angezeigt. Datenbank-Snapshots sind ein neues Feature dieser Version. Sie speichern Momentauszüge aus der Datenbank, die nur gelesen und zum Beispiel für Auswertungen verwendet werden können. Über die einzelnen Datenbanken gelangen Sie zu allen Objekten der Datenbank. Dazu lesen Sie Details in den folgenden Kapiteln des Buches.

▷ *Sicherheit*: Hier werden Objekte wie *Anmeldungen* und *Serverrollen* verwaltet, die für die Organisation der Sicherheit und der Zugriffsberechtigungen auf den Datenbank-server benötigt werden. (Lesen Sie dazu Kapitel 9.)

▷ *Serverobjekte*: Hier finden Sie *Sicherungsmedien* (Genaueres dazu finden Sie in Kapitel 8), *Endpunkte* und *Verbindungsserver (Linked Server)*. Letztere benötigen Sie für die Ver-bindung mehrerer Server untereinander. Sind Server auf diese Art untereinander ver-linkt, können Sie in einer Abfrage auf mehrere Datenbankserver zugleich zugreifen. Außerdem finden Sie in der Rubrik Serverobjekte noch *Trigger*, womit hier im Spe-ziellen die *Datenbanktrigger* gemeint sind. Diese sind ebenso neu in dieser Version. Mehr dazu lesen Sie in Kapitel 6.

▷ *Replikation*: Hier können Sie Objekte erstellen und verwalten, die Sie für verteilte Datenbanken benötigen.

▷ *Verwaltung*: In dieser Rubrik sind verschiedene Punkte zusammengefasst:

  ▷ *Wartungspläne*: Wartungspläne führen Wartungsarbeiten wie zum Beispiel Siche-rungen, Indexreorganisation oder Prüfung der Datenbankintegrität gemeinsam oder getrennt zu festgelegten Zeiten aus. Wartungspläne gibt es bei der Express Edition nicht.

  ▷ *SQL Server-Protokolle*: Hier werden unterschiedlichste Vorgänge protokolliert wie zum Beispiel Anmeldungen oder das Anfügen und das Sichern von Datenban-ken. Vor allem Fehler verschiedenster Art werden hier festgehalten.

  ▷ *Aktivitätsmonitor*: Über den Aktivitätsmonitor kann man ablesen, welche Benutzer gerade in einer Session mit einer Datenbank verbunden sind. Dazu gibt es ver-schiedene Statusinformationen.

  ▷ *Datenbank-E-Mail*: Über den SQL Server können SMTP-Mails versendet werden. Diese können zum Beispiel für Benachrichtigungen aus Datenbanken heraus ver-wendet werden oder um Administratoren in bestimmten Situationen zu informie-ren. In der Express Edition müssen Sie auf dieses Feature verzichten.

  ▷ *Distributed Transaction Coordinator*: Dieser Dienst wird benötigt, wenn Sie Transak-tionen verwenden, in die mehr als ein Server involviert ist.

  ▷ *Volltextsuche*: Dies ist ein Dienst, der für die Integration von Volltextsuche in Datenbanken benötigt wird. Auch dieses Feature fehlt in der Express Edition.

  ▷ *Legacy*: Hier finden Sie Komponenten, die zur Gewährleistung der Abwärtskom-patibilität benötigt werden. Hierzu gehören die alten *Datenbankwartungspläne*, die alte *SQL Mail*, die durch Datenbank-E-Mail ersetzt worden ist, sowie die *Data Transformation Services*, die den Integration Services weichen mussten.

**Der Abfrage-Editor**

Eine Kernkomponente des Management Studios ist der Abfrage-Editor. Dieser beinhaltet in erster Linie die Funktionalität des früheren Query Analyzers.

Um ein Abfrage-Editorfenster zu öffnen, wählen Sie eine der folgenden Varianten:

▷ Markieren Sie eine Datenbank im Objekt-Explorer und wählen im Kontextmenü den Befehl NEUE ABFRAGE.

▷ Wählen Sie den Befehl DATEI\NEU\ABFRAGE MIT AKTUELLER VERBINDUNG, wird die bereits bestehende Anmeldung des im Objekt-Explorer markierten Servers verwendet.

▷ Wählen Sie im Menü DATEI den Befehl NEU\DATENBANKMODUL-ABFRAGE. Sie werden zur Eingabe neuer Anmeldeinformationen aufgefordert.

 In der nachfolgenden Grafik finden Sie die Symbole ganz links in der Symbolleiste, die alternativ zu den zwei Menübefehlen des DATEI-Menüs verwendet werden können.

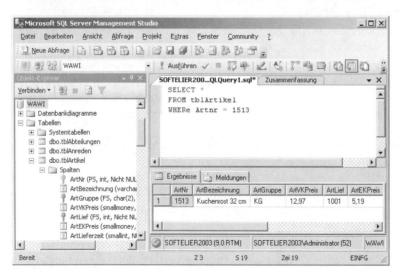

*Abbildung 2.13: Abfrage im Abfrage-Editorfenster ausgeführt*

Die Symbole der Symbolleiste des Abfrage-Editors (die untere Symbolleiste in Abbildung 2.13) haben von links beginnend folgende Bedeutung:

1. *Verbinden*: Aufbauen einer neuen Verbindung mit einer Datenbank-Engine.

2. *Trennen*: Trennen der aktiven Datenbankverbindung.

3. *Verbindung ändern*: Anmelden mit einer neuen Verbindung.

4. Liste zur Auswahl der aktuellen Datenbank: Hier wählen Sie die Datenbank aus, mit der Sie aktuell verbunden sind.

5. *Ausführen*: Führt die Anweisungen aus. Ist ein Bereich markiert, wird nur der markierte Bereich ausgeführt. Sie können alternativ die Schaltfläche F5 verwenden.

6. *Analysieren*: Prüft die Syntax der Anweisung(en).

7. *Ausführung der Abfrage abbrechen*: Bricht die Ausführung einer Anweisung ab, wenn diese zum Beispiel zu lange dauert.

8. *Geschätzten Ausführungsplan anzeigen*: Zeigt den Ausführungsplan der Anweisung an, aus dem zum Beispiel die Indexverwendung hervorgeht.

9. *Datenbank-Optimierungsratgeber*: Tipps zur Verbesserung der Datenbank erhalten.

10. *Abfrage in Editor entwerfen*: Mithilfe eines Editors können Sie grafisch unterstützt mit Drag & Drop eine Abfrage erstellen.

Die rechten drei Symbole bedeuten:

11. *Ausgabe in Text*: Das Ergebnis wird in einer einfachen Textform ausgegeben.

12. *Ausgabe in Raster*: Die Ausgabe des Ergebnisses erfolgt in Rasterform, so wie in der letzten Abbildung zu sehen.

13. *Ausgabe in Datei*: Das Ergebnis wird direkt in eine ASCII-Datei geschrieben und nicht am Bildschirm dargestellt.

 Mehr über das Schreiben von SQL-Anweisungen lesen Sie in Kapitel 4.

Dieser kurze Überblick soll Ihnen das Arbeiten mit dem Management Studio erleichtern. Viele weitere Details zu den verschiedenen Verwendungsmöglichkeiten dieses Tools werden bei den jeweiligen Themen in den folgenden Kapiteln behandelt.

# 2.3    Das Management Studio Express

Microsoft hat für die Express Edition des SQL Servers 2005 als grafisches Tool eine abgespeckte Version des Management Studios bereitgestellt. Dies ist ein Novum, denn bei den bisherigen Vorgängerversionen, den freien MSDE-Ausgaben von SQL Server 7.0 und 2000, musste man ohne grafische Unterstützung auskommen. Wenngleich sie mit den Tools der Standardeditionen auch verwaltet werden konnten, musste man dazu dennoch eine lizenzierte Version erwerben.

Das *SQL Server Management Studio Express* liegt beim Schreiben dieser Zeilen nach wie vor nur als englische CTP-Version von November 2005 vor. Die CTP-Version (Community Technology Preview) ist eine Art ausgereiftere Beta-Version.

Das Management Studio Express ist ein Download in der Größe von circa 30 MB, der frei über die Microsoft-Webseite verfügbar ist.

 Im Download ist das .NET Framework 2.0 nicht enthalten. Dieses muss separat heruntergeladen und zuvor installiert werden.

In der Funktionalität entspricht diese Version so weit jener der Vollversion, als auch die Express Edition des Datenbankmoduls diese abdeckt. Der auffälligste Unterschied zur Vollversion ist das Fehlen aller Funktionalitäten, die nicht dem Datenbankmodul angehören.

Bereits beim Anmelden fällt auf, dass die Auswahl des Servertyps ausgegraut und mit *Database Engine* vorbelegt ist.

 Sie können mit dieser Version auch „erwachsene" Editionen des SQL Servers verwalten. Funktionalitäten, die für die Express Edition nicht zur Verfügung stehen, können aber auch für diese nicht ausgeführt werden.

## 2.4    Das Kommandozeilentool: SQLCMD

Das Vorgängertool OSQL war oft die einzige Möglichkeit, Verwaltungstätigkeiten bei einer MSDE-Version auszuüben. Hier hat sich die Situation durch das Management Studio Express etwas verändert.

In der Praxis weit verbreitet ist die Verwendung von SQLCMD in Kombination mit einem SQL-Skript, dessen Pfad beim Start mit angegeben wird. Dieses Skript wird dann automatisch ausgeführt.

Gestartet wird dieses Tool von der Kommandozeile aus mit dem Befehl *SQLCMD*.

Die wichtigsten Parameter beim Start zeigt die nachfolgende Übersicht.

| Parameter | Bedeutung |
|---|---|
| -S server | Name oder IP-Adresse des Servers. Wird dieser Parameter weggelassen, wird die lokale Standardinstanz verwendet. |
| -U anmeldename | Anmeldename bei Anmeldung mit SQL Server-Authentifizierung. |
| -P kennwort | Kennwort bei Anmeldung mit SQL Server-Authentifizierung. |
| -E | Anmeldung mittels Windows-Authentifizierung |
| -d datenbankname | Name der Datenbank, zu der nach der Anmeldung gewechselt werden soll. |
| -i eingabedatei | Pfad zur SQL-Skript-Datei, die nach dem Anmelden ausgeführt werden soll. Wird diese Option verwendet, wird SQLCMD nach dem Ausführen des Skripts wieder beendet. |
| -o ausgabedatei | Name einer Datei, in welche die Ausgaben geschrieben werden. Dies ist mit der Option *Ausgabe in Datei* im Management Studio vergleichbar. |

*Tabelle 2.1: Aufrufparameter von SQLCMD*

Der Aufruf des Tools könnte beispielsweise so aussehen:

```
sqlcmd -U klemens -P konosql -S softelier2003
```

 Auf die Groß- und Kleinschreibung bei den Aufrufparametern muss geachtet werden.

Nach der Anmeldung wird der Command-Prompt mit 1> dargestellt. Geben Sie nun beliebige SQL-Anweisungen ein. Bei der Eingabe werden die Zeilen mit dem Command-Prompt fortlaufend nummeriert. Damit die Anweisung ausgeführt wird, wechseln Sie in eine neue Zeile, und geben Sie go ein. Danach wird die Anweisung mit ⏎ ausgeführt.

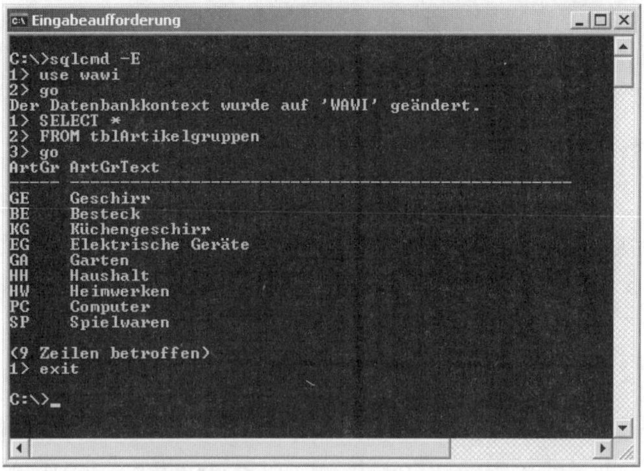

```
C:\>sqlcmd -E
1> use wawi
2> go
Der Datenbankkontext wurde auf 'WAWI' geändert.
1> SELECT *
2> FROM tblArtikelgruppen
3> go
ArtGr ArtGrText
-------------------------------------
GE    Geschirr
BE    Besteck
KG    Küchengeschirr
EG    Elektrische Geräte
GA    Garten
HH    Haushalt
HW    Heimwerken
PC    Computer
SP    Spielwaren

(9 Zeilen betroffen)
1> exit

C:\>_
```

*Abbildung 2.14: SQLCMD*

Beenden Sie das Tool wahlweise mit der Anweisung quit oder exit.

 Ein Beispiel für den Einsatz mit dem Aufruf einer Skript-Datei finden Sie in Kapitel 8.

# 2.5    Der Konfigurations-Manager

Der Konfigurations-Manager ist ein Snap-In der Microsoft Management-Konsole. Als solches kann er entweder direkt über das Windows-Startmenü oder über die Verwaltung des Arbeitsplatzes aufgerufen werden.

Der Konfigurations-Manager dient drei Aufgaben:

▶ *Verwaltung der SQL Server-Dienste*: In dieser Aufgabe ersetzt er den Dienste-Manager der Vorversionen. Die einzelnen Dienste können gestartet und beendet, deren Startart festgelegt und deren Dienstkonto festgelegt werden. Am Symbol ist zu erkennen, ob ein Dienst gestartet ist oder nicht. Bei gestarteten Diensten ist im weißen Kreis ein grünes Dreieck abgebildet. Ist ein Dienst nicht gestartet, ist an dieser Stelle ein rotes Viereck zu sehen.

▶ *Netzwerkkonfiguration für den Server*: Hier können Sie Netzwerkprotokolle für den Server aktivieren und deaktivieren. In der Regel haben Sie eine Auswahl der zu verwendenden Protokolle bereits bei der Serverinstallation vorgenommen. Hier können Sie Änderungen vornehmen. In der Regel aktivieren Sie lediglich TCP/IP. Für dieses Protokoll können hier weitere Einstellungen vorgenommen werden, wie zum Beispiel der Port, der standardmäßig mit 1433 belegt ist.

▷ *Protokolle für den Client:* Für diesen Rechner als Client können die verwendbaren Protokolle hier eingestellt werden. Sind mehrere aktiv, wird eine Reihenfolge festgelegt, in welcher der Client versucht, mit dem jeweiligen Protokoll eine Verbindung zu einem Server aufzubauen.

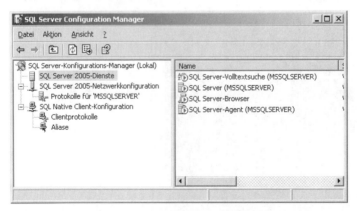

*Abbildung 2.15: Konfigurations-Manager in der MMC*

Zusätzlich können an dieser Stelle *Aliase* für den Zugriff auf Server erstellt werden. Dies ist vor allem dann hilfreich, wenn aufgrund des Netzwerkes nur mit der Angabe der IP-Adresse eine Verbindung zum Server aufgebaut werden kann. Wird ein Alias erstellt, kann er im Anmeldedialog anstelle des echten Servernamens verwendet werden.

# 2.6    Das Tool Oberflächenkonfiguration

Das Tool zur Oberflächenkonfiguration dient dem Aktivieren und Deaktivieren von Funktionalitäten. Damit sollte alles, was nicht benötigt wird, deaktiviert werden, um so ungenutzte Möglichkeiten einzuschränken und die Sicherheit des Servers zu erhöhen.

Das Tool zur Oberflächenkonfiguration wird über das Startmenü aufgerufen. Es bietet zwei Bereiche an:

▷ *Oberflächenkonfiguration für Dienste und Verbindungen*
Die hier gebotenen Möglichkeiten entsprechen weitgehend jenen des Konfigurations-Managers im Bereich der Dienste-Verwaltung. Ausnahme ist das Zulassen von *Remoteverbindungen* über das Netzwerk. Dies kann hier für den Server aktiviert oder unterbunden werden. Standardmäßig werden Remoteverbindungen – das bedeutet Verbindungen über das Netzwerk und nicht von der lokalen Maschine aus – nur bei der Workgroup, Standard und Enterprise Edition zugelassen. Bei allen anderen Editionen sind sie vorerst deaktiviert.

▷ *Oberflächenkonfiguration für Features*
In diesem Bereich können Sie folgende Features aktivieren oder deaktivieren. Standardmäßig sind alle deaktiviert:

   ▷ Abfragen auf andere Server ohne eingerichteten Verbindungsserver.

   ▷ *CLR-Integration* (Common Language Runtime) für Serverprogrammierung mit .NET (siehe dazu Kapitel 7).

▸ *Datenbank-E-Mail* und *SQL Mail* der Vorgängerversionen.

▸ *Dedizierte Administratorenverbindung* (DAC)

▸ Die erweiterte Systemprozedur `xp_cmdshell`, mit der DOS-Anweisungen aus der Datenbank heraus ausgeführt werden können. Diese werden insbesondere als Sicherheitslücke angesehen.

▸ Gespeicherte Systemprozeduren, die Web-Output generieren.

▸ Neue Features wie den *Service Broker* oder die *Systemeigenen XML-Webdienste*.

▸ *OLE-Automatisierung*

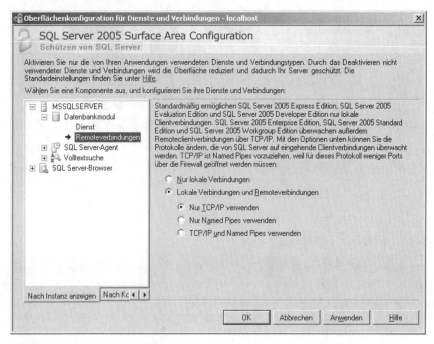

*Abbildung 2.16: Remoteverbindungen zulassen*

## 2.7 Der Datenbankmodul-Optimierungsratgeber

Der Optimierungsratgeber (Database Tuning Advisor) ist die Weiterentwicklung des Indexoptimierungsassistenten des SQL Servers 2000. Er liefert Änderungsvorschläge die Indizierung betreffend. Dafür muss ihm eine Datei mit Abfragen bereitgestellt werden, die typischerweise auf dieser Datenbank ausgeführt werden. Um zu sinnvollen Ergebnissen zu kommen, muss die Datenbank allerdings realistische Datenmengen enthalten, die dem Echtbetrieb entsprechen.

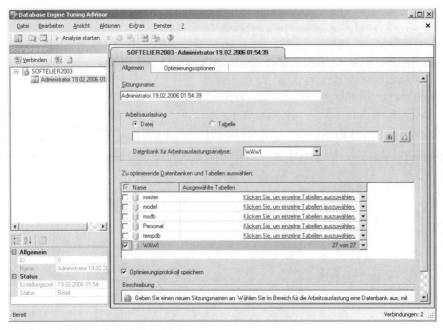

*Abbildung 2.17: Database Tuning Advisor*

## 2.8    Der Profiler

Der Profiler zeichnet Anweisungen auf, die auf dem Server ausgeführt werden. Diese können zur Analyse herangezogen werden. Dabei können diese nach den verschiedensten Kriterien gefiltert werden. Das Ergebnis kann nicht nur am Bildschirm ausgegeben, sondern auch als so genannte Trace-Datei gespeichert werden. Eine solche Trace-Datei kann vom Optimierungsratgeber als Basis verwendet werden.

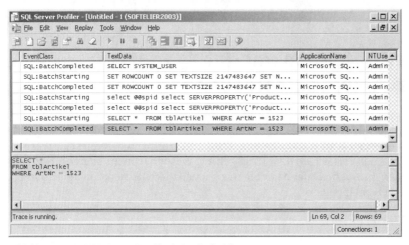

*Abbildung 2.18: SQL Server Profiler beim Aufzeichnen*

# 3 Eine neue Datenbank erstellen

Nachdem wir den SQL Server 2005 installiert und uns ein wenig mit den grafischen Tools vertraut gemacht haben, ist es höchste Zeit, eine erste Datenbank zu erstellen. In diesem Kapitel lesen Sie einerseits, wie Sie dazu vorgehen, andererseits möchten wir Sie auch mit den Hintergründen vertraut machen.

## 3.1 Erstellen einer neuen Datenbank

Zum Anlegen einer neuen Datenbank verwenden Sie vorzugsweise das SQL Server Management Studio. Hier können Sie wahlweise die grafische Oberfläche verwenden oder in einem Abfrage-Editorfenster mit der Anweisung CREATE DATABASE die neue Datenbank erstellen. Dazu würde es genügen, den Namen der Datenbank zusätzlich zur Anweisung anzugeben. Diese wird dann mit allen Standardeinstellungen erstellt.

 Probieren Sie es ruhig aus! Geben Sie in einem Abfrage-Editorfenster die Anweisung CREATE DATABASE kapitel3 ein. Führen Sie diese Anweisung aus, haben Sie schon Ihre erste Datenbank erstellt. Die Dateien dieser Datenbank finden Sie im Ordner ...\MSSQL.1\MSSQL\DATA unter jenem Verzeichnis, das Sie während des Setups als Datenverzeichnis angegeben haben.

### 3.1.1 Bestandteile einer Datenbank

Eine SQL Server-Datenbank besteht aus mehreren *Dateien*, mindestens sind es immer zwei. Bei größeren Datenbanken kann es aber aus Speicherplatz- oder Performancegründen Sinn machen, mehrere Dateien für eine Datenbank zu verwenden. Diese können zu logischen *Dateigruppen* zusammengefasst werden.

**Datenbankdateien**

Eine Datenbank besteht aus Daten- und Transaktionsprotokolldateien. Eine Übersicht über diese Datenbankdateien liefert Ihnen die nachfolgende Tabelle.

| Datei | Typ | Beschreibung |
|-------|-----|--------------|
| Primäre Datendatei | MDF | Die primäre Datendatei (Master Data File) gibt es in jeder Datenbank. Bei Datenbanken von kleinerer und mittlerer Größe wird sie auch die einzige Datendatei sein. In dieser werden neben den Benutzerdatenbankobjekten (Tabellen etc.) auch die Systemobjekte der Datenbank gespeichert. In den Systemtabellen werden zum Beispiel die ganze Struktur der Datenbank, deren Benutzer sowie alle Berechtigungen gespeichert. Die primäre Datendatei wird immer in der Dateigruppe *PRIMARY* gespeichert. |
| Weitere Datendateien | NDF | Bei großen Datenbanken können weitere Datendateien ergänzt werden, um Datenbankobjekte auf diese zu verteilen. |
| Transaktions-protokoll-Dateien | LDF | Es können eine oder mehrere Transaktionsprotokolldateien für eine Datenbank festgelegt werden. Im Transaktionsprotokoll werden alle Schreibvorgänge in der Datenbank protokolliert. Diese Informationen dienen der Steuerung von Transaktionen. Fällt der Datenbankserver aus – zum Beispiel durch einen ungesicherten Stromausfall –, werden beim Neustart des Systems alle nicht abgeschlossenen Transaktionen automatisch zurückgesetzt. Des Weiteren wird das Transaktionsprotokoll für Backup- und Recovery-Vorgänge benötigt. (Mehr über die Bedeutung des Transaktionsprotokolls lesen Sie in Kapitel 5 zu den Transaktionen und in Kapitel 8 zum Thema Sicherung und Wiederherstellen von Datenbanken.) |

*Tabelle 3.1: Dateien einer Datenbank*

Eine Standarddatenbank besteht in der Regel aus der MDF-Datei sowie einer Transaktionsprotokolldatei (LDF). Weitere Dateien werden in der Regel nur bei größeren Systemen verwendet. Unter folgenden Voraussetzungen kann es sinnvoll oder sogar notwendig sein, mehrere Datendateien für eine Datenbank einzusetzen:

▶ Der benötigte *Speicherplatzbedarf* kann auf einem Datenträger nicht zur Verfügung gestellt werden, womit eine Aufteilung auf mehrere Dateien auf unterschiedlichen Datenträgern unumgänglich ist.

▶ *Performancevorteile* können erzielt werden, wenn zum Beispiel Tabellen in einer Datei und Indizes in einer anderen Datei gespeichert werden. Liegen diese auf unterschiedlichen Datenträgern, die an unterschiedlichen Controllern im Server angeschlossen sind, kann bei Lesevorgängen parallelisiert werden. Nachdem ein Indexeintrag auf dem einen Datenträger gelesen worden ist, kann bereits der nächste Indexeintrag gesucht und gelesen werden, während in der Zwischenzeit bereits die Daten zum ersten Indexeintrag vom anderen Datenträger eingelesen werden.

▶ Durch die Aufteilung der Daten auf mehrere Dateien und Dateigruppen können diese separat gesichert (*Dateigruppensicherung*) und wiederhergestellt werden. Dies ist vor allem von Vorteil, wenn die Datenbank aufgrund ihrer Größe in einem Durchgang nicht komplett gesichert werden könnte.

▶ Einzelne Dateien können in *schreibgeschützten Dateigruppen* enthalten sein. Dort können Sie Daten unterbringen, die unveränderlich bleiben sollen. Sie können zum Beispiel Archivdaten in solchen Dateien unterbringen.

Für eine kleine Datenbank bis zu einer Größe von einem Gigabyte wird üblicherweise noch keine Aufteilung in mehrere Dateien erwogen.

Für jede Datei einer Datenbank können folgende Parameter vergeben werden:

▶ *Logischer Name*: Der logische Name ist der interne Name der Datei, über den sie mit SQL-Anweisungen angesprochen werden kann. Dieser dient quasi als Brücke zwischen der Datenbank und den physischen Datenbankdateien. Dieser Name wird zum Beispiel bei der Anweisung RESTORE DATABASE verwendet, wenn beim Wiederherstellen der Datenbank die Datei an einen anderen Pfad verschoben werden soll.

▶ *Anfangsgröße*: Die Anfangsgröße bestimmt den Speicherplatz, den die Datei bei deren Erstellung auf dem Datenträger belegt.

 Verwenden Sie hier gleich eine angemessene Größe, um eine *Fragmentierung* der Datei durch viele kleine Vergrößerungen zu vermeiden.

▶ *Automatische Vergrößerung*: Eine Datei kann automatisch vergrößert werden, wenn sie „voll" ist. Die Vergrößerung kann als Prozentsatz der bisherigen Größe oder als fixe Größe in Megabyte erfolgen. Zusätzlich kann festgelegt werden, ob dieses Wachstum unbeschränkt oder bis zu einer gewissen Maximalgröße erfolgen soll.

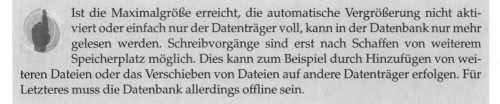 Ist die Maximalgröße erreicht, die automatische Vergrößerung nicht aktiviert oder einfach nur der Datenträger voll, kann in der Datenbank nur mehr gelesen werden. Schreibvorgänge sind erst nach Schaffen von weiterem Speicherplatz möglich. Dies kann zum Beispiel durch Hinzufügen von weiteren Dateien oder das Verschieben von Dateien auf andere Datenträger erfolgen. Für Letzteres muss die Datenbank allerdings offline sein.

▶ *Physischer Dateiname*: Dies ist der Name und Pfad der Datei auf dem Filesystem mit der Erweiterung MDF, NDF oder LDF.

## Dateigruppen

Jede Datendatei einer Datenbank wird in einer *Dateigruppe* gespeichert. Dabei können Sie selbst entscheiden, ob Sie mehrere Dateien in einer Dateigruppe oder in jeweils einer eigenen Dateigruppe anlegen möchten.

 Jede Datenbank enthält die Standarddateigruppe PRIMARY. Diese kann nicht gelöscht werden, da die primäre Datendatei (MDF) immer in dieser Dateigruppe gespeichert wird. Jedes Datenbankobjekt, dem beim Erstellen keine Dateigruppe zugewiesen wird, wird standardmäßig immer in der Dateigruppe PRIMARY gespeichert.

Beim Anlegen eines Datenbankobjektes (Tabelle, Index etc.) kann die Dateigruppe (nicht die Datendatei!) angegeben werden, in der das Objekt gespeichert werden soll. Bei Tabellen legen Sie damit fest, wo die Daten physisch abgelegt werden.

Wann sollten mehrere Dateien in einer Dateigruppe gespeichert, wann auf mehrere Dateigruppen aufgeteilt werden?

▶ *Gemeinsame Dateigruppe*: Eine Dateigruppe werden Sie dann gemeinsam für mehrere Datendateien verwenden, wenn mehrere Dateien nur aufgrund des Speicherplatzmangels erstellt worden sind. In diesem Fall verteilt der SQL Server die Daten selber auf diese Dateien. Sie haben keinen Einfluss darauf, in welcher Datei zum Beispiel eine Tabelle physisch abgelegt wird. Wenn Sie zum Beispiel eine weitere Datei ergänzen, um den zur Verfügung stehenden Speicherplatz nur zu erweitern, werden Sie diese derselben Dateigruppe anfügen.

▶ *Getrennte Dateigruppe*: Sie verwenden eine eigene Dateigruppe für eine Datei, wenn Sie diese gezielt als Speicherort für Datenbankobjekte angeben möchten. Dies ist zum Beispiel der Fall, wenn Sie Tabellen auf einem Laufwerk und Indizes auf einem anderen Laufwerk speichern möchten.

 Dateigruppen werden nur für Datendateien verwendet. Transaktionsprotokolldateien werden nicht in Dateigruppen, sondern gesondert gespeichert.

Die beiden nachfolgenden Grafiken sollen Ihnen noch einmal einen Überblick über mögliche Realisierungsvarianten geben. Abbildung 3.1 zeigt Ihnen eine Standarddatenbank, die aus der primären Datendatei mit dem logischen Namen *db_data1* in der primären Dateigruppe und einer Transaktionsprotokolldatei besteht.

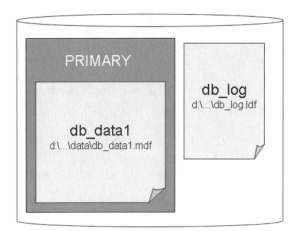

*Abbildung 3.1: Einfache Datenbank mit einer Datendatei in einer Dateigruppe*

Die Abbildung 3.2 zeigt eine möglich Variante für eine Datenbank aus mehreren Datendateien. Die primäre Datendatei *db_data1* sowie die weitere Datendatei *db_data2* gehören der Dateigruppe *PRIMARY* an. Die Datendatei *db_data3* befindet sich in einer eigenen Dateigruppe mit dem Namen *DATEN*. Für die Datendatei *db_index* ist ebenfalls eine eigene Dateigruppe mit dem Namen *INDEX* angelegt worden, damit diese beim Erstellen von Indizes als Zieldateigruppe angegeben werden kann. Letztere befindet sich physisch außerdem auf einem anderen Datenträger. Das Transaktionsprotokoll kann keiner Dateigruppe zugeordnet werden.

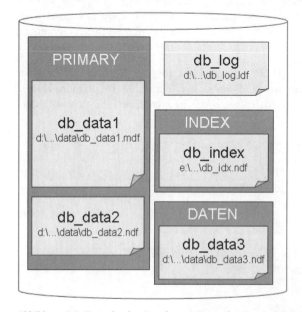

*Abbildung 3.2: Datenbank mit mehreren Datendateien und Dateigruppen*

Nach diesem einleitenden Überblick über den Aufbau einer Datenbank möchten wir im nächsten Schritt zum Anlegen einer solchen mit dem Management Studio kommen.

## 3.1.2 Datenbank mit dem grafischen Tool anlegen

Das Anlegen einer Datenbank mit dem Management Studio ist eine sehr einfache Angelegenheit. Wenn Sie sich die physische Struktur – wie im vorigen Abschnitt beschrieben – der Datenbank schon überlegt haben, können Sie sogleich loslegen.

Im ersten Schritt legen wir eine Datenbank an, die aus lediglich einer Datendatei besteht.

1. Öffnen Sie das Management Studio, und melden Sie sich an jenem SQL Server an, auf dem Sie die Datenbank erstellen möchten.

2. Markieren Sie den Ordner *Datenbanken*, und wählen Sie im Kontextmenü den Befehl NEUE DATENBANK… aus.

*Abbildung 3.3: Dialog NEUE DATENBANK*

3. Im Dialog NEUE DATENBANK tragen Sie vorerst *Marketing* als Namen für die neue Datenbank ein. Dieser wird automatisch als logischer Name für die primäre Datendatei übernommen. Das Transaktionsprotokoll erhält denselben Namen mit dem Zusatz _LOG.

*Abbildung 3.4: Name für Datenbank vergeben*

4. Wenn Sie möchten, können Sie einen Benutzer als Besitzer für die Datenbank angeben. Tun Sie das nicht und übernehmen den Eintrag *<Standard>*, werden Sie beim Anlegen selber als Datenbankbesitzer übernommen.

5. Ändern Sie die Anfangsgröße der primären Datendatei zum Beispiel auf 30 MB. Als Standardwert wird an dieser Stelle lediglich eine Größe von 3 MB vorgeschlagen.

*Abbildung 3.5: Anfangsgröße der Datendatei anpassen*

6. Standardmäßig ist für Datendateien die automatische Vergrößerung aktiviert; und zwar unbeschränkt um jeweils ein Megabyte. Um diese Einstellung anzupassen, klicken Sie auf die Schaltfläche mit den drei Punkten in der betreffenden Zeile.

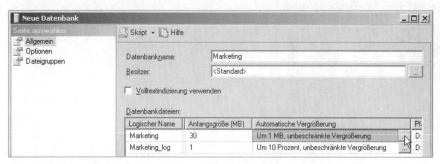

*Abbildung 3.6: Automatische Vergrößerung einstellen*

7. Im Dialog *Automatische Vergrößerung ändern* können Sie die gewünschten Einstellungen vornehmen. Ändern Sie die Dateivergrößerung zum Beispiel auf 5 MB, und beschränken Sie das Wachstum auf die maximale Dateigröße von 500 MB.

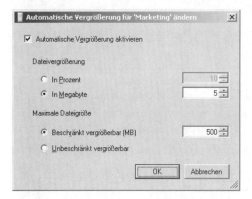

*Abbildung 3.7: Einstellungen für automatische Vergrößerung ändern*

 Achten Sie darauf, dass bei einem Prozentwachstum das Ausmaß der Vergrößerung bei jedem Vorgang ebenso anwächst.

8. Legen Sie nun den Pfad für die Datendatei sowie für die Protokolldatei fest. Sie können jeden lokalen Pfad auf dem Server-Rechner auswählen. Greifen Sie remote auf den Server zu, sehen Sie bei der Auswahl des Pfades die Verzeichnisstruktur des Servers, nicht jene Ihres Rechners.

 Als Ziel können lediglich lokale Pfade, keine Netzlaufwerke verwendet werden.

Der Dateiname kann im Management Studio leider nicht direkt ins Feld eingegeben werden. Ändern Sie ihn also indirekt über den logischen Namen. Dieser wird für die Datendatei mit der Dateierweiterung MDF sowie für die Protokolldatei mit der Erweiterung LDF übernommen.

*Abbildung 3.8: Pfad und Name für Datenbankdateien angeben*

9. Wenn Sie möchten, können Sie noch auf die Seite *Optionen* wechseln. Hier können Sie verschiedene Einstellungen wie zum Beispiel die *Sortierung* (Collation), das *Wiederherstellungsmodell* und den *Kompatibilitätsgrad* vornehmen.

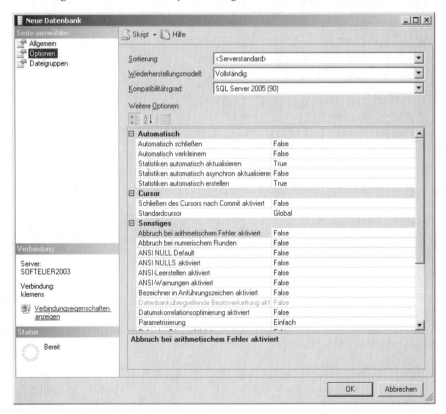

*Abbildung 3.9: Datenbankoptionen einstellen*

Übernehmen Sie bei der *Sortierung* – Sie erinnern sich, diese legt fest nach welchen Sprachgegebenheiten der Vergleich von Texten vorgenommen wird – den Serverstandard. Dies ist jene Einstellung, die Sie beim Setup des Servers festgelegt haben. Als Wiederherstellungsmodell sollten Sie ebenfalls die Voreinstellung *Vollständig* beibehalten. Damit kann die Datenbank bei einem Crash bis zum Zeitpunkt desselben wiederhergestellt werden. Was diese Einstellung im Detail bedeutet, wird in Kapitel 8 erläutert. Der Kompatibilitätsgrad legt fest, mit den Features welcher Version diese Datenbank kompatibel ist. Hier könnte auch eine der beiden Vorversionen 7.0 und 2000 gewählt werden. Dies ist aber nur in Ausnahmefällen sinnvoll.

10. Legen Sie die Datenbank nun an, indem Sie Ihre Eingaben mit der Schaltfläche OK abschließen.

Die neue Datenbank wird nun im Objekt-Explorer angezeigt.

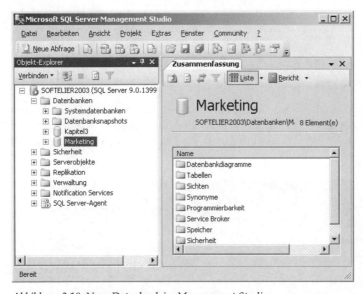

*Abbildung 3.10: Neue Datenbank im Management Studio*

Um eine Datenbank nach dem Muster von Abbildung 3.2 mit mehreren Datendateien und Dateigruppen zu erstellen, definieren Sie beim Anlegen der Datenbank über die Seite *Optionen* vorerst die benötigten Dateigruppen über die Schaltfläche HINZUFÜGEN. In unserem Beispiel sind dies die Dateigruppen *DATEN* und *INDEX*.

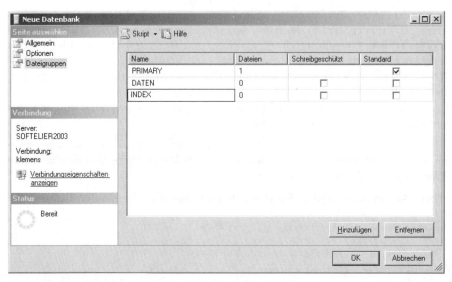

*Abbildung 3.11: Dateigruppen anlegen*

Auf der Seite *Allgemein* können Sie nun beim Hinzufügen von weiteren Datendateien diese Dateigruppen aus der Liste auswählen. Wie Sie in Abbildung 3.12 sehen, kann bei einer Datenbankdatei, die als Typ *Protokoll* definiert ist, keine Dateigruppe ausgewählt werden.

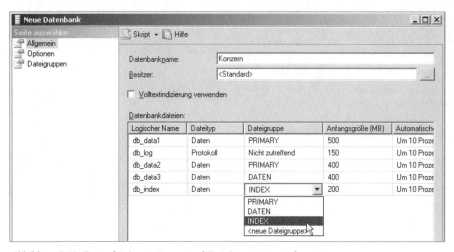

*Abbildung 3.12: Datendateien ergänzen und Dateigruppen zuordnen*

 Wenn Sie möchten, können Sie eine neue Dateigruppe auch direkt beim Ergänzen einer Datendatei hinzufügen. Wählen Sie dazu in der Liste den Eintrag *<neue Dateigruppe>* aus, und legen Sie die Dateigruppe über den nachfolgenden Dialog an.

*Welche Anfangsgröße sollte man für das Transaktionsprotokoll wählen?*

Was die Größe des Transaktionsprotokolls betrifft, gilt folgende Faustregel:

▶ Bei einer standardmäßigen OLTP-Anwendung beträgt die Größe des Transaktions-protokolls circa ein Drittel der Größe der Datendateien. (Zum Beispiel eine Waren-wirtschaftsanwendung.)

▶ Bei Archivdatenbanken wird der reale Wert weit darunter liegen (Zum Beispiel eine Datenbank für die Verwaltung von Museumsbeständen.)

▶ Bei Datenbanken mit einem enormen Schreibaufkommen kann das Transaktionspro-tokoll auch größer als die Datendateien sein. (Zum Beispiel eine Datenbank für die Verarbeitung von Messwerten einer Produktion.)

Je nach Ihrer Anwendung wählen Sie einen Ihnen passend erscheinenden Wert für die Anfangsgröße des Transaktionsprotokolls.

 Da im Transaktionsprotokoll sehrt viele Schreibzugriffe erfolgen, ist es hier von besonderer Bedeutung, dass die Datei nicht fragmentiert ist. Wählen Sie daher im Zweifel – wenn möglich – eine etwas größere Anfangsgröße.

## 3.1.3 Datenbank über eine SQL-Anweisung erstellen

Wie bereits früher in diesem Kapitel erwähnt, lässt sich eine Datenbank ganz schnell mit der Anweisung `CREATE DATABASE name` über ein Abfrage-Editorfenster (wie in Kapitel 2 beschrieben) erstellen.

Wenn Sie mit dieser kurzen Anweisung eine Datenbank anlegen, werden für alle Einstel-lungen Standardwerte herangezogen:

▶ Es gibt nur die Dateigruppe PRIMARY und eine Datendatei.

▶ Der Name der Datenbank wird als logischer Name für die primäre Datendatei ver-wendet. Er wird ebenso für den physischen Namen der Datei herangezogen, die im Standarddatenbankordner angelegt wird. Die Anfangsgröße dieser Datei beträgt 3 MB, sie wird unbeschränkt um jeweils 1 MB wachsen.

▶ Für die Transaktionsprotokolldatei wird der Datenbankname mit der Erweiterung _LOG ergänzt. Deren Anfangsgröße beträgt 1 MB, sie wächst unbeschränkt jeweils um 10%. Auch sie wird im Standarddatenbankordner angelegt.

▶ Sie selber sind der Besitzer der Datenbank.

▶ Volltextindizierung ist aktiv.

▶ Der Serverstandard wird für die Sortierung herangezogen, ebenso das vollständige Wiederherstellungsmodell und der Kompatibilitätsgrad für SQL Server 2005 (9.0).

Erweitern Sie die Anweisung wie im nachfolgenden Beispiel, wird die Beispieldaten-bank *Marketing* analog zum letzten Abschnitt erzeugt.

```
CREATE DATABASE Marketing ON PRIMARY

(    NAME = 'marketing_data',
     FILENAME = 'D:\MSSQL.1\MSSQL\DATA\ma_data.mdf',
     SIZE = 30720KB , MAXSIZE = 512000KB , FILEGROWTH = 5120KB)

LOG ON

(    NAME = N'marketing_log',
     FILENAME = N'D:\MSSQL.1\MSSQL\DATA\ma_log.ldf',
     SIZE = 1024KB , FILEGROWTH = 10%)
```

Für jede der zwei Datenbankdateien werden hier der logische Name (NAME), der physische Dateiname (FILENAME) sowie die Faktoren für die automatische Vergrößerung angegeben. ON PRIMARY gibt die Dateigruppe für die primäre Datendatei an. Hinter LOG ON wird das Transaktionsprotokoll angegeben.

 Lässt der grafische Editor zwar keinen vom logischen Namen abweichenden physischen Dateinamen zu, ist dies beim CREATE DATABASE-Kommando jedoch möglich, wie das vorige Beispiel zeigt.

Soll eine Datenbank mit mehreren Dateigruppen und mehreren Datendateien angelegt werden, ist diese Anweisung so zu erweitern, wie dies das nachfolgende Beispiel zeigt:

```
CREATE DATABASE Konzern ON PRIMARY

(    NAME = 'db_data1',
     FILENAME = 'D:\MSSQL.1\MSSQL\DATA\db_data1.mdf',
     SIZE = 512000KB , FILEGROWTH = 10%),

(    NAME = N'db_data2',
     FILENAME = 'D:\MSSQL.1\MSSQL\DATA\db_data2.ndf',
     SIZE = 409600KB , FILEGROWTH = 10%),

FILEGROUP DATEN
(    NAME = 'db_data3',
     FILENAME = 'D:\MSSQL.1\MSSQL\DATA\db_data3.ndf',
     SIZE = 409600KB , FILEGROWTH = 10%),

FILEGROUP INDEX
(    NAME = 'db_index',
     FILENAME = 'D:\MSSQL.1\MSSQL\DATA\db_index.ndf',
     SIZE = 204800KB , FILEGROWTH = 10%)

LOG ON
(    NAME = 'db_log',
     FILENAME = 'D:\MSSQL.1\MSSQL\DATA\db_log.ldf',
     SIZE = 153600KB , FILEGROWTH = 10%)
```

Da bei diesem Beispiel zwei Datendateien in der Dateigruppe PRIMARY angelegt werden, werden diese hintereinander angegeben. Datendateien, die in einer eigenen Dateigruppe angelegt werden, erhalten den Namen der Dateigruppe mit dem Schlüsselwort FILEGROUP vorangestellt.

# 3.2 Tabellen in der Datenbank erstellen

Da eine Datenbank erst mit Tabellen zu einer solchen wird, werden wir nun unsere Datenbank mit Leben füllen. Im folgenden Abschnitt möchten wir Ihnen zeigen, wie Sie eine Tabelle anlegen, wie Sie diese indizieren und mit Gültigkeitsregeln versehen. Ein besonderes Augenmerk wird auch auf das Erstellen von Beziehungen gelegt werden.

 Für die Arbeit mit diesem Kapitel ist es von Vorteil, wenn Sie mit den Grundzügen der relationalen Datenbanktheorie vertraut sind. Wenn Sie zum Beispiel bereits ein wenig Erfahrung mit der Arbeit mit MS Access haben, ist dies ausreichend.

Wie möchten in der im vorigen Abschnitt angelegten Marketing-Datenbank folgende Tabellen anlegen:

▷ Kunden

▷ Interessen .

▷ Kundeninteressen

In diesem Beispiel werden neben den Kunden (*tblKunden*) deren Interessen (*tblInteressen*) in der Datenbank gespeichert. Die M:N-Beziehung zwischen diesen beiden Tabellen wird über die Zwischentabelle *tblKundenInteressen* aufgelöst.

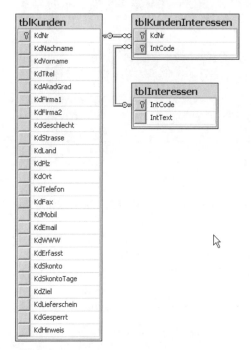

*Abbildung 3.13: Anzulegende Beispieltabellen*

## 3.2.1    Tabellenfelder definieren

Eine Tabelle besteht aus einzelnen *Feldern*. Andere Ausdrücke dafür sind auch *Datenfelder* oder *Spalten*. Auch Tabellenspalten und Tabellenfelder sind gebräuchliche Ausdrücke. Da im Tabellen-Designer des Management Studios der Begriff *Spalte* verwendet wird, verwenden wir zumeist auch diesen Ausdruck.

Um eine neue Tabelle anzulegen, erweitern Sie die Ordnerstruktur der neuen Datenbank bis zu den Tabellen. Entweder über den Ordner Tabellen oder das Register Zusammenfassung wählen Sie im Kontextmenü den Befehl NEUE TABELLE... aus.

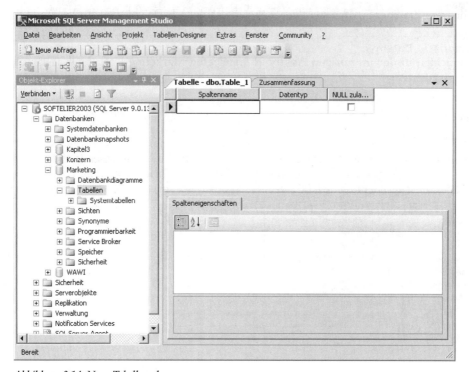

*Abbildung 3.14: Neue Tabelle anlegen*

Im Raster können nun die Spalten der Tabelle eingetragen werden. Für die Vergabe der Spaltennamen sollten Sie folgende Regeln beachten:

▶  Vermeiden Sie *Leer- und Sonderzeichen*, der Unterstrich gilt dabei nicht als Sonderzeichen. Feldnamen in Sonderzeichen müssten immer in eckigen Klammern oder unter doppelten Hochkommata (so genannte *quoted identifiers* in ANSI-SQL) geschrieben werden.

▶  Feldnamen sollten *sprechend* sein, aber auch möglichst kurz und prägnant. Die maximale Länge beträgt 128 Zeichen.

▶ Legen Sie sich ein Namenschema zurecht, nach dem Sie die Namen vergeben. Sie merken sich diese dann leichter, wenn Sie sie im Zweifel anhand Ihrer Namenslogik herleiten können. Wir verwenden beispielsweise Präfixe, die den Namen der Tabelle widerspiegeln.

 Welches Benennungsschema Sie für Ihre Tabellen- und Spaltennamen verwenden, ist eigentlich nicht so wichtig. Viel wichtiger ist, dass Sie überhaupt ein Benennungsschema verwenden – und im Team alle dasselbe!

Für die Definition der Spalten stellt der SQL Server folgende Datentypen zur Verfügung:

| Kategorie | Datentyp | Beschreibung |
| --- | --- | --- |
| Character | char(Länge)<br>varchar(Länge)<br>nchar(Länge)<br>nvarchar(Länge)<br>varchar(max)<br>nvarchar(max) | Text mit fixer und variabler (var) Länge. Als maximale Länge können 8.000 Zeichen definiert werden. Typen mit dem Präfix n (für national) verwenden Unicode und belegen den doppelten Speicherplatz. Die maximale Länge beträgt daher 4.000 Zeichen. Die Typen mit dem fixen Parameter *max* sind in dieser Version neu. Sie können maximal 2 GB an Daten aufnehmen. |
| Datum/<br>Uhrzeit | datetime<br>smalldatetime | Datums- und Zeitangaben. *Datetime* reicht von 01.01.1753 bis 31.12.9999 auf 3,33 Millisekunden genau. *Smalldatetime* kommt mit 4 Byte aus, reicht dafür aber mit Minutengenauigkeit nur von 01.01.1900 bis 06.06.2079. |
| Zahlen | decimal(Genauigkeit, Dezimalstellen)<br>numeric(Genauigkeit, Dezimalstellen)<br>float<br>real<br>bigint<br>int<br>smallint<br>tinyint | *Decimal* und *numeric* sind derselbe Datentyp. Ihre Größe wird durch die Genauigkeit in Stellen (maximal 38) und die darin enthaltenen Dezimalstellen angegeben.<br>*Real* und *float* repräsentieren Gleitkommazahlen. Da nicht alle Werte im Bereich exakt dargestellt werden können, eignen sich diese Datentypen nicht für Primärschlüssel.<br>Die Integer-Typen repräsentieren ganze Zahlen. *Bigint* hat einen Wertebereich von $-2 \wedge 63$ bis $2 \wedge 63$ und benötigt dafür 8 Byte. *Int* kann mit 4 Byte Platzbedarf einen Bereich von $-2.147.483.648$ bis $2.147.483.647$ abdecken. Für den Bereich von $-32.768$ bis $-32.767$ kommen Sie mit *smallint* und 2 Byte je Zahl aus. *Tinyint* benötigt 1 Byte für die Abdeckung des Bereiches 0–255. |

| Kategorie | Datentyp | Beschreibung |
|---|---|---|
| Währung | money<br>smallmoney | Währungen speichern Daten auf vier Nachkomma-stellen genau. Für kleinere Beträge können Sie *smallmoney* mit einem Wertebereich von –214.748,3648 bis 214.748,3647 verwenden. Dafür werden 4 Byte benötigt. Ist dieser Werte-bereich zu gering, müssen Sie *money* mit einem Speicherbedarf von 8 Byte verwenden. Dafür können Sie einen Bereich von circa –922 Billionen bis 922 Billionen abbilden. |
| Boolean | bit | Dieser Datentyp kann die Werte *Wahr* (1), *Falsch* (0) und *NULL* darstellen. |
| Text und Image | text<br>image | BLOBs (Binary Large Objects) zur Speicherung von Daten bis zu 2 GB Größe. *Text* kann beim SQL Server 2005 durch den im Einsatz flexibleren Datentyp *varchar(max)* ersetzt werden. |
| Binär | binary(Länge)<br>varbinary(Länge)<br>varbinary(max) | Datentypen zur Speicherung von Binärdaten mit maximal 8.000 Byte. Der neue Datentyp *varbinary(max)* kann bis zu $2^{31}-1$ Bytes Daten aufnehmen. |
| XML | xml | In diesem neuen Datentyp können XML-Daten bis zu einer Größe von maximal 2 GB gespeichert werden. |
| Variant | sql_variant | Mit diesem Datentyp können unterschiedliche Daten wie zum Beispiel *varchar* oder *int* gespeichert werden. Er passt sich an den Inhalt an. So kann zum Beispiel mit einer unter diesem Datentyp gespei-cherter Zahl sofort gerechnet werden, was bei einem Charakter-Datentyp nicht möglich ist. |

*Tabelle 3.2: SQL Server-Datentypen*

Wenn Sie die Spaltennamen eintragen und den Datentyp auswählen, definieren Sie direkt in der dritten Spalte, ob dieses Feld NULL zulassen soll oder nicht. Spalten, die NULL nicht zulassen, müssen einen Eintrag erhalten und dürfen nicht leer sein.

Legen Sie die Felder gemäß der nachfolgenden Grafik an.

*Abbildung 3.15: Kundentabelle*

Speichern Sie die Tabelle schon unter dem Namen *tblKunden* ab, auch wenn sie noch nicht ganz fertig ist. Verwenden Sie dazu das Diskettensymbol in der Symbolleiste.

## 3.2.2    Spalteneigenschaften

In Abhängigkeit vom gewählten Felddatentyp können weitere Eigenschaften für einzelne Spalten der Tabelle festgelegt werden. Da das SQL Server Management Studio das grafische User-Interface des Visual Studios verwendet, können auch hier die Eigenschaften entweder nach Kategorie oder alphabetisch sortiert angezeigt werden. Die nachfolgende Abbildung zeigt die Darstellung nach Kategorie. Über die Symbole links oben auf dem Register kann die Darstellung angepasst werden. Eigenschaften, die mehrere Einstellungen erfordern, sind standardmäßig eingeklappt und können über das Pluszeichen ausgeklappt werden. Auch die einzelnen Kategorien können über Plus und Minus eingeklappt und expandiert werden.

*Abbildung 3.16: Spalteneigenschaften*

 Wenn Sie möchten, können Sie den Datentyp auch in den Spalteneigenschaften eingeben.

Folgende Eigenschaftseinstellungen können für Spalten vorgenommen werden:

▶ *Beschreibung*: Dieser Erläuterungstext dient der eigenen Dokumentation. Hier können Sie einen beliebigen Text eintragen. So könnten Sie beispielsweise für das Geschlecht die verwendeten Kürzel vermerken, z.B.: 1=Frau; 2=Herr; 3=Famile; 4=Firma; 5=Sonstiges. (Unter *Sonstiges* sind zum Beispiel Vereine, öffentliche Einrichtungen und Ähnliches gemeint.)

▶ *ComputedColumnSpecification*: Der SQL Server unterstützt berechnete Spalten in Tabellen. Über die Eingabe einer Formel werden hier direkt in der Tabelle die berechneten Werte angezeigt. Beispielsweise könnte der Kundentyp in Abhängigkeit vom Feld *KdGeschlecht* angezeigt werden. Für die Werte 1 bis 3 soll *privat*, für die anderen Werte *Firma* angezeigt werden. Dazu müsste die Formel CASE WHEN KdGeschlecht <= 3 THEN 'privat' ELSE 'Firma' END in der Eigenschaft *Formel* eingetragen werden. Der Vorteil dieser berechneten Spalten gegenüber an anderen Stellen berechneten Werten ist, dass für sie ein Index erstellt werden kann.

▶ *Identitätsspezifikation*: Diese Eigenschaft ist nur für Zahlenspalten verfügbar. Pro Tabelle kann eine Spalte als so genannte *Identität* (Identity) definiert werden. Für diese werden zusätzlich ein *Startwert* und eine *Schrittweite* definiert. Standardmäßig sind diese beiden mit 1 vorbelegt. Beim Einfügen von Datensätzen wird eine Identitätsspalte ausgehend vom Startwert automatisch befüllt. In eine als Identität festgelegte Spalte können manuell keine Werte eingetragen werden. Verwenden Sie diese Eigenschaft immer, wenn Sie eine fortlaufende Nummerierung benötigen. In der Regel wird diese Eigenschaft für Primärschlüsselspalten verwendet.

▶ *Volltextspezifikation*: Ist die Volltextindizierung für die Datenbank aktiviert, kann über diese Eigenschaft festgelegt werden, ob diese Spalte volltextindiziert werden soll.

▶ *Standardwert oder -bindung*: Diese Eigenschaft wird in der Praxis sehr oft verwendet. Hier können Sie Werte für eine Spalte definieren, mit denen die Spalte bei Neuerfassung eines Datensatzes bereits vorbelegt wird. In unserer Kundentabelle könnte zum Beispiel das Länderkürzel (*KdLand*) mit 'D' vorbelegt werden. Um das Erfassungsdatum (*KdErfasst*) mit dem aktuellen Datum vorzubelegen, verwenden Sie die Funktion GETDATE() als Standardwert.

▶ *Sortierreihenfolge*: Diese Eigenschaft ist nur für Spalten mit Charakter-Datentypen verfügbar. So wie beim Anlegen der Datenbank eine Sortierreihenfolge festgelegt worden ist, kann diese auch für jede einzelne Spalte mit einem Charakter-Datentyp festgelegt werden. In der Praxis wird man hier jedoch die Standardeinstellung übernehmen. Es macht nur in Ausnahmefällen Sinn, für einzelne Spalten innerhalb einer Datenbank unterschiedliche Sortierreihenfolgen (Collationen) einzustellen.

## 3.2.3   Constraints

Um Geschäftsregeln in Tabellen zu erzwingen, werden Einschränkungen (Constraints) benötigt. Diese sind zwar eigenständige Objekte mit einem eigenen Namen, sind aber fix mit einer Tabelle verbunden. Wird diese Tabelle gelöscht, werden alle Einschränkungen ebenfalls mitgelöscht. Der SQL Server kennt folgende Einschränkungstypen:

▶ Primary Key (Primärschlüssel)

▶ Unique Key (Eindeutiger Schlüssel)

▶ Foreign Key (Fremdschlüssel)

▶ Check (Gültigkeitsregel)

▶ Default (Standardwert)

Im grafischen Tool gibt es keine einheitliche Oberfläche für die Erstellung von Einschränkungen. Jeder der fünf Typen wird an einer anderen Stelle erzeugt. Standardwerte werden zum Beispiel wie zuvor beschrieben über Spalteneigenschaften angelegt. Der Name für eine Standardwert-Einschränkung wird vom Management Studio automatisch vergeben. Es gibt an der Oberfläche keine Möglichkeit, einen solchen Namen einzugeben. Dass Constraints wirklich eigene Objekte sind, gehrt in der grafischen Oberfläche durch die Integration der Erstellung ab. Deutlicher wird dies bei der Erstellung von Tabellen über SQL-Anweisungen.

### Primärschlüssel

Pro Tabelle kann es nur einen Primärschlüssel geben, der allerdings auch aus mehreren Spalten bestehen kann. Ein Primärschlüssel weist folgende Merkmale auf:

▶ Er darf nicht NULL sein.

▶ Er muss eindeutig sein.

▶ Es wird automatisch ein Index erstellt.

▶ Er wird für Beziehungen benötigt.

Um eine oder mehrere Spalten als Primärschlüssel zu definieren, markieren Sie die betroffene(n) Spalte(n), und wählen Sie im Kontextmenü den Befehl PRIMÄRSCHLÜSSEL FESTLEGEN.

Tabelle - dbo.tblKunden*
Zusammenfassung
Spaltenname
Datentyp
NULL zula...
KdNr
KdNachname
KdVorname
KdTitel
Primärschlüssel festlegen
Spalte einfügen
Spalte löschen

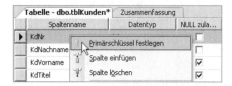

*Abbildung 3.17: Primärschlüssel festlegen*

Auch hier wird der Name für die Primärschlüssel-Einschränkung vom Management Studio automatisch vergeben. Es wird hierfür der Name der Tabelle mit dem Präfix *PK_* verwendet. Wie vom Enterprise Manager der Vorversionen gewohnt, wird der Primärschlüssel durch ein Schlüsselsymbol optisch hervorgehoben.

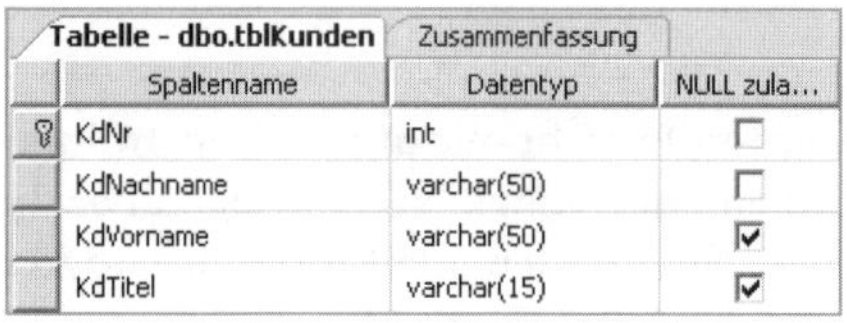

Tabelle - dbo.tblKunden
Zusammenfassung
Spaltenname
Datentyp
NULL zula...
KdNr
int
KdNachname
varchar(50)
KdVorname
varchar(50)
KdTitel
varchar(15)

*Abbildung 3.18: Primärschlüssel*

## Gültigkeitsregel

Mit Check-Einschränkungen werden Gültigkeitsregeln definiert, die auf Datensatzebene wirken. Diese Regeln müssen durch einen Ausdruck abzubilden sein und sich auf den Datensatz beschränken. Das heißt, Sie können bei der Prüfung einer Check-Einschränkung nur auf die Werte innerhalb des Datensatzes zugreifen. Sie können dabei nicht auf andere Datensätze der Tabelle oder gar auf Inhalte anderer Tabellen zugreifen. Folgende Regeln lassen sich zum Beispiel mit einer Check-Einschränkung prüfen:

- In einem Feld dürfen nur Werte von ... bis erfasst werden.
- Der Wert in einem Feld muss größer oder kleiner als der eines anderen Feldes sein.
- Der eingegebene Wert muss einer Eingabemaske entsprechen. Dies könnte zum Beispiel für die Prüfung einer E-Mail-Adresse verwendet werden.
- In zumindest einer von zwei definierten Spalten muss ein Eintrag vorgenommen werden.

Nicht realisierbar sind Aufgabenstellungen wie folgende:

- Das Format der Postleitzahl muss dem im Länderkürzel eingetragenen Land entsprechen. (Die Formate für alle Länder sind in einer anderen Tabelle gespeichert.)
- Die Reservierung einer Ressource überschneidet sich mit einer anderen Reservierung in derselben Tabelle.

▶ Wir möchten in der Kundentabelle folgende Gültigkeitsregeln implementieren:

| Regel | Ausdruck |
|---|---|
| Das Geschlecht darf die Werte 1 bis 5 enthalten. | `KdGeschlecht BETWEEN 1 AND 5`<br>oder z.B.<br>`KdGeschlecht > 0 AND KdGeschlecht < 6`<br>oder z.B.<br>`KdGeschlecht IN(1, 2, 3, 4, 5)` |
| Das Skonto darf nicht negativ sein und nicht über 5% liegen. | `KdSkonto BETWEEN 0 AND 5`<br>oder z.B.<br>`KdSkonto >= 0 AND KdSkonto <= 5` |
| Die Skontotage dürfen nicht negativ sein und maximal 30 Tage ausmachen. | `KdSkontoTage BEWTEEN 0 AND 30` |
| Die E-Mail-Adresse muss gültig sein. | `KdEmail LIKE '%__@%__.__' OR`<br>`KdEmail LIKE '%__@%__.___' OR`<br>`KdEmail LIKE '%__@%__.____'` |
| Ist im Geschlecht Herr/Frau/Familie ausgewählt, müssen Nachname und Vorname erfasst werden. Ist Firma/Sonstiges eingetragen, muss die Spalte Firma auch ausgefüllt sein. | `(KdGeschlecht <= 3 AND KdNachname IS`<br>`NOT NULL AND KdVorname IS NOT NULL)`<br>`OR (KdGeschlecht >= 4 AND KdFirma1`<br>`IS NOT NULL)` |

*Tabelle 3.3: Check-Einschränkungen*

Gehen Sie wie folgt vor, um eine neue Check-Einschränkung zu erstellen:

1. Klicken Sie (irgendwo) im Tabellen-Designer in den Tabellenentwurf und wählen im Kontextmenü den Befehl CHECK-EINSCHRÄNKUNGEN... aus.

2. Im Dialog klicken Sie auf HINZUFÜGEN, um eine neue Einschränkung zu erzeugen. Wie die nachfolgende Abbildung zeigt, wird standardmäßig für die neue Einschränkung der Tabellenname mit dem Präfix *CK_* verwendet. Der Stern rechts neben dem Namen zeigt, dass diese Einschränkung noch nicht gespeichert worden ist.

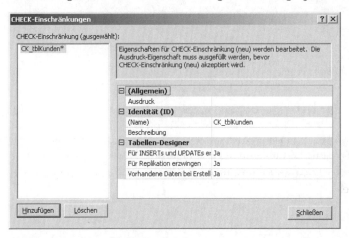

*Abbildung 3.19: Neue Check-Einschränkung*

3. Tragen Sie in der ersten Zeile *Ausdruck* den Einschränkungsausdruck `KdGeschlecht BETWEEN 1 AND 5` ein. Da dieses Eingabefeld relativ klein ist, klicken Sie wahlweise auf die Schaltfläche mit den drei Punkten, die am rechten Rand des Eingabefeldes auftaucht. Es öffnet sich ein Dialog mit einem größeren Eingabefeld. Tragen Sie alternativ hier den Einschränkungsausdruck ein.

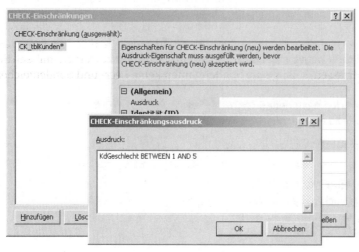

*Abbildung 3.20: Einschränkungsausdruck eintragen*

4. Ergänzen Sie den vom System vorgeschlagenen Namen um den Namen der betroffenen Spalte *KdGeschlecht*. Damit ermöglichen Sie eine saubere Namensgebung, auch wenn Sie mehrere Check-Einschränkungen für eine Tabelle erstellen.

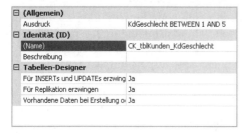

*Abbildung 3.21: Einschränkungsname festlegen*

 Standardmäßig ist die Eigenschaft *Vorhandene Daten bei Erstellung oder Reaktivierung überprüfen* aktiviert. Sind in der Tabelle nun bereits Daten enthalten, die der Regel nicht entsprechen, kann die Einschränkung nicht erstellt werden. In diesem Fall stellen Sie diese Eigenschaft auf *Nein*. Bei Zeiten sollten Sie jedoch diese Daten dann auch in Ordnung bringen.

Ergänzen Sie die übrigen in Tabelle 3.3 dargestellten Check-Einschränkungen für die Tabelle *tblKunden*.

 Wenn Sie weitere Check-Einschränkungen erstellen und in den Dialog zur Erstellung derselben zurückkehren, wird Ihnen vielleicht auffallen, dass der SQL Server den zuvor von Ihnen eingetragenen Einschränkungsausdruck in die Form (`[KdGeschlecht]>=(1) AND [KdGeschlecht]<=(5)`) umgeschrieben hat. Dies ist nichts Außergewöhnliches und muss Sie nicht beunruhigen. Auch wenn die eckigen Klammern um die Spaltennamen ergänzt werden, müssen Sie diese selber nicht erfassen, solange die Spaltennamen keine Leer- und Sonderzeichen enthalten.

### Fremdschlüssel

Der Fremdschlüssel ist die technische Umsetzung einer Beziehung zwischen zwei Tabellen. Dabei wird von einer untergeordneten *Detailtabelle* mit einem Fremdschlüssel auf den Primärschlüssel einer übergeordneten *Mastertabelle* referenziert.

Um die Beziehungen, die im Diagramm in Abbildung 3.13 dargestellt sind, erstellen zu können, müssen Sie vorerst noch die zwei weiteren Tabellen *tblInteressen* und *tblKunden-Interessen* anlegen.

Die Tabelle *tblInteressen* enthält den Interessenscode als Primärschlüssel, der aus drei Buchstaben bestehen soll. Die Bezeichnung des Interesses soll in der Spalte *InText* gespeichert werden.

| Spaltenname | Datentyp | NULL zula... |
|-------------|----------|--------------|
| IntCode | char(3) | ☐ |
| IntText | varchar(50) | ☐ |
| | | ☐ |

*Abbildung 3.22: Tabelle tblInteressen*

Die Tabelle *tblKundenInteressen* dient der Auflösung der M:N-Beziehung zwischen Kunden und Interessen und ordnet so die Interessen den Kunden zu. Die Spalte *KdNr* dient als Fremdschlüsselspalte für die Kundentabelle, die Spalte *IntCode* als Fremdschlüsselspalte für die Interessentabelle. Beide gemeinsam werden als zusammengesetzter Primärschlüssel für diese Tabelle definiert. Da der Primärschlüssel ja eindeutig sein muss, ist dadurch ausgeschlossen, dass einem Kunden ein Interesse mehrmals zugeordnet wird.

| Spaltenname | Datentyp | NULL zula... |
|-------------|----------|--------------|
| KdNr | int | ☐ |
| IntCode | char(3) | ☐ |
| | | ☐ |

*Abbildung 3.23: Tabelle tblKundenInteressen*

Da diese Tabellen auch in unserer Beispieldatenbank WAWI enthalten sind, können Sie sich die Inhalte dieser Tabellen für ein besseres Verständnis der Zusammenhänge ansehen. Die nachfolgende Abbildung zeigt zum Beispiel ein paar Einträge der Tabelle *tblKundenInteressen*. Hier sehen wir, wie in jeder Zeile eine Kundennummer einem Interessenscode zugewiesen ist.

*Abbildung 3.24: Daten der Tabelle tblKundeninteressen*

Wenn Sie diese Tabellen als Voraussetzung für unser Beispiel angelegt haben, können wir uns nun dem eigentlichen Thema, dem Fremdschlüssel widmen.

Ein Fremdschlüssel weist folgende Eigenschaften auf:

▶ Er darf nur Werte enthalten, die in der Primärschlüsselspalte der referenzierten Tabelle vorkommen.

▶ Er darf NULL sein. Anders als ein Primarschlüssel muss er nicht per se einen Eintrag enthalten. Wenn Sie dies möchten – was in der Praxis oft der Fall ist –, müssen Sie die Fremdschlüsselspalte extra noch als NOT NULL definieren.

Damit ein Fremdschlüssel erstellt werden kann, müssen folgende Voraussetzungen gegeben sein:

▶ Die Anzahl und Reihenfolge der Spalten von Fremdschlüssel und referenziertem Primärschlüssel müssen identisch sein.

▶ Primär- und Fremdschlüssel müssen dieselben Datentypen und Feldgrößen haben.

▶ Die Feldnamen von Primär- und Fremdschlüsselspalten müssen nicht dieselben sein. Jedoch ist es für Datenbankneulinge vorerst einfacher und übersichtlicher, wenn sie es sind.

### Fremdschlüssel erstellen

Sie können einen Fremdschlüssel beziehungsweise eine Beziehung im Management Studio auf zwei Arten erstellen:

▶ Im *Entwurf der Fremdschlüsseltabelle (Tabellen-Designer)*. Diese Variante werden wir uns als erste ansehen.

▶ Über ein *Datenbankdiagramm*. Diese Möglichkeit ist wegen der sehr guten grafischen Aufbereitung und wegen der Erstellung der Beziehung per *Drag & Drop* sehr intuitiv. Diese Variante lernen Sie am Ende dieses Kapitels kennen.

Da ein Fremdschüssel immer zur Detailtabelle gehört, müssen Sie diesen in unserem Beispiel für die Tabelle *tblKundenInteressen* anlegen. Wenn Sie den Tabellenentwurf dieser Tabelle nicht vor sich haben, wählen Sie die Tabelle im Objekt-Explorer aus und wählen im Kontextmenü den Befehl ÄNDERN. Gehen Sie danach nach folgenden Schritten vor:

1. Über das Kontextmenü wählen Sie im Tabellenentwurf den Befehl BEZIEHUNGEN... aus. Im Dialog FREMDSCHLÜSSELBEZIEHUNGEN klicken Sie auf die Schaltfläche HINZU-FÜGEN. Wie schon bei der Erstellung einer Check-Einschränkung wird ein neuer Eintrag mit Standardeinstellungen erzeugt, den Sie nun noch anpassen müssen.

   Klicken Sie dazu in der Zeile *Tabellen- und Spaltenspezifikation* auf die Schaltfläche mit den drei Punkten.

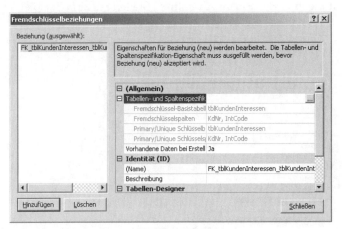

*Abbildung 3.25: Neue Fremdschlüsselbeziehung*

2. Im Dialog *Tabellen und Spalten* wählen Sie die Tabelle *tblKunden* als Primärschlüsseltabelle aus. Der Beziehungsname passt sich sofort an diese Änderung an. Diesen sollten Sie dann auch so belassen, weil der vorgeschlagene Name den allgemeinen Namenskonventionen für Einschränkungen entspricht. Stellen Sie die Namen für die Beziehung jeweils in den Spalten *KdNr* ein.

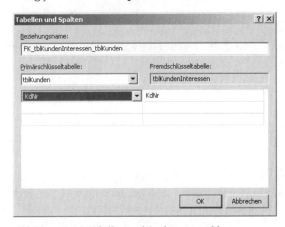

*Abbildung 3.26: Tabellen und Spalten auswählen*

Im Handling ist es etwas verwirrend, dass die Spaltennamen in der Auswahlliste nicht, wie man es erwarten würde, nach der Position in der Tabelle, sondern alphabetisch angeordnet sind. Wundern Sie sich also nicht, dass Sie den Spaltennamen *KdNr* erst etwas weiter hinten in der Liste vorfinden.

Bestätigen Sie Ihre Eingaben mit *OK*.

3. Wenn Sie möchten, können Sie abschließend noch die Änderungs- oder Löschweitergabe aktivieren. Diese finden Sie in der Rubrik *INSERT- und UPDATE-Spezifikationen* unter der Bezeichnung *Regel aktualisieren* beziehungsweise *Regel löschen*. (Eine Erklärung für diese Einstellungen finden Sie im Anschluss.) Stellen Sie zum Beispiel *Regel löschen* auf *Überlappend*.

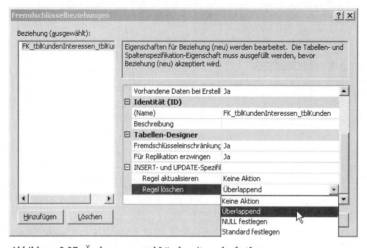

*Abbildung 3.27: Änderungs- und Löschweitergabe festlegen*

4. Erzeugen Sie noch den zweiten Fremdschlüssel zur Tabelle *tblInteressen*, und schließen Sie danach die Eingabe.

 Die tatsächliche Erstellung der Fremdschlüsselbeziehungen erfolgt erst, wenn Sie die Änderungen an der Tabelle – zum Beispiel über das Diskettensymbol – speichern.

### Referenzielle Integrität

Ein anderer Ausdruck für die Beziehung zwischen zwei Tabellen ist die *referenzielle Integrität*. Deshalb wird ein Foreign Key-Constraint auch als *Referential Integrity-Constraint* bezeichnet.

Die referenzielle Integrität macht eine Beziehung zwischen Tabellen erst zu dem, was sie ausmacht. Die referenzielle Integrität erzwingt, dass für jeden Eintrag in einer Fremdschlüsselspalte ein Eintrag in der Primärschlüsselspalte der referenzierten Tabelle vorhanden ist.

▶ Die referenzielle Integrität verhindert, dass *Datensätze aus der Primärschlüsseltabelle (Mastertabelle) gelöscht* werden, wenn dazugehörige Einträge in der Fremdschlüsseltabelle (Detailtabelle) vorhanden sind. Umgelegt auf unser Beispiel bedeutet dies, dass Sie keinen Kunden aus der Tabelle *tblKunden* löschen können, wenn diesem Kunden in der Tabelle *tblKundenInteressen* Interessensgebiete zugeordnet sind.

▶ Die referenzielle Integrität verhindert, dass der *Inhalt der Primärschlüsselspalte der Mastertabelle geändert* wird, wenn für diesen Datensatz Einträge in der Detailtabelle existieren. (Dies bedeutet, dass Sie keinem Kunden, der Interessen zugeordnet hat, eine neue Kundennummer geben können.)

▶ Die referenzielle Integrität erzwingt, dass in die Fremdschlüsselspalte der Detailtabelle *nur Einträge, die in der Mastertabelle auch vorhanden sind*, geschrieben werden können.

Ausnahmen zu diesen Regeln können über die Änderungs- und Löschweitergabe realisiert werden. Diese schaffen eine Art Workaround, wodurch besagte Änderungen zwar möglich sind, aber die aufgestellten Regeln nicht verletzen:

▶ *Löschweitergabe (Regel löschen)*: Wird ein Datensatz in der Mastertabelle gelöscht, werden alle Detaildatensätze in der Fremdschlüsseltabelle mitgelöscht. In unserem Beispiel würde dies bedeuten, dass, wenn ein Kunde gelöscht wird, auch alle seine Interessenzuordnungen gelöscht werden. Dieses Verhalten wird durch die Wahl des Eintrages *Überlappend (Cascade)* erreicht. (Ich kann es mir einfach nicht verkneifen, an dieser Stelle zu erwähnen, dass die Übersetzung für die deutsche Version hier mehr als unglücklich ist.)

In dieser Version sind zwei neue Einstellungsvarianten dazugekommen:

– *NULL festlegen (Set NULL)*: Wird eine Eintrag in der Mastertabelle gelöscht, werden Detaildatensätze zwar nicht gelöscht, aber der Inhalt der Fremdschlüsselspalte geleert. Dies ist allerdings nur möglich, wenn diese NULL-Werte zulässt.

– *Standard festlegen (Set Default)*: Diese Einstellung bewirkt ein ähnliches Verhalten wie die vorige Option. Der Unterschied besteht nur darin, dass der Inhalt der Spalte nicht geleert, sondern auf den definierten Standardwert zurückgesetzt wird. Dies ist allerdings nur möglich, wenn es überhaupt einen Standardwert für diese Spalte gibt und dieser referenziert werden kann.

▶ *Änderungsweitergabe (Regel ändern)*: Die Änderungsweitergabe bewirkt, dass bei einer Änderung im Masterdatensatz diese im Detaildatensatz mitgezogen wird. Ändern wir in unserem Beispiel die Kundennummer eines Kunden, wird die Kundennummer bei den Interessenszuordnungen mit geändert. Dadurch gehören auch nach der Änderung noch dieselben Datensätze zusammen.

Wie beim Löschen stehen auch hier neu die Optionen *NULL festlegen* und *Standard festlegen* zur Auswahl. Deren Bedeutung ist analog zu sehen.

Seien Sie mit der Aktivierung der Löschweitergabe sehr vorsichtig. Diese wird in der Praxis nur in sehr wenigen Fällen eingesetzt, da sie zu einem unkontrollierten Löschen von Daten ausarten kann.

**Eindeutiger Schlüssel**

Den eindeutigen Schlüssel haben wir uns bis zum Schluss aufgehoben, da er wie ein Index anzulegen ist. Dies wird im darauf folgenden Punkt erläutert.

Ein *Eindeutiger Schlüssel* (Unique Key) unterscheidet sich von einem Primärschlüssel durch folgende zwei Punkte:

▷ NULL-Werte sind im eindeutigen Schlüssel zugelassen.

▷ Es kann in jeder Tabelle mehrere eindeutige Schlüssel geben.

Eindeutige Schlüssel werden dann verwendet, wenn Sie in einer Spalte zwar eindeutige Werte haben möchten, diese aber nicht als Primärschlüssel definieren möchten oder können.

Benötigen Sie zusätzlich zum Primärschlüssel Spalten, die eindeutig sind, verwenden Sie ebenfalls einen eindeutigen Schlüssel, da ja pro Tabelle nur ein Primärschlüssel erstellt werden kann.

Wie Sie einen eindeutigen Schlüssel erstellen, lesen Sie im folgenden Abschnitt.

## 3.2.4    Indizierung

Wenn Sie in einer Tabelle einen oder mehrere Werte suchen, muss die Datenbank-Engine alle in dieser Spalte gespeicherten Werte lesen, um die Treffer zu ermitteln. Man nennt dies im Fachjargon einen *Full Table Scan*.

Wenn Sie in diesem Buch nach einer ganz bestimmten Information suchen, werden Sie deshalb nicht das ganze Buch von der ersten bis zur letzten Seite durchsuchen, um diese Information zu finden. Vielmehr werden Sie den Index am Ende des Buches durchsuchen. Dies hat für Sie zwei Vorteile:

▷ Sie finden den gesuchten Begriff aufgrund der Sortierung schneller.

▷ Durch die Angabe der Seitenzahl(en) können Sie sofort den gesuchten Text finden, ohne alle Seiten durchschauen zu müssen.

Nach demselben Grundprinzip werden Indizes in Datenbanken verwendet. Um Suchvorgänge zu beschleunigen, können gezielt einzelne Spalten einer Tabelle indiziert werden.

 Sie sollten beachten, dass der SQL Server aufgrund der Statistiken, die er über jeden Index führt, vor dem Ausführen der Abfrage selber entscheidet, ob er den Index verwendet oder nicht. Die Tatsache, dass Sie ihm einen Index für den Suchvorgang zur Verfügung stellen, bedeutet noch lange nicht, dass der Server diesen auch verwendet. (Wir haben uns bei der Erstellung des Index für dieses Buch auch sehr bemüht, haben jedoch keinen Einfluss darauf, ob Sie ihn nutzen oder nicht.)

Nach folgenden Kriterien sollten Sie zu indizierende Spalten auswählen:

▶ Diese Spalte wird *häufig als Suchkriterium* oder als Verknüpfungskriterium in Abfragen verwendet.

▶ Die *erwartete Trefferquote* bei der Suche in der indizierten Spalte ist *sehr gering*. Bei einer erwarteten großen Trefferanzahl ist ein Full Table Scan schneller als eine Suche über den Index. (Wenn Sie in unserem Buch viele Informationen benötigen, werden Sie diese auch nicht der Reihe nach im Index suchen und dann x-mal nach vorne blättern, sondern das Buch von vorne nach hinten durchgehen und jene Seiten, die Sie nicht interessieren, überspringen.)

▶ Die Spalte enthält *viele unterschiedliche Werte*. Je eindeutiger die Werte in einer Spalte sind, umso effizienter ist ein Index. Ein Index für eine Spalte mit fast gleichen Werten bringt nicht viel. (Sie würden wahrscheinlich auch nicht auf die Idee kommen, denn Begriff *SQL Server* in diesem Buch über einen Index zu suchen. Da dieser Begriff enorm oft vorkommt, wäre das alles andere als effizient.)

▶ Es handelt sich *nicht um sehr kleine Tabellen*. (Sie würden auch nicht auf die Idee kommen, für eine vierseitige Broschüre einen Index zu erstellen, sondern das nur für dickere Bücher tun.)

▶ Ziehen Sie *zusammengesetzte Indizes* in Betracht. In einem zusammengesetzten Index – das ist ein Index, der über mehrere Spalten erstellt worden ist – können Sie nach führenden Spalten suchen. Haben Sie zum Beispiel einen zusammengesetzten Index für die Spalten *Nachname*, *Vorname* und *Postleitzahl* erstellt, kann dieser verwendet werden, wenn Sie nach allen drei Spalten, nach Nachname und Vorname oder dem Nachnamen alleine suchen.

Da ein Index nicht nur Vorteile, sondern auch Kosten verursacht, wäre es absolut falsch, *alle* oder einen Großteil der Spalten zu indizieren. In diesem Fall würden die Nachteile die gewonnenen Vorteile mehr als aufwiegen. (Sie kaufen am Samstag auch nicht eine ganze Filiale eines Lebensmittelgeschäftes auf, bloß weil Sie noch nicht wissen, was Sie am Sonntag vielleicht essen werden.)

Die Nachteile eines Index sind:

▶ Er benötigt Speicherplatz, da alle Werte der indizierten Spalte(n) in diesem nochmals gespeichert werden.

▶ Bei jeder Datenänderung müssen davon betroffene Indizes aktualisiert werden, was wiederum Systemressourcen belegt.

### Gruppierter und nicht gruppierter Index

Der SQL Server unterstützt zwei Arten von Indizes: gruppierte und nicht gruppierte Indizes. Beide Arten sind nach einer Baumstruktur aufgebaut, die beginnend von einem Wurzelelement je nach Tabellengröße in einer unterschiedlichen Anzahl an Ebenen verzweigt.

▶ *Nicht gruppierter Index (Nonclustered Index)*: Wird der Index durchsucht und am untersten Ende des Baumes (Blatt-Level; man muss sich diesen Baum auf den Kopf gestellt vorstellen) ein Treffer erzielt, findet man bei diesem die Row-ID des betreffenden Datensatzes. Anhand dieser ID kann dann der Satz gelesen werden.

▶ *Gruppierter Index (Clustered Index)*: Pro Tabelle kann es nur einen gruppierten Index geben. Dies liegt daran, dass die Daten dieser Tabelle physisch gemäß der Indexreihenfolge gespeichert werden. Am Blatt-Level des Index steht nicht die Row-ID, die angibt, wo der Datensatz zu finden ist, sondern schon der Datensatz selber. Der Index ist demnach eng mit der Speicherstruktur der Tabelle verwoben. Dieser Index ist daher in Summe schneller bei der Rückgabe von Werten als ein nicht gruppierter Index.

 Wenn Sie einen Primärschlüssel für eine Tabelle erzeugen, wird dieser standardmäßig als gruppierter Index angelegt, wenn es für diese Tabelle nicht schon einen gruppierten Index gibt.

### Erstellen eines Index

Einen Index haben wir indirekt schon erzeugt: Jedes Mal, wenn wir einen Primärschlüssel anlegen, wird automatisch auch ein Index für diese Spalte angelegt. Da ein Index wie eine Einschränkung ein eigenes Objekt ist, hat er auch einen Namen. Der Name des für den Primärschlüssel angelegten Index entspricht jenem für den Primärschlüssel selbst.

Um einen Index anzulegen, müssen Sie wie schon zuvor beim Erstellen einer Check-Einschränkung und einer Fremdschlüsselbeziehung die Tabelle im Entwurf geöffnet haben. Gehen Sie danach wie folgt vor, um einen Index für die Spalte *KdNachname* der Tabelle *tblKunden* zu erzeugen:

1. Über das Kontextmenü wählen Sie im Tabellenentwurf den Befehl INDIZES/SCHLÜSSEL… aus. Im Dialog sehen Sie den für den Primärschlüssel bereits erstellen Index (*PK_tblKunden*). Fügen Sie einen neuen Index hinzu. Dieser wird, wie bereits von den vorigen Beispielen bekannt, mit Standardwerten angezeigt.

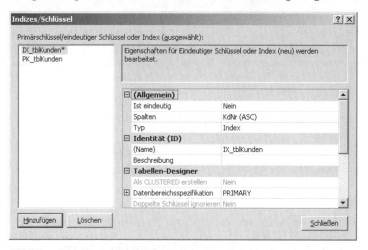

*Abbildung 3.28: Neuen Index anlegen*

2. Klicken Sie in die Zeile *Spalten* und danach auf die Schaltfläche mit den drei Punkten, um die Spalte für den Index auszuwählen. Wählen Sie in der Liste Spaltenname *KdNachname* aus. Belassen Sie die Sortierreihenfolge auf *Aufsteigend* (ASC = ascending) eingestellt.

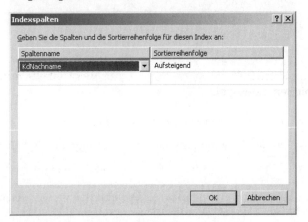

*Abbildung 3.29: Indexspalten auswählen*

 In diesem Beispiel belassen wir aber die Einstellung *Index*.

3. Um aus dem Index einen eindeutigen Schlüssel zu machen, wie im vorigen Abschnitt erläutert, stellen Sie den Typ auf *Eindeutiger Schlüssel*.

*Abbildung 3.30: Index oder eindeutiger Schlüssel*

4. Bauen Sie den Namen der indizierten Spalte in den Indexnamen ein.

*Abbildung 3.31: Indexname*

5. Da der gruppierte Index in dieser Tabelle für den Primärschlüssel schon vergeben ist, ist die Einstellung *Als CLUSTERED erstellen* nicht mehr aktiv.

In der Datenbereichsspezifikation können Sie die Dateigruppe auswählen, in welcher der Index angelegt werden soll. Sie werden sich erinnern, dass wir am Beginn dieses Kapitels die Möglichkeit erörtert haben, einen Index auch in einer anderen Dateigruppe zu platzieren.

*Abbildung 3.32: Dateigruppe für Index*

Erstellen Sie noch weitere Indizes für die Spalten *KdFirma1* und *KdPlz*.

Die Indizes werden angelegt, wenn Sie die vorgenommenen Änderungen im Tabellen-Designer speichern.

 Noch ein Tipp zum Abschluss: Die in den vorigen Abschnitten verwendeten Dialoge können nicht nur über das Kontextmenü, sondern auch über die Symbolleiste *Tabellen-Designer* geöffnet werden.

*Abbildung 3.33: Symbolleiste Tabellen-Designer*

Die Symbole in dieser Symbolleiste von links nach rechts:

▷ Änderungsskript generieren

▷ Primärschlüssel festlegen

▷ Beziehungen

▷ Indizes und Schlüssel verwalten

▷ Volltextindex verwalten

▷ XML-Indizes verwalten

▷ CHECK-Einschränkungen verwalten

## 3.2.5   Erste Daten erfassen

Nachdem wir nun unsere ersten Tabellen angelegt haben, möchten wir nun ein paar Testdaten in diesen Tabellen erfassen. Auch wenn das Management Studio kein Tool zur Datenerfassung ist, besteht diese Möglichkeit doch, um ebenso wie jetzt „quick and dirty" in Tabellen zu schreiben.

Um Daten zu erfassen, öffnen Sie die Tabelle über den Befehl TABELLE ÖFFNEN des Kontextmenüs. Erfassen Sie Daten, werden diese mit einem Stift am Zeilenkopf dargestellt, solange sie nicht gespeichert sind. Geänderte Feldinhalte werden mit einem Rufzeichen versehen, bis die Änderungen gespeichert werden. Dies erfolgt in diesem Editor durch das Verlassen der Zeile.

*Abbildung 3.34: Neuen Datensatz erfassen*

Haben Sie schon mehrere Datensätze in der Tabelle, können Sie die Navigationsschaltflächen am unteren Tabellenrand benutzen. Sie können damit zum ersten, vorigen, nächsten und letzten Datensatz springen. Über das Symbol mit dem Rechtspfeil und dem gelben Stern gelangen Sie zu einem neuen Datensatz. Mit der letzten Schaltfläche können Sie das Laden von weiteren Datensätzen abbrechen, wenn Sie eine sehr große Tabelle geöffnet haben und es Ihnen zu lange dauert, bis alle Datensätze in den Speicher geladen sind.

*Abbildung 3.35: Navigation*

 Geben Sie ungültige Daten ein, erhalten Sie eine Fehlermeldung, die auf den *.NET SqlClient Data Provider* verweist und oft Angaben mit .NET-Datentypen enthält. Dies liegt daran, dass das Management Studio über ADO.NET mit dem SQL Server kommuniziert. (Die Tools der Vorgängerversionen haben für diese Kommunikation noch ODBC verwendet, weshalb die Fehlermeldungen anders aufgebaut gewesen sind.)

Eine Gegenüberstellung der SQL Server-Datentypen mit den .NET-Datentypen finden Sie in anderem Zusammenhang in Kapitel 7. Dies hilft Ihnen sicher bei der Interpretation der Fehlermeldungen.

Erfassen Sie Testdaten in den drei Tabellen, und achten Sie dabei auf die Regeln, die wir für diese Tabellen festgelegt haben. Verstoßen Sie gegen diese, erhalten Sie eine Fehlermeldung. Bauen Sie zum Test absichtlich solche Fehler ein, um mit dem Umgang mit Fehlermeldungen und deren Interpretation vertraut zu werden.

Ein kleiner Unterschied zu den Editoren der Vorversionen birgt noch eine Fehlerquelle bei der Eingabe: Auch wenn für eine Spalte mit dem Datentyp *bit* die Werte wahr und falsch nach wie vor in den Tabellen mit 1 und 0 gespeichert werden, muss im Grid nun statt 1 und 0 abweichend davon *True* und *False* eingegeben werden. Sonst erhalten Sie auch hierbei einen Fehler.

# 3.3 Datenbankdiagramme einsetzen

Datenbankdiagramme sind ein sehr praktisches Tool sowohl zur Wartung als auch zur Dokumentation des Aufbaues der Datenbank. Durch die grafische Darstellung der Tabellen und Beziehungen sind sie ein beliebtes Werkzeug zur Anzeige der Struktur der Datenbank.

Ein wichtiger Hinweis für Benutzer der Vorversion: Die Datenbankdiagramme der Vorversionen sind nicht kompatibel und können nicht übernommen werden. Sie müssen leider neu erstellt werden.

Wenn Sie den Ordner Datenbankdiagramme für Ihre Datenbank das erste Mal öffnen, werden Sie aufgefordert, die dafür notwendigen Unterstützungsobjekte in dieser Datenbank zu erstellen. Bestätigen Sie die Aufforderung einfach mit JA, um dies zu tun.

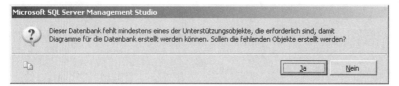

*Abbildung 3.36: Unterstützungsobjekte für Datenbankdiagramme anlegen*

Unter folgenden Umständen tritt dabei jedoch ein Fehler auf:

▷ Der *Kompatibilitätsgrad* der Datenbank ist nicht auf SQL Server 2005 eingestellt. Öffnen Sie in diesem Fall die Datenbankeigenschaften über das Kontextmenü, und wechseln Sie auf die Seite *Optionen*. Stellen Sie dort den Kompatibilitätsgrad der Datenbank auf *SQL Server 2005 (90)*.

▷ Die Datenbank hat *keinen gültigen Eigentümer*. Dies ist meist vor allem dann der Fall, wenn Sie die Datenbank von einem anderen Server übernommen haben, wie zum Beispiel die WAWI-Beispieldatenbank von der Buch-CD. (Der ursprüngliche Besitzer ist ja auf Ihrem Rechner nicht vorhanden.) Da Sie auf Ihrem Rechner in der Regel Administrator sind, können Sie ungehindert mit dieser Datenbank arbeiten – bis eben auf diesen Punkt. Legen Sie daher einen neuen Anmeldenamen an, und tragen Sie diesen als Besitzer der Datenbank auf der Seite *Dateien* der Datenbankeigenschaften ein. Wenn Sie Informationen zum Anlegen eines Anmeldenamens benötigen, finden Sie diese in Kapitel 9.

*Abbildung 3.37: Zuweisen des Datenbankbesitzers*

Haben Sie die Unterstützungsobjekte hinzugefügt, können Sie nun ein neues Datenbankdiagramm erstellen. Auch bestehende Diagramme einer übernommenen Datenbank können nun angezeigt werden. Klicken Sie auf den Ordner *Datenbankdiagramme* der Datenbank *Marketing*, und wählen Sie im Kontextmenü den Befehl NEUES DATENBANKDIAGRAMM.

Im Dialog *Tabelle hinzufügen* wählen Sie jene Tabellen aus, die Sie im Diagramm darstellen möchten.

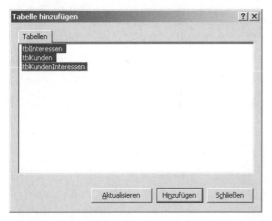

*Abbildung 3.38: Tabellen für Datenbankdiagramm auswählen*

 Bestehende Beziehungen werden im Datenbankdiagramm bereits angezeigt.

Das Datenbankdiagramm bietet eine wesentlich komfortablere Oberfläche zum Erzeugen von Beziehungen als der Tabellen-Designer. Hier können Beziehungen per Drag & Drop erstellt werden.

Ziehen Sie dazu einfach die Fremdschlüsselspalte der Detailtabelle mit gedrückter linker Maustaste auf die Primärschlüsselspalte jener Tabelle, zu der Sie die Beziehung erstellen möchten.

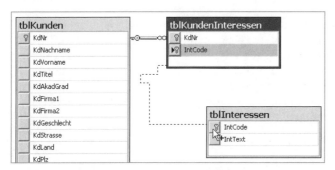

*Abbildung 3.39: Beziehung per Drag & Drop erzeugen*

Nach dem Loslassen der Maustaste öffnet sich derselbe Dialog, den Sie vom Tabellen-Designer kennen. Wenn Sie beim Ziehen die korrekten Felder „treffen", müssen Sie hier keine Einstellungen mehr vornehmen. Wenn Sie möchten, können Sie noch die Änderungs- oder Löschweitergabe aktivieren.

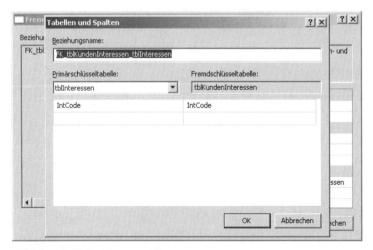

*Abbildung 3.40: Beziehung erstellen*

Um das Diagramm übersichtlich zu gestalten, können Sie:

▷ die Tabellen anordnen

▷ die Beziehungslinien so verschieben, dass eine gute Übersicht erreicht wird

▷ über das Kontextmenü neue Textanmerkungen ergänzen und auch formatieren

▷ Seitenumbrüche anzeigen, um den Ausdruck vorbereiten zu können

Abbildung 3.41 zeigt ein Datenbankdiagramm der Beispieldatenbank WAWI mit eingeblendeten Seitenumbrüchen.

Außerdem können Sie direkt in einem Diagramm neue Tabellen anlegen und auch bestehende bearbeiten. Dazu können Sie über das Kontextmenü die Anzeige der Tabellen so anpassen, wie es für Sie – zum Beispiel zum Ergänzen einer neuen Spalte – am passendsten ist.

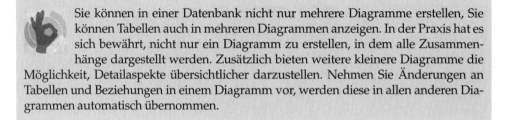

Sie können in einer Datenbank nicht nur mehrere Diagramme erstellen, Sie können Tabellen auch in mehreren Diagrammen anzeigen. In der Praxis hat es sich bewährt, nicht nur ein Diagramm zu erstellen, in dem alle Zusammenhänge dargestellt werden. Zusätzlich bieten weitere kleinere Diagramme die Möglichkeit, Detailaspekte übersichtlicher darzustellen. Nehmen Sie Änderungen an Tabellen und Beziehungen in einem Diagramm vor, werden diese in allen anderen Diagrammen automatisch übernommen.

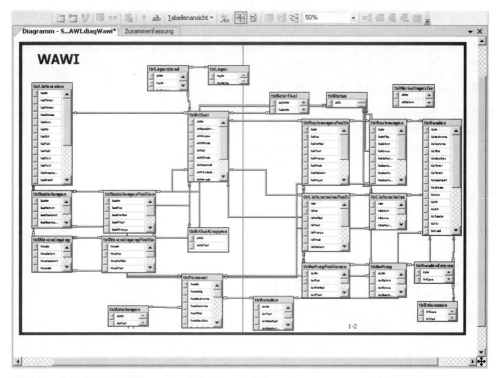

*Abbildung 3.41: Datenbankdiagramm mit Seitenumbrüchen*

## 3.4    Was Sie noch wissen sollten…

Zum Abschluss des Kapitels möchten wir noch drei Aspekte beleuchten, die im praktischen Arbeiten mit Datenbanken von Bedeutung sein können.

### 3.4.1    Tabellen in anderen Dateigruppen speichern

Zu Beginn des Kapitels haben Sie erfahren, wie Sie für eine Datenbank mehrere Dateigruppen einrichten können. Beim Anlegen von Indizes haben Sie gelesen, wie Sie diese in einer anderen als der Standarddateigruppe *PRIMARY* speichern können.

*Wie können Sie beim Anlegen einer Tabelle festlegen, in welcher Dateigruppe sie angelegt werden soll?*

Wenn Sie keine spezielle Dateigruppe angeben, wird das Objekt immer in der Dateigruppe PRIMARY erstellt.

Öffnen Sie beim Erstellen der Tabelle im Tabellen-Designer das Eigenschaftsfenster über das Menü ANSICHT oder die Taste F4. In der Rubrik *Reguläre Datenbereichsspezifikationen* wählen Sie die Dateigruppe in der Liste bei der Eigenschaft *Schemaname der Dateigruppe* aus.

*Abbildung 3.42: Tabelleneigenschaften*

Beim Speichern wird die Tabelle in der gewählten Dateigruppe angelegt.

## 3.4.2 Tabellen direkt mit DDL-Anweisungen erstellen

Alternativ zum Tabellen-Designer können Sie eine Tabelle in einem Abfrage-Editorfenster direkt über *DDL* (*Data Definition Language*, Teilbereich der Sprache SQL) Anweisungen erstellen.

Ein einfaches Beispiel soll Ihnen einen kleinen Einblick in dieses Thema geben. Dies kann keine umfassende Abhandlung sein, denn diese würde den Rahmen sprengen. Ziel ist es, Ihnen einen Eindruck zu vermitteln.

Mit der nachfolgenden Anweisung wird eine Personaltabelle mit folgenden Parametern angelegt:

▶ Für die Personalnummer wird eine Identität mit dem Startwert 1000 und der Schrittweite 1 festgelegt.

▶ Die erforderliche Eingabe wird bei Spalten durch den Zusatz NOT NULL festgelegt. Bei der Personalnummer kann dies entfallen, weil sie später ohnehin als Primärschlüssel definiert wird.

▶ Für das Eintrittsdatum wird das aktuelle Datum als Standardwert über die Funktion GETDATE() festgelegt. (Hier wäre auch die erweiterte Syntax CONSTRAINT df_personal_eintritt DEFAULT GETDATE() denkbar, um der Einschränkung einen sauberen Namen anstelle des vom System generierten zu geben.)

▶ Nach den Spalten werden die Primärschlüssel-Einschränkung sowie eine Check-Einschränkung für die Geschlecht-Spalte definiert.

▶ Über den Zusatz `ON DATEN` am Ende der Anweisung wird die Tabelle in der Dateigruppe DATEN erstellt.

```
CREATE TABLE dbo.tblPersonal
(   PersNr int IDENTITY(1000, 1),
    PersNachname varchar(50) NOT NULL,
    PersVorname varchar(50) NOT NULL,
    PersGeschlecht char(1) NOT NULL,
    PersAbtlg char(2),
    PersDW varchar(5) NOT NULL,
    PersEmail varchar(60),
    PersEintritt smalldatetime DEFAULT GETDATE(),
    CONSTRAINT pk_personal PRIMARY KEY (PersNr),
    CONSTRAINT ck_personal_geschlecht
    CHECK (PersGeschlecht IN('w','m'))
) ON DATEN
```

Sie können einer Tabelle auch nach dem Anlegen eine neue Spalte hinzufügen, allerdings nur am Ende. Dazu benötigen Sie die `ALTER TABLE`-Anweisung. Das nachfolgende Beispiel ergänzt eine Spalte für das Austrittsdatum.

```
ALTER TABLE dbo.tblPersonal
ADD PersAustritt smalldatetime
```

Auch Einschränkungen können für eine Tabelle nachträglich ergänzt werden. Diese Anweisung erzeugt eine Beziehung zwischen der Personaltabelle und der Abteilungstabelle.

```
ALTER TABLE dbo.tblPersonal
ADD CONSTRAINT fk_personal_abteilung FOREIGN KEY (PersAbtlg)
REFERENCES dbo.tblAbteilungen (AbtNr)
```

### 3.4.3   Gefahren der grafischen Oberfläche

Grafische Oberflächen erleichtern zwar die Arbeit ungemein und sind in der Regel sehr komfortabel. Aber sie können auch zum Fluch werden, wenn man versteckte Gefahren nicht kennt.

Viele Dinge, die über die grafische Oberfläche möglich sind, werden direkt von der Datenbank gar nicht unterstützt. Sie funktionieren nur, weil das grafische Tool auf einen Workaround zurückgreift, der in der Datenbank umfangreiche Änderungen vornimmt.

Dies soll Ihnen folgendes Beispiel veranschaulichen:

Neue Spalten können an eine Tabelle nur am Ende angefügt werden. Es ist in keiner Datenbank möglich, eine Spalte an vorderer Stelle zu ergänzen. Das grafische Tool lässt dies ohne weiteres zu. Sie können im Tabellen-Designer neue Spalten über das Kontextmenü einfügen oder die Reihenfolge von Spalten mit der Maus verschieben.

*Was geschieht, wenn Sie diese Änderungen speichern?*

Da die Änderung direkt nicht möglich ist, erstellt das Tool eine völlig neue Tabelle, kopiert alle Daten von der ursprünglichen Tabelle in diese hinein, hebt alle Beziehungen der alten Tabelle auf und erstellt sie für die neue Tabelle. Schließlich wird die alte Tabelle gelöscht und die neue umbenannt. Dies hört sich zwar toll an, wenn man sich vorstellt, alle diese Schritte selber manuell umsetzen zu müssen.

Die Gefahr liegt allerdings darin, dass solche Vorgänge ausgeführt werden, während andere Benutzer in der Datenbank arbeiten. In diesem Fall führt dieser Vorgang verständlicherweise zu Problemen. Deshalb sollten Sie solche Vorgänge unbedingt zu Zeiten durchführen, in denen nicht in der Datenbank gearbeitet wird.

*Wie kann man solche Vorgänge von ungefährlichen unterscheiden?*

Es gibt zwei Methoden, um diese Vorgänge vor dem Ausführen zu erkennen:

▶ *Meldung beim Speichern*: Erhalten Sie beim Speichern eine Meldung, dass die angeführten Tabellen gespeichert werden, müssen die Alarmglocken läuten. Die nachfolgende Meldung erscheint, wenn in der Artikeltabelle der Beispieldatenbank WAWI die Reihenfolge von Spalten verändert wird. Warum müssen so viele Tabellen gespeichert werden, wenn nur Änderungen an einer Tabelle vorgenommen worden sind? – Weil alle auf diese Tabelle verweisenden Fremdschlüssel vorübergehend gelöscht werden müssen, da sonst die alte Artikeltabelle nicht gelöscht werden könnte.

*Abbildung 3.43: Abfrage beim Speichern*

▶ *Analyse des Änderungsskripts*: Wenn Sie Ihre Änderungen fertig eingegeben, aber noch nicht gespeichert haben, können Sie sich das Änderungsskript, das alle ausgeführten Anweisungen enthält, anzeigen lassen. Wählen Sie im Kontextmenü den Befehl ÄNDERUNGSSKRIPT GENERIEREN..., oder klicken Sie dazu auf das entsprechende Symbol. Wenn Sie im Skript die Anweisungen DROP TABLE finden, handelt es sich um den beschriebenen Vorgang.

Speichern Sie das Änderungsskript als Textdatei, dann können Sie es einfacher durchsuchen.

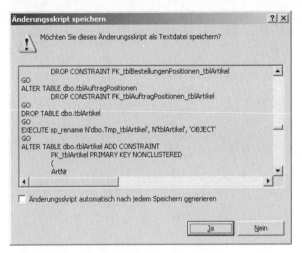

*Abbildung 3.44: Änderungsskript*

Vorgänge mit den beschriebenen Merkmalen sollten Sie nur ausführen, wenn sonst keine Aktivitäten in der Datenbank stattfinden. Das Anfügen einer neuen Tabellenspalte am Ende kann hingegen gefahrlos im laufenden Betrieb erfolgen.

# 4 SQL – Zugriff auf Daten

Der Sinn einer Datenbank ist es nicht nur, Daten in strukturierter Form zu speichern, sondern auch Möglichkeiten zu bieten, diese Daten in jeder denkbaren Form auszugeben und auswertbar zu machen. Datenzugriffe erfolgen mit der standardisierten Abfragesprache SQL, von welcher der SQL Server auch seinen Namen hat.

SQL, die *Structured Query Language*, ist die Standardabfragesprache für relationale Datenbanken. Sie ist vom American National Standards Institute (ANSI) standardisiert worden. Der aktuelle Standard ist der im Jahr 1999 verabschiedete Standard ANSI SQL 99. Da es der dritte verabschiedete Standard ist, wird er auch als SQL 3 bezeichnet. Der SQL Server unterstützt die Syntax von ANSI SQL 99. Die im Jahr 2003 verabschiedeten Erweiterungen haben in die Praxis noch keinen Einzug genommen.

SQL besteht aus fünf verschiedenen Sprachbereichen, um alle typischen Datenbankaufgaben abdecken zu können.

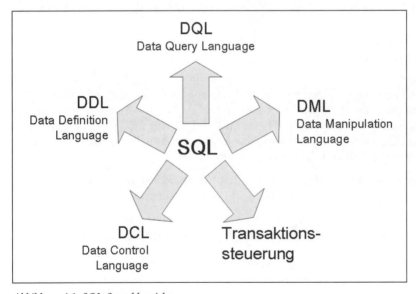

*Abbildung 4.1: SQL-Sprachbereiche*

▶ *DQL (DATA QUERY LANGUAGE / SELECT)*: Mit SELECT werden Informationen aus der Datenbank gelesen. Dabei können diese auf mannigfache Art ausgewertet werden. Jegliche Arten von Berechnungen sind hierbei möglich.

▶ *DML (Data Manipulation Language)*: Mit DML-Anweisungen werden Daten in eine Datenbank geschrieben. Dabei handelt es sich um die drei Vorgänge Einfügen (INSERT), Ändern (UPDATE) und Löschen (DELETE) von Daten.

▶ *Transaktionssteuerung*: Die Steuerung von Transaktionen ist fest mit dem Einsatz von DML verbunden. Hiermit können mehrere Anweisungen zu einer Transaktion zusammengefasst werden, die nach dem Alles-oder-nichts-Prinzip abläuft.

▶ *DDL* (*Data Definition Language*): Dieser Sprachbereich dient dem Anlegen von Datenbankobjekten, wie zum Beispiel Tabellen und Sichten.

▶ *DCL* (*Data Control Language*): Um Benutzer und Rollen in einem Datenbanksystem anzulegen und um ihnen Berechtigungen zu erteilen.

Zugriffe auf Daten, die in einer Datenbank auf dem SQL Server gespeichert sind, können auf unterschiedliche Art und Weise erfolgen. Eines haben aber alle Varianten gemeinsam: Am Ende wird SQL für den Zugriff verwendet, auch wenn es nicht von Ihnen selber eingegeben wurde.

SQL-Anweisungen, die schließlich von der Datenbank-Engine des SQL Servers interpretiert werden, können auf folgende Arten erzeugt werden:

▶ SQL-Anweisungen werden direkt in einen *SQL-Editor* eingetippt. Der SQL Server stellt als solchen den Abfrage-Editor des Management Studios zur Verfügung.

Tools wie der Abfrage-Designer erlauben das einfache Erstellen von Anweisungen über eine *grafische Oberfläche*. Der Benutzer muss keinerlei SQL-Kenntnisse für das Erzeugen von Abfragen haben. Die SQL-Anweisungen werden im Hintergrund generiert.

▶ Erstellen von Datenbankobjekten, die SQL-Anweisungen für die Rückgabe von Daten enthalten:

  ▶ Sichten (Views)

  ▶ Gespeicherte Prozeduren

  ▶ Funktionen

▶ Verwenden von Programmierschnittstellen wie zum Beispiel ADO oder ADO.NET, um auf relationale Datenbanken zuzugreifen. Aus Programmierumgebungen heraus verwenden Sie Schnittstellenbibliotheken für den Datenzugriff. Diese Schnittstellen verwenden SQL, wenn sie deren Objekte verwenden. Häufig werden auch direkt SQL Anweisungen in diesen Umgebungen verwendet.

In diesem Kapitel lernen Sie den Umgang mit dem Abfrage-Designer, die Erstellung von Views und Grundlagen von SQL zum Abfragen von Daten kennen.

# 4.1 Einsatz des Abfrage-Designers

Die schnellste und wahrscheinlich auch komfortabelste Variante, eine Abfrage zu erstellen, ist die Verwendung des Abfrage-Designers, der in das SQL Server Management Studio integriert ist.

Der Abfrage-Designer kann auf verschiedene Arten genutzt werden:

▶ Von einer im Management Studio geöffneten Tabelle ausgehend können Elemente des Abfrage-Designers aktiviert werden, um eine Abfrage zu definieren.

▶ Bei der Erstellung von Sichten wird derselbe Abfrage-Designer verwendet.

▶ Wenn Sie SQL-Anweisungen in einem Abfrage-Editorfenster eingeben, können Sie den Abfrage-Designer über das Kontextmenü zur Unterstützung aktivieren.

## 4.1.1 Die Bereiche des Abfrage-Designers

Der Abfrage-Designer besteht aus mehreren Bereichen, die Sie nach Bedarf ein- und ausblenden können. Diese Bereiche sind der Diagrammbereich, der Kriterienbereich, der SQL-Bereich sowie der Ergebnisbereich. Betrachten wir uns diese Bereiche vorab ein wenig im Detail.

### Diagrammbereich

Im Diagrammbereich werden die Tabellen und deren Verknüpfungen für die Abfrage eingefügt und definiert. Fügen Sie neue Tabellen hinzu, werden die Verknüpfungen (Joins) gemäß bestehender Beziehungen bereits angezeigt.

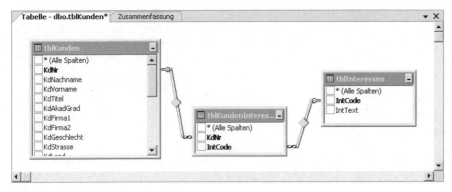

*Abbildung 4.2: Der Diagrammbereich*

Um eine neue Tabelle in den Diagrammbereich zu übernehmen, wählen Sie im Kontextmenü den Befehl TABELLE HINZUFÜGEN... aus. Alternativ können Sie auf das Symbol *Tabelle hinzufügen* klicken. Im Dialog können Sie eine Tabelle, eine Sicht, eine Funktion oder ein Objekt über sein Synonym auswählen.

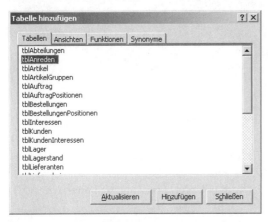

*Abbildung 4.3: Tabelle hinzufügen.*

Um eine Tabelle aus dem Diagrammbereich zu entfernen, markieren Sie sie und wählen im Kontextmenü den Befehl ENTFERNEN. Alternativ können Sie auch einfach nur die $\boxed{\text{Entf}}$-Taste drücken.

Spalten, die Sie im Ergebnis angezeigt haben möchten, markieren Sie über die Checkbox links neben dem Spaltennamen. Um alle Spalten anzuzeigen, markieren Sie den Stern in der ersten Spalte. In der Tabelle werden auch zusätzliche Informationen angezeigt. Zum Beispiel sehen Sie in der nachfolgenden Darstellung, dass für die Spalte *kdNachname* eine aufsteigende Sortierung festgelegt ist. Der Trichter in der Spalte *KdLand* zeigt an, dass für diese Spalte ein Filterkriterium definiert worden ist.

*Abbildung 4.4: Spalten auswählen*

Wird eine Verknüpfung zwischen zwei Tabellen benötigt, die nicht automatisch angezeigt worden ist, erzeugen Sie diese per Drag & Drop.

### Kriterienbereich

Im Kriterienbereich werden die im Diagrammbereich ausgewählten Spalten angezeigt. Spalten können auch direkt im Kriterienbereich ausgewählt werden.

| | Spalte | Alias | Tabelle | Ausg... | Sortierungsart | Sortierreihenf... | Filter | Oder.. |
|---|---|---|---|---|---|---|---|---|
| | KdNachname | | tblKunden | ☑ | Aufsteigend | 1 | | |
| | KdVorname | | tblKunden | ☑ | | | | |
| | KdTitel | | tblKunden | ☑ | | | | |
| | KdAkadGrad | | tblKunden | ☑ | | | | |
| | IntText | | tblInteressen | ☑ | Aufsteigend | 2 | | |
| | KdLand | | tblKunden | ☐ | | | = 'D' | |

*Abbildung 4.5: Der Kriterienbereich*

Folgende Eingaben können Sie im Kriterienbereich vornehmen:

▷  Auswahl der anzuzeigenden Spalte

▷  In der Spalte *Spalte* kann neben einem Spaltennamen auch ein Berechnungsausdruck für eine berechnete Spalte eingetragen werden.

▷  *Aliasnamen* können definiert werden, um zum Beispiel berechneten Spalten eine Spaltenüberschrift zu geben.

▷  In der Spalte *Tabelle* wird der Name der Tabelle angezeigt, aus der die Spalte stammt.

▷  Um Spalten nicht im Ergebnis anzuzeigen, weil sie nur zur Filterung oder zur Sortierung ausgewählt worden sind, entfernen Sie das Häkchen in der Spalte *Ausgabe*.

▶ In der Spalte *Sortierungsart* kann für eine oder mehrere Spalten eine auf- oder absteigende Sortierung festgelegt werden. Für den Fall, dass nach mehreren Spalten sortiert wird, wird die Reihenfolge in der Spalte *Sortierreihenfolge* festgelegt.

▶ Kriterien zur Auswahl von Datensätzen werden in der Spalte *Filter* eingetragen. Werden mehrere Kriterien untereinander in der Spalte eingetragen, gelten diese als mit *AND* verknüpft. Um eine *ODER*-Verknüpfung zu erreichen, tragen Sie die weiteren Kriterien in den rechten Spalten mit der Bezeichnung *Oder...* ein.

▶ Wird für die Abfrage eine Gruppierung genommen, wird in der Spalte *Gruppieren nach* (diese wird in der vorigen Grafik nicht angezeigt) zum Beispiel die anzuwendende Gruppenfunktion ausgewählt.

## SQL-Bereich

Der SQL-Bereich wird laufend aktualisiert und zeigt exakt jene SQL-Anweisung an, die den im Diagramm- und Kriterienbereich vorgenommenen Eingaben entspricht. Die Wirkung ist aber wechselseitig. Verändern oder ergänzen Sie die angezeigte SQL-Anweisung, werden diese Änderungen in den beiden anderen Bereichen übernommen, sobald Sie den SQL-Bereich verlassen.

```
SELECT   tblKunden.KdNachname, tblKunden.KdVorname, tblKunden.KdTitel, tblKunden.KdAkadGrad, tblInteressen.IntText
FROM     tblKunden INNER JOIN
             tblKundenInteressen ON tblKunden.KdNr = tblKundenInteressen.KdNr INNER JOIN
             tblInteressen ON tblKundenInteressen.IntCode = tblInteressen.IntCode
WHERE    (tblKunden.KdLand = 'D')
ORDER BY tblKunden.KdNachname, tblInteressen.IntText
```

*Abbildung 4.6: Der SQL-Bereich*

 Wenn Sie mit SQL noch nicht so vertraut sind, nutzen Sie diesen Bereich, um interaktiv SQL zu lernen. Analysieren Sie die generierten Anweisungen, wenn Sie Abfragen erzeugen.

## Ergebnisbereich

Im Ergebnisbereich wird das Ergebnis der Abfrage angezeigt, wenn diese ausgeführt wird. Dies geschieht in der Regel über das Symbol *SQL ausführen* mit dem roten Ausrufezeichen.

Enthält die Abfrage ein editierbares Ergebnis, können die Daten über den Ergebnisbereich verändert werden. Auch das Hinzufügen von neuen und das Löschen von bestehenden Datensätzen sind möglich.

| | KdNachname | KdVorname | KdTitel | KdAkadGrad | IntText |
|---|---|---|---|---|---|
| | Bogner | Gerald | NULL | Dipl.-Vw. | Werk- und Baustoffe |
| | Deutschmann | Petra | NULL | Mag. | Haus und Garten |
| | Frisch | Michael | NULL | NULL | Sportartikel |
| | Killian | Sabina | NULL | NULL | Haus und Garten |

|◀ ◀ | 22 | von 22 | ▶ ▶| ▶* | (◉) | Die Zelle ist schreibgeschützt. |

*Abbildung 4.7: Der Ergebnisbereich*

Wird die Abfragedefinition nach dem Ausführen verändert, wird links oben im Ergebnisbereich ein rotes Ausrufezeichen auf gelbem Hintergrund angezeigt, um darauf hinzuweisen, dass das angezeigte Ergebnis nicht mehr der angezeigten Definition entspricht.

### Die Symbolleiste Abfrage-Designer

Die einzelnen Bereiche des Abfrage-Designers werden über die Symbolleiste ein- und ausgeblendet. Diese ist in der nachfolgenden Abbildung dargestellt.

*Abbildung 4.8: Symbolleiste Abfrage-Designer*

Die Bedeutung der Symbole von links nach rechts:

▷ *Diagrammbereich anzeigen*: Ein- und ausblenden des Diagrammbereiches.

▷ *Kriterienbereich anzeigen*: Ein- und ausblenden des Kriterienbereiches.

▷ *SQL-Bereich anzeigen*: Ein- und ausblenden des SQL-Bereiches.

▷ *Ergebnisbereich anzeigen*: Ein- und ausblenden des Ergebnisbereiches.

▷ *Typ ändern*: Ändern des Abfragetyps. Der Abfrage-Designer unterstützt folgende Abfragetypen:

  ▷ Auswahlabfrage (Standardtyp)/SELECT

  ▷ Ergebnisse einfügen/INSERT INTO … SELECT

  ▷ Werte einfügen/INSERT INTO … VALUES

  ▷ Aktualisierungsabfrage/UPDATE

  ▷ Löschabfrage/DELETE

  ▷ MAKE TABLE-Abfrage/SELECT … INTO

Dieses Symbol steht nur für im Abfrage-Editor erstellte SQL-Anweisungen zur Verfügung. In einer Abfrage und Sicht ist diese Typenauswahl nicht einsetzbar. Hier kann nur der Typ Auswahlabfrage genutzt werden.

▷ *SQL ausführen*: Ausführen der Abfrage und Anzeigen des Ergebnisses im Ergebnisbereich.

▷ *SQL-Syntax überprüfen*: Überprüfen der Syntax der Anweisung, ohne sie auszuführen.

▷ *Gruppe hinzufügen nach*: Einblenden der Spalte zur Gruppierung im Kriterienbereich.

▷ *Tabelle hinzufügen*: Öffnen des Auswahldialoges zum Hinzufügen weiterer Tabellen.

▷ *Neue abgeleitete Tabelle hinzufügen*: Hinzufügen einer Unterabfrage (Subquery), die als Inline-View mit den vorhandenen Tabellen verknüpft werden kann.

## 4.1.2 Erstellen einer Abfrage

Abfragen sind mit dem Management Studio erstellte SELECT-Anweisungen, um ad hoc Daten auszugeben. Diese werden nicht gespeichert und sind somit nicht wieder verwendbar. Um wieder verwendbare Anweisungen zu generieren, erstellen Sie eine Sicht oder erzeugen die Anweisung in einem Abfrage-Editorfenster und speichern dieses als SQL-Skript ab.

Einen Überblick über diese Varianten gibt Ihnen die nachfolgende Übersicht. Für alle drei Varianten ist der Abfrage-Designer einsetzbar.

| Variante | Beschreibung |
|---|---|
| Abfrage | Eine Abfrage kann nur über den Abfrage-Designer erstellt. Sie wird nicht gespeichert und ist daher nicht wieder verwendbar. Das Ergebnis wird am Bildschirm angezeigt. Das Ergebnis ist auch editierbar, wenn die Abfrage nicht zu komplex ist. (Dies ist zum Beispiel der Fall, wenn sie mehrere Tabellen, Berechnungen oder Gruppierungen enthält.) Um direkt die SQL-Anweisung zu editieren, steht nur der (wenig komfortable) SQL-Bereich des Abfrage-Designers zur Verfügung. |
| Abfrage-Editor/ SQL-Skript | Im Abfrage-Editor kann eine SELECT-Anweisung direkt eingetippt oder mit Hilfe des Abfrage-Designers erstellt werden. Das Ergebnis kann als SQL-Skript am Filesystem abgelegt und somit wieder aufgerufen werden. Im Skript können mehrere Anweisungen eingefügt und auch Kommentare zur Erläuterung ergänzt werden. Da das Skript am Filesystem gespeichert wird, benötigen Sie keine speziellen Berechtigungen in der Datenbank, sondern lediglich Leserechte an den Daten. |
| View/Sicht | Eine View ist ein Datenbankobjekt. Die Abfrage wird daher am Server gespeichert und nicht am Filesystem. Sie benötigen daher entsprechende Berechtigungen in der Datenbank, um eine solche zu erstellen. Eine View kann mit dem Abfrage-Designer oder im Abfrage-Editor erzeugt werden. Der Abfrage-Editor ist bei der direkten SQL-Eingabe wesentlich komfortabler als der SQL-Bereich des Abfrage-Designers. |

*Tabelle 4.1: Einsatzvarianten für den Abfrage-Designer*

Wir beschäftigen uns nun mit der ersten der drei beschriebenen Varianten.

 Wir verwenden für die nachfolgenden Beispiele die Beispieldatenbank WAWI, die Sie auf der Buch-CD finden. Wie Sie diese auf Ihrem System einsetzbar machen, haben Sie in Kapitel 1 gelesen. Ausführlichere Informationen zum Hinzufügen bestehender Datenbanken auf Ihre Server finden Sie in Kapitel 8.

**Eine einfache Abfrage im Management Studio erstellen**

Für unser erstes Beispiel verwenden wir die Tabelle *tblKunden*. Wir werden im ersten Schritt die angezeigten Kunden auf jene aus Deutschland, danach in einem zweiten Schritt auf jene aus Bayern einschränken.

Gehen Sie zur Lösung des Beispiels wie folgt vor:

1.  Öffnen Sie die Tabelle *tblKunden* mit dem Befehl TABELLE ÖFFNEN im Kontextmenü.

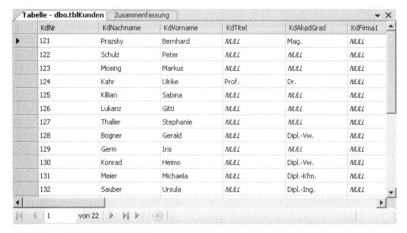

| KdNr | KdNachname | KdVorname | KdTitel | KdAkadGrad | KdFirma1 |
|------|-----------|-----------|---------|------------|----------|
| 121 | Prazsky | Bernhard | NULL | Mag. | NULL |
| 122 | Schulz | Peter | NULL | NULL | NULL |
| 123 | Mosing | Markus | NULL | NULL | NULL |
| 124 | Kahr | Ulrike | Prof. | Dr. | NULL |
| 125 | Killian | Sabina | NULL | NULL | NULL |
| 126 | Lukanz | Gitti | NULL | NULL | NULL |
| 127 | Thaller | Stephanie | NULL | NULL | NULL |
| 128 | Bogner | Gerald | NULL | Dipl.-Vw. | NULL |
| 129 | Germ | Iris | NULL | NULL | NULL |
| 130 | Konrad | Heimo | NULL | Dipl.-Vw. | NULL |
| 131 | Meier | Michaela | NULL | Dipl.-Kfm. | NULL |
| 132 | Sauber | Ursula | NULL | Dipl.-Ing. | NULL |

*Abbildung 4.9: Geöffnete Tabelle*

2.  Blenden Sie den Diagramm- und den Kriterienbereich ein.

 Im Diagrammbereich ist in der ersten Zeile der Spalte *Spalte* bereits der Stern eingetragen, um alle Spalten aus der Tabelle anzuzeigen. Wenn Sie nicht alle Spalten anzeigen möchten, löschen Sie diese Zeile heraus und übernehmen anstelle dessen die gewünschten Spaltennamen einzeln.

3.  Übernehmen Sie zusätzlich die Spalte *KdLand* in den Kriterienbereich. Da diese Spalte ja bereits indirekt über den Stern im Ergebnis enthalten ist und sie damit doppelt angezeigt wird, erscheint in der Spalte *Alias* automatisch der Eintrag *Expr1*, da Spaltennamen in einem Ergebnis immer eindeutig sein müssen. Da aber eine doppelte Anzeige nicht benötigt wird, entfernen Sie das Häkchen in der Spalte *Ausgabe*. Der Aliasname verschwindet damit auch gleich wieder. In der Spalte *Filter* tragen Sie das Kriterium =`'D'` ein.

 Was für Umsteiger von MS Access auf den ersten Blick ungewohnt erscheinen mag, entspricht aber absolut dem ANSI SQL-Standard: Texte werden nicht wie in Access unter doppelten, sondern unter einfachen Hochkommata geschrieben.

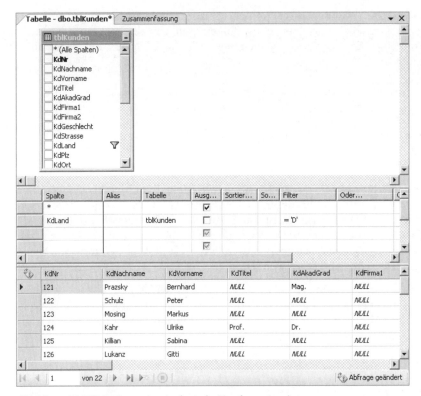

*Abbildung 4.10: Kriterium, um nur deutsche Kunden anzuzeigen*

Da das angezeigte Ergebnis – es wird ja noch der gesamte Tabelleninhalt angezeigt – nicht mehr der darüber festgelegten Definition entspricht, erscheint im linken oberen Eck des Ergebnisbereiches das Ausrufezeichen.

 Sie müssen als Kriterium nicht die gesamte Bedingung =' D ' eintragen. Es genügt, nur das D einzugeben, da der Editor Ihre Intentionen erkennt und den Rest selber ergänzt, wenn Sie das Eingabefeld verlassen.

4.  Führen Sie die Abfrage aus, um das neue Ergebnis im Ergebnisbereich angezeigt zu bekommen.

Anstelle der ursprünglich 22 Kunden werden jetzt nur mehr jene 16 Kunden angezeigt, die ihren Wohnsitz in Deutschland haben.

### Eine Abfrage mit mehreren Kriterien versehen

Wie bereits angekündigt, soll das Beispiel noch um ein weiteres Kriterium erweitert werden. Nämlich dass nur jene Kunden angezeigt werden, die in Bayern wohnen. Das sind jene, deren Postleitzahl mit einer Acht beginnt. Werden in einer Abfrage mehrere Kriterien benötigt, sind diese logisch über ein UND oder ein ODER verbunden.

Um die bayerischen Kunden auszuwählen, müssen beide Bedingungen erfüllt sein. UND-Kriterien werden in derselben Spalte eingetragen. Um alle Postleitzahlen zu selektieren, die mit einer Acht beginnen, wählen Sie die Spalte *KdPlz* aus und tragen als Filter die Bedingung LIKE '8%' ein.

| Spalte | Alias | Tabelle | Ausg... | Sortier... | So... | Filter | Oder... | C |
|--------|-------|---------|---------|------------|-------|--------|---------|---|
| * | | | ☑ | | | | | |
| KdLand | | tblKunden | ☐ | | | = 'D' | | |
| KdPlz | | tblKunden | ☐ | | | LIKE '8%' | | |
| | | | ☑ | | | | | |

*Abbildung 4.11: UND-Kriterien*

Der Operator LIKE wird in SQL für Mustervergleiche wie diesen verwendet. Das Prozentzeichen steht als Platzhalter für eine beliebige Anzahl weiterer Zeichen. Auch dieses entspricht dem ANSI-Standard, nicht der Stern, den MS Access-Umsteiger in dieser Funktion kennen. Und um den Sack gleich ganz zu schließen: Um im Mustervergleich ein fixes beliebiges Zeichen einzubauen, wird in ANSI SQL ein Unterstrich, nicht ein Fragezeichen wie in MS Access verwendet.

Um im Ergebnis nur den Namen und die Postleitzahl sowie den Ort anzuzeigen, löschen Sie den Stern aus der ersten Zeile des Kriterienbereiches, und wählen Sie die Spalten wie in der folgenden Abbildung aus. Führen Sie die Abfrage aus. Das Ergebnis liefert in diesem Fall zwei Zeilen.

| Spalte | Alias | Tabelle | Ausg... | Sortier... | So... | Filter | Oder... | C |
|--------|-------|---------|---------|------------|-------|--------|---------|---|
| KdNachname | | tblKunden | ☑ | | | | | |
| KdVorname | | tblKunden | ☑ | | | | | |
| KdLand | | tblKunden | ☐ | | | = 'D' | | |
| KdPlz | | tblKunden | ☑ | | | LIKE '8%' | | |
| KdOrt | | tblKunden | ☑ | | | | | |
| | | | ☑ | | | | | |

| | KdNachname | KdVorname | KdPlz | KdOrt |
|---|-----------|-----------|-------|-------|
| ▶ | Prazsky | Bernhard | 80102 | München |
| | Meier | Michaela | 80686 | München |
| * | NULL | NULL | NULL | NULL |

| ◄◄ ◄ | 1 | von 2 | ► | ►► ►* | (⊟) |

*Abbildung 4.12: Abfrageergebnis mit UND-Kriterien und einzelnen Spalten*

ODER-Kriterien werden in den weiteren Spalten rechts neben der ersten Filterspalte eingetragen. Erweitern wir das Beispiel so, dass zusätzlich zu den bayerischen Kunden alle weiblichen Kunden angezeigt werden, egal woher sie kommen. Des Weiteren soll das Ergebnis nach dem Länderkürzel und der Postleitzahl aufsteigend sortiert werden.

Für Damen wird in der Spalte *KdGeschlecht* eine Eins als Kürzel verwendet. Fügen Sie die Spalte *KdGeschlecht* hinzu, und tragen Sie in der ersten *Oder…*-Spalte in der Zeile das Kriterium =1 ein.

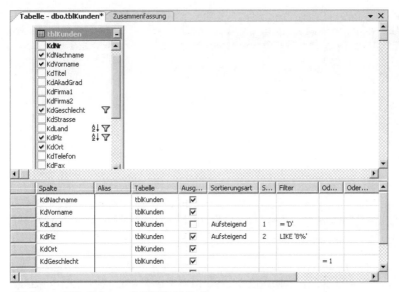

*Abbildung 4.13: Abfrage mit ODER-Kriterien*

Führen Sie die Abfrage aus, liefert sie nun elf Datensätze als Ergebnis.

| KdNachname | KdVorname | KdPlz | KdOrt | KdGeschlecht |
|---|---|---|---|---|
| Kahr | Ulrike | 1200 | Wien | 1 |
| Weiser | Karin | 8010 | Graz | 1 |
| Germ | Iris | 8045 | Graz | 1 |
| Killian | Sabina | 04109 | Leipzig | 1 |
| Lukanz | Gitti | 14055 | Berlin | 1 |
| Thaller | Stephanie | 46357 | Essen | 1 |
| Deutschmann | Petra | 47198 | Duisburg | 1 |
| Zimmer | Alexandra | 70376 | Stuttgart | 1 |
| Prazsky | Bernhard | 80102 | München | 2 |
| Meier | Michaela | 80686 | München | 1 |
| Sauber | Ursula | 90403 | Nürnberg | 1 |
| * | NULL | NULL | NULL | NULL | NULL |

|◀ ◀ | 1 | von 11 | ▶ ▶| ▶▷ | ⬚ |

*Abbildung 4.14: Ergebnis der Abfrage*

### Mehrere Tabellen in einer Abfrage verwenden

Die Tabelle, die ursprünglich hinzugefügt worden ist, wird in der Abfrage standardmä-ßig verwendet. Es können beliebig weitere Tabellen ergänzt werden. Erweitern wir unser bisheriges Beispiel dahingehend, dass wir zusätzlich zur Kundentabelle die Tabelle *tblAnreden* in Ergebnis einbauen. Diese beiden Tabellen können über das Kürzel im Geschlecht miteinander verknüpft werden. Dadurch kann für jeden Kunden zusätzlich die Anrede angezeigt werden. Fügen Sie diese neue Tabelle hinzu, indem Sie den Dialog dazu über das Kontextmenü oder das Symbol öffnen. Da die Spalte *KdGeschlecht* ein Fremdschlüssel ist, der die *AnrNr* der Tabelle *tblAnreden* referenziert, wird eine dement-sprechende Verknüpfung in der Abfrage gleich übernommen.

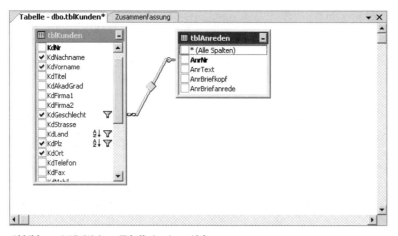

Abbildung 4.15: Weitere Tabelle in einer Abfrage

Übernehmen Sie aus der Tabelle *tblAnreden* die Spalte *AnrText*, und ziehen Sie sie an die erste Position. In der Spalte *Tabelle* wird die Herkunft der gewählten Spalte angezeigt. Um das Ergebnis zu verschönern, erfassen Sie schönere Aliasnamen für die angezeigten Spalten. Die Spalte *KdGeschlecht* muss ja nun nicht mehr angezeigt werden, weshalb wir diese aus der Ausgabe herausnehmen.

| Spalte | Alias | Tabelle | Ausg... | Sortierungsart | S... | Filter | Od... | Ode |
|--------|-------|---------|---------|----------------|------|--------|-------|-----|
| AnrText | Anrede | tblAnreden | ☑ | | | | | |
| KdNachname | Nachname | tblKunden | ☑ | | | | | |
| KdVorname | Vorname | tblKunden | ☑ | | | | | |
| KdLand | | tblKunden | ☐ | Aufsteigend | 1 | = 'D' | | |
| KdPlz | PLZ | tblKunden | ☑ | Aufsteigend | 2 | LIKE '8%' | | |
| KdOrt | Ort | tblKunden | ☑ | | | | | |
| KdGeschlecht | | tblKunden | ☐ | | | = 1 | | |
| | | | ☑ | | | | | |

Abbildung 4.16: Spalten aus mehreren Tabellen

Führen Sie die Abfrage aus, um das Ergebnis nun mit der Anrede Herr/Frau zu sehen.

| Anrede | Nachname | Vorname | PLZ | Ort |
|--------|----------|---------|-----|-----|
| Frau | Kahr | Ulrike | 1200 | Wien |
| Frau | Weiser | Karin | 8010 | Graz |
| Frau | Germ | Iris | 8045 | Graz |
| Frau | Killian | Sabina | 04109 | Leipzig |
| Frau | Lukanz | Gitti | 14055 | Berlin |
| Frau | Thaller | Stephanie | 46357 | Essen |
| Frau | Deutschmann | Petra | 47198 | Duisburg |
| Frau | Zimmer | Alexandra | 70376 | Stuttgart |
| Herr | Prazsky | Bernhard | 80102 | München |

1  von 11    Die Zelle ist schreibgeschützt.

Abbildung 4.17: Ergebnis aus mehreren Tabellen

Das Ergebnis ist wegen der zweiten Tabelle nun schreibgeschützt. Die Daten werden im Grid nun nicht schwarz, sondern grau dargestellt, und ein Hinweistext wird neben den Navigationsschaltflächen angezeigt.

## Berechnungen in eine Abfrage einbauen

Abfragen können auch dazu verwendet werden, Berechnungen anzustellen. Generell gilt, dass Informationen, die sich nach einer fixen Formel aus anderen Informationen, die bereits in der Datenbank gespeichert werden, ergeben, nicht mehr gespeichert werden sollen.

Als Beispiel verwenden wir dieses Mal die Artikeltabelle. Wir möchten alle Artikel anzeigen, bei denen die Spanne zwischen Ein- und Verkaufspreis mindestens € 200 beträgt. Das Ergebnis möchten wir außerdem absteigend nach dieser Spanne angezeigt bekommen. Da der Einkaufspreis in der *tblArtikel* zwar netto, der Verkaufspreis aber brutto gespeichert wird, muss dieser dabei noch auf den Nettopreis zurückberechnet werden. Dazu wird der ebenfalls in der Tabelle gespeicherte Mehrwertsteuersatz verwendet.

Öffnen Sie die Tabelle *tblArtikel* und fügen außerdem noch die Tabelle *tblArtikelGruppen* im Diagrammbereich hinzu. Aus der Artikeltabelle übernehmen Sie die Spalten *ArtNr*, *ArtBezeichnung* und *ArtEKPreis*. Die Spalte *ArtGrText* ergänzen Sie aus der Tabelle *tblArtikelGruppen*.

Berechnungen werden in derselben Spalte wie Spaltennamen eingetragen. Für die Berechnung des Nettoverkaufspreises erfassen Sie in einer neuen Zeile folgenden Ausdruck:

```
ArtVKPreis / (100 +ArtUSt) * 100
```

Sobald Sie das Eingabefeld verlassen, werden bei allen Spalten die Tabellennamen ergänzt.

```
tblArtikel.ArtVKPreis / (100 + tblArtikel.ArtUSt) * 100
```

Für eine berechnete Spalte muss ein Aliasname erfasst werden. Vergeben Sie für die soeben ergänzte Spalte den Namen *Verkaufspreis*. Nun muss nur noch die Differenz zwischen Ein- und dem Nettoverkaufspreis berechnet werden. Berechtigterweise wäre man versucht, die Berechnung mit der Formel `Verkaufspreis - ArtEKPreis` anzustellen.

 Aliasnamen können in ANSI SQL nicht in weiteren Berechnungen wieder verwendet werden. Sie müssen stattdessen den ursprünglichen Berechnungsausdruck in der neuen Berechnung wieder verwenden.

Für die Berechnung der Spanne verwenden Sie folgenden Ausdruck:

```
ArtVKPreis / (100 +ArtUSt) * 100 - ArtEKPreis
```

Um die Abfrage fertig zu stellen, geben Sie noch saubere Aliasnamen ein. Wenn Sie Aliasnamen verwenden, die Sonder- und Leerzeichen enthalten, müssen diese in eckigen Klammern eingetragen werden. Mit der Sortierung und dem Filterkriterium für die berechnete Spalte Spanne ist die *Abfrage* fertig.

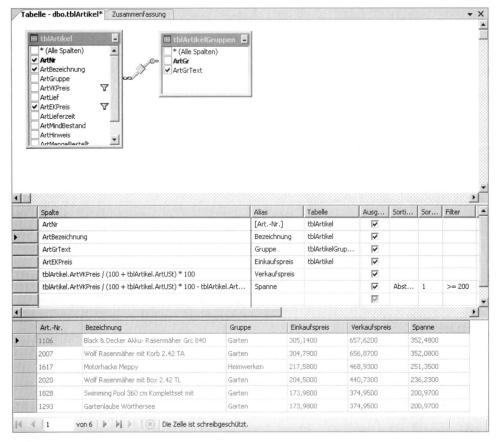

*Abbildung 4.18: Abfrage mit Berechnungen*

Bei dieser Form der Berechnung erfolgt die Auswertung des Berechnungsausdruckes immer zeilenweise. Die Werte werden in jeder Ergebniszeile separat berechnet.

### Werte in einer Abfrage gruppieren

Berechnungen, die auf Werte aus mehreren Zeilen zurückgreifen, benötigen *Gruppenfunktionen*. Diese werden auch als *Aggregatfunktionen* oder *Multiple Row-Funktionen* bezeichnet. Meist werden sie in Kombination mit einer Gruppierung eingesetzt.

Mit Gruppierungen lassen sich Aufgabenstellungen lösen, in denen Schlüsselbegriffe wie „je" oder „pro" vorkommen, wie zum Beispiel:

▶ Umsatz je Kunde

▶ Stück je Artikelgruppe

▶ Einkäufe pro Quartal

Beim Einsatz einer Gruppierung gibt es immer Werte, nach denen gruppiert wird, und Werte, die gruppiert werden. Alle Datensätze, die in der gruppierten Spalte denselben Wert haben, werden zu einer Zeile zusammengefasst. Wird nach mehreren Spalten gruppiert, werden diese zur Gruppenbildung zusammengefasst. Die Inhalte aller gruppierten Spalten müssen übereinstimmen, damit diese Zeilen zu einer Gruppe zusammengefasst werden. Werden mehrere Datensätze zu einer Zeile zusammengefasst, kann für ausgesuchte Spalten festgelegt werden, über welche Aggregatfunktion sie zusammengefasst werden. Die nachfolgende Grafik zeigt das Schema einer Gruppierung an. Es wird nach dem Namen gruppiert, die Werte werden je nach gewählter Aggregatfunktion zusammengefasst.

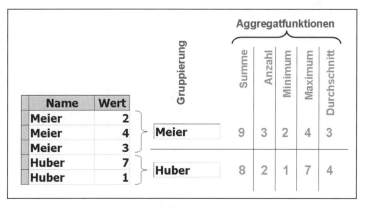

*Abbildung 4.19: Gruppierung und Aggregatfunktionen*

Die in der Praxis wichtigsten Aggregatfunktionen sind:

- SUM (Summe)
- COUNT (Anzahl)
- MIN (Minimum)
- MAX (Maximum)
- AVG (Durchschnitt)
- StDev (Standardabweichung)

Beispiel: Wir möchten eine Abfrage erstellen, in der die Anzahl und der Durchschnittspreis je Artikelgruppe in der Tabelle *tblArtikel* berechnet werden.

Dafür öffnen wir wieder die Artikel-Tabelle und ergänzen die Tabelle *tblArtikelGruppen*, um den Namen der Artikelgruppen im Ergebnis anzeigen zu können.

 Die Anzeige aller Spalten über den Stern ist in einer gruppierten Abfrage nicht möglich. Vielmehr werden nur die Spalten der Gruppierung und die aggregierten Spalten, die zusammengefasst werden sollen, verwendet. Alle anderen Spalten müssen ausgeblendet werden. Der Stern wird nur in Kombination mit der Aggregatfunktion COUNT(*) verwendet, um die Anzahl der Datensätze zu bilden.

Übernehmen Sie in der Abfrage daher nur die Spalten *ArtGruppe* und *ArtGrText* für die Bildung der Gruppe und die Spalte *ArtVKPreis* für die Berechnung des Durchschnittspreises.

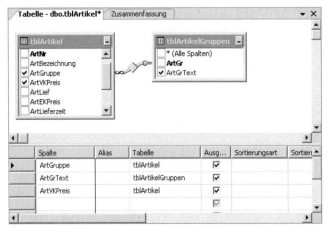

*Abbildung 4.20: Für die Gruppierung ausgewählte Spalten*

Klicken Sie auf das Symbol *Gruppe hinzufügen nach*, und im Kriterienbereich wird zusätzlich die Spalte *Gruppieren nach* angezeigt. Bevor Sie hier eine Auswahl treffen, wird in jeder Zeile *Group By* angezeigt. Diese Einstellung ist für jene Spalten beizubehalten, nach denen gruppiert werden soll.

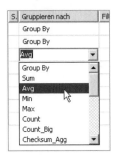

*Abbildung 4.21: Gruppenfunktionen auswählen*

Für alle anderen Spalten muss eine Gruppenfunktion ausgewählt werden. Wählen Sie für unser Beispiel die Funktion *Avg* für die Spalte mit dem Verkaufspreis aus. Wenn Sie den Stern zuvor aus dem Kriterienbereich entfernt haben, fügen Sie ihn wieder ein, und wählen Sie die Gruppenfunktion *Count* aus.

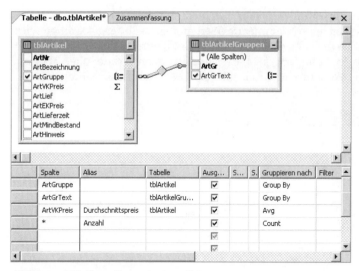

*Abbildung 4.22: Gruppierung in einer Abfrage*

Auch im Diagrammbereich werden die gewählten Einstellungen optisch angezeigt. Das Gruppierungssymbol neben den Spalten, nach denen gruppiert wird, und das Summensymbol neben den zusammengefassten Spalten machen die Angabe noch übersichtlicher.

Im Ergebnis wird jede Artikelgruppe einmal (als Gruppe) dargestellt. Daneben sehen wir den Durchschnittspreis sowie wie viele Artikel es in jeder Gruppe gibt.

| ArtGruppe | ArtGrText | Durchschnittspr... | Anzahl |
|---|---|---|---|
| HW | Heimwerken | 57,6352 | 70 |
| BE | Besteck | 10,8225 | 20 |
| HH | Haushalt | 19,7823 | 279 |
| GE | Geschirr | 14,2190 | 233 |
| GA | Garten | 56,3040 | 220 |
| EG | Elektrische Geräte | 71,8397 | 45 |
| KG | Küchengeschirr | 29,6266 | 245 |

|◀ ◀ | 1 | von 7 | ▶ ▶| ▶ | | Die Zelle ist schreibgeschützt.

*Abbildung 4.23: Ergebnis einer Gruppierung*

### Besonderheiten beim Gruppieren

Beim Einsatz von Gruppenfunktionen gibt es auch ein paar Besonderheiten, denen wir zum Abschluss dieses Themas noch ein wenig Aufmerksamkeit widmen möchten.

▷ *NULL-Werte*: Gruppenfunktionen ignorieren Null-Werte generell. Sie werden in die Berechnung nicht mit einbezogen. Dies können Sie am Beispiel, das Abbildung 4.24 zeigt, erkennen. In der Kundentabelle werden die Gesamtanzahl der Kunden, die Anzahl der Kunden mit Titel und die Anzahl an Akademikern ermittelt. COUNT(*) zählt immer die Anzahl der Datensätze, egal ob und egal was in diesen steht. COUNT(Feldname) zählt die Einträge in diesem Feld, ohne die NULL-Werte mitzuzählen. Im Ergebnis sehen wir, dass zwei der 22 Kunden einen Titel besitzen und zehn Akademiker sind.

▶ *Distinct*: Einige der Gruppenfunktionen gibt es auch mit der Variante *Distinct*. Dies bedeutet, dass jeder gleiche vorkommende Wert nur einmal berücksichtigt wird. Haben also drei Kunden denselben akademischen Grad, wird er nur einmal gezählt. So zeigt das Ergebnis in Abbildung 4.24, dass es zwar zehn Akademiker, aber nur sechs unterschiedliche akademische Grade gibt. Dies bedeutet, dass mehrere Kunden denselben akademischen Grad führen.

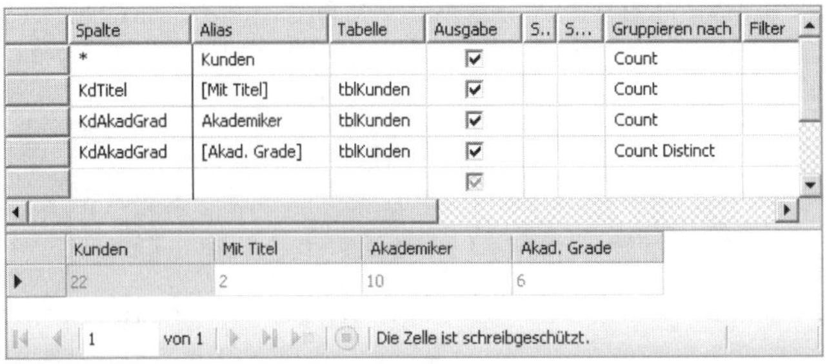

| Spalte | Alias | Tabelle | Ausgabe | S.. | S... | Gruppieren nach | Filter |
|--------|-------|---------|---------|-----|------|-----------------|--------|
| * | Kunden | | ☑ | | | Count | |
| KdTitel | [Mit Titel] | tblKunden | ☑ | | | Count | |
| KdAkadGrad | Akademiker | tblKunden | ☑ | | | Count | |
| KdAkadGrad | [Akad. Grade] | tblKunden | ☑ | | | Count Distinct | |
| | | | ☑ | | | | |

| Kunden | Mit Titel | Akademiker | Akad. Grade |
|--------|-----------|------------|-------------|
| 22 | 2 | 10 | 6 |

◀ ◀ 1 von 1 ▶ ▶ ▶ ⦾ Die Zelle ist schreibgeschützt.

*Abbildung 4.24: Verschiedene Verwendungen von Count*

▶ *Where*: Wird ein Filterkriterium für eine Spalte der Gruppierung oder für eine mit zusammengefassten Werten eingetragen, bezieht sich der Vergleichsausdruck auf das Ergebnis der Gruppierung. (Zum Beispiel soll die berechnete Anzahl kleiner n sein.)

Häufig benötigen Sie aber auch die Variante, dass Sie Werte filtern möchten, *bevor* Sie in die Gruppierung einbezogen werden. Das Beispiel in Abbildung 4.25 zeigt das vorige Beispiel, jedoch sollen in die Betrachtung lediglich die weiblichen Kundinnen einbezogen werden. Damit die Bedingung `KdGeschlecht = 1` *vor* der Gruppenbildung angewandt wird, muss in der Spalte *Gruppieren nach* der Eintrag *Where* ausgewählt werden. Da eine solche Spalte in der Gruppierung nicht angezeigt werden kann, sondern nur vorweg als Auswahlkriterium gilt, verschwindet das Häkchen in der Spalte *Ausgabe* automatisch.

▶ *Expression*: Berechnungsausdrücke, die *unabhängig von* oder *nach der Gruppierung* ausgeführt werden sollen, werden in der Spalte *Gruppieren nach* mit dem Eintrag *Expression* versehen. Dieser Ausdruck wird dann quasi nebenher ausgewertet und hat mit der Gruppenbildung nichts zu tun. Das Beispiel in Abbildung 4.25 verwendet diese Möglichkeit, um das aktuelle Datum über die Funktion `GETDATE()` in einer eigenen Spalte auszugeben.

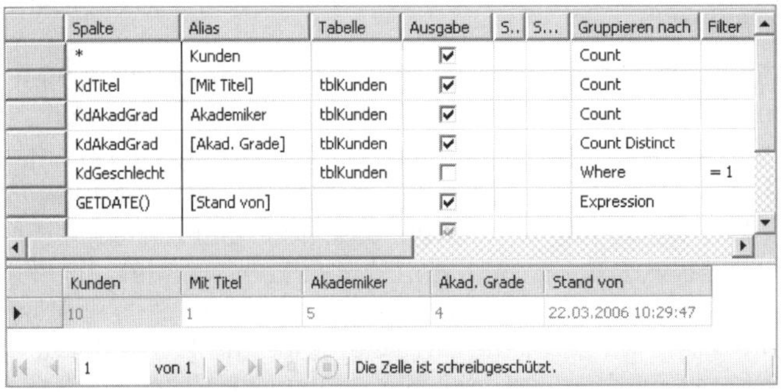

| Spalte | Alias | Tabelle | Ausgabe | S.. | S... | Gruppieren nach | Filter |
|--------|-------|---------|---------|-----|------|-----------------|--------|
| * | Kunden | | ☑ | | | Count | |
| KdTitel | [Mit Titel] | tblKunden | ☑ | | | Count | |
| KdAkadGrad | Akademiker | tblKunden | ☑ | | | Count | |
| KdAkadGrad | [Akad. Grade] | tblKunden | ☑ | | | Count Distinct | |
| KdGeschlecht | | tblKunden | ☐ | | | Where | = 1 |
| GETDATE() | [Stand von] | | ☑ | | | Expression | |
| | | | ☑ | | | | |

| Kunden | Mit Titel | Akademiker | Akad. Grade | Stand von |
|--------|-----------|------------|-------------|-----------|
| 10 | 1 | 5 | 4 | 22.03.2006 10:29:47 |

◀ ◀ 1 von 1 ▶ ▶ ▶ ⦾ Die Zelle ist schreibgeschützt.

*Abbildung 4.25: Bedingung und Ausdruck*

Leider können Sie die soeben erstellten Abfragen nicht speichern. Wie eingangs erwähnt, wird diese Form daher nur für Ad-hoc-Auswertungen verwendet, die nicht mehrmals benötigt werden.

 Wenn Sie einmal jedoch in die Situation kommen, eine erzeugte Abfrage anders als ursprünglich geplant doch speichern zu wollen, blenden Sie den SQL-Bereich ein und kopieren sich die generierte SQL-Anweisung über die Zwischenablage in ein Abfrage-Editorfenster, um es danach als SQL-Skript speichern zu können.

# 4.2 Sichten für den Datenzugriff gestalten

Abfragen werden direkt im Management Studio erstellt und ausgeführt, ohne gespeichert werden zu können. *Sichten (Views)* werden als eigene Datenbankobjekte – so wie Tabellen – direkt am Server in der Datenbank gespeichert. Damit sind die dauerhaft vorhanden und können immer wieder aufgerufen werden.

Hinter einer Sicht verbirgt sich jeweils eine – mehr oder weniger komplexe – SELECT-Anweisung. Diese wird jedes Mal ausgeführt, wenn sie abgefragt wird. Sie haben richtig gelesen: *abgefragt wird.*

Auf eine Sicht wird genauso zugegriffen wie auf eine Tabelle auch. Oft weiß ein Endbenutzer gar nicht, ob er auf eine Tabelle oder Sicht zugreift. Es spielt auch keine Rolle. Deshalb müssen Sie eine Sicht wie eine Tabelle *abfragen*, wenn Sie Daten über sie (und nicht aus ihr) erhalten möchten. Der Unterschied liegt daran, dass eine Sicht keine eigenen Daten besitzt. Wenn Sie auf eine Sicht zugreifen, werden die Daten zu diesem Zeitpunkt über die mit ihr definierte SELECT-Anweisung just in time ausgelesen. Die Daten stammen jedoch immer aus den der Sicht zugrunde liegenden Tabellen. Deshalb zeigen Sichten auch immer die aktuellen Daten an. Wenn Sie Daten über eine Sicht verändern – was prinzipiell möglich ist, wenn die Sicht nicht zu komplex ist –, verändern Sie nicht in der Sicht, sondern in der zugrunde liegenden Tabelle. Achtung also, wenn Sie fälschlicherweise der Ansicht sind, Sie ändern ja nur die Daten in der Sicht, und in der Tabelle bleibt alles beim Alten. Dem ist nicht so!

## 4.2.1 Gründe für den Einsatz von Sichten

Prinzipiell sind Sichten ja nur SELECT-Anweisungen. Diese sind ja auch so für sich alleine verwendbar. Was sind nun Gründe für den Einsatz von Sichten?

▷ *Verbergen von Komplexität*: Sichten können dazu verwendet werden, Benutzern den Zugriff auf Daten zu vereinfachen, indem komplexe Zusammenhänge (Verknüpfungen mehrerer Tabellen, Berechnungen etc.) bereits in der Sicht realisiert sind. Quasi ist in einer Tabelle zu sehen, was eigentlich auf viele Tabellen verteilt ist. Benutzer benötigen dann nur mehr sehr einfache SQL-Anweisungen, um auf diese Sichten zuzugreifen. Der Schulungsaufwand lässt sich damit optimieren, da für Endbenutzer keine SQL-Spezialkenntnisse mehr erforderlich sind.

▷ *Arbeitserleichterung*: Sie sparen sich selber sehr viel Arbeit, wenn Sie viele Tabellen nicht jedes Mal erneut miteinander verknüpfen müssen, sondern dieses Zwischenergebnis schon fertig haben, auf das Sie dann mit wenig Aufwand zurückgreifen können.

▷ *Regeln von Datenzugriffen*: In vielen Unternehmen gibt es Daten, die nicht jedermann sehen darf. Es kann notwendig sein, eine Tabelle gedanklich sowohl horizontal als auch vertikal zu unterteilen, um Benutzern nicht Zugriff auf alle Daten zu gewähren.

> ▷ *Einschränkung auf Spaltenebene*: Benutzern, die nicht Zugriff auf alle Spalten einer Tabelle haben sollen, sondern nur auf bestimmte Informationen, wird eine Sicht zur Verfügung gestellt, *in der nur jene Spalten enthalten sind, auf die zugegriffen werden darf*. So sind in einer Personaltabelle zum Beispiel auch sensible Daten über Mitarbeiter gespeichert, auf die nur Kollegen der Personalabteilung Zugriff haben sollen. Bestimmte Informationen über ihre Mitarbeiter müssen aber auch Abteilungsleiter zur Verfügung habe, wie zum Beispiel die private Telefonnummer, um ihre Mitarbeiter bei Bedarf kontaktieren zu können. Auch der verbleibende Resturlaub kann bei der Genehmigung eines Urlaubsantrages von Interesse sein. Diese benötigten Informationen machen Sie über eine Sicht abrufbar.

> ▷ *Einschränkung auf Datensatzebene*: Auch eine Einschränkung des Zugriffes auf bestimmte Datensätze, die nur den Arbeitsbereich des Benutzers betreffen, ist oft eine praktische Notwendigkeit. So soll der Abteilungsleiter nur auf die Daten seiner Mitarbeiter und keinesfalls auf die anderer Angestellter zugreifen dürfen. Dazu müssen Sie eine Sicht erstellen, die aufgrund der *Filtereinschränkungen* (WHERE-Klausel) jedem ausschließlich nur die für ihn bestimmten Datensätze zurückliefert.

Sichten unterstützen für diesen Vorgang *indirekte Berechtigungen*. Dies bedeutet, dass ein Benutzer, der die Leseberechtigung für eine Sicht hat, die über die Sicht gelieferten Daten lesen darf, auch wenn er auf die zugrunde liegenden Tabellen keine Zugriffsberechtigung hat. Dies ist wichtig, denn damit ist es möglich, dass unsere Abteilungsleiter auf die Personaltabelle gar keinen Zugriff erhalten, aber über die Sicht nur die für sie bestimmten Daten lesen können.

 Einschränkungen auf Spaltenebene können zwar direkt auf Tabellenebene über Berechtigungen geregelt werden, sind aber weniger elegant als eine Lösung über eine Sicht. Da in einer Sicht nur jene Spalten enthalten sind, auf die man berechtigt zugreifen darf, kann es zu keinen Fehlermeldungen kommen, falls man versehentlich versucht, auf eine verbotene Spalte zuzugreifen.

Wie Sie Berechtigungen im Zusammenhang mit Sichten verwenden, lesen Sie in Kapitel 9.

## 4.2.2 Erstellen einer Sicht

Die Erstellung einer Sicht erfolgt entweder wie jene einer Tabelle über den Objekt-Explorer des Management-Studios oder über die Anweisung CREATE VIEW.

Im Objekt-Explorer markieren Sie den Ordner Sichten und erstellen eine neue Sicht über das Kontextmenü mit der Anweisung NEUE SICHT. Es öffnet sich ein neues Register, auf dem standardmäßig alle Bereiche des Abfrage-Designers eingeblendet sind. Ebenso automatisch wird der Dialog zur Auswahl einer oder mehrerer Tabellen angezeigt.

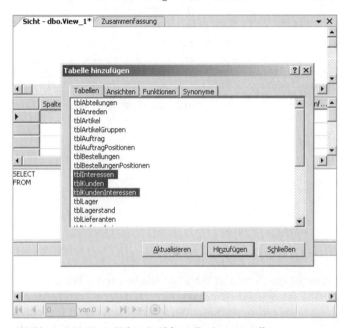

*Abbildung 4.26: Neue Sicht mit Abfrage-Designer erstellen*

 Da für die Erstellung von Sichten ebenso der Abfrage-Designer verwendet wird, ändert sich im Handling gegenüber der Erstellung einfacher Abfragen nichts.

Der einzige Unterschied zur Erstellung einer Abfrage ist, dass diese gespeichert werden kann. Das Diskettensymbol in der Symbolleiste ist nun nicht grau.

Erstellen wir als erstes Beispiel eine Sicht, welche die Privatkunden und ihre Interessen anzeigt. Der Kundenname soll dieses Mal in einer Spalte zusammengefasst werden.

1. Erstellen Sie eine neue Sicht, und übernehmen Sie die Tabellen *tblKunden*, *tblInteressen* und *tblKundenInteressen*.

2. Fügen Sie eine berechnete Spalte mit dem Ausdruck UPPER(KdNachname) + ' ' + KdVorname + ISNULL(', ' + KdAkadGrad; '') ein. Zusätzlich zeigen Sie die Spalte *IntText* aus der Tabelle *tblInteressen* an. Als Aliasnamen vergeben Sie für diese Spalten *Kunde* und *Interesse*.

3. Ergänzen Sie die Spalte *KdGeschlecht*, ohne sie auszugeben, und legen Sie das Filterkriterium <=3 fest, um nur die Privatkunden in die Sicht aufzunehmen.

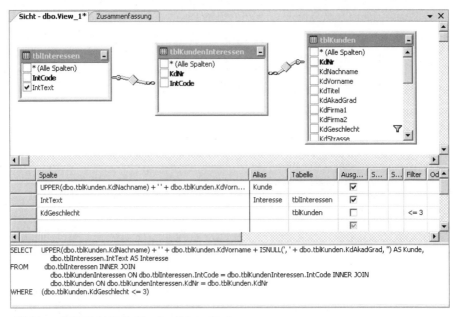

*Abbildung 4.27: Sicht-Definition im Abfrage-Designer*

4. Speichern Sie die Sicht unter dem Namen *vwKundeninteressen* ab.

Bei der verwendeten Berechnung ist die Funktion *ISNULL()* zu beachten. Für den Fall, dass der akademische Grad NULL ist, wird dieser gemeinsam mit dem Komma durch einen Leerstring ersetzt. Dies ist notwendig, da sonst der ganze Name NULL werden würde. Ist ein Teil eines Ausdrucks NULL, ist der Gesamtausdruck auch NULL. Deshalb müssen NULL-Werte mit Hilfe der ISNULL()-Funktion unterdrückt werden.

Leider hat Microsoft es auch im neuen Tool versäumt, die Eingabe zu vereinheitlichen. Verwenden Sie eine Funktion wie ISNULL() im Kriterienbereich, muss diese in deutscher Syntax eingegeben werden. Dies bedeutet, dass als Trennzeichen zwischen den einzelnen Funktionsparametern – wie in unserem Beispiel – das Semikolon verwendet werden muss. Im SQL-Bereich wird diese Eingabe, wie in SQL nicht anders möglich, mit einem Komma angezeigt. Auch manuelle Eingaben im SQL-Bereich müssen Sie in so einem Fall mit Komma vornehmen. Es wäre schön gewesen, hätte Microsoft die Umstellung auf das neue grafische Tool zu einer Beendigung dieser Doppelgleisigkeit genutzt. In einer englischen Version des Tools wird schließlich auch an beiden Stellen das Komma verwendet.

Sie sollten in einer Sicht keine Sortierung verwenden! Dies wird von einer Sicht auch gar nicht unterstützt. Legen Sie im Abfrage-Designer eine Sortierung fest, wird als Workaround die Klausel TOP 100 PERCENT ergänzt, um das möglich zu machen. Die Top-Klausel wird sonst nur für Aufgabenstellungen wie zum Beispiel die teuersten zehn Artikel oder die jüngsten drei Mitarbeiter verwendet. Eine Sortierung in einer Sicht macht deshalb keinen Sinn, da ja eine Sicht erst mit einer SELECT-Anweisung abgefragt werden muss – und erst dann sollte sortiert werden, nicht schon in der Sicht vorweg.

## 4.2.3 Daten aus einer Sicht abrufen

Da eine Sicht selber ja keine Daten enthält, muss sie erst ausgeführt werden. Dafür stehen folgende Varianten zur Verfügung:

▷ *Vorschau im Abfrage-Designer*: Bereits bei der Definition einer Sicht kann diese direkt im Abfrage-Designer ausgeführt werden, um eine Art Vorschau auf das Ergebnis zu erhalten. Dies ist auch möglich, wenn die Sicht noch gar nicht gespeichert ist. Dies ist nur möglich, weil der Abfrage-Designer in diesem Fall nicht die Sicht ausführt, sondern direkt die enthaltene SELECT-Anweisung.

▷ *Öffnen über den Objekt-Explorer*: Da eine Sicht prinzipiell wie eine Tabelle zu behandeln ist, kann sie auch direkt aus dem Objekt-Explorer des Management Studios über das Kontextmenü geöffnet werden. Ist sie geöffnet, kann sie wiederum die Basis einer weiteren Abfrage sein.

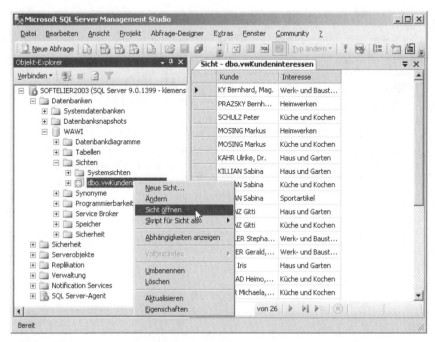

*Abbildung 4.28: Sicht öffnen und Daten anzeigen*

▷ *SELECT im Abfrage-Editor*: Verwenden Sie eine SELECT-Abfrage im Abfrage-Editor des SQL Server Management Studios. Sie können dabei beliebig sortieren und das Ergebnis mit WHERE-Bedingungen einschränken oder über das Verknüpfen mit anderen Sichten und Tabellen erweitern.

Öffnen Sie ein Abfrage-Editorfenster, zum Beispiel über das Symbol *Neue Abfrage*. (Weitere Informationen über die Verwendung des Abfrage-Editors finden Sie in Kapitel 2.)

Tippen Sie folgende Anweisung ein:

```
SELECT Kunde, Interesse
FROM vwKundeninteressen
ORDER BY Kunde, Interesse
```

Führen Sie die Anweisung nun über das Symbol *Ausführen* aus, oder verwenden Sie dazu die Taste ⌈F5⌉. Sie erhalten das folgende Ergebnis:

```
Kunde                         Interesse
----------------------------  --------------------
BOGNER Gerald, Dipl.-Vw.      Werk- und Baustoffe
DEUTSCHMANN Petra, Mag.       Haus und Garten
FRISCH Michael                Sportartikel
GERM Iris                     Haus und Garten
KAHR Ulrike, Dr.              Haus und Garten
KILLIAN Sabina                Haus und Garten
KILLIAN Sabina                Küche und Kochen
KILLIAN Sabina                Sportartikel
KONRAD Heimo, Dipl.-Vw.       Küche und Kochen
KRISCHAN Gerald, Mag. Dr.     Haus und Garten
LUKANZ Gitti                  Haus und Garten
...
ZIMMER Alexandra              Werk- und Baustoffe

(26 Zeile(n) betroffen)
```

Wie das letzte Ergebnis zeigt, werden Daten aus einer Sicht wiederum mit einem SELECT-Statement abgerufen. Auch wenn das grafische Tool diese Aufgabe für uns übernimmt, zum Beispiel wenn wir die Sicht direkt über das Kontextmenü wie in der ersten Variante beschrieben öffnen. Da bei diesem Statement eine Sortierung verwendet werden kann, macht es keinen Sinn, in der Sicht selber schon eine Sortierung einzubauen.

# 4.3 SQL-Anweisungen verwenden

Im letzten Abschnitt sollen Sie noch einen kurzen Überblick über jene beiden SQL-Sprachbereiche erhalten, die in der Praxis am meisten benötigt werden:

▷ Data Query Language

▷ Data Manipulation Language

Für die Eingaben verwenden wir den schon in Kapitel 2 beschriebenen Abfrage-Editor des SQL Server Management Studios. Ein Fenster des Abfrage-Editors kann nicht nur eine, sondern eine beliebige Anzahl an SQL-Anweisungen enthalten. Diese können als einzelne Skriptdateien oder als Projekte, die aus mehreren Skriptdateien bestehen, gespeichert werden.

Nutzen Sie auch die Möglichkeit, Kommentare zwischen den Anweisungen einzugeben. Einzeilige Kommentare werden mit zwei Bindestrichen (--) eingeleitet. Mehrzeile Kommentare beginnen nach einem /* und werden mit einem */ wieder beendet. Kommentare werden im Abfrage-Editor in grüner Schrift dargestellt.

Die im Folgenden verwendeten Anweisungen finden Sie auf der Buch-CD in einer Skript-Datei zusammengefasst.

## 4.3.1 DQL (Data Query Language)

Die *Data Query Language* ist mit dem Anweisungstyp SELECT wohl der am meisten eingesetzte Sprachbereich von SQL. Auch von der Variantenvielfalt her ist die SELECT-Anweisung mit Abstand die umfangreichste Anweisung. Im bisherigen Kapitel haben Sie über die Verwendung des Abfrage-Designers und beim Arbeiten mit Sichten ja schon einige Elemente der SELECT-Anweisung kennen gelernt.

### Daten abrufen

Eine SELECT-Anweisung besteht zumindest aus einer *Klausel*. Als Klausel wird ein Abschnitt einer SQL-Anweisung bezeichnet. Diese Klauseln müssen in einer genau definierten Reihenfolge verwendet werden. Eine SELECT-Anweisung, die aus nur einer Klausel besteht, ruft keine Daten aus einer Tabelle ab, sondern gibt das Ergebnis eines Ausdrucks aus.

Zum Beispiel liefert die nachfolgende Anweisung die aktuelle Systemzeit des Servers:

```
SELECT GETDATE()
```

Um Daten aus einer Tabelle abzurufen, wird die FROM-Klausel benötigt. Die SELECT-Klausel legt fest, welche Spalten aus der Datenquelle angezeigt werden sollen. Im nachfolgenden Beispiel werden alle Spalten über die Verwendung des Sterns in der SELECT-Klausel aus der Artikel-Tabelle abgerufen. Das Beispiel liefert den gesamten Inhalt der Tabelle.

```
SELECT *
FROM tblArtikel
```

Um nur bestimmte Spalten einer Tabelle auszugeben, werden nur diese in der SELECT-Klausel angegeben. Die Reihenfolge kann dabei frei gewählt werden und muss nicht der Reihenfolge der Spalten in der zugrunde liegenden Tabelle entsprechen.

```
SELECT PersNr, PersNachname
FROM tblPersonal
```

 Groß-/Kleinschreibung ist beim Schreiben von SQL-Anweisungen irrelevant. Wenn man sie verwendet, dann nur um eine bessere Lesbarkeit zu erreichen. Ebenso verhält es sich mit Zeilenumbrüchen und Einrückungen, die Sie so einsetzen können, wie Sie möchten, um die Übersicht zu bewahren.

Die nachfolgende Anweisung liefert somit dasselbe Ergebnis wie die vorige.

```
select persnr, persnachname from tblpersonal
```

In der SELECT-Klausel können nicht nur Spaltennamen, sondern auch Ausdrücke angegeben werden. Das nachfolgende Beispiel zeigt neben dem aktuellen Verkaufspreis den um 5% erhöhten Preis an.

```
SELECT ArtNr, ArtBezeichnung, ArtVKPreis, ArtVKPreis * 1.05
FROM tblArtikel
```

Liefert:

```
ArtNr ArtBezeichnung                          ArtVKPreis
----- ------------------------------------    ----------- ---------
1001  Abdeckbänderset 4 tlg.                  10.68       11.21
1002  Abflussieb PVC Rund Hr 4 Stk.           7.52        7.90
1003  Abfallsack 110 lt                       3.16        3.32
1004  Abfallsack 60 lt                        2.07        2.17
1005  Abgiesser                               7.52        7.90
1006  Ausgiesser Gihale 6 Stk. Packung        8.00        8.40
...
```

Da berechnete Spalten keinen Namen haben, können Sie ihnen einen Aliasnamen geben. Dieser wird hinter dem Ausdruck, optional durch das Schlüsselwort AS getrennt, angegeben.

```
SELECT ArtNr, ArtBezeichnung, ArtVKPreis,
       ArtVKPreis * 1.05 AS Neupreis
FROM tblArtikel
```

Liefert:

```
ArtNr  ArtBezeichnung                           ArtVKPreis  Neupreis
-----  ---------------------------------------  ----------  --------
1001   Abdeckbänderset 4 tlg.                        10.68     11.21
1002   Abflussieb PVC Rund Hr 4 Stk.                  7.52      7.90
1003   Abfallsack 110 lt                              3.16      3.32
1004   Abfallsack 60 lt                               2.07      2.17
1005   Abgiesser                                      7.52      7.90
1006   Ausgiesser Gihale 6 Stk. Packung               8.00      8.40
...
```

 Der Aliasname kann für keine weiteren Berechnungen oder in keinem Kriterienausdruck verwendet werden. Einzig für die Sortierung kann er herangezogen werden.

## Sortierungen einbauen

Um das Ergebnis der Anweisung zu sortieren, muss die Klausel ORDER BY ergänzt werden. In dieser werden ein oder mehrere Sortierkriterien mit Komma getrennt angegeben.

```
SELECT *
FROM tblArtikel
ORDER BY ArtVKPreis
```

Für eine absteigende Sortierung muss das Schlüsselwort DESC (descending) hinter jedem betroffenen Sortierkriterium angegeben werden.

```
SELECT *
FROM tblArtikel
ORDER BY ArtVKPreis DESC
```

Eine Sortierung kann nicht nur wie in den beiden ersten Beispielen durch die Angabe der Spaltennamen, sondern auch durch Verwendung der Position innerhalb der SELECT-Klausel erfolgen. Im folgenden Beispiel erfolgt die Sortierung nach dem Eintrittsdatum, der dritten Spalte in der SELECT-Klausel.

```
SELECT PersNr, PersNachname, PersEintritt
FROM tblPersonal
ORDER BY 3
```

Liefert:

```
PersNr       PersNachname           PersEintritt
-----------  ---------------------  ----------------------
182          Hille                  1988-08-01 00:00:00
115          Konstantin             1994-10-01 00:00:00
674          Loderer                1995-05-01 00:00:00
952          Morillanitsch          1996-06-01 00:00:00
```

```
691          Kirschner                 1996-08-01 00:00:00
332          Ideenreich                1997-02-01 00:00:00
799          Schulz                    1997-07-02 00:00:00
387          Mörtl                     1997-10-01 00:00:00
...
651          Nürnberger                2001-04-01 00:00:00
```

(20 Zeile(n) betroffen)

Wird in der Anweisung ein Aliasname verwendet, kann auch dieser für die Sortierung verwendet werden.

```
SELECT ArtNr, ArtBezeichnung, ArtVKPreis - ArtEKPreis Spanne
FROM tblArtikel
ORDER BY Spanne DESC
```

Werden mehrere Spalten für die Sortierung benötigt, werden diese mit Komma getrennt. Die Sortierung erfolgt von links nach rechts. Im folgenden Beispiel kommt die Sortierung nach Geschlecht erst dann zum Tragen, wenn es mehrere gleiche Werte für die Abteilung gibt.

```
SELECT PersAbtlg, PersGeschlecht, PersNachname
FROM tblPersonal
ORDER BY PersAbtlg, PersGeschlecht, PersNachname
```

## Bedingungen definieren

Da man in der Regel nicht immer alle Datensätze aus einer Tabelle abrufen möchte, benötigt man die WHERE-Klausel, um Auswahlkriterien zu definieren. Dies sind Bedingungsausdrücke, wie Sie sie zum Beispiel auch von Excel her kennen. Diese Bedingungen liefern als Ergebnis immer *Wahr* oder *Falsch*.

Um zum Beispiel alle Artikel, deren Preis über € 300 liegt, anzuzeigen, kann die folgende Anweisung verwendet werden.

```
SELECT *
FROM tblArtikel
WHERE ArtVKPreis  > 300
```

Kriterien können sich aber nicht nur auf Zahlenfelder, sondern auch auf Spalten mit Charakter-Werten beziehen. Vergleichswerte müssen unter einfache Hochkommata gesetzt werden. Wenn Sie es über die Sortiereinstellungen beim Setup des Servers nicht explizit angegeben haben, wird beim Vergleich nicht zwischen Groß- und Kleinbuchstaben unterschieden.

```
SELECT *
FROM tblPersonal
WHERE PersNachname = 'hoier'
```

Datumswerte werden wie Texte unter Hochkommata gesetzt. Es spielt keine Rolle, ob Sie als Datumstrennzeichen Punkte, Bindestriche oder Schrägstriche verwenden.

```
SELECT PersNr, PersNachname, PersEintritt,
       DATENAME(weekday, PersEintritt)
FROM tblPersonal
WHERE PersEintritt >= '01.05.2000'
```

Von Bedeutung kann allerdings die Reihenfolge von Tag, Jahr oder Monat sein. Diese ist unter anderem von den verwendeten Ländereinstellungen abhängig. Mit der Anweisung SET DATEFORMAT legen Sie die Reihenfolge von Tag (d), Monat (m) und Jahr (y) fest.

```
set dateformat dmy
```

Alternativ können Sie die Konvertierung des Textes in ein Datum auch explizit mit der CONVERT()-Funktion vornehmen. Der Parameter 104 entspricht dem deutschen Datumsformat, wie im Beispiel verwendet.

```
SELECT PersNr, PersNachname, PersEintritt,
       DATENAME(weekday, PersEintritt)
FROM tblPersonal
WHERE PersEintritt >= CONVERT(datetime, '01.05.2000', 104)
```

 Hinter der Zahl 104 steckt keine tiefere Logik, außer dass bei 104 die Jahresangabe vierstellig verwendet wird und 4 nur zweistellig. Plus 100 für vierstellige Jahresangabe gilt für alle möglichen Format-Codes. Alle anderen Formate können Sie einer Übersicht in der Online-Dokumentation entnehmen. Suchen Sie dort nach dem Begriff CONVERT().

Bei der Suche in Textfeldern werden gerne Mustervergleiche herangezogen, wie bereits in diesem Kapitel erläutert. Das folgende Beispiel liefert alle Artikel, deren Bezeichnung mit D beginnt.

```
SELECT ArtNr, ArtBezeichnung
FROM tblArtikel
WHERE ArtBezeichnung LIKE 'd%'
```

Muster lassen sich aus mehreren Zeichen zusammensetzen. Nachfolgendes Beispiel sucht nach E-Mail-Adressen, die mindestens aus zwei Zeichen vor dem @, mindestens zwei Zeichen danach bestehen. Nach dem Punkt müssen zwei, drei oder vier Zeichen den Abschluss machen. Für beliebig viele Zeichen wird das Prozentzeichen, für genau ein Zeichen der Unterstrich verwendet.

```
SELECT KdEmail
FROM tblKunden
WHERE KdEmail LIKE '%__@__%.__'
OR KdEmail LIKE '%__@__%.___'
OR KdEmail LIKE '%__@__%.____'
```

Ein typischer SQL-Operator ist BETWEEN. Damit werden die Werte innerhalb einer Spanne zwischen Unter- und Obergrenze selektiert. Die Grenzwerte gehören dabei mit zum Ergebnis. Das folgende Beispiel fragt alle Artikel ab, die zwischen € 100 und € 150 kosten.

```
SELECT ArtNr, ArtBezeichnung, ArtVKPreis
FROM tblArtikel
WHERE ArtVKPreis BETWEEN 100 AND 150
```

Ein weiterer SQL-Operator ist IN(). Er entspricht einem Gleichheitszeichen, nur dass mehrere Werte verglichen werden. Das folgende Beispiel liefert alle Artikel, die einer der Artikelgruppen Geschirr (GE), Kochgeschirr (KG) oder Besteck (BE) angehören.

```
SELECT ArtNr, ArtBezeichnung, ArtGruppe, ArtVKPreis
FROM tblArtikel
WHERE ArtGruppe IN('ge', 'kg', 'be')
```

Ein eigener Vergleichsoperator wird in ANSI SQL verwendet, um auf NULL-Werte zu prüfen. Diese werden nicht mit einem Gleichheitszeichen, sondern mit dem Operator IS aufgespürt. Das folgende Beispiel selektiert alle Mitarbeiter, die keine Akademiker sind.

```
SELECT *
FROM tblPersonal
WHERE PersAkadGrad IS NULL
```

Um alle Akademiker angezeigt zu bekommen, prüfen Sie mit IS NOT NULL auf Feldinhalte, die nicht NULL sind.

```
SELECT *
FROM tblPersonal
WHERE PersAkadGrad IS NOT NULL
```

Werden mehrere Kriterien in einer Abfrage benötigt, müssen diese entweder mit AND oder mit OR verbunden werden. Bei AND müssen beide Bedingungen erfüllt sein, damit die Zeile zum Anfrageergebnis gehört.

```
SELECT *
FROM tblArtikel
WHERE ArtGruppe = 'hw' AND ArtVKPreis > 50
```

Bei OR hingegen reicht es aus, dass eine der Bedingungen erfüllt ist. Es können aber auch beide zutreffen. Ein ausschließendes OR, bei dem nur eine der Bedingungen erfüllt sein darf, gibt es in SQL nicht.

```
SELECT ArtNr, ArtBezeichnung, ArtGruppe
FROM tblArtikel
WHERE ArtGruppe LIKE 'h%' OR ArtGruppe LIKE 'g%'
```

## Tabellen verknüpfen

Für das Verknüpfen von mehreren Tabellen in einer Abfrage wird die FROM-Klausel um einen JOIN-Ausdruck erweitert. Dieser legt fest, welche Tabellen miteinander verknüpft werden sollen. Über welche Spalten der Join zu erfolgen hat, wird hinter dem Schlüsselwort ON angegeben. Werden in einer SELECT-Anweisung mehrere Tabellen verwendet, *sollte* vor jeder Spalte der Tabellenname mit einem Punkt getrennt angegeben werden. Gibt es Namensgleichheit bei Spalten, *muss* der Tabellenname angegeben werden. Um dies praktikabel zu halten, verwendet man Tabellenaliasnamen. Diese sollten so kurz wie möglich – im Idealfall nur ein Zeichen lang – sein. Sie werden hinter den Tabellennamen geschrieben.

```
SELECT p.PersNachname, p.PersVorname, a.AbtText
FROM tblPersonal p
INNER JOIN tblAbteilungen a ON p.PersAbtlg = a.AbtNr
ORDER BY 1
```

Liefert:

| PersNachname | PersVorname | AbtText |
| --- | --- | --- |
| Hille | Bernadette | Geschäftsleitung |
| Hoier | Marion | Einkauf |
| Holzmann | Bernhard | Controlling |
| Huber | Ludwig | Lager |
| Ideenreich | Anastasia | Marketing |

...

Die Verknüpfung kann entweder ein INNER oder ein OUTER JOIN sein.

▶ *INNER JOIN*: Im Ergebnis werden die Datensätze aus beiden Tabellen angezeigt, für die es Entsprechungen in der anderen Tabelle gibt. Beim vorigen Beispiel werden die Tabellen *tblPersonal* und *tblAbteilungen* verknüpft. Abteilungen, denen keine Mitarbeiter zugeordnet sind, erscheinen nicht im Ergebnis.

▶ *OUTER JOIN*: Bei einem OUTER JOIN werden auch jene Zeilen aus einer oder beiden Tabellen angezeigt, für die es keine Entsprechung in der anderen Tabelle gibt. Welche dieser beiden Tabelle dies ist, wird dadurch festgelegt, ob ein LEFT, RIGHT oder FULL Outer Join verwendet wird.

Das Beispiel zeigt die Kunden und ihre Interessen. Aufgrund des Outer Joins werden auch jene Kunden angezeigt, die kein Interesse haben. Da es für diese kein Interesse gibt, enthält diese Spalte für diese Datensätze NULL-Werte.

```
SELECT k.KdNachname, k.KdVorname, i.IntCode
FROM tblKunden k
LEFT OUTER JOIN tblKundenInteressen i ON k.KdNr = i.KdNr
ORDER BY k.KdNachname
```

Liefert:

| KdNachname | KdVorname | IntCode |
| --- | --- | --- |
| ... | | |
| Killian | Sabina | SPO |
| Konrad | Heimo | KUE |
| Krischan | Gerald | HUG |
| Lukanz | Gitti | HUG |
| Lukanz | Gitti | KUE |
| Meier | Michaela | KUE |
| Meier | Karl | **NULL** |
| Mosing | Markus | HWE |
| Mosing | Markus | KUE |
| Prazsky | Bernhard | BAU |
| ... | | |

(28 Zeile(n) betroffen)

## Gruppieren

Die Logik von Gruppierungen haben wir bereits bei Abfragen kennen gelernt, die mit dem Abfrage-Designer erstellt wurden. In einer SQL-Anweisung angewendet werden die Gruppenfunktionen in der SELECT-Klausel verwendet. Um zu definieren, wonach gruppiert werden soll, werden diese Spalten in der GROUP BY-Klausel angegeben. Im folgenden Beispiel wird nur nach einer Spalte gruppiert, der Abteilungsnummer. Das Ergebnis zeigt die Anzahl der Mitarbeiter in jeder Abteilung und das Durchschnittsalter. Das Alter wird dabei mit der Funktion DATEDIFF() aus der Zeitdifferenz zwischen Geburtsdatum und aktuellem Datum berechnet, bevor davon der Durchschnittswert gebildet wird.

```
SELECT PersAbtlg, COUNT(*) Anzahl,
       AVG(DATEDIFF(year, PersGebDatum, GETDATE())) DAlter
FROM tblPersonal
GROUP BY PersAbtlg
```

Liefert:

| PersAbtlg | Anzahl | DAlter |
| --- | --- | --- |
| CO | 2 | 38 |
| EK | 3 | 37 |
| FB | 1 | 54 |
| GL | 3 | 41 |
| LA | 3 | 34 |
| MA | 2 | 32 |
| VK | 6 | 41 |

(7 Zeile(n) betroffen)

### Eine Sicht erstellen

Im vorigen Abschnitt haben wir Sichten unter Verwendung des Abfrage-Designers erstellt. Um eine Sicht über eine SQL-Anweisung zu erzeugen, müssen Sie der SELECT-Anweisung lediglich CREATE VIEW und den Namen für die neue Sicht voranstellen.

```
CREATE VIEW vwEinkaeufer
AS
    SELECT PersNr ID, PersNachname NN,
           PersVorname VN, PersAbtlg Abteilung
    FROM tblPersonal
    WHERE PersAbtlg = 'EK'
```

## 4.3.2   DML (Data Manipulation Language)

DML-Anweisungen werden dazu verwendet, um Schreibvorgänge in der Datenbank vorzunehmen. Zu diesem Sprachbereich gehören die Anweisungsarten INSERT, UPDATE und DELETE.

### Neue Datensätze einfügen

Neue Datensätze werden mit INSERT eingefügt. In der INSERT-Klausel müssen die Namen der Zielspalten nicht angegeben werden, wenn für jede der Spalten in der Tabelle in der richtigen Reihenfolge ein Wert angegeben wird. Die einzufügenden Werte werden in der VALUES-Klausel mit Komma getrennt aufgelistet.

```
INSERT INTO tblArtikelgruppen
VALUES ('GT', 'Getränke')
```

Werden in der INSERT-Klausel die Zielspalten angegeben, müssen Sie nur jene Spalten befüllen, die Sie möchten.

```
INSERT INTO tblKunden (KdNr, KdNachname, KdGeschlecht)
VALUES (144, 'Müller', 2 )
```

 Allerdings dürfen Sie keine Spalten auslassen, die als NOT NULL definiert sind und keinen Standardwert haben.

### Datensätze ändern

Bestehende Datensätze werden mit der UPDATE-Anweisung geändert. Wird diese Anweisung ohne eine WHERE-Klausel verwendet, werden alle Zeilen in der angegebenen Tabelle geändert. Verwenden Sie deshalb die WHERE-Klausel, um genau jene Datensätze auszuwählen, die geändert werden sollen. Mit einer Anweisung kann der Inhalt einer Spalte oder auch ein Update mehrerer Spalten erfolgen. Mehrere Spalten werden in der SET-Klausel mit Komma getrennt angegeben.

Im Beispiel wird der Preis der Artikel der Artikelgruppe Elektrogeräte (EG) um 5% gesenkt. Dabei wird der neue Preis auf zwei Nachkommastellen gerundet.

```
UPDATE tblArtikel
SET ArtVKPreis = ROUND(ArtVKPreis * 0.95, 2)
WHERE ArtGruppe = 'eg'
```

### Entfernen nicht mehr benötigter Datensätze

Für das Löschen von Datensätzen wird die DELETE-Anweisung verwendet. Diese hat eine sehr einfache Syntax. Sie besteht lediglich aus der DELETE-Klausel, in der die Tabelle angegeben wird, aus der gelöscht werden soll. Um die Zeilen auszuwählen, die gelöscht werden sollen, wird die WHERE-Klausel verwendet.

Im Beispiel wird der zuvor eingefügte Kundendatensatz wieder gelöscht.

```
DELETE FROM tblKunden
WHERE KdNr >= 143
```

Verwenden Sie die DELETE-Anweisung ohne eine WHERE-Klausel, wird der gesamte Inhalt der Tabelle gelöscht, wenn dies nicht die referenzielle Integrität verhindert.

## 4.3.3 Den Abfrage-Designer im Abfrage-Editor einsetzen

Nachdem wir aus ausführlich mit den verschiedenen Varianten zur Erstellung von Abfragen und SQL-Anweisungen beschäftigt haben, möchte ich Sie zum Abschluss dieses Kapitels auf eine neue Integration des SQL Servers 2005 aufmerksam machen.

Aufgrund der Zusammenlegung des *Enterprise Managers* mit dem *Query Analyzer* zum neuen *Management Studio* können nun zwei bisher getrennte Funktionen integriert genutzt werden. Der Enterprise Manager steuert quasi den Abfrage-Designer bei, der Query Analyzer den Abfrage Editor.

Direkt aus dem Abfrage-Editor kann nun der Abfrage-Designer aufgerufen werden, um beim „Schreiben" von SQL-Anweisungen zu helfen.

Um den Abfrage-Designer zu nutzen, wählen Sie im Abfrage-Editor im Kontextmenü den Befehl Abfrage in Editor entwerfen... aus. Der Abfrage-Designer öffnet sich in einem neuen Fenster und kann zum Generieren von SQL-Anweisungen verwendet werden. Beim Schließen des Designers wird die generierte Anweisung in das Abfrage-Editorfenster übernommen.

Um eine bereits vorhandene Anweisung im Designer zu bearbeiten, markieren Sie diese, bevor Sie den Designer über das Kontextmenü öffnen. Sie wird dann übernommen und dargestellt.

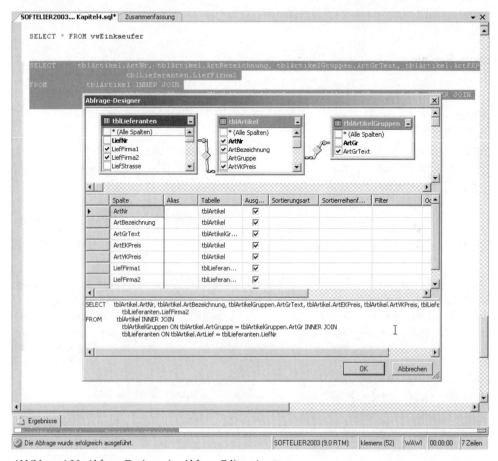

*Abbildung 4.29: Abfrage-Designer im Abfrage-Editor einsetzen*

Anders als bei Sichten und Abfragen können mit dem Designer auf diesem Weg auch DML-Anweisungen generiert werden. Ändern Sie dazu den Abfragetyp über das Kontextmenü. Die nachfolgende Grafik zeigt eine mit dem Designer erstellte UPDATE-Anweisung.

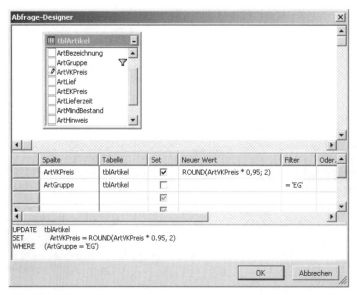

*Abbildung 4.30: UPDATE-Anweisung im Designer*

 Wenn Sie sich nach diesem SQL-Überblick mehr im Detail mit der Structured Query Language beschäftigen möchten, greifen Sie zum Beispiel entweder auf das Buch *Nitty Gritty SQL* von Heinz-Gerd Raymans, das ebenfalls im Verlag Addison-Wesley erschienen ist, oder auf das im Schwesterverlag Markt+ Technik erschienene Buch *Jetzt lerne ich SQL* von Frank Langenau zurück.

# 5 Transact-SQL – die Sprache zur Serverprogrammierung

In diesem Kapitel lernen Sie die grundlegenden Konzepte hinter der Datenbankprogrammiersprache Transact-SQL. Sie lesen hier, aus welchen Bestandteilen diese Sprache besteht, wie sie eingesetzt wird und vor allem welcher Syntax sie sich bedient. Am Ende dieses Kapitels sollen Sie in der Lage sein, die Sprache zu verstehen und anzuwenden. Die Erstellung von Datenbankobjekten, die über diese Sprache programmiert werden, ist Thema des darauf folgenden Kapitels.

Auch wenn als eines der markantesten neuen Features der Version 2005 die Integration der CLR (Common Language Runtime) und damit die Erweiterung der Programmierbarkeit des SQL Servers auf .NET-Programmiersprachen erfolgt ist, hat Transact-SQL nichts von seiner Bedeutung eingebüßt. Vielmehr ergänzen sich Transact-SQL und die CLR. Zusätzlich wartet die neue Version auch mit einigen Erneuerungen bei Transact-SQL auf. Doch dazu später mehr.

SQL selber als standardisierte Abfragesprache ist keine prozedurale Sprache. Zur Programmierung ist dies zu wenig, da werden weiterführende Funktionalitäten benötigt. Diese werden von der prozeduralen Spracherweiterung zu SQL geboten: Transact-SQL.

Transact-SQL ist eine prozedurale Spracherweiterung zu SQL, die bestimmte Konstrukte aufweist, die wir von Programmiersprachen der dritten Generation (3GL-Sprachen) kennen. Genannt seien hier beispielsweise Auswahl- und Wiederholungsstrukturen. Diese Erweiterung ist rein herstellerbezogen und nur in den Produkten MS SQL Server und Sybase Adaptive Server enthalten. Gleichartige und vergleichbare Sprachen haben aber auch andere Hersteller in ihren Datenbankprodukten implementiert. Beispielsweise heißt diese prozedurale Spracherweiterung bei Oracle PL/SQL, wobei PL für „Procedural Language" steht. PL/SQL und Transact-SQL haben jedoch – außer die Grundkonzeption und Funktionalität betreffend – hinsichtlich der Sprachsyntax nicht allzu viele Gemeinsamkeiten.

Transact-SQL – auch kurz als T-SQL bezeichnet – wird bei der Entwicklung von Datenbanken unter anderem für die Erstellung von *gespeicherten Prozeduren* (Stored Procedures), *benutzerdefinierten Funktionen* (Userdefined Functions) und *Schaltern* (Trigger) verwendet. Zunächst zur begrifflichen Abgrenzung:

1. *Stored Procedures* sind Programme, die direkt auf dem Server gespeichert und ausgeführt werden. Der Aufruf erfolgt häufig aber von Client-Anwendungen aus. Um die Wirkungsweise der Prozedur zu steuern, werden den Stored Procedures beim Aufruf Parameterwerte übergeben. Dies erfolgt wie bei Prozeduren in anderen Programmiersprachen auch.

2. *Userdefined Functions* liefern wie Systemfunktionen einen Wert oder aber auch eine Tabelle zurück und können im Gegensatz zu gespeicherten Prozeduren auch in SQL-Anweisungen verwendet werden.

3. *Trigger* sind mit den Ereignisprozeduren in anderen Programmiersprachen vergleichbar. Sie können nicht wie Prozeduren und Funktionen explizit aufgerufen werden. Sie werden durch Ereignisse ausgelöst, die in Tabellen auftreten. Diese sind das Einfügen (Insert), Ändern (Update) und Löschen (Delete) von Datensätzen.

Auf die Erstellung von gespeicherten Prorrzeduren, benutzerdefinierten Funktionen und Triggern gehen wir im nächsten Kapitel ein. In diesem Kapitel werden wir uns der Sprache T-SQL widmen.

Hat sich in Vorversionen der Query Analyzer am besten für die Eingabe und Erstellung der Beispiele in diesem Kapitel geeignet, wird nun das Universaltool SQL Server Management Studio verwendet. Öffnen Sie dieses, melden Sie sich am Datenbankmodul Ihres Servers an, und wählen Sie die Datenbank WAWI aus.

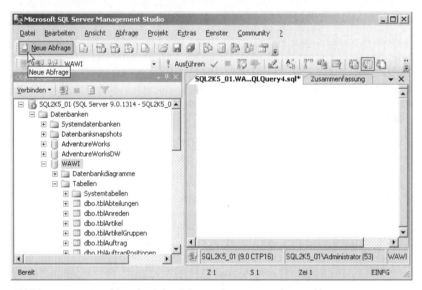

*Abbildung 5.1: Beispieldatenbank für Arbeit in diesem Kapitel auswählen*

# 5.1 Bestandteile und Funktionalität von Transact-SQL

In diesem ersten Abschnitt geben wir Ihnen eine Übersicht über die wichtigsten Elemente von T-SQL.

 Um die nachfolgenden Beispiele zu verstehen, soll darauf hingewiesen werden, dass in Transact-SQL auch innerhalb einer Anweisung ein Zeilenumbruch vorgenommen werden kann. Es kann also vorkommen, dass eine Programmzeile nicht unbedingt eine Codezeile sein muss. Solche Zeilenumbrüche werden vor allen dann verwendet, wenn durch sie die Lesbarkeit von besonders langen Anweisungen erhöht werden kann. Sehr häufig sind davon SQL-Anweisungen betroffen, bei denen jede Klausel in eine eigene Zeile geschrieben wird.

## 5.1.1    Variablen und Datentypen

Wie in jeder anderen Programmiersprache stehen in Transact-SQL auch Variablen zur Verfügung. Es handelt sich dabei um benutzerdefinierte Objekte, die einen Datentyp haben müssen und in denen Werte während der Programmausführung zwischengespeichert und abgerufen werden können. Dies können entweder Variablen sein, die im Programmcode deklariert werden und in der Programmausführung Werte zugewiesen bekommen. Es können aber auch Variablen sein, die bereits beim Aufruf der Prozedur mit Übergabewerten gefüllt werden.

Einer Variablen können nicht wahllos Inhalte zugewiesen werden, sondern sie besitzen – wie Datenfelder einer Tabelle – bestimmte Datentypen. Die Datentypen, die für Variablen verwendet werden können, sind dieselben, die innerhalb der Datenbank für Felddatentypen zur Verfügung stehen. Eine Übersicht entnehmen Sie der nachfolgenden Tabelle.

| Kategorie | Datentyp | Verwendbare Synonyme |
|---|---|---|
| Charakter | CHAR(Länge)<br>VARCHAR(Länge)<br>NCHAR(Länge)<br>NVARCHAR(Länge)<br>VARCHAR(MAX)<br>NVARCHAR(MAX) | CHARACTER<br>CHARACTER VARYING |
| Datum/Uhrzeit | DATETIME<br>SMALLDATETIME | |
| Zahlen | DECIMAL(Genauigkeit, Dezimalstellen)<br>FLOAT(Länge)<br>REAL<br>BIGINT<br>INT<br>SMALLINT<br>TINYINT | DEC, NUMERIC<br>DOUBLE PRECISION<br><br><br>INTEGER |
| Währung | MONEY<br>SMALLMONEY | |
| Boolean | BIT | |
| Text und Image | TEXT<br>IMAGE | |
| Binär | BINARY(Länge)<br>VARBINARY(Länge)<br>VARBINARY(MAX) | BINARY VARYING |
| XML | XML | |
| Variante | SQL_VARIANT | |

*Tabelle 5.1: Datentypen für Variablen*

Besondere Beachtung verdient der Datentyp VARCHAR(MAX). Dieser ist ein neues Feature der Version 2005.

Dieser neue Datentyp vereint die Vorteile der Datentypen VARCHAR() und TEXT in einem neuen. In einem Feld und einer Variable vom Datentyp TEXT können zwar mehr als 8000 Zeichen gespeichert werden, diese können aber nicht mit Standard-SQL-Anweisungen verarbeitet werden. Diese Einschränkung gibt es für VARCHAR(MAX) nicht. Folgendes können Sie tun, was mit TEXT nicht möglich ist:

▷ Verwenden als Datentyp für Variablen

▷ Verwenden von Stringfunktionen wie beispielsweise SUBSTRING() oder REPLACE() zur Bearbeitung

▷ Inhalte mit anderen Feldern oder Variablen eines CHARACTER-Datentyps zusammenhängen

Beachten Sie, dass der SQL Server zwischen zwei Arten von Variablen unterscheidet:

1. *Benutzerdefinierte Variablen* werden innerhalb eines Transact-SQL-Programms oder einer Benutzersitzung vom Benutzer erzeugt und gelten ausschließlich innerhalb des Programms oder der Sitzung, in der sie deklariert worden sind. Benutzerdefinierte Variablen werden innerhalb einer Prozedur mit der Anweisung DECLARE erzeugt. Der Name von benutzerdefinierten Variablen beginnt stets mit einem @. Der große Vorteil dieser Benennungskonvention besteht darin, dass es zu keiner Verwechslung mit Spaltennamen aus verwendeten Tabellen kommen kann, da Variablen im Code eindeutig als solche zu erkennen sind.

2. *Globale Variablen* sind vom System vordefinierte Variablen, deren Inhalte durch das System zugewiesen werden. Die Inhalte dieser Variablen geben dem Benutzer wertvolle Informationen über das System oder aktuelle Zustände im Programmcode. Die Namen von globalen Variablen beginnen immer mit zwei @@. Globale Variablen können nur gelesen werden, ihnen kann explizit kein Wert zugewiesen werden.

 Das System, dass Variablen in Transact-SQL immer mit einem @ beginnen, erleichtert die Arbeit und vor allem die Lesbarkeit von Programmcode enorm. Variablen sind sofort als solche erkenntlich, auch wenn sie den denselben Namen haben wie das Feld einer Tabelle. Verwechslungen mit Feldnamen sind ausgeschlossen. Nur zum Vergleich: In der Oracle-Programmiersprache PL/SQL werden Variablen nicht extra derart als solche gekennzeichnet. Hier muss sich der Entwickler an Prioritätsregeln halten, um zu bestimmen, ob bei Namensgleichheit die Variable oder der Feldname gemeint ist. Hier gefällt mir die SQL Server-Implementierung wesentlich besser.

### Lokale Variablen deklarieren

Lokale Variablen werden mit der Anweisung DECLARE unter Angabe des Datentyps definiert. Dabei kann optional das Schlüsselwort As verwendet werden.

```
DECLARE @var1 As int

DECLARE @var2 As smalldatetime

DECLARE @var3 As varchar(25)
```

Mit einer DECLARE-Anweisung können Sie auch mehrere Variablen in einer Zeile deklarieren. Dabei müssen alle Variablen voneinander mit Komma getrennt eingegeben werden.

```
DECLARE @var1 int, @var2 smalldatetime, @var3 varchar(25)

DECLARE @var4 int
```

 Auch wenn Sie mehrere Variablen desselben Datentyps deklarieren, muss bei jeder Variable der Datentyp separat angegeben werden. Es ist nicht möglich, eine Auswahl für mehrere Variablen gemeinsam zu definieren.

So ist zum Beispiel nachfolgende Deklaration, die drei Variablen vom Typ *Integer* deklarieren soll, ungültig.

```
DECLARE @var1, @var2, @var3 int
```

Stattdessen muss der Datentyp bei jeder Variablen explizit angegeben werden.

```
DECLARE @var1 int, @var2 int, @var3 int
```

Die Wertzuweisung in eine Variable kann auf zwei Arten erfolgen:

▶ SET-Anweisung
▶ SELECT-Anweisung

Die direkte Zuweisung eines Variablenwertes erfolgt mit der Anweisung SET. Die Syntax dazu lautet:

```
SET @variable = wert
```

Als Wert kann der Variablen ein skalarer Wert, ein Berechnungsausdruck oder aber auch das Ergebnis einer Unterabfrage zugewiesen werden. Dabei ist zu berücksichtigen, dass die Unterabfrage in runde Klammern gesetzt werden muss.

```
SET @variable=(SELECT wert FROM ...)
```

Wird ein Wert über eine Unterabfrage zugewiesen, muss diese so ausgelegt sein, dass sie genau eine Spalte und eine Zeile zurückgibt. Liefert die Abfrage mehrere Zeilen – weil beispielsweise die WHERE-Klausel nicht korrekt ist –, führt dies zu einem Fehler.

Zum Beispiel deklarieren Sie eine Variable und weisen ihr den Namen eines Mitarbeiters zu. Sie vergessen dabei die WHERE-Klausel, die sicherstellen sollte, dass die Unterabfrage nur eine Zeile zurückliefert.

```
DECLARE @nachname varchar(50)

SET @nachname = (SELECT Persnachname FROM tblPersonal)
```

Das System meldet Ihnen dies mit nachfolgender Fehlermeldung:

Meldung 512, Ebene 16, Status 1, Zeile 2

Die Unterabfrage hat mehr als einen Wert zurückgegeben. Das ist nicht zulässig, wenn die Unterabfrage auf =, !=, <, <=, > oder >= folgt oder als Ausdruck verwendet wird.

Um mehrere Werte aus einer Tabelle abzufragen, müssten Sie mehrere SET-Anweisungen verwenden. Sie möchten beispielsweise den Nachnamen, den Vornamen und das Geburtsdatum des Mitarbeiters mit der Personalnummer 452 in Variablen einlesen:

```
DECLARE @nachname varchar(50), @vorname varchar(50)

DECLARE @gebdatum smalldatetime


SET @nachname = (SELECT PersNachname
                 FROM tblPersonal
                 WHERE PersNr = 452)

SET @vorname = (SELECT PersVorname
                FROM tblPersonal
                WHERE PersNr = 452)

SET @ gebdatum = (SELECT PersGebDatum
                 FROM tblPersonal
                 WHERE PersNr = 452)

SELECT @nachname NN, @vorname VN, @gebdatum Geburtsdatum
```

Ergebnis:

```
NN                    VN                    Geburtsdatum
-----------------     -----------------     --------------------
Kossegg               Anita                 1969-06-20 00:00:00
(1 Zeile(n) betroffen)
```

Die abschließende SELECT-Anweisung dient der Anzeige der Variableninhalte.

Da Sie mit der SET-Anweisung immer nur einen Wert zuweisen können, müssen Sie mehrere Anweisungen und damit mehrere Abfragen hintereinander verwenden, um drei Werte aus derselben Zeile einer Tabelle auszulesen und in Variablen abzulegen.

In einer solchen Situation ist es effizienter und sinnvoller, die SELECT-Anweisung zur Zuweisung der Variableninhalte zu verwenden. Da mit einer SELECT-Anweisung auch mehrere Variablen mit einer Anweisung befüllt werden können, benötigen Sie für das vorangegangene Beispiel anstelle von drei separaten Datenzugriffen lediglich einen einzigen.

Die Syntax für die Wertzuweisung über die SELECT-Anweisung lautet:

```
SELECT @var1 = wert1, @var2 = wert2, @var3 = wert3, ...
[FROM ...]
```

Jeder Variablen wird ein Wert zugewiesen. Die einzelnen Zuweisungen werden voneinander mit einem Komma getrennt. Wenn die Werte aus einer Abfrage stammen, kann diese direkt in die Zuweisung integriert werden. Ergänzen Sie dazu die SELECT-Anweisung mit einer FROM-Klausel und optional mit weiteren Klauseln, die wir in SELECT-Anweisungen kennen.

Das Beispiel von vorhin, Name, Vorname und das Geburtsdatum für den Mitarbeiter mit der Personalnummer 452 in Variablen zu speichern, ist mit Hilfe der SELECT-Anweisung folgendermaßen zu realisieren:

```
DECLARE @nachname varchar(50), @vorname varchar(50)

DECLARE @gebdatum smalldatetime


SELECT @nachname = PersNachname,
       @vorname = PersVorname,
       @gebdatum = PersGebDatum
FROM tblPersonal
WHERE PersNr = 452


SELECT @nachname NN, @vorname VN, @gebdatum Geburtsdatum
```

Ergebnis:

```
NN                 VN                 Geburtsdatum
-----------------  -----------------  --------------------
Kossegg            Anita              1969-06-20 00:00:00
(1 Zeile(n) betroffen)
```

Aber auch hier ist darauf zu achten, dass die Anweisung nur eine Zeile zurückliefert. Im Unterschied zur ersten Variante führt es aber zu keinem Fehler, wenn mehrere Zeilen geliefert werden. Nach der Anweisung sind jene Werte in den Variablen anzufinden, welche die letzte zurückgegebene Zeile geliefert hat. Da dies oft zu unerwarteten Ergebnissen führen kann, verwenden Sie immer eine WHERE-Klausel, um die gewünschte Zeile exakt auszuwählen.

Generell sollte man besser die SET-Anweisung gegenüber der SELECT-Anweisung bevorzugen. Wenn aber aus einer Datenzeile mehrere Werte in Variablen übernommen werden sollen, dann weisen Sie diese besser mit einer einzigen SELECT-Anweisung als durch separate SET-Anweisungen mit Unterabfragen zu. Sie verringern damit die Anzahl der Datenzugriffe und erhöhen damit die Performance.

Sind Variablen einmal befüllt, können Sie diese in beliebigen Ausdrücken und Anweisungen verwenden.

```
DECLARE @ust tinyint
DECLARE @netto smallmoney, @brutto smallmoney
SET @ust = 16
SET @netto = 450
SET @brutto = @netto * (@ust + 100) / 100
SELECT @netto Netto, @brutto Brutto
```

Ergebnis:

```
Netto                   Brutto
- - - - - - - - - - - - - - - - - - - -   - - - - - - - - - - - - - - - - - - - - - -
450,00                  522,00
(1 Zeile(n) betroffen)
```

 Achten Sie darauf, dass jede Variable, bevor Sie ihr einen Wert zuweisen, *null* enthält. Dies führt dazu, dass sie *null* bleibt, wenn Sie beispielsweise zum vorhandenen Variableninhalt etwas hinzufügen möchten, da ein Ausdruck immer *null* ergibt, wenn ein Teilausdruck *null* enthält.

Das nachfolgende Beispiel liefert also nicht den erwarteten Wert 15, sondern null.

```
DECLARE @nr int
SET @nr = @nr + 3
SET @nr = @nr * 5
SELECT @nr Nr
```

Ergebnis:

```
Nr
- - - - - - - - - - -
NULL
(1 Zeile(n) betroffen)
```

Um den Nullwert zu unterdrücken, weisen Sie der Variablen entweder zuvor den Wert 0 zu, oder verwenden Sie die Funktion ISNNULL(). Die Funktion ISNULL() weist einen angegebenen Ersatzwert zu, wenn der Wert null ist:

```
SET @nr = 0
SET @nr = @nr + 3
...
```

oder

```
SET @nr = ISNULL(@nr, 0) + 3
...
```

Variablen werden häufig auch innerhalb von SQL-Anweisungen verwendet.

```
DECLARE @plz varchar(5)

SET @plz = '8010'

SELECT PersNachname, PersVorname
FROM tblPersonal
WHERE PersPlz = @plz
```

Ergebnis:

```
PersNachname                    PersVorname
---------------------------     -------------------------
Hoier                           Marion
(1 Zeile(n) betroffen)
```

 Achtung: Da jede Variable bereits einen Datentyp hat, ist es nicht notwendig, zusätzlich Hochkommata bei Variablen vom Typ *Character* oder *Datum/ Uhrzeit* zu verwenden. Bei Zahlen kommt dies ohnehin nicht zum Tragen.

Nachfolgende Anweisung ist falsch:

```
SELECT PersNachname, PersVorname FROM tblPersonal

WHERE PersPlz = '@plz'
```

Die korrekte Syntax lautet hingegen:

```
SELECT PersNachname, PersVorname FROM tblPersonal

WHERE PersPlz = @plz
```

## 5.1.2 Funktionen

Transact-SQL enthält eine Reihe an Funktionen, die direkt in SQL-Anweisungen, aber auch in Berechnungsausdrücken und Codezeilen verwendet werden können. In diesem Abschnitt sollen Sie einen Überblick über die wichtigsten Funktionen bekommen. Ich habe die Auswahl dabei auf jene Funktionen gelegt, die in der Praxis am häufigsten benötigt werden.

So wie in anderen Programmiersprachen sind diese Funktionen in mehrere Kategorien zusammengefasst. Dies erleichtert das Auffinden einer gewünschten Funktion in der Online-Hilfe oder anderen Tools enorm.

### Konfigurationsfunktionen

Unter den Funktionen werden beim SQL Server auch globale Variablen angeführt, die mit einem doppelten @ beginnen. Auch wenn Sie keine Funktionen im eigentlichen Sinn sind, geben Sie dennoch einen Wert zurück. Globale Variablen können nur gelesen und nicht von Benutzerseite befüllt werden.

Konfigurationsfunktionen liefern uns Informationen über das System und seine Einstellungen sowie Konfiguration.

▶ *@@LANGUAGE*: Über diese Variable können Sie die Sprachversion der Serverinstallation auslesen.

```
SELECT @@language
```

Liefert (zum Beispiel):

```
Deutsch
```

▶ *@@NESTLEVEL*: Diese Variable gibt die aktuelle Schachtelungstiefe bei Programmaufrufen an. Der SQL Server kann Programme bis maximal 32 Ebenen schachteln. Mehr darüber lesen Sie in Kapitel 6.

▶ *@@SERVERNAME*: Diese Variable liefert Ihnen den Namen des Servers.

```
SELECT @@servername
```

Liefert (zum Beispiel):

```
SQL2K5_01
```

▶ *@@VERSION*: Über diese Variable können Sie feststellen, welche Programmversion auf Ihrem Server installiert ist. Diese Information ist von Vorteil, wenn Sie in Ihrer Applikation abfragen möchten, ob eine bestimmte Funktionalität verwendet werden kann oder nicht.

```
SELECT @@VERSION
```

Liefert (zum Beispiel):

```
Microsoft SQL Server 2005 - 9.00.1314.06 (Intel X86)
 Sep  2 2005 21:10:31
 Copyright (c) 1988-2005 Microsoft Corporation
 Developer Edition on Windows NT 5.2 (Build 3790: Service Pack 1)
```

Wie Sie die Version in einer Variablen speichern können, lesen Sie etwas später bei den Zeichenkettenfunktionen. Die Version finden Sie an den Stellen 22 bis 25 („2005") im Ergebnisstring. Leider hat es hier gegenüber den Vorversionen eine Verschiebung um ein Zeichen gegeben. Hier waren dieselben Informationen an den Stellen 23 bis 24 („7.00" bzw. „2000") zu finden. Dies führt dazu, dass in der Praxis gegebenenfalls zweimal geprüft werden muss. Sie können alternativ auch auf die interne Versionsnummer zugreifen. Diese finden Sie entweder an den Positionen 29 bis 32 („9.00") beziehungsweise in den Vorversionen an den Positionen 30 bis 33 („7.00" oder „8.00") Die Ziffern dahinter geben Auskunft darüber, welches Servicepack – oder auch keines – auf dem Server installiert ist.

### Cursorfunktionen

Cursorfunktionen liefern Informationen über aktuell geöffnete Cursor. Mehr dazu lesen Sie im Abschnitt „Cursor für Datenzugriffe einsetzen" auf Seite 182.

## Datums- und Uhrzeitfunktionen

Datums- und Uhrzeitfunktionen benötigen Sie für verschiedene Berechnungen mit Datumswerten.

▶ *DATEADD(datumsteil, anzahl, datum):* Mit dieser Funktion können Sie zu einem angegebenen Datum eine bestimmte Anzahl an Intervallen hinzufügen oder abziehen. Als Intervall können Sie zum Beispiel *year, month, week* oder *quarter* ebenso wie *hour, minute* oder *second* angeben.

```
SELECT DATEADD(week, 3, '01.01.2006')
```

Liefert:

```
2006-01-22 00:00:00.000
```

▶ *DATEDIFF(datumsteil, startdatum, enddatum):* Diese Funktion liefert die Differenz zwischen zwei Datumswerten. Sie müssen dabei angeben, ob Sie die Differenz in Monaten, Wochen oder einer anderen Einheit erhalten möchten.

```
SELECT DATEDIFF(month, '08.01.2006', '15.11.2006')
```

Liefert:

```
10
```

▶ *DATENAME(datumsteil, datum):* Liefert den angegebenen Datumsteil. Monat und Wochentag werden dabei mit dem Namen angeführt. Die Sprache hängt dabei von der installierten Serverversion sowie den auf Session-Ebene festgelegten Spracheinstellungen ab. Diese können Sie mit der Anweisung `SET LANGUAGE` einstellen. (Sie können hier alle Sprachen wählen, die in der Systemtabelle `syslanguages` zu finden sind.)

```
SET LANGUAGE german

SELECT DATENAME(weekday, '15.02.2006')
```

Liefert:

```
Mittwoch
```

▶ *DATEPART(datumsteil, datum):* Diese Funktion ist mit der vorigen vergleichbar, liefert den Datumsteil jedoch immer als Zahl.

```
SELECT DATEPART(weekday, '15.02.2006')
```

Liefert:

```
3
```

Auch dieser Ergebniswert ist von den Spracheinstellungen abhängig. Bei englischen Einstellungen liefert dasselbe Datum den Wert 4. Achtung: In diesem Fall müssten Sie das Datum im Format Monat/Tag/Jahr eingeben!

▶ *DAY(datum), MONTH(datum), YEAR(datum):* Diese Funktionen liefern jeweils den dem Funktionsnamen entsprechenden Datumsteil als Zahl. Sie lassen sich alle auch mit DATEPART() unter Angabe des jeweiligen Datumsteiles ersetzen.

```
SELECT DAY('20.04.2006') Tag, MONTH('20.04.2006') Monat,
YEAR('20.04.2006') Jahr
```

Liefert:

```
Tag           Monat         Jahr
----------    -----------   ----------
20            4             2006
```

▶ *GETDATE()*: Mit dieser Funktion erhalten Sie die aktuelle Systemzeit/-datum des Servers auf Tausendstelsekunde genau.

```
SELECT GETDATE()
```

Liefert (zum Beispiel):

```
2005-12-08 12:42:10.523
```

▶ *GETUTCDATE()*: Liefert die aktuelle Greenwich-Zeit (Greenwich Mean Time), die von der Zeitzoneneinstellung des Betriebssystems abgeleitet wird. Die Abkürzung UTC steht für Universal Time Coordinate.

## Mathematische Funktionen

Mathematische Funktionen kommen auch in SQL bei Berechnungen immer wieder zum Einsatz. In der Praxis werden vor allem folgende Funktionen immer wieder benötigt.

▶ *ROUND(zahl, länge, [funktion])*: Diese Funktion rundet die angegebene Zahl auf die angegebene Anzahl von Stellen. Als Funktion kann optional ein Wert eingegeben werden. 0 steht hier für kaufmännisches Runden, jeder andere Wert für Abrunden. Wird kein Wert angegeben, wird 0 angenommen. Wird als Länge ein negativer Wert angegeben, wird auf Vorkommastellen gerundet.

```
SELECT ROUND(5.129, 2), ROUND(18452, -2), ROUND(1.99,1,1)
```

Liefert:

```
------   -----------   -----
5.130    18500         1.90
```

▶ *CEILING(zahl)*: Diese Funktion gibt die kleinste ganze Zahl zurück, die größer oder gleich der angegebenen Zahl ist. Man könnte es als Aufrunden auf die nächste ganze Zahl bezeichnen.

```
SELECT CEILING(5.129)
```

Liefert:

```
6
```

▶ *FLOOR(zahl)*: Diese Funktion ist das Gegenstück zur vorigen Funktion. Sie rundet jeden Wert auf die nächste ganze Zahl ab.

▶ *ABS(zahl)*: Diese Funktion liefert den absoluten (positiven) Wert einer Zahl.

▶ *RAND(startwert)*: Diese Funktion liefert einen Zufallswert. Dieser Wert vom Datentyp float liegt immer zwischen 0 und 1. Der Startwert gibt die Startposition innerhalb der Zufallswertekette an. Wird RAND() in einer Abfrage wiederholt aufgerufen, ergibt sich immer derselbe Wert.

## Metadatenfunktionen

Metadaten sind Informationen über die Struktur, den Aufbau und die Beschaffenheit von Daten. Metadaten sind in den Systemtabellen in der Master-Datenbank einerseits und in den Benutzerdatenbanken andererseits gespeichert. Die Namen von Systemtabellen beginnen immer mit *sys*.

▸ *DB_NAME(id), DB_ID(name)*: Mit DB_NAME() und DB_ID() kann der Name bzw. die ID der Datenbank angezeigt werden. Diese Information stammt aus der *sysdatabases*-Tabelle der *master*-Datenbank. Jede neue Datenbank bekommt eine fortlaufende ID. Die *master*-Datenbank selber hat immer die ID 1. Wird kein Parameter angegeben, wird der Name beziehungsweise die ID der aktuellen Datenbank zurückgeliefert.

```
SELECT DB_NAME(), DB_NAME(1), DB_ID(), DB_ID('master')
```

Liefert:

```
------------ ------------ ------ ------
WAWI         master           7      1
```

## Sicherheitsfunktionen

Sicherheitsfunktionen geben Auskunft über die Benutzer und deren Gruppen- und Rollenzugehörigkeit.

▸ *USER_NAME(id), USER_ID(name)*: Gibt den Namen oder die ID des angegebenen Datenbankbenutzers zurück. Wird der Name oder die ID nicht mit angegeben, werden Name oder ID des aktuell angemeldeten Datenbankbenutzers zurückgeliefert. Diese Funktionen werden häufig für Protokollierungszwecke verwendet: Wer hat diesen Datensatz angelegt? Wer hat diese Änderung vorgenommen?

▸ *SUSER_NAME(server_id), SUSER_ID(login)*: Im Gegensatz zu den beiden vorherigen Funktionen wird hier nicht auf den Datenbankbenutzer, sondern den Systembenutzer reflektiert.

▸ *IS_MEMBER(gruppe oder rolle)*: Entweder wird die Mitgliedschaft in einer Windows NT-Gruppe oder einer SQL Server-Rolle des aktuellen Benutzers geprüft. Als Ergebnis liefert die Funktion 0 (falsch) oder 1 (wahr).

```
SELECT IS_MEMBER('db_owner')
```

Liefert (zum Beispiel):

```
1
```

## Zeichenfolgefunktionen

Zeichenfolgefunktionen kommen beim Arbeiten mit Daten sehr oft zum Einsatz. Sehr häufig müssen Inhalte mehrerer Charakter-Datenfelder miteinander kombiniert oder nach verschiedensten Regeln behandelt werden. Dabei können Sie mit diesen Funktion zum Beispiel feststellen, ob ein Text in einem anderen enthalten ist, einen Teil aus einem Text herauslösen oder auch einfach nur Eigenschaften wie die Länge eines Textes eruieren.

▶ *ASCII(buchstabe)*, *CHAR(code)*: `ASCII` gibt den *ASCII*-Code des angegebenen Zeichens zurück. Wird eine Zeichenkette übergeben, wird der erste Buchstabe verwendet. Die Umkehrfunktion dazu ist `CHAR`, die den Buchstaben zum *ASCII*-Code liefert.

```
SELECT ASCII('m'), CHAR(109)
```

**Liefert:**

```
----------- ----
109         m
```

▶ *CHARINDEX(suchtext, text, [start])*: `CHARINDEX` gibt die Position an, an der ein Textteil innerhalb eines anderen (erstmals) vorkommt. Kommt der Suchtext innerhalb des durchsuchten Textes nicht vor, liefert die Funktion 0 als Ergebnis. Optional kann eine Buchstabenfolge angegeben werden, ab der die Suche beginnen soll.

```
SELECT CHARINDEX(' ','SQL Server')
```

**Liefert:**

```
4
```

▶ *LEFT(text, stellen)*, *RIGHT(text, stellen)*: Diese beiden Funktionen liefern die ersten *n* Stellen von Links oder von Rechts eines angegebenen Textes.

```
DECLARE @name varchar(30), @vorname varchar(15)
DECLARE @position int
    SET @name = 'Petra Konopasek'
    SET @position = CHARINDEX(' ', @name)
    SET @vorname = LEFT(@name, @position - 1)
    SELECT @vorname Vorname
```

**Liefert:**

```
Vorname
--------------
Petra
```

▶ *LEN(text)*: Liefert die Anzahl der Zeichen des angegebenen Textes.

```
SELECT MAX(LEN(PersNachname)) [Längster Name]
FROM tblPersonal
```

**Liefert:**

```
Längster Name
-------------
13
```

▶ *LOWER(text)*, *UPPER(text)*: Wandeln den angegebenen Text in Klein- beziehungsweise Großbuchstaben um.

```
SELECT PersVorname + ' ' + UPPER(PersNachname) Name
FROM tblPersonal
ORDER BY PersNachname
```

**Liefert:**

```
Name
------------------------------------
Bernadette HILLE
Marion HOIER
Bernhard HOLZMANN
Ludwig HUBER
Anastasia IDEENREICH
Gottfried JURASEK
...
Paul SCHULZ
(20 Zeile(n) betroffen)
```

▶ *LTRIM(text), RTRIM(text)*: Entfernen links oder rechts alle Leerzeichen. RTRIM wird in der Praxis häufig verwendet, um die Leerzeichen am Ende von Feldern mit fixer Länge (*char, nchar*) zu entfernen.

▶ *REPLICATE(zeichen, anzahl)*: Wiederholt die angegebenen Zeichen so oft wie angegeben.

```
SELECT REPLICATE('.', 15 - LEN(PersNachname))
       + PersNachname Name
FROM tblPersonal
ORDER BY PersNachname
```

**Liefert:**

```
Name
------------------------------
..........Hille
..........Hoier
.......Holzmann
..........Huber
.....Ideenreich
........Jurasek
...
.........Schulz

(20 Zeile(n) betroffen)
```

▶ *SOUNDEX(text)*: Diese Funktion liefert einen Code, der für phonetische Vergleiche herangezogen wird. Der erste Buchstabe wird gefolgt von einem dreistelligen Code. Je unterschiedlicher der Code ist, desto unähnlicher klingt der Text.

```
SELECT SOUNDEX('Maier') Maier,
       SOUNDEX('Meyer') Meyer,
       SOUNDEX('Mayer') Mayer,
       SOUNDEX('Peyer') Peyer,
       SOUNDEX('Ober') Ober,
       SOUNDEX('Obermann') Obermann,
       SOUNDEX('Hausmahn') Hausmann
```

Liefert:

```
Maier Meyer Mayer Peyer Ober  Obermann Hausmahn
----- ----- ----- ----- ----- -------- --------
M600  M600  M600  P600  O160  O165     H255
```

Wie Sie am Ergebnis diese Beispieles sehen, hat der Name „Meier" in allen Schreibweisen denselben phonetischen Code. Beginnt der Name mit einem anderen Buchstaben, klingt sonst aber gleich, ist der Zifferncode identisch. „Ober" und „Obermann" unterschieden sich dadurch, dass der zweite Name länger ist. Daher unterschieden sich die beiden nur in der hinteren Ziffer. Der hintere Teil von „Obermann" und „Hausmann" klingen gleich, daher haben Sie dieselbe Endziffer im Code.

▶ *SPACE(anzahl)*: Liefert die angegebene Menge an Leerzeichen. SPACE(n) liefert dasselbe Ergebnis wie REPLICATE(' ', n).

▶ *STR(zahl,[stellen], [nachkomma])*: Wandelt eine Zahl in einen Text um. Dies ist zum Beispiel dann notwendig, wenn Sie eine Zahl in eine Zeichenkette einbauen. Als zusätzliche Formatierung können Sie angeben, auf wie viele Stellen und Nachkommastellen die Zahl formatiert werden soll. Standardmäßig werden zehn Stellen verwendet.

```
SELECT  ArtBezeichnung + ' kostet € '
        + ArtVKPreis AS Preise
FROM tblArtikel
```

Liefert einen Fehler:

```
Meldung 293, Ebene 16, Status 0, Zeile 1

Der char-Wert kann nicht in 'smallmoney' konvertiert werden.
Die Syntax des char-Wertes ist falsch.
```

Wird die Zahl hingegen in einen Text konvertiert, kann Sie als Teil in eine Zeichenkette eingebaut werden.

```
SELECT  ArtBezeichnung + ' kostet € '
        + STR(ArtVKPreis, 5, 2) AS Preise
FROM tblArtikel
```

Liefert:

```
Preise
---------------------------------------------------------
Abdeckbänderset 4-tlg. kostet € 10.68
Abflusssieb PVC Rund Hr 4-St.-Packung Sb kostet €  7.52
Abfallsack 110 l kostet €  3.16
Abfallsack 60 l kostet €  2.07
Abgiesser kostet €  7.52
Ausgiesser Gihale 6-St.-Packung kostet €  8.00
...
Ziergitter mit Blumentopf kostet € 26.05

(1111 Zeile(n) betroffen)
```

▶ *SUBSTRING(text, start, anzahl)*: Diese Funktion liefert uns aus einem Text die angegebene Anzahl an Zeichen ab der Startposition.

```
DECLARE @name varchar(30)
DECLARE @nachname varchar(15)
DECLARE @position int
    SET @name = 'Alina Konopasek'
    SET @position = CHARINDEX(' ', @name)
    SET @nachname = SUBSTRING(@name, @position + 1, 15)
    SELECT @nachname Nachname
```

Liefert:

```
Nachname
---------------
Konopasek
```

Aus der früher beschriebenen Funktion `@@version` kann mithilfe von `SUBSTRING()` die Versionskennung entnommen werden.

```
SELECT SUBSTRING(@@VERSION, 29, 4) AS Version
```

Liefert:

```
Version
-------
9.00
```

## Systemfunktionen

Systemfunktionen sind allgemeine Funktionen, die für verschiedene Aufgaben benötigt werden.

▶ *CONVERT(zieldatentyp, wert, [format]), CAST(wert As zieldatentyp)*: `CONVERT` und `CAST` sind die Standardfunktionen zur Datentypkonvertierung. Ein Beispiel für die Notwendigkeit, den Datentyp zu konvertieren, haben wir bereits kennen gelernt. Mit `STR()` haben wir eine Zahl in einen Text konvertiert, um sie in eine Zeichenkette einbinden zu können. `CONVERT` kann unterschiedliche Datentypen konvertieren. Häufig wird `CONVERT` auch dazu verwendet, ein Datum für die Ausgabe zu formatieren. Dazu wird als Zieldatentyp *varchar* angegeben. Bei Datumswerten kann auch das Format angegeben werden. Dazu wird ein Zahlencode verwendet. Um die deutsche Darstellungsweise zu verwenden, wird *4* oder *104* benötigt. Der um 100 erhöhte Code bewirkt, dass die Jahreszahl vierstellig dargestellt wird. Eine Übersicht über alle verfügbaren Codes finden Sie in der SQL Server-Online-Hilfe, wenn Sie auf dem Register/Index *CONVERT* eingeben.

```
SELECT GETDATE() As Datum,
        CONVERT(varchar,GETDATE(), 4) As [Jahr 2-stellig],
        CONVERT(varchar,GETDATE(), 104) As [Jahr 4-stellig]
```

Liefert (zum Beispiel):

```
Datum                        Jahr 2-stellig  Jahr 4-stellig
--------------------------   --------------  --------------
2005-12-08 13:44:01.540      08.12.05        08.12.2005
```

Das Ergebnis des vorherigen Beispiels ist ein Text.

 Um das aktuelle Tagesdatum mit GETDATE() ohne die Uhrzeit zu erhalten, muss das Datum in einen Text mit einem Format ohne Uhrzeit und dann wieder in ein Datum zurückkonvertiert werden. Denn wenn ein Datum mit Uhrzeit gespeichert wird, wird es in einem Vergleichsausdruck auch nur mit dieser Uhrzeit gefunden.

Suche Sie zum Beispiel nach einem Mitarbeiter, der am 1. Oktober 1998 eingestellt worden ist, mit nachfolgender Suchbedingung, finden Sie ihn nicht, wenn neben dem Datum auch eine Uhrzeit gespeichert ist.

```
SELECT PersNachname FROM tblPersonal
WHERE PersEintritt = '01.04.2001'
```

Liefert:

```
(0 Zeile(n) betroffen)
```

Sie müssen entweder die Uhrzeit mit angeben oder die Suchbedingung auf einen Zeitraum ausdehnen. Denn bei einer reinen Datumsangabe im Vergleichsausdruck wird automatisch 0:00 Uhr ergänzt.

```
SELECT PersNachname FROM tblPersonal
WHERE PersEintritt = '01.04.2001 8:00'
```

Liefert:

```
PersNachname
----------------------
Nürnberger
(1 Zeile(n) betroffen)
```

Um generell das aktuelle Datum ohne die Uhrzeit zu generieren, verwenden Sie eine doppelte Konvertierung:

```
SELECT GETDATE() As Datum,
       CONVERT(datetime,CONVERT(varchar,GETDATE(),4),4)
       As NurDatum
```

Liefert:

```
Datum                        NurDatum
--------------------------   --------------------------
2005-12-08 13:49:08.523      2005-12-08 00:00:00.000
```

Sie können CAST und CONVERT austauschbar bei der Konvertierung verwenden. Sind jedoch Datumswerte involviert, empfiehlt es sich, CONVERT zu verwenden, weil hier ein Format vergeben werden kann.

▸ *CURRENT_USER()*: Diese Funktion ist eine Alternative zur bereits besprochenen Funktion USER_NAME().

▸ *@@ERROR*: Wenn ein Fehler aufgetreten ist, kann der dazugehörige Fehlercode über diese globale Variable ausgelesen werden.

▸ *HOST_NAME(), HOST_ID()*: Liefern den Namen beziehungsweise die ID der Arbeitsstation, von der aus die Session mit dem SQL Server hergestellt ist. Dadurch kann beispielsweise festgehalten werden, von welchem Arbeitsplatz aus bestimmte Änderungen vorgenommen worden sind, oder durch Kennzeichnung mit dem Hostnamen können Arbeitsdaten von verschiedenen Arbeitsplätzen unterschieden werden.

```
SELECT HOST_NAME() As Arbeitsplatz, HOST_ID() As ID
```

Liefert:

```
Arbeitsplatz                        ID
------------------------------- --------
KK03                                780
```

▸ *@@IDENTITY*: Über diese globale Variable können Sie direkt, nachdem Sie in eine Tabelle mit einer Identitätsspalte einen Wert eingegeben haben, den Wert „erfahren", der für diese Spalte vergeben worden ist.

```
INSERT INTO tblArtikel (ArtBezeichnung, ArtGruppe,
                    ArtVKpreis, ArtEKPreis, ArtLief)
VALUES('Wassereimer 15L', 'GA', 3.99, 2.12, 1003)
SELECT @@IDENTITY "Neue Artikelnunmmer"
```

Liefert:

```
Neue Artikelnunmmer
-------------------------------------
2114
```

Anstelle von @@IDENTITY kann auch SCOPE_IDENTITY() verwendet werden. Erstere gibt den letzten Wert innerhalb der Session zurück, auch wenn er z.B. innerhalb einer Prozedur verwendet wird. Zweite gibt z.B. den Wert innerhalb einer Prozedur zurück, ungeachtet was „außen" geschieht. In der Praxis ist dieser Unterschied jedoch belanglos – verwenden Sie einfach eine der beiden.

▸ *ISNULL(wert, ersatz)*: Die Funktion ISNULL haben wir bereits in einem der vorigen Abschnitte verwendet. Diese Funktion ersetzt einen Wert durch den Ersatzwert, wenn der eigentliche Wert null ist. Dies ist sowohl bei allen Ausdrücken wichtig, da ein einziger Teilausdruck, der null ist, den Gesamtausdruck null werden lässt.

```
SELECT KdTitel + ' ' + KdAkadGrad + ' '
       + KdNachname + ' ' + KdVorname As Kunden
FROM tblKunden
ORDER BY KdNachname
```

**Liefert:**

```
Kunden
------------------------------------
NULL
...
NULL
NULL
Prof. Dr. Kahr Ulrike
NULL
NULL
(22 Zeile(n) betroffen)
```

Im Ergebnis sehen wir nur jene Kunden, die sowohl einen Titel als auch einen akademischen Grad haben. Erweitern wir die SQL-Anweisung und ersetzen die Null-Werte durch leere Zeichenfolgen, werden alle Namen korrekt und wie erwartet dargestellt.

```
SELECT ISNULL(KdTitel + ' ','')
       + ISNULL(KdAkadGrad + ' ', '')
       + KdNachname + ' ' + KdVorname AS Kunden
FROM tblKunden
ORDER BY KdNachname
```

**Liefert:**

```
Kunden
------------------------------------
Dipl.-Vw. Bogner Gerald
Mag. Deutschmann Petra
Frisch Michael
Germ Iris
Prof. Dr. Kahr Ulrike
Killian Sabina
...
(22 Zeile(n) betroffen)
```

▶ *@@ROWCOUNT*: Enthält die Anzahl der Zeilen, die von der letzten zuvor ausgeführten Abweisung betroffen gewesen sind. Es ist dabei unerheblich, ob es zum Beispiel eine SELECT- oder eine DML-Anweisung gewesen ist.

```
UPDATE tblArtikel
SET ArtVKPreis = ArtVKPreis * 0.95
WHERE ArtVKPreis > 200

SELECT @@ROWCOUNT "Anzahl um 5% verbilligt"
```

Liefert:

```
Anzahl um 5% verbilligt
-----------------------
20
```

## Rangfolgefunktionen

 Rangfolgefunktionen sind ein neues Feature der Version 2005. Sie geben je nach verwendeter Funktion einen Rangfolgewert für jede Zeile zurück.

▶ *RANK()*: Mit dieser Position können Sie eine Rangfolgeposition für eine Zeile entweder gesamt oder für einen Bereich bestimmen. Die Reihenfolge muss über den Parameter ORDER BY festgelegt werden. Der Bereich, der über PARTITION BY festgelegt wird, ist optional. Ex-aequo-Werte werden berücksichtigt.

Das Beispiel zeigt den Rang der Artikel nach absteigendem Preis.

```
SELECT Artbezeichnung AS Bezeichnung,
       ArtVKPreis AS Preis,
       RANK() OVER( ORDER BY ArtVKPreis DESC) AS Rang
FROM tblArtikel
```

Liefert:

```
Bezeichnung                              Preis     Rang
---------------------------------------- --------- -----
Black & Decker Akku-Rasenmäher Grc 840   762,85      1
Wolf Rasenmäher mit Korb 2.42 TA         761,97      2
Motorhacke Meppy                         543,96      3
Wolf Rasenmäher mit Box 2.42 TL          511,25      4
Swimming Pool 360 cm Komplettset mit     434,95      5
Gartenlaube Wörthersee                   434,95      5
Kelomat Murano Geschirrset 9-tlg.        325,94      7
Mole Stop Solar                          234,37      8
Moulinex Fleischwolf                     217,80      9
Hauszelt Colorado 360 X 240 X 180 cm     217,80      9
Bosch Heckenschere Ahs 600               217,80      9
Bosch Allesschneider As/mas8500          217,80      9
Edelstahlgeschirrset Magnum 20 tlg.      217,80      9
Gloria 2010 Kolbenrückenspritze 17lt     216,93     14
...
Steakmesser für Jausenset 438544           0,76   1110
Isi Rezeptheft                             0,00   1111
```

Soll der Rang innerhalb ein jeder Artikelgruppe angezeigt werden, muss ein Bereich (Partition) ergänzt werden. Sie können diesen Bereich ruhig mit einer Gruppierung vergleichen.

```
SELECT Artbezeichnung Bezeichnung,
       ArtVKPreis Preis,
       ArtGruppe Gruppe,
       RANK() OVER( PARTITION BY ArtGruppe
       ORDER BY ArtVKPreis DESC) AS Rang
FROM dbo.tblArtikel
```

Liefert:

| Bezeichnung | Preis | Gruppe | Rang |
|---|---|---|---|
| Küchenlöffelset 6-tlg. | 32,48 | BE | 1 |
| Fiskars Schere 2-St.-Packung | 21,58 | BE | 2 |
| Essmesser 6-Stk.-Packung | 18,42 | BE | 3 |
| Geflügelschere | 18,42 | BE | 3 |
| Fixiermesser mit Etui | 17,33 | BE | 5 |
| ... | | | |
| Steakmesser für Jausenset 438544 | 0,76 | BE | 20 |
| Moulinex Fleischwolf | 217,80 | EG | 1 |
| Wagner Spritzpistole W 200 | 184,23 | EG | 2 |
| Krups Kaffeeautomat Ka/espresso Primo | 174,20 | EG | 3 |
| Einkochautomat mit Zeitschaltuhr | 174,20 | EG | 3 |
| Philips Eismaschine Delizia 1,2 lt | 163,30 | EG | 5 |
| ... | | | |

▷ *DENSE_RANK()* unterscheidet sich von RANK() dadurch, dass nach Ex-aequo-Werten der nächsthöhere Rang vergeben wird und nicht der absolute Rang. Sonst sind diese beiden in der Verwendung identisch. Wenn Sie die Ergebnisse vergleichen, sehen Sie unten, dass nach den zwei Ex-aequo-Werten 5 nicht mit 7, sondern mit 6 weitergezählt wird.

```
SELECT Artbezeichnung Bezeichunng,
       ArtVKPreis Preis,
       DENSE_RANK() OVER(ORDER BY ArtVKPreis DESC) AS Rang
FROM dbo.tblArtikel
```

Liefert:

| Bezeichnung | Preis | Rang |
|---|---|---|
| Black & Decker Akku-Rasenmäher Grc 840 | 762,85 | 1 |
| Wolf Rasenmäher mit Korb 2.42 TA | 761,97 | 2 |
| Motorhacke Meppy | 543,96 | 3 |
| Wolf Rasenmäher mit Box 2.42 TL | 511,25 | 4 |
| Swimming Pool 360 cm Komplettset mit | 434,95 | 5 |
| Gartenlaube Wörthersee | 434,95 | 5 |
| Kelomat Murano Geschirrset 9-tlg. | 325,94 | 6 |
| Mole Stop Solar | 234,37 | 7 |

```
Moulinex Fleischwolf                        217,80        8
Hauszelt Colorado 360 X 240 X 180 cm        217,80        8
Bosch Heckenschere Ahs 600                  217,80        8
Bosch Allesschneider As/mas8500             217,80        8
Edelstahlgeschirrset Magnum 20 tlg.         217,80        8
Gloria 2010 Kolbenrückenspritze 17lt        216,93        9
...
Steakmesser für Jausenset 438544              0,76      138
Isi Rezeptheft                                0,00      139
```

▶ *NTILE()* kann für eine Unterteilung in gleich große Gruppen verwendet werden. Die Anzahl der Gruppen ist über einen Parameter anzugeben. Das Beispiel teilt die Mitarbeiter in fünf Gruppen ein, wobei nach dem Alter sortiert wird.

```
SELECT PersNachname AS Nachname,
       PersVorname As Vorname,
       NTILE(5) OVER( ORDER BY PersGebDatum) AS Gruppe
FROM tblPersonal
```

Liefert:

```
Nachname            Vorname               Gruppe
----------------    ------------------    --------
Neumann             Maria                 1
Pullmeier           Eva                   1
Konstantin          Martin                1
Prügger             Mathias               1
Jurasek             Gottfried             2
Kirschner           Edita                 2
Hille               Bernadette            2
Meister             Lorenz                2
Ideenreich          Anastasia             3
Loderer             Hermine               3
Kossegg             Anita                 3
Huber               Ludwig                3
Schulz              Paul                  4
Hoier               Marion                4
Holzmann            Bernhard              4
Kofler              Peter                 4
Nürnberger          Klaus                 5
Obermann            Gernot                5
Morillanitsch       Manfred               5
Mörtl               Gerald                5
```

▶ *ROW_NUMBER()* gleicht von der Syntax her den anderen drei. Sie liefert die Zeilennummer, d.h., es gibt im Unterschied zu RANK( ) keine Ex-aequo-Werte.

**Statistische Systemfunktionen**

Statistische Systemfunktionen liefern Informationen über das System und dessen Auslastung.

**Text- und Bildfunktionen**

Text- und Bildfunktionen werden für die Bearbeitung von Daten vom Typ *text*, *ntext* und *image* verwendet. Diese Datenfelder können nicht wie skalare Datentypen verwendet werden.

## 5.1.3 Kontrollstrukturen

In jeder höheren Programmiersprache gibt es Kontrollstrukturen, um komplexere Programmabläufe abzubilden, bei denen nicht sequenziell ein Befehl nach dem anderen abgearbeitet werden soll, sondern der Programmablauf durch Bedingungen und Wiederholungen gekennzeichnet wird. Der Name *Kontrollstrukturen* kommt daher, da Sie durch deren Einsatz zusätzliche Kontrollmöglichkeiten über den Programmablauf erhalten. Kontrollstrukturen werden in zwei Kategorien unterteilt:

▶ Auswahl- oder Entscheidungsstrukturen

▶ Schleifen- oder Wiederholungsstrukturen

Auswahlstrukturen kommen immer dann zum Einsatz, wenn ein Teil des Programmcodes nur unter bestimmten Voraussetzungen abgearbeitet oder zum Beispiel abhängig von bestimmten Bedingungen einer Variablen unterschiedliche Werte zugewiesen werden sollen. – Kurz, immer wenn irgendwelche Bedingungen geprüft werden müssen.

Folgende Aufgabenstellungen können beispielsweise durch Auswahlstrukturen abgebildet werden:

▶ Wenn die Kundennummer bereits vergeben ist, muss eine andere gesucht werden, sonst kann sie für den neuen Kunden verwendet werden.

▶ Wenn es für einen Artikel in einem bestimmten Lager schon einen Lagerstandswert in der Lagertabelle gibt, soll dieser angepasst werden. Sonst soll eine neue Zeile in die Lagerstandstabelle eingefügt werden.

▶ Wenn eine offene Bestellung vorhanden ist, soll der neu bestellte Artikel dieser hinzugefügt werden. Sonst soll eine neue Bestellung erstellt werden.

Programmabläufe werden gern in Ablaufdiagrammen abgebildet. In diesen wird für jede Anweisung ein Kästchen gezeichnet. Ein Kästchen folgt dem vorhergehenden wie eine Anweisung in einem Programm. Bei Bedingungen wird das Kästen geteilt, sodass für den Fall der erfüllten Bedingung sowie für den Fall der nicht erfüllten Bedingung eigene Anweisungen eingetragen werden können. Ist der Bedingungsblock beendet, wird wieder mit „normalen" Anweisungen fortgesetzt.

Das zweite der vorangegangenen Beispiele wird durch folgendes Ablaufdiagramm dargestellt:

*Abbildung 5.2: Ablaufdiagramm mit Auswahlstruktur*

Wiederholungsstrukturen dienen dazu, eine oder mehrere Anweisungen mehrmals hintereinander auszuführen. Die Anzahl der Wiederholungen kann dabei auf unterschiedliche Weise festgelegt werden. Wir kennen Widerholungsstrukturen mit

▶ einer fixen Anzahl an Wiederholungen, die bereits zu Beginn der Schleife feststehen, und

▶ Wiederholungen, die so lange durchgeführt werden, bis eine Abbruchbedingung eintrifft. Das Eintreten der Abbruchbedingung kann sowohl am Beginn als auch am Ende der Schleife geprüft werden.

Schleifen werden verwendet, wenn beispielsweise folgende Aufgabenstellungen im Programmcode abzubilden sind.

▶ Generiere für jeden Monat des Jahres die Umsatzauswertung. (Da das Jahr aus zwölf Monaten besteht, sind von vornherein zwölf Wiederholungen festgelegt. Innerhalb der Schleife erfolgt die Umsatzauswertung für jeweils einen Monat.)

▶ Verteile die vorhandene Menge eines Artikels so lange auf die eingegangenen Bestellungen, bis sie verbraucht ist. (Innerhalb der Schleife werden so viele Einheiten vom Lagerstand abgebucht, wie in der jeweiligen Bestellung geordert sind. Die Abbruchbedingung für die Schleife ist, dass der Lagerstand verbraucht ist. Sobald diese Bedingung eintritt, wird die Schleife beendet. Die Anzahl der Schleifendurchläufe steht somit zu Beginn noch nicht fest.)

Auch eine Wiederholungsstruktur lässt sich in einem Ablaufdiagramm darstellen. Das nachfolgende Ablaufdiagramm dokumentiert dieses Beispiel. Vorhandene Artikel werden so lange auf offene Bestellungen verteilt, bis entweder keine Artikel mehr vorhanden oder alle Bestellungen erledigt sind.

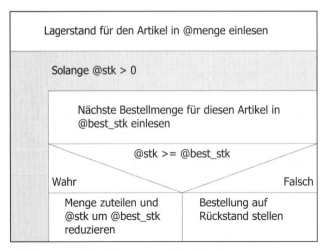

*Abbildung 5.3: Ablaufdiagramm mit Wiederholungsstruktur*

 Vorhin habe ich den Begriff *Schleife* verwendet. Dieser wird im Programmierer-Jargon als Synonym für eine Wiederholungsstruktur verwendet.

 In anderen höheren Programmiersprachen finden Sie eine größere Auswahl an unterschiedlichen Syntaxvarianten. Diese erweitern zwar das Spektrum an verschiedenen Varianten, aber dennoch gehören diese alle entweder den Auswahl- oder Wiederholungsstrukturen an. Jene, die in Transact-SQL nicht enthalten sind, müssen durch andere Konstruktionen ersetzt und nachempfunden werden. Einiges dazu lesen Sie im nachfolgenden Abschnitt.

Wie eben angedeutet ist Transact-SQL sehr spartanisch mit Kontrollstrukturen ausgestattet. Jeweils eine Syntaxvariante repräsentiert die zwei besprochenen Kategorien:

▶ *IF-ELSE* (Auswahlstruktur)
▶ *WHILE* (Wiederholungsstruktur)

Diese beiden Strukturen sollen jetzt im Detail erörtert werden.

 Es ist von Vorteil, wenn Sie bereits Erfahrungen mit Programmiersprachen wie zum Beispiel VB, VBA oder vergleichbaren Produkten mitbringen.

### Einfache IF-Anweisungen

Die IF-Anweisung wird verwendet, um Bedingungen zu prüfen.

In der einfachsten Form wird im Anschluss an die Bedingung direkt die bedingte Anweisung geschrieben.

```
IF-Bedingung
    Anweisung
```

Die `IF`-Anweisung in Transact-SQL kennt im Gegensatz zu vielen anderen Programmiersprachen kein *Then* und keine *EndIf*-Anweisung.

Ergibt die Anweisung den booleschen Wert *True*, wird die nachfolgende Anweisung ausgeführt, widrigenfalls wird sie einfach übersprungen. Die von anderen Programmiersprachen bekannte *ElseIF*-Bedingung existiert in Transact-SQL ebenso nicht, wohl aber die `ELSE`-Anweisung. Anweisungen, die hinter der `ELSE`-Anweisung stehen, werden dann ausgeführt, wenn die zuvor abgefragte Bedingung nicht erfüllt ist.

```
IF Bedingung
    Anweisung
ELSE
    Anweisung
```

Auch in dieser Variante wird keine *EndIF*-Klausel verwendet, um den Bedingungsblock abzuschließen. `IF` und `ELSE` implizieren in dieser Form, dass jeweils die auf die Klausel folgende Anweisung betroffen ist.

Wie in anderen Programmiersprachen auch, ist es in Transact-SQL üblich, Bedingungsblöcke einzurücken. Man verwendet dazu vorzugsweise einen Tabulator. Dadurch wird die Lesbarkeit des Gesamtcodes stark verbessert, da sofort der Beginn und das Ende eines (Bedingungs-)Blockes optisch markant hervorgehoben werden. Alle Anweisungen auf einer Anweisungsebene stehen somit auch optisch auf einer Ebene.

Viele Entwickler rücken bereits die Programmzeilen auf erster Ebene um eine Einrückung ein, um diese von der Variablendeklaration, die üblicherweise am Beginn des Programmcodes vorgenommen wird, abzuheben.

Beispiel: Wenn das aktuelle Datum in der ersten Jahreshälfte liegt, soll im Abfrage-Editorfenster mit `Print` der Text „Wir sind in der ersten Jahreshälfte" ausgegeben werden. Liegt das aktuelle Datum hingegen schon im zweiten Halbjahr, soll stattdessen der Text „Wir befinden uns im zweiten Halbjahr" zurückgegeben werden.

```
DECLARE @monat tinyint
    SET @monat = MONTH(GETDATE())
    IF @monat <= 6
        PRINT 'Wir sind in der ersten Jahreshälfte.'
    ELSE
        PRINT 'Wir befinden uns im zweiten Halbjahr.'
```

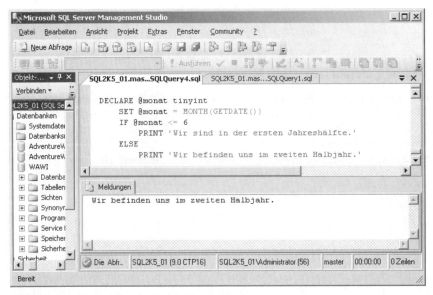

*Abbildung 5.4: Bedingung mit Ausgabe über PRINT*

Betrachten wir nun ein weiteres Beispiel: In der Tabelle *tblKundenInteressen* werden die Interessenszuordnungen zu Kunden gespeichert. Ist ein Interesse für einen Kunden erfasst, muss ein Datensatz in der Tabelle enthalten sein, der bereits die Kundennummer sowie das Kürzel des Interesses enthält. Über ein kleines Programm könnte eine neue Interessenszuordnung erfolgen. Dieses Programm würde eine Meldung zurückliefern, wenn das Interesse dem Kunden bereits zugeordnet ist. Gibt es noch keine Zuordnung, dann soll diese erfolgen.

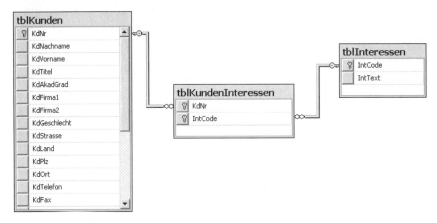

*Abbildung 5.5: Interessenszuordnung*

Weisen wir ein Interesse ohne vorherige Prüfung zu, kommt es zu einem Fehler, wenn es bereits eine derartige Zuordnung gibt. Hier wird versucht, dem Kunden mit der Kundennummer *128* (*Petra Deutschmann*) das Interesse mit dem Kürzel *HUG* (*Haus und Garten*) zuzuordnen. Die INSERT-Anweisung innerhalb des Programmblockes schlägt fehl, da die erneute Zuweisung zur Verletzung der PRIMARY KEY-Einschränkung führt.

```
DECLARE @kunde int

DECLARE @interesse char(2)

    SET @kunde = 136

    SET @interesse = 'HUG'

    INSERT INTO tblKundeninteressen
    VALUES (@kunde, @interesse)
```

Ergebnis:

```
Meldung 2627, Ebene 14, Status 1, Zeile 7

Verletzung der PRIMARY KEY-Einschränkung 'PK_tblKundenInteressen'.
Ein doppelter Schlüssel kann in das 'dbo.tblKundenInteressen'-Objekt
nicht eingefügt werden.

Die Anweisung wurde beendet.
```

Um das gezeigte Problem zu umgehen, kann vor dem Einfügen geprüft werden, ob es bereits einen Datensatz mit denselben Inhalten gibt. Dafür können Sie entweder die COUNT-Funktion verwenden, um festzustellen, wie viele Datensätze für die definierte Bedingung existieren, oder Sie setzen das EXISTS-Schlüsselwort ein.

Variante 1: COUNT

```
IF (SELECT COUNT(*) FROM tblKundenInteressen
    WHERE KdNr = @kunde
    AND IntCode = @interesse) = 1
```

Variante 2: EXISTS

```
IF EXISTS(SELECT * FROM tblKundenInteressen
        WHERE KdNr = @kunde AND IntCode = @interesse)
```

Liefert COUNT die Menge eins, dann existiert in unserem Beispielsfall bereits ein Eintrag in der Tabelle. EXISTS liefert entweder *True* (1) oder *False* (0), je nachdem, ob die Abfrage zumindest einen Datensatz zurückliefert oder nicht.

Bauen wir nun diese Bedingung in unsere Lösung ein, kommen wir zu folgendem Ergebnis:

```
DECLARE @kunde int

DECLARE @interesse char(3)

    SET @kunde = 136

    SET @interesse = 'HUG'
```

```
IF ( SELECT COUNT(*) FROM tblKundenInteressen
     WHERE KdNr = @kunde AND IntCode = @interesse) = 1

     PRINT 'Zuordnung bereits vorhanden.'

ELSE

     INSERT INTO tblKundenInteressen
     VALUES (@kunde, @interesse)
```

Ergebnis:

```
Zuordnung bereits vorhanden.
```

Verwenden wir stattdessen das Interesse *SPO* (*Sportartikel*), ergibt die Prüfung mit COUNT, dass diese Zuordnung noch nicht existiert, daher wird der ELSE-Block ausgeführt, der einen neuen Datensatz in der Tabelle *tblKundenInteressen* anlegt.

```
...

SET @kunde = 136

SET @interesse = 'SPO'

...

ELSE

     INSERT INTO tblKundenInteressen
     VALUES (@kunde, @interesse)
```

Ergebnis:

```
(1 Zeile(n) betroffen)
```

 Wenn Sie EXISTS in einem Bedingungsausdruck verwenden, liefert dieser bereits wahr oder falsch. Es ist nicht möglich, diesem noch das Ergebnis 0 (falsch) oder 1 (wahr) zuzuweisen. Die nachfolgende Syntax führt demnach zu einem Fehler.

```
IF EXISTS(...) = 0
```

```
IF EXISTS(...) = 1
```

Um mit der Variante zu prüfen, dass etwas nicht enthalten ist, müssen Sie mit EXISTS die Verneinung mit NOT verwenden.

```
IF NOT EXISTS(...)
```

Wichtig ist, dass in der bisher beschriebenen Syntax immer nur eine Anweisung im Bedingungsblock enthalten sein darf. Dasselbe gilt natürlich für den Bedingungsblock. Daher weiß das System auch ohne *EndIF*, wann der Block beendet ist.

**Erweiterte IF-Anweisungen**

In der Praxis werden jedoch oft mehr als eine Anweisung in einem Bedingungsblock benötigt. Selbstverständlich ist es in Transact-SQL möglich, beliebig lange Anweisungen zu schreiben. Dazu müssen alle Anweisungen, die zu einem Anweisungsblock gehören, zwischen ein BEGIN und ein END eingeschlossen werden.

```
IF Bedingung

BEGIN

        Anweisung 1
        Anweisung 2
        ...
        Anweisung n

END
```

Dasselbe gilt für den ELSE-Block, sodass sich folgende Syntax für eine Gesamtanweisung ergibt.

```
IF Bedingung

BEGIN

        Anweisung 1
        ...
        Anweisung n

END

ELSE

BEGIN

        Anweisung 1
        ...
        Anweisung n

END
```

Sie müssen BEGIN/END aber nur in jenem Teil verwenden, in dem tatsächlich mehr als eine Anweisung enthalten ist. Wenn beispielsweise der ELSE-Block mehrere Anweisungen enthält, können Sie davon unberührt den IF-Block in der kurzen Syntax verwenden.

```
IF Bedingung

        Anweisung

ELSE

BEGIN

        Anweisung 1
        ...
        Anweisung n

END
```

Sie können aber auch, wenn Sie nur eine Anweisungszeile in einem Block haben, ihn dennoch zwischen BEGIN und END setzen. Dies erhöht manchmal die Lesbarkeit des Codes, wenn auch der andere Block mit BEGIN und END umschlossen ist.

 Ein BEGIN und END ohne eine einzige Anweisung dazwischen führt zu einem Fehler. Möchten Sie jedoch einen noch nicht fertigen Programmcode testen und haben den Block im Code schon durch BEGIN und END markiert, dann schreiben Sie einfach die Zeile SELECT 1 oder etwas Ähnliches dazwischen. Diese Dummyzeile entfernen Sie wieder, wenn Sie den eigentlichen Code ergänzt haben.

Erweitern wir unser voriges Beispiel der Interessenszuordnung. Hier haben wir zwar eine benutzerdefinierte Meldung mit PRINT ausgegeben, wenn die Zuordnung bereits zuvor einmal erfolgt ist. Wenn aber tatsächlich ein neuer Eintrag in die Tabelle *tblKundenInteressen* vorgenommen worden ist, haben wir außer der Standardmeldung, dass eine Zeile betroffen ist, keine Rückmeldung erhalten. Es wäre doch schön, wenn wir in diesem Fall eine positive Meldung in der Art „... das Interesse wurde erfolgreich dem Kunden zugewiesen ..." bekämen. Dies ist bisher aufgrund des einzeiligen Anweisungsblockes nicht möglich gewesen. Nun können wir das Beispiel erweitern.

```
DECLARE @kunde int
DECLARE @interesse char(3)

    SET @kunde = 136
    SET @interesse = 'HUG'

    IF ( SELECT COUNT(*) FROM tblKundenInteressen
        WHERE KdNr = @kunde AND IntCode = @interesse) = 1

        PRINT 'Zuordnung bereits vorhanden.'
    ELSE
    BEGIN

        INSERT INTO tblKundenInteressen
        VALUES (@kunde, @interesse)

        PRINT 'Interesse wurde zugewiesen.'
    END
```

Wird ein neuer Teilnehmer eingetragen, kommt es dann zu dieser Ergebnismeldung:

*Abbildung 5.6: Ergebnisanzeige nach Bedingungsprüfung*

## ELSEIF-Blöcke substituieren

Wie bereits erwähnt, sind die Kontrollstrukturen in Transact-SQL nicht allzu umfangreich mit verschiedenen Syntaxvarianten gesegnet. In der Praxis werden häufig mehrere Bedingungen hintereinander geprüft. Dafür wird in anderen Programmiersprachen der *ElseIF*-Block verwendet. Der Unterschied dieses Blockes zur Verwendung mehrerer IF-Blöcke hintereinander ist jener, dass bei mehreren IF-Blöcken alle geprüft werden, auch wenn eine der vorhergehenden Bedingungen erfüllt gewesen ist. Bei *ElseIF*-Blöcken wird jedoch nicht weiter geprüft, sobald eine Bedingung erfüllt ist.

Die Logik, die sich dahinter verbirgt, ist folgende:

```
Wenn-Bedingung 1

    Anweisungen

Sonst Wenn-Bedingung 2

    Anweisungen

Sonst Wenn-Bedingung 3

    Anweisungen

Somst

    Anweisungen
```

Ist Bedingung 1 erfüllt, werden die Bedingungen 2 und 3 nicht mehr geprüft.

Da Transact-SQL die ELSEIF-Anweisung nicht kennt, kann diese Form der Bedingungsprüfung nur durch die Verwendung geschachtelter IF-Anweisungen in der folgenden Syntax erzielt werden.

```
IF-Bedingung1

    Anweisung

ELSE

    IF-Bedingung2

        Anweisungen

    ELSE
```

```
IF-Bedingung 3

    Anweisungen

ELSE

    Anweisungen
```

Dabei muss mit jeder Alternativbedingung eine weitere Schachtelungsebene definiert werden. Achten Sie in der Praxis darauf, dass Sie Anweisungsblöcke, die aus mehreren Anweisungen bestehen, mit BEGIN/END umschließen müssen. Jedoch wird in diesem Fall ausnahmsweise auch eine gesamte IF-Anweisung als eine Anweisung betrachtet und muss daher nicht zwischen BEGIN/END gesetzt werden. Das erkennen Sie daran, dass nach der ersten ELSE-Anweisung in der vorherigen Darstellung kein BEGIN notwendig ist.

Das nachfolgende Beispiel zeigt, wie in Abhängigkeit vom aktuellen Tagesdatum festgestellt wird, ob zurzeit Vor-, Haupt- oder Nachsaison ist.

```
IF MONTH(GETDATE()) IN(1,2,3,4,5)

    PRINT 'Vorsaison'

ELSE

    IF MONTH(GETDATE()) IN(6,7,8,9)

        PRINT 'Hauptsaison'

    ELSE

        PRINT 'Nachsaison'
```

Ergebnis (zum Beispiel):

```
Nachsaison
```

 Achtung: Sobald in einem Anweisungsblock jedoch mehr als eine Anweisung vorkommt, muss der gesamte Block von BEGIN/END umschlossen werden. Dies gilt aber nicht für den übergeordneten Block, solange dieser nur den gesamten IF-Block und keine weitere Anweisung enthält.

Wird das Beispiel also um den Hinweis, dass in der Hauptsaison alles sehr teuer ist, erweitert, muss dieser innerhalb von BEGIN/END gesetzt werden. Sie sehen aber auch, dass für den übergeordneten ELSE-Block diese Notwendigkeit nicht besteht. Dies rührt daher, dass die nachfolgende IF-Anweisung als eine Einheit betrachtet wird.

```
IF MONTH(GETDATE()) IN(1,2,3,4,5)

    PRINT 'Vorsaison'

ELSE

    IF MONTH(GETDATE()) IN(6,7,8,9)
```

```
BEGIN

    PRINT 'Hauptsaison'

    PRINT 'Hier ist alles sehr teuer.'

END

ELSE

    PRINT 'Nachsaison'
```

Ergebnis (zum Beispiel):

```
Hauptsaison
Hier ist alles sehr teuer.
```

### IF mit mehreren Bedingungen

In einer IF-Anweisung können Sie mehrere Bedingungen beliebig miteinander – zum Beispiel mit AND und ODER verkettet – kombinieren. Die Bedingung muss in der Syntax der WHERE-Klausel einer normalen SQL-Anweisung (ohne das Schlüsselwort WHERE) entsprechen.

```
IF-Bedingung1 AND-Bedingung2 OR-Bedingung3

BEGIN

    Anweisungen

END
```

Achten Sie bei der Verwendung von mehreren Bedingungen darauf, dass analog zu einer WHERE-Klausel beim Auswerten der Gesamtbedingung das AND eine höhere Priorität hat als das OR.

Bei einem unserer vorhergehenden Beispiele, bei dem wir einem Kunden ein Interesse zugeordnet haben, haben wir geprüft, ob diese Zuordnung bereits zuvor erfolgt ist. Sollten wir nicht auch prüfen, ob der Kunde überhaupt noch „aktiv" ist?

Dazu müssen wir eine weitere Bedingung ergänzen. Wir lesen dazu in einer Unterabfrage den Status des gewählten Kunden aus. Ergibt dieser, dass der Kunde nicht aktiv ist, wird der Vorgang nicht fortgesetzt.

```
DECLARE @kunde int

DECLARE @interesse char(3)


    SET @kunde = 132

    SET @interesse = 'SPO'
```

```
IF (SELECT COUNT(*) FROM tblKundenInteressen
    WHERE KdNr = @kunde AND IntCode = @interesse) = 1
    OR (SELECT KdAktiv FROM tblKunden
        WHERE KdNr = @kunde) = 0

    PRINT 'Zuordnung bereits vorhanden oder Kunde nicht mehr
        aktiv.'

ELSE

BEGIN

    INSERT INTO tblKundenInteressen

    VALUES (@kunde, @interesse)

    PRINT 'Interesse wurde zugewiesen.'

END
```

Ergebnis (da die Kundin mit der Nr. 132 inaktiv ist):

```
Zuordnung bereits vorhanden oder Kunde nicht mehr aktiv.
```

 Werden mehrere Bedingungen in einer Anweisung angegeben, werden immer alle geprüft. Dies ist auch dann der Fall, wenn eine der vorangegangenen Bedingungen bereits nicht eingetroffen ist. Aus Performancegründen kann es daher bei bestimmten Bedingungen sinnvoll sein, diese stattdessen zu verschachteln, um unnötige weitere Prüfungen zu vermeiden.

Folgende Bedingung erfordert, dass zwei Datenzugriffe erfolgen, um die Bedingung zu prüfen. Das zweite SELECT wird aber auch dann ausgeführt, wenn das EXISTS bereits festgestellt hat, dass es nichts gibt. Das SELECT benötigt nun zusätzliche Zeit, die in diesem Fall umsonst investiert wird.

```
IF EXISTS(SELECT ...) AND (SELECT ...) = 1
BEGIN
    Anweisungen
END
```

Damit das SELECT nur dann ausgeführt wird, wenn es auch noch Sinn macht, muss man die Bedingung aufsplitten und ineinander schachteln.

```
IF EXISTS(SELECT ...)
    IF (SELECT ...) = 1
    BEGIN
        Anweisungen
    END
```

## CASE-Anweisung

Keine Kontrollstruktur im eigentlichen Sinn ist die CASE Anweisung. Sie soll hier nur erwähnt werden, weil sie sich in manchen Situationen als Alternative gut einsetzen lässt. Die CASE-Anweisung wird innerhalb einer Anweisungszeile eingesetzt. Der Logik nach entspricht sie der *Wenn()*-Funktion, die Sie vielleicht von Excel oder Access her kennen.

```
Wenn(Bedingung; Dann; Sonst)
```

Die CASE-Anweisung gibt es in zwei Syntaxvarianten:

In der einfacheren Syntax wird ein Ausdruck mit verschiedenen Ergebniswerten verglichen.

```
CASE Bedingungsausdruck
WHEN Vergleichsausdruck1 THEN Ergebnisausdruck1
WHEN Vergleichsausdruck2 THEN Ergebnisausdruck2
...
ELSE Sonstausdruck END
```

In der erweiterten Syntax – Microsoft spricht von der komplexen Syntax – können jeweils unterschiedliche Bedingungen geprüft werden.

```
CASE WHEN Bedingung1 THEN Ergebnisausdruck1
WHEN Bedingung1 THEN Ergebnisausdruck2
...
ELSE Sonstausdruck END
```

Bei beiden Syntaxvarianten kann der ELSE-Teil weggelassen werden. Wichtig ist, dass die Anweisung mit END beendet wird.

Den Unterschied zwischen den beiden Varianten sollen die nachfolgenden Beispiele verdeutlichen. Die Ziffer des Wochentages, der über die Funktion DATEPART() eruiert werden kann, soll in den Namen des Wochentages umgewandelt werden. Der Ausdruck wird einmal am Beginn ausgewertet und dann mit unterschiedlichen Werten verglichen. Die Vergleiche können bei der einfachen Variante ausschließlich auf Gleichheit erfolgen.

```
DECLARE @wotag varchar(10)

SET @wotag = CASE DATEPART(weekday, GETDATE())
            WHEN 1 THEN 'Montag'
            WHEN 2 THEN 'Dienstag'
            WHEN 3 THEN 'Mittwoch'
            WHEN 4 THEN 'Donnerstag'
            WHEN 5 THEN 'Freitag'
            WHEN 5 THEN 'Samstag'
            ELSE 'Sonntag'
            END

SELECT @wotag [Heute ist]
```

Ergebnis (zum Beispiel):

```
Heute ist
----------
Montag
(1 Zeile(n) betroffen)
```

Bei der komplexen Variante können beliebige Vergleichsoperatoren verwendet und auch ganz unterschiedliche Dinge überprüft werden.

```
DECLARE @typ varchar(10)

SET @typ = CASE WHEN DATEPART(weekday, GETDATE()) < 6
           THEN 'Arbeitstag'
           ELSE 'Wochenende' END

SELECT @typ "Heute ist"
```

Ergebnis (zum Beispiel):

```
Heute ist
----------
Arbeitstag
(1 Zeile(n) betroffen)
```

 CASE kann auch innerhalb einer SELECT-Anweisung verwendet werden, da sie einen Ausdruck liefert.

```
SELECT CASE PersGeschlecht WHEN 1 THEN 'Frau' ELSE 'Herr'
       END Anrede,
       PersVorname Vorname,
       PersNachname Nachname
FROM tblPersonal
```

Ergebnis:

```
Anrede Vorname                 Nachname
------ ----------------------- ---------------------------
Herr   Gernot                  Obermann
Herr   Martin                  Konstantin
Frau   Bernadette              Hille
Frau   Marion                  Hoier
Herr   Lorenz                  Meister
Frau   Anastasia               Ideenreich

...
(21 row(s) affected)
```

## WHILE-Schleifen

In Transact-SQL ist jene Schleifenvariante implementiert, bei der die Prüfung, ob die Schleife durchlaufen werden soll oder nicht, zu Beginn bei Schleifeneintritt erfolgt. Je nach Sichtweise kann man diese Bedingung als Abbruch- oder Fortsetzungsbedingung interpretieren. Ist die Bedingung erfüllt, wird die Schleife durchlaufen. Am Ende der Schleife erfolgt der Rücksprung an den Schleifenstart zur abermaligen Prüfung. Das Spiel wiederholt sich so lange, bis die Bedingung nicht mehr erfüllt ist. Dann wird mit jener Anweisung fortgesetzt, die auf die Schleife folgt.

```
WHILE bedingung
BEGIN
    Anweisungen
END
```

Da die Bedingung zu Beginn geprüft wird, ist es möglich, dass es zu keinem einzigen Schleifendurchlauf kommt. Die Variante, dass die Bedingung am Schleifenende geprüft wird und damit ein Schleifendurchlauf garantiert ist, ist in Transact-SQL nicht implementiert.

Als Bedingung kommt jeder Ausdruck in Frage, der entweder als wahr oder als falsch ausgewertet wird.

 Achten Sie darauf, dass die Abbruchbedingung irgendwann auch eintreten kann, sonst erzeugen Sie eine so genannte Endlosschleife.

WHILE-Schleifen werden oft im Zusammenhang mit Cursorn verwendet. Cursor können mehrere Datensätze zur Bearbeitung zur Verfügung stellen. Sie finden deshalb ein ausführliches Beispiel dazu im nächsten Abschnitt.

## FOR-Schleifen mit WHILE simulieren

In Transact-SQL sind *FOR-NEXT*-Schleifen, wie wir sie von anderen Programmiersprachen her vielleicht kennen, nicht enthalten. Oft wird aber eine solche Funktionalität benötigt. Dann kann man diese mit einer WHILE-Schleife simulieren. Dazu wird eine Zählervariable benötigt, die vor dem Start der Schleife auf den Startwert gesetzt wird. Als Abbruchbedingung für die Schleife wird definiert, dass der Zähler kleiner oder gleich dem gewünschten Endwert ist. Am Ende des Anweisungsblocks wird der Zähler um den Wert der Schrittweite erhöht. Vergessen Sie das nicht, sonst haben Sie eine Endlosschleife programmiert!

Das nachfolgende Beispiel entspricht einer *FOR-NEXT*-Schleife, die mit der Schrittweite 1 von 1 bis 10 läuft.

```
DECLARE @zaehler
    SET @zaehler = 1
    WHILE @zaehler <= 10
    BEGIN
        ... (Anweisungen)
        SET @zaehler = @zaehler + 1
    END
```

## 5.1.4 Cursor für Datenzugriffe einsetzen

Cursor sind ein wichtiges Element innerhalb der Transact-SQL-Programmierung. Sie bieten die Möglichkeit, mehrere Zeilen eines Auswahlergebnisses zu verarbeiten. Über einen Cursor hat man eine definierte Menge von Zeilen im Zugriff, innerhalb derer man sich vorwärts und rückwärts bewegen kann. Den jeweils aktuellen Datensatz kann man für bestimmte Operationen verwenden. So eignet sich ein Cursor hervorragend, wenn eine bestimmte Aktion in gleicher Art und Weise auf mehrere Datensätze hintereinander angewandt werden soll. Diese Technik ist Ihnen vielleicht aus der Programmierung mit einer höheren Programmiersprache bekannt.

Dennoch sollten Sie Cursor immer nur dann verwenden, wenn dies für den Programmablauf wirklich von Vorteil ist und die Programmierung dadurch vereinfacht wird. Zum Beispiel, wenn Sie eine gespeicherte Prozedur für jede Zeile einer Ergebnismenge aufrufen müssen. Der Grund dafür liegt darin, dass Cursor aus Performance-Sicht nicht unbedingt die beste Lösung sind. Das bedeutet nun nicht, dass Sie keine Cursor verwenden sollen. Setzen Sie diese nur dort ein, wo es sinnvoll ist. Typischerweise reißen Cursor mit bis zu 100 Datensätzen die Performance nicht in den Keller.

Cursor können außerdem dann eingesetzt werden, wenn große Datenmengen in Batchläufen manipuliert werden sollen und die dafür benötigte Zeit eine untergeordnete Rolle spielt. Der Vorteil einer solchen Vorgangsweise liegt darin, dass einerseits nicht die Gefahr besteht, dass das Transaktionslog überläuft, und andererseits eine Sperre der gesamten Tabelle verhindert werden kann. Warum? Wenn Sie beispielsweise mit einer UPDATE-Anweisung eine große Tabelle manipulieren, wird – nachdem der Server immer versucht, eine für die Operation optimale Sperrmethode anzuwenden – die gesamte Tabelle für alle anderen Prozesse gesperrt. Nachdem die gesamte Operation durch eine Anweisung realisiert wird, werden alle geänderten Daten zugleich im Transaktionslog gespeichert, um im Anlassfall zurückgerollt werden zu können. Ist dieses nicht groß genug, kann die Operation nicht erfolgreich ausgeführt werden. Erfolgt die Datenmanipulation über einen Cursor, werden immer nur wenige Daten gesperrt und stehen dann auch wieder anderen Prozessen zur Bearbeitung zur Verfügung. Außerdem kann, während der Batchjob noch läuft, das Transaktionslog abgeschnitten werden.

## Cursor definieren

Bevor ein Cursor geöffnet werden kann, muss er deklariert werden. Dies geschieht mit der Anweisung DECLARE, die wir schon von der Deklaration lokaler Variablen her kennen. DECLARE CURSOR wird immer gefolgt von einer SELECT-Anweisung, welche die Daten, die im Cursor enthalten sein sollen, auswählt.

Der SQL Server unterstützt zwei Syntaxvarianten der Cursordefinition:

▸ SQL 92-Syntax

▸ Erweiterte Transact-SQL-Syntax

Die SQL 92-Syntax folgt dem ANSI-Standard. Sie lautet für die Deklaration eines Cursors:

```
DECLARE cursor_name [INSENSITIVE] [SCROLL] CURSOR

FOR select_anweisung

FOR READ ONLY | FOR UPDATE [OF spalten_namen]
```

Als Name für den Cursor ist jeder Name gültig, der den allgemeinen Namensregeln entspricht, also beispielsweise mit einem Buchstaben beginnt.

Wird ein Cursor mit dem Schlüsselwort INSENSITIVE deklariert, hat dies zwei Auswirkungen:

1. Der Cursor spiegelt keine Änderungen an den zugrunde liegenden Daten wider, die durch andere Benutzer beziehungsweise Prozesse vorgenommen werden.

2. Da ein insensitiver Cursor eine temporäre Kopie der enthaltenen Daten verwendet, ist er schreibgeschützt. und es können keine Änderungen an den zugrunde liegenden Daten vorgenommen werden.

Bei Cursorn, die viele Datensätze enthalten, kann es zu Performanceeinbußen kommen, wenn eine temporäre Kopie einer großen Datenmenge erzeugt werden muss. Andererseits ist ein Performancevorteil bei kleinen Datenmengen gegeben, da keine Sperrmechanismen für diese Datensätze benötigt werden.

Unter gewissen Umständen wird ein Cursor automatisch als insensitiv angelegt, auch wenn das Schlüsselwort INSENSITIV nicht verwendet wird. Es sind dieselben Anweisungen innerhalb eines SELECT, die bei einer View verhindern, dass DML-Anweisungen auf sie ausgeführt werden:

▸ In der SELECT-Anweisung kommt eines der Schlüsselwörter DISTINCT, UNION oder GROUP BY vor.

▸ Zumindest eine der zugrunde liegenden Tabellen enthält keinen eindeutigen Index.

▸ Es wird ein OUTER JOIN verwendet.

▸ In der SELECT-Klausel kommt ein berechneter Ausdruck vor.

Das Schlüsselwort SCROLL verwenden Sie, wenn Sie sich innerhalb des Cursors in alle Richtungen oder sprunghaft bewegen möchten.

Die angegebene SELECT-Anweisung liefert die Daten für den Cursor. Die Verwendung der Schlüsselwörter COMPUTE, FOR BROWSE und INTO ist hierbei jedoch ausgeschlossen.

Wenn Sie Daten im Cursor nicht ändern möchten, verwenden Sie die Option READ ONLY. Solange Sie den Cursor nicht als insensitiv deklarieren, bekommen Sie auf diese Art und Weise von anderen Benutzern vorgenommene Änderungen an den zugrunde liegenden Daten mit, Sie können die Daten über den Cursor jedoch keinesfalls ändern.

Wenn Spalten über den Cursor geändert werden sollen, verwenden Sie die UPDATE-Option. Wird diese ohne weitere Angabe von Spalten verwendet, können über den Cursor alle enthaltenen Spalten bearbeitet werden. Wenn nur bestimmte Spalten geändert werden müssen, geben Sie diese über die Verwendung von UPDATE OF in Kombination mit einer Aufzählung der veränderbaren Spalten an.

Auch wenn es nicht unbedingt notwendig ist, die veränderbaren Spalten anzugeben, sollten Sie es dennoch tun. Der Grund liegt darin, dass Sie Ihren Programmcode auf jeden Fall übersichtlicher und besser lesbar machen. Außerdem werden jene Spalten, die nicht in der FOR UPDATE OF-Auflistung vorkommen, vor unabsichtlichen Änderungen geschützt.

Die erweiterte Transact-SQL-Syntax bietet zusätzliche Möglichkeiten. Die Syntax lautet:

```
DECLARE cursor_name CURSOR
[ LOCAL | GLOBAL ]
[ FORWARD_ONLY | SCROLL ]
[ STATIC | KEYSET | DYNAMIC | FAST_FORWARD ]
[ READ_ONLY | SCROLL_LOCKS | OPTIMISTIC ]
[ TYPE_WARNING ]
FOR select_statement
[ FOR UPDATE [ OF column_name [ ,...n ] ] ]
```

Ein als LOCAL definierter Cursor ist nur in jener Prozedur gültig, in der er erzeugt worden ist. Hingegen ist ein als GLOBAL definierter Cursor so wie ein nach der SQL 92-Syntax definierter Cursor immer global. Das heißt, auch andere Prozeduren können auf ihn zugreifen, und er bleibt erhalten, wenn er am Prozedurende nicht deallokiert wird.

Wird die Option FORWARD_ONLY verwendet, kann der Cursor nur einmal von Anfang bis Ende durchlaufen werden. Andere Bewegungen als zur jeweils nächsten Zeile innerhalb des Cursors sind nicht möglich. SCROLL hingegen lässt auch andere Bewegungen zu.

Die Daten eines mit STATIC deklarierten Cursors werden als Kopie in eine temporäre Tabelle gespeichert. Daher lässt der Cursor auch keine Änderungen an den Daten zu. Bei der Option KEYSET hingegen werden nur die Schlüsselwerte der ausgewählten Daten temporär kopiert. Das bewirkt, dass Änderungen anderer Benutzer im Cursor sichtbar werden, da die Daten immer direkt aus der Tabelle abgerufen werden. Da die Schlüssel aber kopiert sind, können keine von anderen Benutzern neu angelegten Datensätze über den Cursor angezeigt werden. Der Inhalt eines mit der Option DYNAMIC definierten Cursors hingegen kann sich bei jedem Abruf einer Zeile ändern, da immer direkt auf die Daten und nicht eine Kopie zugegriffen wird. Deshalb sind auch Änderungen und Neueinfügungen anderer Benutzer im Cursor sichtbar. FAST_FORWARD optimiert die Leistung, kann aber nicht in Kombination mit SCROLL oder FOR UPDATE verwendet werden.

Auch kann es nicht mit FORWARD_ONLY gemeinsam angegeben werden. Verwenden Sie immer nur eine der beiden Varianten.

Mit READ_ONLY wird ein Cursor explizit auf schreibgeschützt gesetzt. Dies ist zum Beispiel notwendig, wenn Sie KEYSET verwenden, um die Änderungen anderer Benutzer zu sehen, aber selber keine Änderungen zulassen möchten. Verwenden Sie SCROLL_LOCKS, um beim Öffnen des Cursors bereits alle Datensätze zu sperren, um sicherzugehen, dass keine andere Transaktion Ihnen zuvorkommen kann. OPTIMISTIC bewirkt, dass die Aktualisierung einer Zeile über den Cursor fehlschlägt, wenn diese zeitlich nach dem Öffnen des Cursors noch von einem anderen Benutzer geändert worden ist.

## Cursor öffnen

Auf einen deklarierten Cursor kann erst zugegriffen werden, wenn er auch geöffnet worden ist. Dies geschieht mit der OPEN-Anweisung.

```
OPEN cursor_name
```

Erst beim Öffnen eines Cursors erfolgt der eigentliche Zugriff auf die zugrunde liegenden Daten. Wird ein insensitiver Cursor geöffnet, wird zu diesem Zeitpunkt die temporäre Tabelle erstellt. Bei allen anderen Cursortypen werden Temporärdaten mit den Schlüsselinformationen der ausgewählten Zeilen angelegt. Beachten Sie, dass bei großen Datenmengen dieser Vorgang viel Zeit in Anspruch nehmen kann.

Die Anzahl der abgerufenen Zeilen kann bei einem insensitiven Cursor über die globale Variable @@CURSOR_ROWS abgerufen werden. Bei sensitiven Cursorn hängt das Ergebnis davon ab, ob bereits alle Daten abgerufen worden sind.

## Zeilen aus einem Cursor abrufen

Daten werden aus einem Cursor über die Anweisung FETCH abgerufen. Dies geschieht Zeile für Zeile, wobei der Inhalt der abgerufenen Zeilen in lokalen Variablen gespeichert wird. Typischerweise wird aus einem Cursor mit der ersten Zeile beginnend eine nach der anderen bis zur letzten abgerufen.

Die allgemeine Syntax für das Abrufen von Cursorzeilen lautet:

```
FETCH [ NEXT | PRIOIR | FIRST | LAST | ABSOLUTE n | RELATIVE n ]
FROM cursor_name
[ INTO @locale_variable1, @locale_variable2, @locale_variable3, ... ]
```

Die am häufigsten verwendete Variante ist FETCH NEXT, um die jeweils nächste Zeile aus dem Cursor abzurufen. Wird FETCH NEXT das erste Mal verwendet, um eine Zeile abzurufen, wird die erste Zeile zurückgegeben. Da NEXT die Standardvariante ist, um Daten aus einem Cursor abzurufen, wird sie auch verwendet, wenn keine Option angegeben ist.

Um eine der nachfolgenden FETCH-Optionen verwenden zu können, muss der Cursor mit der Option SCROLL definiert werden:

▶ PRIOR: Wird verwendet, um die vorherige Zeile aus dem Rowset abzurufen.

▶ FIRST: Liest die erste Zeile des Cursors aus.

▶ LAST: Bietet die Möglichkeit, die letzte Zeile des Cursors abzurufen.

▷ ABSOLUTE n: Mit dieser Option kann eine spezifische Zeile aus dem Cursor abgerufen werden, indem die absolute Zeilenposition angegeben wird. Beispielsweise wird mit FETCH ABSOLUTE 8 die achte Zeile des Cursors abgerufen. Verwenden Sie eine negative Zahl, wird die absolute Zeile von hinten beginnend ausgewählt. So liefert FETCH ABSOLUTE -3 die drittletzte Zeile.

▷ RELATIVE n: Ebenso wie mit ABSOLUTE können Sie mit RELATIVE eine Zeile über deren Position abrufen, wobei die zurückgelieferte Zeile von der momentanen Position im Cursor abhängt. Ist n eine positive Zahl, wird die n-te Zeile vorwärts, bei einer negativen Zahl die n-te Zeile rückwärts ausgelesen.

Ist die absolute oder relative Position im Cursor nicht vorhanden, bleibt der zuletzt abgerufene Zeilenwert in der zugewiesenen lokalen Variablen bestehen. Wird beispielsweise zuerst die erste Zeile und danach eine relative Zeilenposition abgerufen, welche die Anzahl der Zeilen im Cursor übersteigt, sind nach wie vor die Werte der ersten Zeile – und nicht jene der letzten Zeile, wie man vermuten könnte – in den lokalen Variablen zu finden.

Damit auf die Inhalte der abgerufenen Zeile zugegriffen werden kann, wird der Inhalt in lokalen Variablen gespeichert. Bei der FETCH-Anweisung werden die Variablen, welche die Daten aufnehmen sollen, über die Option INTO angegeben. Zu beachten ist dabei, dass die Datentypen jener Variablen, in welche die Cursorwerte geschrieben werden sollen, mit den Datentypen der dem Cursor zugewiesenen Tabellenspalten übereinstimmen. Außerdem ist entscheidend, dass die Anzahl und Reihenfolge der Variablen mit den in der SELECT-Klausel des Cursors angeführten Spalten übereinstimmen.

Es soll beispielsweise ein Cursor mit dem Namen *kunden_cursor* erstellt werden, um alle aktiven Kunden abzurufen. Die Variablen *@kdnr* und *@nachname* werden deklariert, um die Inhalte der jeweils abgerufenen Cursorzeile aufzunehmen. Nachdem der Cursor – in diesem Fall als statischer Cursor – deklariert worden ist, wird er mit der OPEN-Anweisung geöffnet. FETCH NEXT ruft den ersten Satz ab und speichert die Daten in den Variablen *@kdnr* und *@nachname*.

```
DECLARE @kdnr int

DECLARE @nachname varchar(50)


DECLARE kunden_cursor CURSOR LOCAL STATIC
FOR
    SELECT KdNr, KdNachname
    FROM tblKunden
    WHERE KdAktiv = 1


OPEN kunden_cursor

FETCH NEXT FROM kunden_cursor INTO @kdnr, @nachname
```

Was ist, wenn der Cursor keine Daten enthält? In diesem Fall enthalten die Variablen *@kdnr* und *@nachname* ihren alten Wert, im Beispielsfall den Wert null, da ja noch keine andere Zuweisung erfolgt ist. Dass die lokalen Variablen null enthalten, ist aber noch kein zwingender Hinweis darauf, dass der FETCH-Vorgang nicht erfolgreich gewesen ist, weil keine Zeile abgerufen werden konnte. FETCH erzeugt keinen Fehler, wenn keine Daten vorhanden sind oder das Ende der Datensatzgruppe erreicht ist. Es liefert schlicht keine Daten.

Woran kann man nun erkennen, dass der FETCH-Vorgang nicht erfolgreich gewesen ist?

Erinnern wir uns daran, dass der SQL Server wichtige Informationen über globale Variablen zur Verfügung stellt. Der SQL Server stellt uns den Status des letzten FETCH-Vorgangs über die Variable @@FETCH_STATUS zur Verfügung. Lesen Sie diese globale Variable aus, um entsprechend reagieren zu können.

Die Variable @@fetch_status kann folgende Werte haben:

| Wert | Beschreibung |
|------|--------------|
| 0 | Der FETCH-Vorgang ist erfolgreich gewesen. |
| -1 | Die gewünschte Zeile konnte nicht abgerufen werden, weil zum Beispiel das Ende der Datensatzgruppe erreicht ist oder der Cursor keine Daten enthält. |
| -2 | Nachdem der Cursor geöffnet worden ist, ist die abgerufene Spalte gelöscht oder deren Schlüssel geändert worden. Dies kann nur bei einem sensitiven Cursor vorkommen. |

*Tabelle 5.2: Ergebniswerte für @@fetch_status*

Lesen Sie den Wert der Variablen @@FETCH_STATUS nach jedem FETCH-Vorgang aus, um festzustellen, ob er erfolgreich gewesen ist. Erst danach sollten Sie mit den FETCH-Ergebnissen Ihren Programmablauf fortsetzen.

In der Praxis wird meist nach dem ersten Abrufen einer Zeile eine WHILE-Schleife begonnen, die so lange durchlaufen wird, bis eine gültige Zeile abgerufen werden konnte. Mit anderen Worten, bis FETCH den Status 0 liefert. Innerhalb der Schleife können beliebig viele Codezeilen enthalten sein, am Ende muss erneut eine Zeile abgerufen werden. Da durch das Abrufen einer Zeile immer mehr als eine Codezeile innerhalb der WHILE-Schleife enthalten sind, müssen diese unbedingt zwischen BEGIN und END gesetzt werden.

```
WHILE @@fetch_status = 0
BEGIN
    ...
    FETCH NEXT FROM kunden_cursor INTO @kdnr, @nachname
END
```

Vergessen Sie auf keinen Fall, am Ende der Schleife einen neue Zeile abzurufen, da sich der Inhalt der globalen Variablen @@FETCH_STATUS sonst nicht ändert und Sie eine so genannte Endlosschleife erzeugt haben. Diese wird einmal betreten und nie mehr verlassen, weil die Abbruchbedingung nicht eintreten kann.

### Cursor schließen

Wird ein Cursor nicht mehr benötigt, schließen Sie ihn mit der Anweisung CLOSE wieder. Diese ist das Gegenstück zur OPEN-Anweisung. Die Zeilen werden freigegeben, und es kann auf den Cursor nicht mehr zugegriffen werden. Er kann aber jederzeit mit der OPEN-Anweisung wieder geöffnet werden. Wird der Cursor überhaupt nicht mehr benötigt, löschen Sie ihn mit der Anweisung DEALLOCATE gefolgt vom Cursornamen. Diese Anweisung ist das Gegenstück zur DECLARE CURSOR-Anweisung.

```
CLOSE kunden_cursor

DEALLOCATE kunden_cursor
```

 Solange Sie einen globalen oder in der ANSI-Syntax deklarierten Cursor nicht deallokieren, erhalten Sie einen Fehler, wenn ein Cursor mit demselben Namen erneut erstellt wird. Um diesen Fehler zu beheben, führen Sie nachträglich die Anweisung

```
DEALLOCATE cursor_name
```

aus. Wird die Server-Session beendet, werden alle innerhalb dieser Session erzeugten Cursor gelöscht.

 Beispiele für den Cursor-Einsatz finden Sie im nächsten Kapitel!

# 5.2   Transaktionen gezielt steuern

Transaktionen sind Vorgänge, die nach dem Prinzip *alles oder nichts* ablaufen. Jeder Vorgang – egal aus wie vielen Einzelschritten er besteht – kann in Transaktionen eingebettet werden.

Kann ein einziger Schritt der Verarbeitung nicht erfolgreich abgeschlossen werden, werden alle bisherigen Datenänderungen ebenfalls verworfen. Das heißt, der Zustand der Daten spiegelt den Stand vor dem Start der Transaktion wider. Werden alle Verarbeitungsschritte erfolgreich beendet, können die Änderungen festgeschrieben oder zurückgerollt werden.

Das klassische Beispiel für eine Transaktion ist eine Banküberweisung, die aus zwei Arbeitsschritten besteht. Im ersten Schritt wird der Betrag vom Konto des Auftraggebers abgebucht. Den zweiten Schritt stellt die Zubuchung des Überweisungsbetrages auf das Konto des Empfängers dar. (Böse Zungen behaupten, diese Transaktion besteht aus drei Schritten: Vor der Zubuchung auf dem Zielkonto erfolgt die Zwischenlagerung des Geldes bei der jeweiligen Bank für einige Tage.) Tritt beispielsweise nach der Abbuchung des Betrages ein Fehler auf, bevor die Zubuchung auf dem Zielkonto erfolgen kann, muss die Abbuchung rückgängig gemacht werden, um einen inkonsistenten Zustand zu vermeiden. Man bezeichnet diesen Vorgang als *Rollback* (Zurückrollen) der Transaktion. Konnte die Zubuchung jedoch erfolgreich vorgenommen werden, sollen alle in der Transaktion vorgenommenen Änderungen festgeschrieben werden. Dies wird als *Commit* bezeichnet.

Während eine Transaktion aktiv ist, können die von der Transaktion geänderten Daten von anderen Benutzern nicht geändert werden. Erst wenn die Transaktion abgeschlossen ist, können die betroffenen Daten wieder durch andere Prozesse manipuliert werden.

Transaktionen sollten daher so kurz wie möglich gehalten und so schnell wie möglich abgeschlossen werden, um zu verhindern, dass zu viele Datenzeilen blockiert sind.

Der SQL Server unterscheidet zwischen

- impliziter Transaktionsverarbeitung und
- expliziter Transaktionsverarbeitung.

Implizite Transaktionen werden vom Server selbstständig gestartet und abgeschlossen. Explizite Transaktionen werden durch den Benutzer beziehungsweise im Programmcode gestartet und beendet.

## 5.2.1 Implizite Transaktionen

Implizite Transaktionen werden immer automatisch verwendet, wenn keine Transaktion explizit gestartet wird.

Sie werden bei jedem einzelnen Befehl gestartet und nach dessen Verarbeitung abgeschlossen. Das heißt, Änderungen werden bei erfolgreicher Verarbeitung einer DML-Anweisung sofort festgeschrieben.

Einmal festgeschriebene Änderungen können nicht mehr rückgängig gemacht werden. Dies gilt insbesondere für alle DML-Anweisungen, die in keiner expliziten Transaktion eingebunden sind. Dessen sollten Sie sich bei der Eingabe jeder Anweisung bewusst sein.

Implizite Transaktionen werden automatisch zurückgerollt, wenn die Anweisung nicht erfolgreich abgeschlossen wird. Dies bedeutet, dass Änderungen an Datensätzen, die bereits durchgeführt worden sind, rückgängig gemacht werden, wenn die Anweisung bei nur einem Datensatz einen Fehler erzeugt.

Mit nachfolgender Anweisung sollen alle Kunden aus der Tabelle *tblKunden* gelöscht werden, die inaktiv sind.

```
DELETE FROM tblKunden WHERE KdAktiv = 0
```

Wird die Anweisung abgesetzt, werden der Reihe nach alle betroffenen Datensätze gelöscht. Kann jedoch einer dieser Datensätze beispielsweise aufgrund von referenziellen Integritäten nicht gelöscht werden, wird eine Fehlermeldung ausgegeben:

```
Meldung 547, Ebene 16, Status 0, Zeile 1
```

```
Die DELETE-Anweisung steht in Konflikt mit der REFERENCE-Einschränkung
"FK_tblKundenInteressen_tblKunden". Der Konflikt trat in der "WAWI"-
Datenbank, Tabelle "dbo.tblKundenInteressen", column 'KdNr' auf.
```

```
Die Anweisung wurde beendet.
```

Da die Anweisung aufgrund der impliziten Transaktion zurückgerollt wird, sind auch die bisher durch die Anweisung gelöschten Kunden wieder da. Ein Zurückrollen von Befehlen bedeutet nicht nur, dass die Änderungen vorangegangener Anweisungen rückgängig gemacht werden, sondern auch alle Änderungen, die durch den Befehl, der den Fehler ausgelöst hat, bereits vorgenommen worden sind.

## 5.2.2 Explizite Transaktionen

Explizite Transaktionen werden vom Benutzer gestartet und immer dann benötigt, wenn eine Transaktion aus mehr als einer Anweisung bestehen soll.

Transaktionen werden mit der Anweisung BEGIN TRANSACTION eingeleitet. Alle danach durchgeführten DML-Anweisungen sind Teil dieser Transaktion, solange bis diese abgeschlossen wird. Genauso wie bei einer impliziten Transaktion wird diese entweder zurückgerollt oder festgeschrieben. Eine explizite Transaktion wird mit COMMIT TRANSACTION festgeschrieben. Ab diesem Zeitpunkt kann keine der in der Transaktion enthaltenen Änderungen mehr rückgängig gemacht werden. Das Schlüsselwort TRANSACTION kann bei der Eingabe mit TRAN abgekürzt werden.

Sie erkennen das System von Transaktionen am besten, wenn Sie das nachfolgende Beispiel nachvollziehen. Um eine einfache Nachvollziehbarkeit zu gewährleisten, haben wir die Tabelle *tblTestpersonal* angelegt, die ein Ausschnitt der Tabelle *tblPersonal* ist, aber lediglich die ersten zehn Mitarbeiter derselben enthält und aus den Feldern *Nr*, *Nachname*, *Abtlg* sowie *Eintritt* besteht.

```
Nr   Nachname      Abtlg Eintritt
---- ------------- ----- -------------------
101  Obermann      GL    2001-01-02 08:00:00
115  Konstantin    GL    1994-10-01 08:00:00
182  Hille         GL    1988-08-01 08:00:00
238  Hoier         EK    2000-04-01 08:00:00
285  Meister       EK    1998-01-02 08:00:00
332  Ideenreich    MA    1997-02-01 08:00:00
387  Mörtl         MA    1997-10-01 08:00:00
452  Kossegg       EK    1998-05-01 08:00:00
455  Pullmeier     FB    1999-02-15 08:00:00
602  Jurasek       VK    2000-11-01 08:00:00

(10 Zeile(n) betroffen)
```

Kontrollieren Sie den Inhalt der Tabelle *tblTestpersonal*:

```
SELECT * FROM tblTestpersonal
```

Als Ergebnis sollten Sie die oben angeführten zehn Datensätze erhalten. Ändern Sie, ohne zuvor eine Transaktion zu starten, den Nachnamen des Mitarbeiters mit der Nummer 101 auf Untermann.

```
UPDATE tblTestpersonal
SET Nachname = 'Untermann'
WHERE Nr = 101
```

Überprüfen Sie mit nachfolgender SQL-Anweisung, ob die Änderung in den Daten angezeigt wird.

```
SELECT * FROM tblTestpersonal WHERE Nr = 101
```

Sie sollten nachfolgendes Ergebnis erhalten:

```
Nr   Nachname      Abtlg Eintritt
---- ------------- ----- -------------------
101  Untermann     GL    2001-01-02 08:00:00

(1 Zeile(n) betroffen)
```

Nachdem wir keine explizite Transaktion gestartet haben, ist diese Änderung sofort festgeschrieben worden und kann nicht mehr rückgängig gemacht werden. Versuchen Sie es dennoch, indem Sie die Anweisung

```
ROLLBACK TRAN
```

eingeben, erhalten Sie die (erwartete) Fehlermeldung, dass keine Transaktion gestartet worden ist.

```
Meldung 3903, Ebene 16, Status 1, Zeile 1

Die ROLLBACK TRANSACTION-Anforderung hat keine entsprechende BEGIN
TRANSACTION-Anweisung.
```

Nun verwenden wir eine explizite Transaktion, um die Änderung auch rückgängig machen zu können. Wir starten eine explizite Transaktion mit der Anweisung

```
BEGIN TRANSACTION
```

Danach löschen Sie alle Mitarbeiter der Abteilungen Marketing und Einkauf.

```
DELETE FROM tblTestpersonal
WHERE Abtlg IN('MA', 'EK')
```

Außerdem fügen Sie einen neuen Mitarbeiter in die Tabelle ein:

```
INSERT INTO tblTestpersonal
VALUES(700, 'Deutschmann', 'MA', GETDATE())
```

Betrachten Sie die vorgenommenen Änderungen, indem Sie den gesamten Inhalt der Tabelle anzeigen:

```
SELECT * FROM tblTestpersonal ORDER BY 1
```

```
Nr    Nachname      Abtlg Eintritt
----  ------------  ----- -------------------
101   Untermann     GL    2001-01-02 08:00:00
115   Konstantin    GL    1994-10-01 08:00:00
182   Hille         GL    1988-08-01 08:00:00
455   Pullmeier     FB    1999-02-15 08:00:00
602   Jurasek       VK    2000-11-01 08:00:00
700   Deutschmann   MA    2005-12-08 16:48:00

(6 Zeile(n) betroffen)
```

Fünf Zeilen sind gelöscht und die letzte Zeile neu eingefügt worden. Noch ist diese Transaktion nicht abgeschlossen, daher sind diese Änderungen für andere Benutzer nicht sichtbar. Rollen wir nun zunächst unsere Änderungen zurück.

```
ROLLBACK TRANSACTION
```

Nun werden alle Änderungen zurückgerollt, und die Tabelle enthält wieder dieselben Daten wie zu Beginn.

```
SELECT * FROM tblTestpersonal ORDER BY 1
```

```
Nr    Nachname      Abtlg Eintritt
----  ------------  ----- -------------------
101   Obermann      GL    2001-01-02 08:00:00
115   Konstantin    GL    1994-10-01 08:00:00
182   Hille         GL    1988-08-01 08:00:00
238   Hoier         EK    2000-04-01 08:00:00
285   Meister       EK    1998-01-02 08:00:00
332   Ideenreich    MA    1997-02-01 08:00:00
387   Mörtl         MA    1997-10-01 08:00:00
452   Kossegg       EK    1998-05-01 08:00:00
455   Pullmeier     FB    1999-02-15 08:00:00
602   Jurasek       VK    2000-11-01 08:00:00

(10 Zeile(n) betroffen)
```

Starten Sie eine neue Transaktion, und löschen Sie nun alle Mitarbeiter, die der Abteilung Geschäftsleitung angehören.

```
BEGIN TRANSACTION

DELETE FROM tblTestpersonal
WHERE Abtlg = 'GL'
```

Als zweiten Schritt fügen Sie wieder den Artikel ein, dessen Einfügen Sie vorhin durch das ROLLBACK rückgängig gemacht haben.

```
INSERT INTO tblTestpersonal
VALUES(700, 'Deutschmann', 'MA', GETDATE())
```

Diesmal sollen die Änderungen festgeschrieben werden. Dies erreichen Sie mit der Anweisung

```
COMMIT TRANSACTION
```

Betrachten Sie nun die geänderte Tabelle:

```
Nr    Nachname       Abtlg  Eintritt
----  ------------   -----  -------------------
238   Hoier          EK     2000-04-01 08:00:00
285   Meister        EK     1998-01-02 08:00:00
332   Ideenreich     MA     1997-02-01 08:00:00
387   Mörtl          MA     1997-10-01 08:00:00
452   Kossegg        EK     1998-05-01 08:00:00
455   Pullmeier      FB     1999-02-15 08:00:00
602   Jurasek        VK     2000-11-01 08:00:00
700   Deutschmann    MA     2005-12-11 17:12:00

(8 Zeile(n) betroffen)
```

Die letzten Änderungen sind jetzt festgeschrieben und können nicht mehr rückgängig gemacht werden. Des Weiteren können diese Änderungen nun von allen Benutzern gesehen werden.

Alle Anweisungen einer Transaktion, egal wie viele es sind, in wie vielen verschiedenen Tabellen sie vorgenommen werden und wie lange sie dauern, werden entweder gemeinsam festgeschrieben oder rückgängig gemacht.

Manchmal kann es notwendig sein, dass nur ein Teil einer Transaktion rückgängig gemacht wird. Wenn Sie zum Beispiel bemerken, dass Ihnen beim x-ten Befehl ein Fehler unterlaufen ist, und Sie möchten die Änderungen, die dieser Befehl vorgenommen hat, zurückrollen. Sie möchten aber nicht, dass alle anderen bisherigen Änderungen auch zurückgerollt werden und Sie mit der gesamten Arbeit von vorn beginnen müssen. Um dies zu vermeiden, können Sie innerhalb einer Anweisung beliebig viele so genannte *Savepoints* setzen. Sie haben dann die Möglichkeit, immer nur bis zu einem bestimmten Savepoint zurückzurollen, und müssen nicht alles rückgängig machen.

Um einen Savepoint zu setzen, verwenden Sie die Anweisung:

```
SAVE TRAN savepointname
```

Sie können den Namen für den Savepoint frei vergeben. Sinnvollerweise setzten Sie einen Savepoint, wenn die Transaktion einerseits schon aus erfolgreich abgeschlossenen Anweisungen besteht, andererseits aber noch einige Anweisungen abgearbeitet werden müssen, bevor die gesamte Transaktion abgeschlossen werden kann. Sie können der nachfolgenden Abbildung entnehmen, wie ein Savepoint eingesetzt wird. Zwischen verschiedenen DML-Anweisungen setzen Sie einen Savepoint mit einem Namen. Sie können bis zu einem Savepoint zurückrollen, indem Sie im Anschluss an die Rollback-Anweisung den Namen des Savepoints eingeben.

```
ROLLBACK TRAN savepointname
```

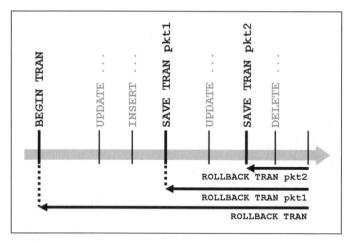

*Abbildung 5.7: Rollback zu einem Savepoint*

Wird bis zu einem Savepoint zurückgerollt, werden nicht nur alle Änderungen bis zu diesem Punkt rückgängig gemacht, sondern auch alle gegebenenfalls dazwischen liegenden Savepoints. Im Beispiel der obigen Grafik würde die Anweisung ROLLBACK TRAN pkt1 den Savepoint pkt2 löschen.

Ein Savepoint kann nur zum Zurückrollen verwendet werden. Es gibt keine Möglichkeit, bis zu einem Savepoint zu kommittieren oder wieder vorzurollen.

 Beim Zurückrollen bis zu einem Savepoint wird auch der Savepoint selbst gelöscht. Sie müssen daher an dieser Stelle einen neuen Savepoint setzen, um später eventuell nochmals an dieselbe Stelle zurückrollen zu können.

## 5.2.3 Benannte Transaktionen

Sie können Transaktionen auch benennen, um den Programmcode besser lesbar zu machen. Dazu müssen Sie lediglich den einzelnen Kommandos einen Namen nachstellen. Die Verwendung von Namen verbessert die Lesbarkeit Ihres Programmcodes, hat aber sonst keinerlei Auswirkungen.

```
BEGIN TRAN klemens

INSERT ...

UPDATE...

DELETE...

COMMIT TRAN klemens
```

# 5.3    SET-Optionen verwenden

SET-Optionen sind Einstellungen, die das abfragebezogene Verhalten des SQL Servers für die Dauer einer Enbenutzer-Sitzung (Session) oder der Ausführung von Code festlegen.

Es wird zwischen *Analysezeitoption* und *Ausführungszeitoptionen* unterschieden.

▶ *Analysezeitoptionen* werden während der Analyse wirksam. In der Analysezeit wird unter anderem die Syntax von Anweisungen geprüft und der interne Ausführungsplan auf dem Server erstellt.

▶ *Ausführungszeitoptionen* werden während der Ausführung des Codes wirksam und beeinflussen so das Ergebnis oder dessen Aussehen.

Der Großteil der verfügbaren Optionen sind Ausführungszeitoptionen, lediglich vier Optionen zählen zur Gruppe der Analysezeitfunktionen (QUOTED_IDENTIFIER, PARSEONLY, OFFSETS und FIPS_FLAGGER ).

Die Wirksamkeitsdauer von SET-Optionen ist jeweils beschränkt. Sie wirken alle nicht „endlos". Folgende Regeln bestimmen die Gültigkeit von Anweisungen:

▶ Legt ein Benutzer SET-Optionen in einem Skript fest – zum Beispiel während er in einem Abfrage-Editorfenster mit dem Management Studio arbeitet –, gelten diese, bis sie vom Benutzer selber aufgehoben werden. Spätestens mit der Beendigung der Benutzersitzung mit dem Server verlieren die mit SET vorgenommenen Einstellungen ihre Gültigkeit.

▶ SET-Optionen, die innerhalb einer gespeicherten Prozedur oder eines Triggers festgelegt werden, gelten so lange, bis sie entweder noch innerhalb der Prozedur oder des Triggers zurückgesetzt werden oder längstens bis die Ausführung derselben beendet ist.

▶ Rufen sich Prozeduren oder Trigger gegenseitig auf, gelten im aufrufenden Code festgelegte Optionen auch im aufgerufenen Code.

▶ Optionen behalten ihre Gültigkeit, wenn Sie innerhalb einer Sitzung sich zu einer anderen Datenbank verbinden. Dies ist zum Beispiel der Fall, wenn Sie in einem Abfragefenster im Management Studio die Anweisung USE datenbankname verwenden.

 SET-Optionen können innerhalb einer benutzerdefinierten Funktion (User-defined Function) nicht eingesetzt werden.

Nachfolgend stellen wir Ihnen eine Auswahl der in der Praxis am meisten verwendeten SET-Optionen vor.

## SET ANSI_NULLS {ON|OFF}

SET ANSI_NULLS legt fest, wie ein Vergleich bei der Verwendung von = und <> mit
einem Null-Wert ausgewertet wird. Die Kompatibilität mit ANSI-92 bedeutet, dass ein
Vergleich mit null zu falsch führt, da null nicht bestimmt ist. Daher werden im nachfolgenden Beispiel weder Zeilen ausgewählt, die einen Eintrag enthalten, noch jene, die
null enthalten.

```
SET ANSI_NULLS ON
DECLARE @agrad varchar(10)
SET @agrad = Null


SELECT PersNachname, PersAkadGrad
FROM tblPersonal
WHERE PersAkadGRad = @agrad
```

Liefert:

```
PersNachname                      PersAkadGrad
------------------------------    --------------------
(0 Zeile(n) betroffen)
```

Wird ANSI_NULLS deaktiviert, folgen die Vergleichsoperatoren = und <> nicht dem
ANSI-Standard. Zeilen mit Null-Werten werden beim Vergleich auf *Wahr* ausgewertet.

```
SET ANSI_NULLS OFF
DECLARE @agrad varchar(10)
SET @agrad = Null


SELECT PersNachname, PersAkadGrad
FROM tblPersonal
WHERE PersAkadGRad = @agrad
```

Liefert alle ohne akademischen Grad:

```
PersNachname                      PersAkadGrad
------------------------------    -------------
Hoier                             NULL
Holzmann                          NULL
Hille                             NULL
Morillanitsch                     NULL
Huber                             NULL
Schulz                            NULL
Mörtl                             NULL
Loderer                           NULL
Jurasek                           NULL

(9 Zeile(n) betroffen)
```

Dasselbe Beispiel auf Ungleichheit geprüft liefert alle, die einen akademischen Grad besitzen:

```
PersNachname                     PersAkadGrad
-------------------------------- -------------
Meister                          Mag.
Kossegg                          Dr.
Prügger                          Dipl.-Kfm.
Pullmeier                        Dipl.-Hdl.
Obermann                         Dr.
Konstantin                       Dipl.-Ing.
Ideenreich                       Mag.
Kirschner                        Dr.
Neumann                          Dipl.-Hdl.
Kofler                           Dipl.-Kfm.
Nürnberger                       Dipl.-Kfm.

(11 Zeile(n) betroffen)
```

## SET CONCAT_NULL_YIELDS_NULL {ON | OFF}

Diese Anweisung legt fest, wie sich Null-Werte auf das Verketten von Zeichenketten auswirken. Ohne explizite Einstellung wird die Standardeinstellung des Servers verwendet, die ON bedeutet.

```
SELECT PersAkadGrad + ' ' + PersNachname Mitarbeiter
FROM tblPersonal
```

Liefert bei der Einstellung ON:

```
Mitarbeiter
---------------------------------------------
Mag. Meister
NULL
Dr. Kossegg
Dipl.-Kfm. Prügger
NULL
Dipl.-Hdl. Pullmeier
Dr. Obermann
NULL
...

(20 Zeile(n) betroffen)
```

Bei der Einstellung OFF:

```
Mitarbeiter
---------------------------------------------
Mag. Meister
Hoier
Dr. Kossegg
```

```
Dipl.-Kfm. Prügger
Holzmann
Dipl.-Hdl. Pullmeier
Dr. Obermann
Hille
...

(20 Zeile(n) betroffen)
```

 Vergessen Sie in diesem Beispiel nicht die Funktion LTRIM(), damit nicht vor Namen ohne akademischen Grad ein Leerzeichen steht.

```
SET CONCAT_NULL_YIELDS_NULL OFF

SELECT LTRIM(PersAkadGrad + ' ' + PersNachname)
       As Mitarbeiter
FROM tblPersonal
```

### SET DATEFIRST n

Mit dieser Einstellung legen Sie fest, mit welchem Wochentag die Woche beginnt. Mögliche Einstellungen sind die Werte 1 bis 7, die für Montag (1) bis Sonntag (7) stehen. In der deutschen Server-Version ist standardmäßig der Montag als erster Wochentag eingestellt, in der englischen Version ist es der Sonntag. Wird der Wochentag eruiert, liefert der Server eine Zahl von eins bis sieben, wobei der als Wochenbeginn festgelegte Tag den Wert 1 liefert.

```
SET DATEFIRST 1

SELECT DATEPART(weekday, '01.01.2005') As Tag
```

Liefert:

```
Tag
-----------
6

(1 Zeile(n) betroffen)
```

Im Gegenzug dazu liefert

```
SET DATEFIRST 7

SELECT DATEPART(weekday, '01.01.2005') As Tag
```

als Ergebnis:

```
Tag
-----------
7

(1 Zeile(n) betroffen)
```

Verwenden Sie diese Option in Prozeduren, wenn Sie mit DATEPART() den Wochentag feststellen und im Vorhinein nicht sicher sein können, dass diese Prozedur immer auf einem Server mit den gleichen Einstellungen eingesetzt wird.

### SET DATEFORMAT format

Gerade bei der Eingabe von Datumswerten für Auswahlkriterien und beim Einfügen von Daten in eine Tabelle muss man immer besonders gut aufpassen. Interpretiert der Server das Datum jetzt so, wie ich es gemeint habe? Wird der '04.10.05' nun als 4. Oktober 2005, als 10. April 2005, als 5. Oktober 2004 oder überhaupt als etwas anderes interpretiert?

Legen Sie die Reihenfolge mit SET DATEFORMAT format explizit fest, und dieses heitere Datumsraten hat ein Ende. Als Format kann jede mögliche Kombination der Buchstaben d, m und y angegeben werden.

```
DECLARE @datum datetime

SET @datum = '15.08.2005'
```

Das kann je nach Servereinstellung zu folgendem Fehler führen:

```
Meldung 242, Ebene 16, Status 3, Zeile 2

Bei der Konvertierung eines char-Datentyps in einen datetime-Datentyp
liegt der datetime-Wert außerhalb des gültigen Bereichs.

Server: Nachr.-Nr. 242, Schweregrad 16, Status 3, Zeile 2
```

Um bei jeder gewünschten Servereinstellung zum Erfolg zu kommen, verwenden Sie vor dieser Anweisung:

```
SET DATEFORMAT dmy
```

### SET IDENTITY_INSERT tabelle {ON|OFF}

In Identity-Spalten können keine Werte eingetragen werden, da diese vom System automatisch vergeben werden. Der Versuch, einen Wert einzutragen, scheitert kläglich an einer Fehlermeldung. Manchmal kann es aber Situationen geben, in denen Sie explizit einen Wert eingeben müssen, zum Beispiel um eine Lücke zu füllen.

```
SET IDENTITY_INSERT tblArtikel ON

INSERT INTO tblArtikel (ArtNr, ArtBezeichnung, ArtGruppe,
                        ArtVKpreis, ArtEKPreis, ArtLief)
VALUES (2222, 'Gartenschlauch 15m', 'GA', 23.99,
        17.11, 1003)
```

Achtung: Ist IDENTITY_INSERT für eine Tabelle auf ON gesetzt, *muss* beim Einfügen eines neuen Datensatzes in die Identitätsspalte explizit ein Wert angegeben werden, sonst führt die INSERT-Anweisung zu einem Fehler.

Wird ein höherer als der bisher vergebene Wert explizit vergeben, werden weitere Identitätswerte nach diesem verteilt. Durch die explizite Eingabe übersprungene Werte werden nicht mehr benutzt.

## SET IMPLICIT_TRANSACTIONS {ON|OFF}

Wenn Sie eine Transaktion nicht jedes Mal mit BEGIN TRANSACTION initiieren möchten, aktivieren Sie implizit Transaktionen, indem Sie IMPLICITE_TRANSACTIONS auf ON stellen. Ist noch keine Transaktion aktiv, startet eine der folgenden Anweisungen eine:

▶ INSERT, UPDATE, DELETE

▶ SELECT

▶ ALTER TABLE, TRUNCATE TABLE, CREATE, DROP

▶ REVOKE, GRANT

▶ OPEN, FETCH

Die Transaktion muss, um beendet zu werden, vom Benutzer mit COMMIT oder ROLLBACK abgeschlossen werden.

 Wenn der Benutzer die Verbindung trennt, ohne die Transaktion zuvor explizit abzuschließen, insbesondere zu kommittieren, wird die Transaktion zurückgerollt, und damit werden (ungewollt) alle Änderungen rückgängig gemacht.

## SET LANGUAGE sprache

Durch die Sitzungssprache werden die Datumsformate sowie Systemmeldungen bestimmt. Legen Sie die Sprache fest, indem Sie den Namen der Sprache angeben, wie sie in der Systemtabelle *syslanguages* gespeichert ist. Neben den Sprachen sind hier auch die Standard-Datumsreihenfolge, der erste Wochentag sowie die Monats- und Wochentagsnamen gespeichert.

```
SELECT langid, name, alias, dateformat, datefirst
FROM master..syslanguages
```

Liefert:

| langid | name | alias | dateformat | datefirst |
| ------ | ---------------- | ---------- | ---------- | --------- |
| 0 | us_english | English | mdy | 7 |
| 1 | Deutsch | German | dmy | 1 |
| 2 | Français | French | dmy | 1 |

```
3       xxxxxx          Japanese    ymd     7
4       Dansk           Danish      dmy     1
5       Español         Spanish     dmy     1
...
19      ελληνικά        Greek       dmy     1
20      български       Bulgarian   dmy     1
21      русский         Russian     dmy     1
...
(33 Zeile(n) betroffen)
```

Die Sprachen können aber auch über ihre englische Alias-Bezeichnung angegeben werden. So können Sie anstelle von *deutsch* auch *german* verwenden.

```
SET LANGUAGE 'us_english'

SET LANGUAGE 'français'

SET LANGUAGE 'deusch'
```

## SET LOCK_TIMEOUT dauer

Wenn Sie einen Datensatz ändern möchten, der gerade von einer anderen Transaktion gesperrt wird, müssen Sie warten, bis diese Sperre wieder aufgehoben wird. Bei der Standardeinstellung wird dabei, wenn es sein muss, auch ewig gewartet. Um eine Wartezeit festzulegen, nach der die Anweisung ein Timeout erhält und mit einem Fehler abbricht, geben Sie diese in Millisekunden an.

| Einstellung | Wirkung |
|---|---|
| SET LOCK_TIMEOUT -1 | Es wird ewig gewartet. |
| SET LOCK_TIMEOUT 0 | Es wird sofort abgebrochen, wenn auf dem zu ändernden Datensatz eine Sperre liegt. |
| SET LOCK_TIMEOUT 2000 | Legt das Timeout mit zwei Sekunden fest. |

*Tabelle 5.3: Varianten der Timeout-Festlegung bei Sperren*

## SET NOCOUNT {ON|OFF}

Bei jeder SQL-Anweisung gibt der Server die Anzahl der davon betroffenen Zeilen zurück.

```
(33 Zeile(n) betroffen)
```

Diese Anzeige kann abgeschaltet werden, indem NOCOUNT auf ON gesetzt wird.

 Die Verwendung von SET NOCOUNT ON kann in Prozeduren verwendet zu Performancevorteilen führen, wenn nicht für jede Anweisung die Anzahl der betroffenen Zeilen ausgegeben werden muss. Außerdem wird diese Information in den meisten Fällen gar nicht benötigt.

## SET QUOTED_IDENTIFIER {ON|OFF}

Transact-SQL erlaubt keine Bezeichner mit Leer- und Sonderzeichen. ANSI SQL-92 erlaubt diese, wenn sie unter doppelten Hochkomma angegeben sind. Ist die Option QUOTED_IDENTIFIERS auf ON gestellt, werden diese auch von SQL Server unterstützt. Diese Einstellung ist standardmäßig gesetzt.

```
SET QUOTED_IDENTIFIER OFF
CREATE TABLE quot_id_test
( ID int,
  "Kunden Name" varchar(60) )
```

Das führt zu einer Fehlermeldung:

```
Meldung 102, Ebene 15, Status 1, Zeile 4

Falsche Syntax in der Nähe von 'Kunden Name'.
```

Mit aktivierter Eigenschaft QUOTED_IDENTIFIER kann die Tabelle aus dem vorherigen Beispiel erstellt werden.

## SET ROWCOUNT n

Mit ROWCOUNT kann die Anzahl der Datensätze, die mit einer Anweisung vom SQL Server verarbeitet werden, limitiert werden. Ist die angegebene Anzahl erreicht, bricht der Server die Verarbeitung ab, ohne jedoch eine Fehlermeldung zu erzeugen. Es wird einfach vorgegaukelt, es gäbe sie nicht mehr.

```
SET ROWCOUNT 5

SELECT PersNr, PersNachname, Persvorname
FROM tblPersonal
ORDER BY 1
```

Liefert nur fünf der 21 Datensätze:

```
PersNr  PersNachname            Persvorname
------- --------------------    --------------------
101     Obermann                Gernot
115     Konstantin              Martin
182     Hille                   Bernadette
238     Hoier                   Marion
285     Meister                 Lorenz
(5 Zeile(n) betroffen)
```

Diese Option kann dazu verwendet werden, um zu verhindern, dass, wenn von Benutzern „zu aufwändige" Abfragen gestartet werden, diese auch tatsächlich diesen Aufwand erzeugen.

 Eine vollständige Übersicht über alle SET-Optionen finden Sie in der Online-Dokumentation des SQL Servers.

# 5.4     Fehlerbehandlung im Code einbauen

Wenn in einem Batch oder einer Prozedur ein Fehler auftritt – weil zum Beispiel ein Schreibvorgang gegen die referenzielle Integrität verstößt –, wird eine Fehlermeldung ausgegeben. Der Ablauf wird jedoch nicht beendet, weitere Anweisungen werden ausgeführt.

Dies ist vor allem in Prozeduren, die dann von einem Client-Programm aufgerufen werden, sehr lästig. In den meisten Programmiersprachen ist man gewohnt, dass der Programmablauf bei einem Fehler unterbrochen und nicht fortgesetzt wird.

Ein wichtiger Bestandteil einer jeden Programmiersprache ist es, solche Fehler abzufangen und darauf zu reagieren. Dies war in Transact-SQL bisher nicht möglich!

Die einzige Möglichkeit, auf einen Fehler zu reagieren, ist, nach der Anweisung, die möglicherweise einen Fehler verursacht, den Inhalt der Systemvariablen @@error auf einen Wert ungleich 0 zu überprüfen. Es hat bis zur SQL Server-Version 2000 keine Möglichkeit existiert, die Ausgabe der Fehlermeldung zu unterdrücken.

Dies möchte ich anhand des nachfolgenden Beispiels demonstrieren. Hierbei soll eine neue Artikelgruppe in die Tabelle *tblArtikelGruppen* eingefügt werden. Existiert das Kürzel für die neue Artikelgruppe in dieser Tabelle bereits, führt dies zu einer Primärschlüsselverletzung und dadurch zu einem Fehler.

```
SET NOCOUNT ON
DECLARE @gruppe char(2), @name varchar(30)

SET @gruppe = 'GE'
SET @name = 'Geschirr'

INSERT INTO dbo.tblArtikelGruppen (ArtGr, ArtGrText)
VALUES (@gruppe, @name)

IF @@error != 0

    SELECT 'Fehler!' As Ergebnis

ELSE

    SELECT 'Erledigt ;-)' As Ergebnis
```

Wenn die angegebene Artikelgruppe noch nicht existiert, erhalten wir folgendes Ergebnis.

```
Ergebnis
-----------
Erledigt ;-)
```

Existiert die Gruppe aber bereits oder Sie führen den Code mit denselben Werten erneut aus, erhalten Sie nicht nur die von Ihnen gewünschte Meldung, sondern zuvor noch die durch das missglückte Einfügen verursachte Fehlermeldung.

```
Meldung 2627, Ebene 14, Status 1, Zeile 7

Verletzung der PRIMARY KEY-Einschränkung 'PK_tblArtikelGruppen'.
Ein doppelter Schlüssel kann in das 'dbo.tblArtikelGruppen'-Objekt
nicht eingefügt werden.

Die Anweisung wurde beendet.

Ergebnis
--------
Fehler!
```

Diese Fehlermeldungen werden aber an Frontend-Programme weitergeleitet und müssen dort abgefangen und behandelt werden. Schöner wäre es, dies jedoch gleich in der Datenbank beziehungsweise in der dort gestarteten Prozedur zu erledigen.

Um diese Fehlermeldung zu vermeiden, durften Sie es bisher gar nicht bis zum Fehler kommen lassen. Alle Eventualitäten mussten im Vorfeld abgeprüft werden, was bisweilen sehr aufwändig gewesen ist. In unserem Beispiel bedeutet dies, dass zuerst mit EXISTS() geprüft werden muss, ob diese Artikelgruppe schon vorhanden ist, bevor tatsächlich eingefügt wird.

```
SET NOCOUNT ON
DECLARE @gruppe char(2), @name varchar(30)

SET @gruppe = 'GE'
SET @name = 'Geschirr'

IF exists ( SELECT *
            FROM dbo.tblArtikelGruppen
            WHERE ArtGr = @gruppe)

    SELECT 'Fehler!' As Ergebnis

ELSE
BEGIN

    INSERT INTO dbo.tblArtikelGruppen
    VALUES (@gruppe, @name)

    SELECT 'Erledigt ;-)' As Ergebnis

END
```

Als neues Feature der aktuellen Version ist nun eine echte Fehlerbehandlung, wie man sie auch von anderen Programmiersprachen kennt, implementiert.

Diese besteht aus einem TRY- und einem CATCH-Block. Jenen unter Ihnen, die zum Beispiel mit Visual Studio arbeiten, wird die Syntax sehr vertraut vorkommen.

```
BEGIN TRY

    Anweisung(en)

END TRY

BEGIN CATCH

    Anweisung(en)

END CATCH
```

Im TRY-Block steht die Anweisung, die unter Umständen zu einem Fehler führen kann. Der CATCH-Block muss direkt nach diesem verwendet werden. Es dürfen keine Anweisungen dazwischen stehen, auch darf ein Batch nicht durch ein GO unterbrochen werden.

In den CATCH-Block schreiben Sie jenen Code, der im Fehlerfall ausgeführt werden soll. Tritt kein Fehler auf, wird dieser Codeteil ausgelassen.

Umgelegt auf unser Beispiel kann eine Lösung mit dem SQL Server 2005 nun so umgesetzt werden:

```
SET NOCOUNT ON
DECLARE @gruppe char(2), @name varchar(30)

SET @gruppe = 'GE'
SET @name = 'Geschirr'

BEGIN TRY

    INSERT INTO dbo.tblArtikelGruppen
    VALUES (@gruppe, @name)

    SELECT 'Erledigt ;-)' As Ergebnis

END TRY

BEGIN CATCH

    SELECT 'Fehler!' As Ergebnis

END CATCH
```

 Wenn die im TRY-Block verwendeten Anweisungen in einer Transaktion zusammengefasst werden, muss diese am Beginn des CATCH-Blockes zurückgerollt werden. Dies ist notwendig, da die Transaktion in den neuen Status *doomed* versetzt wird, in dem sie nicht mehr commited werden kann.

```
SET NOCOUNT ON
DECLARE @gruppe char(2), @name varchar(30)

SET @gruppe = 'GE'
SET @name = 'Geschirr'

BEGIN TRY

    BEGIN TRANSACTION

    INSERT INTO dbo.tblArtikelGruppen
    VALUES (@gruppe, @name)

    COMMIT TRANSACTION

    SELECT 'Erledigt ;-)' As Ergebnis

END TRY

BEGIN CATCH

    ROLLBACK

    SELECT 'Fehler!' As Ergebnis

END CATCH
```

Fehler mit einem Schweregrad von 10 bis 19 werden an den CATCH-Block übergeben. In diese Kategorie fallen alle Fehler, die zum Beispiel durch Fehler in den Daten oder Fehler in mathematischen Berechnungen verursacht werden.

Fehler ab dem Schweregrad 20 sind gravierende Fehler, die zu einem Beenden der Client-Verbindung führen. Diese können mit dem beschriebenen System nicht abgefangen werden.

Wenn Sie selber Fehler durch den Einsatz der Anweisung RAISERROR() generieren, verwenden Sie einen Status von 10 bis 19. Üblicherweise wird für benutzerdefinierte Fehler der Status 16 verwendet.

```
BEGIN TRY

RAISERROR('Fehler!', 16, 1)

  SELECT 'kein Fehler' AS Ergebnis

END TRY

BEGIN CATCH

  SELECT 'Fehler aufgetreten' AS Ergebnis

END CATCH
```

Um innerhalb des CATCH-Blockes genauere Informationen über den aufgetretenen Fehler zu erhalten, stehen zusätzliche Funktionen zur Verfügung, die über die Systemfunktion @@ERROR hinausgehen.

▶ ERROR_NUMBER() gibt analog zu @@ERROR die Fehlernummer zurück. Der Unterschied ist der, dass Sie @@ERROR unbedingt mit der ersten Anweisung im CATH-Block auslesen müssen, damit Sie nicht 0 zurückgeliefert bekommen. Denn @@ERROR wird nach jeder Anweisung überschrieben. ERROR_NUMBER() hingegen liefert auch später innerhalb des gesamten CATCH-Blockes die gewünschte Information.

▶ Mit ERROR_MESSAGE() können Sie auf den originalen Text der Fehlermeldung zurückgreifen.

▶ ERROR_SEVERITY() gibt den Schweregrad des Fehlers zurück.

▶ ERROR_STATE() liefert den Fehlerstatus.

▶ Mit ERROR_LINE() können Sie die Nummer der Zeile, in welcher der Fehler aufgetreten ist, auslesen.

▶ Mit ERROR_PROCEDURE() können Sie den Namen der Prozedur oder des Triggers auslesen, in der bzw. dem der Fehler aufgetreten ist. Dies ist vor allem dann interessant, wenn Sie im TRY-Block mehrere Prozeduren aufrufen.

Geben wir zum Abschluss als Ergebnis die originale Fehlermeldung des Servers aus:

```
SET NOCOUNT ON
DECLARE @gruppe char(2), @name varchar(30)

SET @gruppe = 'GE'
SET @name = 'Geschirr'

BEGIN TRY

    BEGIN TRANSACTION

    INSERT INTO dbo.tblArtikelGruppen
    VALUES (@gruppe, @name)

    COMMIT TRANSACTION

    SELECT 'Erledigt ;-)' As Ergebnis

END TRY

BEGIN CATCH

    ROLLBACK

    SELECT ERROR_MESSAGE() As Ergebnis

END CATCH
```

**Liefert:**

```
Ergebnis
----------------------------------------------------------
Verletzung der PRIMARY KEY-Einschränkung 'PK_tblArtikelGruppen'.
Ein doppelter Schlüssel kann in das 'dbo.tblArtikelGruppen'-Objekt
nicht eingefügt werden.
```

# 6 Gespeicherte Prozeduren, Funktionen und Trigger

Im vorangegangenen Kapitel haben Sie gelernt, wie die Sprache Transact-SQL aufgebaut ist, woraus sie besteht und welcher Syntax sie folgt. In diesem Kapitel werden wir diese Sprache zum Erstellen von Datenbankobjekten benutzen.

 Da im vorigen Kapitel die Techniken erläutert werden, die in diesem Kapitel zum Einsatz kommen, sollten Sie das vorige Kapitel nicht übersprungen haben, wenn Sie sich dieses Kapitel vornehmen.

Die klassischen mit Transact-SQL programmierbaren Datenbankobjekte sind:

▶ Gespeicherte Prozeduren (Stored Procedures)

▶ Benutzerdefinierte Funktionen (Userdefined Functions/UDFs)

▶ Trigger

Durch die Integration der Common Language Runtime (CLR) des SQL Servers 2005 können Prozeduren, Funktionen und Trigger auch mit einer .Net-Programmiersprache anstelle von Transact-SQL programmiert werden. Dies ist dann sinnvoll, wenn nicht Datenzugriffe, sondern komplexe Algorithmen im Vordergrund der Lösung stehen. Für klassische Datenbankaufgaben wird auch in Zukunft der Einsatz von Transact-SQL die wesentlich bessere Variante sein. Dies wird durch einige neue Features in Transact-SQL unterstrichen. Das Gerücht, dass bei Bekanntwerden des neuen Features aufgetaucht ist, wonach Transact-SQL durch die CLR-Integration auf bald abgelöst werden soll, hat sich nicht bewahrheitet – im Gegenteil, die Position von Transact-SQL ist in dieser neuen Version sogar gestärkt worden. Wichtig ist vor allem folgender Punkt: Auch wenn Sie mit einer .NET-Entwicklungssprache programmieren, benötigen Sie dort Transact-SQL für den Zugriff auf Daten.

 Da der Einsatz von .Net zur Entwicklung von Prozeduren, Funktionen und Triggern eine revolutionäre wie umfangreiche Erneuerung darstellt, wird diese in einem eigenen Kapitel behandelt.

## 6.1 Gespeicherte Prozeduren programmieren

Gespeicherte Prozeduren sind kleine Programme, die direkt auf dem Server gespeichert sind und dort ausgeführt werden. Diese können entweder lediglich Daten zurückgeben (wie eine normale SELECT-Anweisung), Daten manipulieren (über die Verwendung von DML-Befehlen) oder auch vielfältige komplexe Aufgaben übernehmen. Jedenfalls sollten Sie bei der Entwicklung von C/S-Datenbanken darauf achten, so viel Funktionalität wie möglich weg von der Client-Programmierung in gespeicherte Prozeduren zu übertragen, weil …

1. … gespeicherte Prozeduren am Server bekannt sind und nach dem Aufruf sofort ausgeführt werden können, so dass Performancevorteile gegenüber ad hoc abgesendeten SQL-Statements realisierbar sind.

2. … Programmlogik, die in gespeicherten Prozeduren abgebildet ist, nur einmal ausprogrammiert werden muss, unabhängig davon, wie viele verschiedene Frontend-Applikationen darauf zugreifen. Jede Programmlogik, die im Frontend programmiert wird, muss in jedem neuen Frontend neu ausprogrammiert werden.

Optimal wird die Programmlogik also immer im Backend implementiert, das Frontend greift nur darauf zu. Das heißt nicht, dass clientseitige Programmierung nicht mehr verwendet werden soll. Primär sollte sie aber bei datenbezogenen Operationen dafür verwendet werden, auf dem Server gespeicherte Prozeduren aufzurufen und deren Rückgabewerte auszulesen.

Beispiel: Sie benötigen eine Funktion, um eine Lagerbuchung von einer Windows-Applikation aus durchzuführen. Programmieren Sie diese in einem Frontend aus, müssen Sie die gesamte Logik noch einmal ausprogrammieren, wenn Sie später für ein Web-Frontend dieselbe Funktionalität noch einmal benötigen.

Erstellen Sie aber für diese Aufgabe eine gespeicherte Prozedur, der als Parameter die für die Lagerbuchung relevanten Daten wie Artikelnummer, Lagernummer und Menge übergeben werden, muss nur ein einziges Programm erstellt werden. Sie müssen in jedem möglichen Frontend nur noch den Aufruf der fertigen Prozedur umsetzen. Der Vorteil wird vor allem dann klar, wenn man den Aufwand berücksichtigt, der in jedem Programm allein für die Fehlerbehandlung benötigt wird.

Weitere Vorteile von gespeicherten Prozeduren gegenüber der Verwendung von separaten SQL-Anweisungen:

▶ Reduzierung des Netzwerkverkehrs: Statt viele einzelne Anweisungen über das Netzwerk zum Server zu schicken, können Benutzer für eine komplexe Aufgabe mit dem Aufruf einer einzigen Prozedur auskommen. Auf diese Art und Weise wird die Anzahl der zwischen dem Server und dem Client übermittelten Anforderungen stark reduziert.

▶ Besserer Überblick für Benutzer: Benutzer haben es bei der Erledigung ihrer Aufgaben nicht mit einer unüberschaubaren Vielzahl an Tabellen zu tun, sondern kommen beispielsweise mit einem Satz an Prozeduren aus, die sie gezielt einsetzen. Dadurch ist ein direkter Zugriff auf Tabellen nicht erforderlich.

▶ Zugriffssicherheit: Sie können einem Benutzer auch dann die Berechtigung geben, eine Prozedur auszuführen, wenn er auf die Tabellen und Sichten, auf die in der Prozedur verwiesen wird, keine Berechtigungen besitzt. Er kann damit lediglich jene Aktionen starten, die über die Prozeduren vorgesehen sind. Es kann zu keinem Direktzugriff auf Daten und damit zu einer ungewollten Bearbeitung kommen.

Prozeduren werden verstärkt bei der Entwicklung von Webapplikationen eingesetzt, da diese in Bezug auf Datenbankzugriff hohe Sicherheitsanforderungen haben. Im Idealfall werden hier alle Datenzugriffe über Prozeduren gesteuert. Damit müssen dem Webbenutzer keine Rechte auf Tabellen gewährt werden. Wird der Webserver gehackt, ist Ihre Datenbank dadurch dennoch sicher. Mehr dazu erfahren Sie später in diesem Kapitel.

## 6.1.1 Aufbau einer gespeicherten Prozedur

Eine gespeicherte Prozedur besteht aus beliebigen Transact-SQL-Anweisungen. Im vorigen Kapitel haben wir Transact-SQL-Anweisungsblöcke erzeugt und im Management Studio aus einem Abfrage-Editorfenster heraus gestartet. Diese Anweisungen sind aber auf dem Server nicht gespeichert worden. Wenn sie gespeichert werden, dann erfolgt das in einer SQL-Skriptdatei auf einem Client.

Diese Anweisungsblöcke können nun zu Prozeduren zusammengefasst und auf dem Server gespeichert werden.

Die Vorteile dieser Methode gegenüber eigenständigen Blöcken ist, dass:

▶ Prozeduren jederzeit von einem Client aus aufgerufen werden können,

▶ sie in programmierte Client-Server-Applikationen fix integriert werden können und

▶ sie in einer Art kompilierter Form am Server gespeichert sind und so schneller ausgeführt werden als neu an den Server übertragene Anweisungsblöcke.

Prozeduren werden über das Kommando `CREATE PROCEDURE` erzeugt. Wenn benötigt, wird diese Anweisung von der Definition der Übergabeparameter gefolgt. Im Anschluss an das Schlüsselwort `AS` werden die eigentlichen Programmblöcke der Prozedur geschrieben. In der Regel wird die Prozedur durch die Anweisung `RETURN` beendet. Mit `RETURN` wird die Prozedurausführung unmittelbar beendet. Diese Anweisung kann aber auch – beispielsweise in einem Bedingungsblock – innerhalb einer Prozedur verwendet werden, um die Ausführung vorzeitig zu beenden. Es wirkt dann wie zum Beispiel ein `Exit Sub` in VB.

```
CREATE PROCEDURE prozedurname

    @var1 datentyp,

    @var2 datentyp,

    ...

AS

    Anweisungen

RETURN
```

`RETURN` am Ende ist für das Beenden der Prozedur nicht notwendig, macht aber den Prozedurcode besser lesbar, vor allem wenn Sie mehrere Prozeduren in einem Skript mit dem Management Studio anlegen.

## 6.1.2 Erzeugen einer gespeicherten Prozedur

Eine gespeicherte Prozedur kann sowohl über ein SQL Server-Tool wie das Management Studio als auch über verschiedene andere Tools erzeugt werden, die in der Lage sind, SQL-Anweisungen an den SQL Server zu übertragen. Theoretisch können Sie auch Notepad dazu verwenden. Jedoch besitzt der Abfrage-Editor des Management Studios Funktionalitäten, die Ihnen das Schreiben von Prozeduren erleichtern.

### Eine gespeicherte Prozedur mit dem Management Studio anlegen

Eine übersichtliche Methode zur Erstellung von gespeicherten Prozeduren ist die Verwendung des SQL Server Management Studios. Hier haben Sie alle gespeicherten Prozeduren sowie auch alle anderen Datenbankobjekte im Überblick und im direkten Zugriff. Außerdem können Sie eine gespeicherte Prozedur hier auch testen.

1. Starten Sie dazu das Management Studio, und erweitern Sie die Ordnerstruktur bis hin zur gewünschten Datenbank. Wählen Sie dort den Eintrag *Programmierbarkeit* und darunter den Eintrag *Gespeicherte Prozeduren* aus. Bereits vorhandene Prozeduren werden im rechten Fenster (*Zusammenfassung*) angezeigt.

2. Klicken Sie mit der rechten Maustaste auf den Eintrag *Gespeicherte Prozeduren*, und wählen Sie im Kontextmenü den Befehl *Neue gespeicherte Prozedur ... aus*.

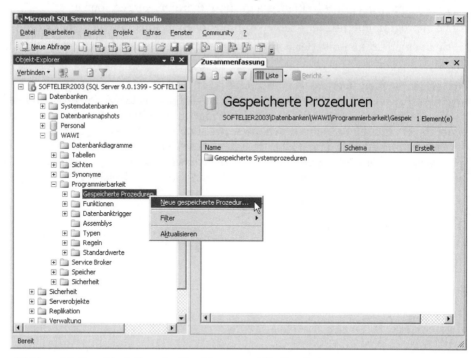

*Abbildung 6.1: Gespeicherte Prozedur über Management Studio anlegen*

Es erscheint ein neues Abfrage-Editorfenster mit der Standardvorlage für gespeicherte Prozeduren. Auch hier ist der SQL-Befehl für die Anlage der Prozedur `CREATE PROCEDURE [OWNER].[PROCEDURE NAME] AS` bereits vorgegeben.

```
SOFTELIER2003.... SQLQuery1.sql   Zusammenfassung                        ▼ ✕
    -- This block of comments will not be included in
    -- the definition of the procedure.
    -- =================================================
    SET ANSI_NULLS ON
    GO
    SET QUOTED_IDENTIFIER ON
    GO
    -- =================================================
    -- Author:      <Author,,Name>
    -- Create date: <Create Date,,>
    -- Description: <Description,,>
    -- =================================================
    CREATE PROCEDURE <Procedure_Name, sysname, ProcedureName>
        -- Add the parameters for the stored procedure here
        <@Param1, sysname, @p1> <Datatype_For_Param1, , int> = <Defa
        <@Param2, sysname, @p2> <Datatype_For_Param2, , int> = <Defa
    AS
    BEGIN
        -- SET NOCOUNT ON added to prevent extra result sets from
        -- interfering with SELECT statements.
        SET NOCOUNT ON;

        -- Insert statements for procedure here
        SELECT <@Param1, sysname, @p1>, <@Param2, sysname, @p2>
    END
    GO

Ve...  SOFTELIER2003 (9.0 RTM)   SOFTELIER2003\Administrator (52)   WAWI  00:00:00  0 Zeilen
```

*Abbildung 6.2: Eingabefenster für gespeicherte Prozeduren im Management Studio*

Nachdem die Tools der Vorversionen, der Enterprise Manager und der Query Analyzer, nun zum Management Studio zusammengewachsen sind, gibt es auch beim Erstellen von Prozeduren weniger Redundanzen.

So erfolgt die Syntaxüberprüfung für eine Prozedur auf dieselbe Weise wie für eine gewöhnliche SQL-Anweisung, da der Editor für alle Vorgänge nun derselbe ist.

▷ *Syntax überprüfen*: Über das Symbol *Analysieren* (blaues Häkchen) können Sie prüfen, ob die Syntax der Prozedur fehlerfrei ist. Hier werden nur Formalismen überprüft. Etwa ob für jedes `BEGIN` auch ein `END` gesetzt ist, Spaltennamen in den angegebenen Tabellen richtig sind, Befehle und Funktionen sowie SQL-Anweisungen die korrekte Schreibweise und die richtige Anzahl an Parametern haben und Ähnliches. Alternativ können Sie zum Aufruf anstelle des Symbols auch die Tastenkombination ⌨Strg + ⌨F5 verwenden.

```
Ergebnisse
 Befehl(e) wurde(n) erfolgreich abgeschlossen.
```

*Abbildung 6.3: Erfolgreiche Syntaxüberprüfung*

Verlassen Sie sich aber nicht darauf, dass eine erfolgreiche Syntaxüberprüfung auch der Garant für eine fehlerfreie Prozedur ist. Nicht nur, dass Fehler in der Programmlogik selbstverständlich nicht überprüft werden können. Es werden auch nicht alle Fehler entdeckt. Ungültige Spalten- und Tabellennamen fallen bei der Prüfung zumeist durch.

Wird ein echter Syntaxfehler entdeckt – im nachfolgenden Beispiel fehlt die rechte schließende Klammer der Funktion SUM() –, wird er, wie die nachfolgende Grafik zeigt, mit der Zeilennummer versehen angegeben.

*Abbildung 6.4: Fehlermeldung mit Zeilenanzeige*

Mit einem Doppelklick auf die Fehlermeldung im Fenster Ergebnisse kann die fehlerhafte Zeile direkt markiert werden.

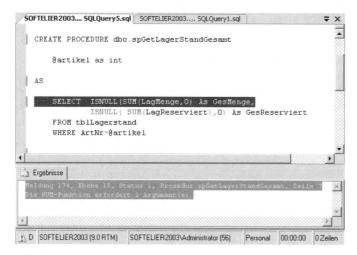

*Abbildung 6.5: Zeile mit Fehler finden und markieren*

▶ *Prozedur speichern:* Eine neue Prozedur wird gespeichert, indem Sie den gesamten Prozedurtext markieren und auf das Symbol Ausführen klicken oder die Taste F5 betätigen. (Wenn sich im Eingabefenster nur die eine Prozedur befindet, muss diese natürlich zuvor nicht extra markiert werden.)

Eine Prozedur kann auf dem Server nur gespeichert werden, wenn sie keine Syntaxfehler enthält. Das bedeutet, dass vor allem Kontrollstrukturen immer vollständig ausprogrammiert werden müssen. Sehen Sie gegebenenfalls Dummyzeilen im Code vor, um unfertige Prozeduren dennoch speichern zu können. Sie können natürlich jederzeit den Code als Skriptdatei auf Ihrem lokalen Rechner speichern.

▶ *Berechtigungen vergeben*: Sobald Sie eine Prozedur gespeichert haben, können Sie Berechtigungen für diese vergeben. Das ist zumeist die Berechtigung *Execute*. Jedem, der diese Prozedur ausführen möchte, muss diese Berechtigung direkt oder indirekt über eine Rolle gegeben worden sein.

Klicken Sie dazu entweder im *Objekt-Explorer* oder im Fenster *Zusammenfassung* mit der rechten Maustaste auf die fertige gespeicherte Prozedur, und wählen Sie im Kontextmenü den Befehl EIGENSCHAFTEN.

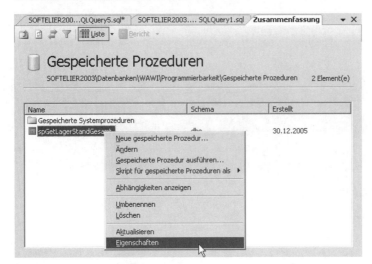

*Abbildung 6.6: Eigenschaften (Berechtigungen) der Prozedur einstellen*

Es kann sein, dass die Prozedur nach ihrer Erstellung weder im *Objekt-Explorer* noch im Fenster *Zusammenfassung* angezeigt wird. Aktualisieren Sie dann die Anzeige, zum Beispiel über den Befehl AKTUALISIEREN des Kontextmenüs.

Hier können Sie definieren, welchen Datenbankbenutzern bzw. Datenbankrollen Sie das Recht geben möchten, die Prozedur auszuführen. Hier gibt es nicht nur die Möglichkeit, dies zu erlauben, sondern auch jene, jemandem das Ausführen der Prozedur explizit zu verbieten. Dann darf der Benutzer diese Prozedur auch dann nicht ausführen, wenn er einer Rolle angehört, die das schon darf.

Im Eigenschaften-Dialog wählen Sie im linken oberen Bereich *Seite auswählen* den Eintrag *Berechtigungen* aus. Danach klicken Sie auf die Schaltfläche HINZUFÜGEN..., um einen oder mehrere Datenbankbenutzer oder Datenbankrollen zu ergänzen. Danach erteilen Sie im unteren Fensterbereich die Berechtigung *Execute*. Schließen Sie Ihre Eingabe mit der Schaltfläche OK ab. Erst mit diesem Abschließen werden die erteilten Berechtigungen gespeichert.

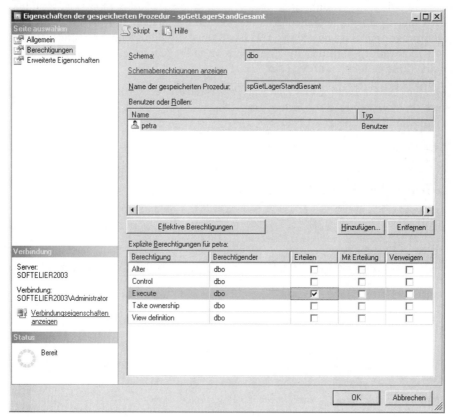

*Abbildung 6.7: Ausführen-Berechtigung für Prozedur erteilen*

## Eine gespeicherte Prozedur manuell oder über eine Vorlage erstellen

Wenn Sie von Vorversionen des SQL Servers gewohnt sind, Prozeduren mit dem Query Analyzer zu erstellen, können Sie dies in gewohnter Weise nun auf dieselbe Art auch im Management Studio erledigen.

Dazu klicken Sie im Management Studio auf das Symbol *Neue Abfrage*. Im Editor erstellen Sie dann einfach die Prozedur durch manuelle Eingabe.

 Achten Sie darauf, dass Sie dabei die richtige Datenbank ausgewählt haben, da dies nicht wie bei der vorigen beschriebenen Methode automatisch die richtige sein muss. Und wenn der Benutzer entsprechende Berechtigungen hat, kann die Prozedur auch in einer falschen Datenbank angelegt werden, sogar in der *master*. – Und dort hat sie wahrlich nichts verloren! Da Entwickler aber oft – vor allem bei lokalen Installationen – der Rolle *sysadmin* angehören, haben Sie aber automatisch die Berechtigung, auch in dieser Systemdatenbank Objekte anzulegen.

Sie können die richtige Datenbank aber nicht nur über die Symbolleiste auswählen. Alternativ schreiben Sie die Anweisung USE gefolgt vom Datenbanknamen und GO direkt in den Editor. Entweder führen Sie diese Anweisung sofort oder später gemeinsam mit der neuen Prozedur aus.

*Abbildung 6.8: Datenbank auswählen*

 Anders als bei anderen Datenbankobjekten kann beim Erstellen einer Prozedur leider nicht der Name der Datenbank dem Prozedurnamen vorangestellt werden. Sie müssen daher vorher auf jeden Fall die richtige Datenbank auswählen. Die Anweisung CREATE PROCEDURE WAWI.dbo.spMeine-Prozedur erzeugt einen Fehler:

```
Meldung 166, Ebene 15, Status 1, Zeile 1
Für 'CREATE/ALTER PROCEDURE' kann der Datenbankname nicht als
Präfix des Objektnamens angegeben werden.
```

Wie auch im Query-Analyzer der Vorversion können Sie eine Vorlage zur Erstellung einer Prozedur verwenden. Dazu müssen Sie den *Vorlagen-Explorer* über den Menübefehl ANSICHT/VORLAGEN-EXPLORER einblenden.

Dort finden Sie unter dem Ordner STORED PROCEDURE verschiedene Vorlagen.

*Abbildung 6.9: Vorlagen-Explorer zur Auswahl einer Vorlage*

Ziehen Sie eine Vorlage mit der Maus in ein Abfrage-Editorfenster, und fahren Sie wie gewohnt fort.

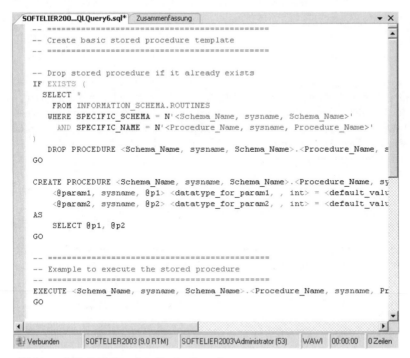

*Abbildung 6.10: Basic Template für eine Prozedur*

Neben dem Code für den Prozedurheader fügt eine Vorlage auch das Codegerüst ein, mit dem Sie vor dem Erstellen der Prozedur über die Systemtabellen auslesen, ob die Prozedur mit dem angegebenen Namen bereits existiert. Ist dies der Fall, würde sie vor dem neuerlichen Erstellen gelöscht werden. Außerdem wird nach dem Prozedurteil jener Code erstellt, mit dem Sie die fertige Prozedur später starten und damit testen können.

In der Praxis ist oft das manuelle Erstellen immer noch die einfachste Variante. Denn über die Vorlagen werden jede Menge Kommentare und zusätzliche Codeteile eingefügt, die in der Regel nicht benötigt werden. So ist der Aufwand, die nicht benötigten Teile zu löschen, oft größer als jener, die benötigten Teile von Hand einzutippen.

Wenn Sie eine bereits angelegte Prozedur verändern, können Sie diese natürlich nicht mehr über die Anweisung CREATE PROCEDURE auf dem Server speichern. Dies führt zu einem Fehler, da das Objekt bereits besteht. Ändern Sie daher die Anweisung in ALTER PROCEDURE.

Speichern Sie Ihre Prozeduren nicht nur durch Ablegen in der Datenbank, sondern immer auch als SQL-Skript ab. Dadurch haben Sie nicht nur eine Sicherung Ihrer wertvollen Arbeit. Es wird Ihnen das Einspielen von Änderungen auf unterschiedlichen Systemen erleichtert. Alle Änderungen, die am Entwicklungssystem vollzogen worden sind, lassen sich so auf einfache Art und Weise am Echtsystem nachvollziehen. Es müssen lediglich am Zielsystem die Skripte geöffnet und ausgeführt werden. Und wenn Sie einmal eine Änderung einspielen müssen, aber nicht vor Ort sind, können Sie im Notfall auch einen ungeschulten Benutzer über Telefon anweisen, ein Skript zu öffnen und zu starten.

Der SQL Server 2005 erleichtert mit dem Management Studio die Verwaltung der Skripte enorm durch die Zusammenfassung dieser zu Projekten. Dadurch können zu einem Projekt gehörende Skriptdateien übersichtlich zusammengefasst werden. – Und auch wieder gefunden werden!

### Eine gespeicherte Prozedur mit einem externen Programm anlegen

Eine gespeicherte Prozedur kann nicht nur mit den mit dem SQL Server mitgelieferten Programmen erzeugt werden. Auch andere Programme, die mit dem SQL Server kommunizieren können, sind dazu in der Lage. Ein gutes Beispiel dafür ist Access. Hier können Prozeduren ab der Version 2000 über so genannte Access-Projekte erzeugt werden. Diese Access-Projekte sind direkt mit eine SQL Server-Datenbank zu verbinden. Auch in älteren Access-Versionen könnten Sie das theoretisch über Pass-through-Abfragen über ODBC, aber das wäre wohl etwas umständlich.

Im Moment ist noch kein Update für Access erhältlich, damit diese Zusammenarbeit auch mit der neuen SQL Server-Version reibungslos läuft. Es funktioniert zwar, aber Sie erhalten jedes Mal, wenn Sie eine Prozedur erstellen oder ändern möchten, eine Warnmeldung.

In einer Access-Projektdatei, die mit der SQL Server-Datenbank verbunden ist, können Sie eine Prozedur direkt wie ein anderes Access-Datenbankobjekt erstellen. In der Rubrik *Abfragen* klicken Sie auf Schaltfläche NEU und wählen im Dialog die Option *Text-Gespeicherte Prozedur entwerfen*.

*Abbildung 6.11: Neue Prozedur über Access-Projekt anlegen*

In der Eingabemaske werden der Prozedurheader sowie auskommentiert ein Variablenübergabeblock und das Deaktivieren der Ergebniszeilenanzeige mit SET NOCOUNT ON bereits angezeigt.

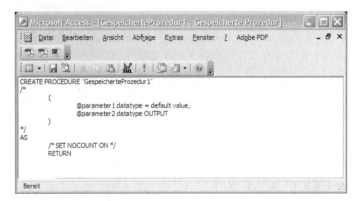

*Abbildung 6.12: Prozedur-Editor zur Eingabe einer Prozedur in Access*

Sie können über diesen Weg Prozeduren erstellen und ändern. Im Moment ist das Zusammenspiel von Access und SQL Server 2005 nicht ganz befriedigend, da Sie z.B. keine Tabellen erstellen oder ändern können. Bei Prozeduren allerdings gibt es keine Probleme, auch wenn eine Warnmeldung auf eventuelle hinweist. Sie können sogar die neuen T-SQL-Features des SQL Servers 2005 in Prozeduren verwenden. Da Access die Eingabe nicht interpretiert, sondern nur zum SQL Server weiterleitet, gibt es hierbei keine Probleme.

Aber auch andere Programme können eingesetzt werden. Es gibt unterschiedliche SQL-Editoren von Drittherstellern. Exemplarisch sei an dieser Stelle das *Aqua Data Studio* der Firma Aquafold erwähnt. Dieses unterstützt eine Vielzahl von Datenbanken, darunter auch bereits den neuen SQL Server 2005. Auch hier können Sie alle Datenbankobjekte anzeigen und im Query-Analyzer-Fenster (hier gibt es eine Namensgleichheit mit dem ehemaligen SQL Server-Tool) beliebig Anweisungen erfassen, ausführen und auch als SQL-Skript speichern.

Sehr angenehm ist, dass die Tastenbelegung und das Handling jenem des Management Studios beziehungsweise des Vorgängers Query Analyzer entsprechen. Sie können eine Anweisung mit ⌑F5⌑ ausführen. Wird etwas markiert, wird nur der markierte Bereich ausgeführt.

Als besonderes Highlight sei IntelliSense erwähnt. Tippen Sie die ersten Buchstaben eines Feldnamens ein, erscheint eine Liste der möglichen Feldnamen zur Auswahl.

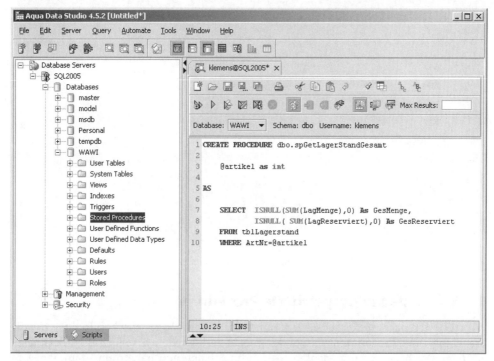

*Abbildung 6.13: Prozedur im Query Analyzer des Aqua Data Studio erstellen*

Sie können aber analog zum SQL Server Management Studio auch eine Prozedur direkt über das Kontextmenü im Objekt-Explorer erstellen. Klicken Sie auf den Ordner STORED PROCEDURES und wählen im Kontextmenü den Befehl CREATE PROCEDURE.

Um eine bestehende Prozedur zu ändern, klicken Sie diese an und wählen im Kontext-menü den Befehl ALTER PROCEDURE.

 Das Aqua Data Studio kann von *http://www.aquafold.com* heruntergeladen werden. Der persönliche Gebrauch und der Einsatz in Bildungseinrichtungen sind frei, sonst ist eine geringe Lizenzgebühr zu entrichten.

*Abbildung 6.14: Ändern einer bestehenden Prozedur im Aqua Data Studio*

## 6.1.3 Einfache gespeicherte Prozeduren

Wenn Sie sich nach diesem Überblick nun entschieden haben, welches Tool Sie für die Erstellung Ihrer Prozeduren verwenden möchten, können wir uns einigen Beispielen widmen. Wir beginnen mit leichten Anwendungsfällen und nähern uns dann langsam komplexeren Aufgabenstellungen. Wir werden für die vorgestellten Beispiele das SQL Server Management Studio verwenden.

 Auf der Buch-CD finden Sie zu den Kapiteln 5 und 6 jeweils eine SQL-Skript-Datei, die alle verwendeten Beispiele enthält.

Gespeicherte Prozeduren können in ihrer einfachsten Form aus einfachen SQL-Anweisungen bestehen und so Zeilen aus Tabellen als Ergebnis liefern.

Der Vorteil einer solchen Prozedur gegenüber einer zur Laufzeit eingegebenen SQL-Anweisung liegt in der schnelleren Ausführung der Prozedur, da die Analyse des Statements entfällt.

```
CREATE PROCEDURE dbo.spArtikelliste
AS
    SET NOCOUNT ON
    SELECT  a.ArtNr,
            a.ArtBezeichnung AS Bezeichnung,
            g.ArtGrText AS Artikelgrupe,
            a.ArtVKPreis AS Preis
    FROM tblArtikel a INNER JOIN tblArtikelGruppen g
    ON a.ArtGruppe = g.Artgr
    ORDER BY 2
RETURN
```

Wird in einer Prozedur eine SELECT-Anweisung verwendet, gibt diese das Ergebnis zurück. Eine Ausnahme bildet eine SELECT-Anweisung, die zum Befüllen von Variablen wie im nachfolgenden Beispiel verwendet wird. Hier werden die Personalnummer, der Nachname, der Vorname, das Eintrittsdatum und der Abteilungsname jenes Mitarbeiters, der als letzter eingestellt worden ist, in Variablen gespeichert. Diese SELECT-Anweisung ist als Ergebnis direkt nicht sichtbar. Der letzte Mitarbeiter, der eingestellt worden ist, ist jener, dessen Eintrittsdatum dem größten Eintrittsdatum entspricht. Dieses wird mit Hilfe einer Unterabfrage ermittelt.

```
CREATE PROCEDURE spNeuling
AS
DECLARE @nr int
DECLARE @nachname varchar(50), @vorname varchar(50)
DECLARE @eintritt smalldatetime, @abteilung varchar(30)
    SET NOCOUNT ON
    SELECT @nr = p.PersNr,
        @nachname = p.PersNachname,
        @vorname = p.PersVorname,
        @eintritt = p.PersEintritt,
        @abteilung = a.AbtText
    FROM tblPersonal p INNER JOIN tblAbteilungen a
    ON p.PersAbtlg = a.AbtNr
    WHERE p.PersEintritt = (SELECT
                                MAX(PersEintritt)
                                FROM tblPersonal)
    SELECT @nr As Nr, @nachname As Nachname,
        @vorname As Vorname,
        CONVERT(varchar, @eintritt, 104) As Eintritt,
        @abteilung As Abteilung
RETURN
```

Eine Prozedur wird über die Anweisung EXECUTE Prozedurname ausgeführt. EXECUTE kann durch EXEC abgekürzt werden. Diese ist vergleichbar mit dem Schlüsselwort TRANSACTION, das ebenfalls mit TRAN abgekürzt werden kann. Die Anweisung EXECUTE wird vom Namen der Prozedur gefolgt. Wie bei der Angabe eines Tabellennamens in der FROM-Klausel einer SQL-Anweisung, kann der Name der Prozedur mit dem vollen Bezeichner angegeben werden. Dies ist dann notwendig, wenn sich die Prozedur in einer anderen Datenbank befindet, als mit der man gerade verbunden ist. Sie können zum Starten der Beispielprozedur eine der beiden nachfolgenden Anweisungen verwenden.

```
EXEC spNeuling
```

```
EXEC WAWI.dbo.spNeuling
```

Die Prozedur liefert folgendes Ergebnis:

```
Nr     Nachname      Vorname    Eintritt      Abteilung
-----  ------------  ---------  ------------  -----------
651    Nürnberger    Klaus      01.04.2001    Verkauf
```

## 6.1.4    Gespeicherte Prozeduren mit Eingabeparametern

In der Praxis kommen Prozeduren, die ohne Eingabeparameter auskommen, eher selten vor. In der Regel benötigt eine Prozedur einen oder mehrere Parameter – man könnte sagen Informationen –, um ihre Aufgabe erledigen zu können. Dies ist mit Funktionen vergleichbar, die es auch mit und ohne Eingabeparameter gibt.

 Oft werden Eingabeparameter auch als Übergabeparameter bezeichnet, weil sie einer Prozedur oder Funktion beim Aufruf übergeben werden. Da es bei gespeicherten Prozeduren sowohl Eingabe- als auch Ausgabeparameter gibt, wird meist der Begriff eines Eingabeparameters zur exakten Bestimmung verwendet. Auch die Bezeichnung als Input-Parameter ist gebräuchlich.

Manche Funktionen kommen ohne Eingabeparameter aus. Man könnte sagen, sie wissen auch so, was sie zu tun haben. Beispiele dafür sind die Funktion GETDATE() oder auch CURRENT_USER. Was die augenblickliche Systemzeit ist, ist auch ohne weitere Zusatzinformation eindeutig bestimmt. Daher benötigt die Funktion GETDATE() keine Information mehr. Ebenso wird mit CURRENT_USER der Name des aktuellen Benutzers zurückgegeben. Auch hier wird keine weitere Information benötigt, die von der Funktion benötigt wird, um ihre Aufgabe zu lösen.

Andere Funktionen, wie zum Beispiel die Funktion DATEPART(), können nur dann ein Ergebnis liefern, wenn wir ihr beim Aufruf Informationen geben; in diesem Beispiel, welchen Teil von welchem Datum wir benötigen

Nach demselben logischen Schema können einer Prozedur ein oder mehrere Eingabeparameter übergeben werden. Diese werden am Beginn der Prozedur zwischen dem Prozedurnamen und dem Schlüsselwort AS, nach dem die eigentliche Prozedur beginnt, angegeben. Die Angabe gleicht der Deklaration von Variablen. Auch die Namen von Eingabeparametern beginnen mit einem @. Bei der Definition von Eingabeparametern wird lediglich das Schlüsselwort DECLARE weggelassen.

Achten Sie darauf, dass Sie bei der Verwendung mehrerer Eingabeparameter diese durch Kommata voneinander trennen. Dies wird leicht übersehen, da oft jeder Parameter in einer eigenen Zeile definiert wird.

Ein Eingabeparameter wird wie folgt definiert:

```
@parametername datentyp [=standardwert]
```

Im nachfolgenden Beispiel wird – in leichter Abwandlung des vorigen Beispiels – einer Prozedur, die Mitarbeiterinformationen bereitstellen soll, die Personalnummer jenes Mitarbeiters übergeben, über den wir diese Informationen haben möchten. Nur durch diesen Eingabeparameter „weiß" die Prozedur, welchen Mitarbeiter sie auswählen soll.

```
CREATE PROCEDURE spMitarbeiterinfo
  @nr int
AS
DECLARE @nachname varchar(50), @vorname varchar(50)
DECLARE @eintritt smalldatetime, @abteilung varchar(30)
    SET NOCOUNT ON
    SELECT @nachname = p.PersNachname,
           @vorname = p.PersVorname,
           @eintritt = p.PersEintritt,
           @abteilung = a.AbtText
    FROM tblPersonal p INNER JOIN tblAbteilungen a
    ON p.PersAbtlg = a.AbtNr
    WHERE p.PersNr = @nr

    SELECT @nachname As Nachname,
           @vorname As Vorname,
           CONVERT(varchar, @eintritt, 104) As Eintritt,
           @abteilung As Abteilung
RETURN
```

Innerhalb der Prozedur kann ein Eingabeparameter wie jede andere Variable verwendet und eingesetzt werden. Auch die Zuweisung eines neuen Wertes oder die Veränderung des alten Wertes ist möglich. In diesem Beispiel wird die übergebene Personalnummer in der WHERE-Klausel der SELECT-Anweisung verwendet, um damit den Mitarbeiter auszuwählen. Rufen Sie die Prozedur auf, und übergeben Sie ihr die Personalnummer 755:

```
EXEC spMitarbeiterinfo 755
```

**Liefert:**

```
Nachname    Vorname    Eintritt       Abteilung
----------  ---------  -------------  -----------
Prügger     Mathias    01.03.1998     Vertrieb
```

Da in der Prozedur die Option `SET NOCOUNT ON` verwendet wird, fehlt im Ergebnis der altbekannte Hinweis (`x Zeile(n) betroffen`).

Verwenden Sie in Prozeduren immer die Option `SET NOCOUNT ON`, da dies – wie im vorangegangenen Kapitel beschrieben – Performancevorteile bringt.

Eingabeparameter können mit Default-Werten versehen werden, wenn häufig dieselben Werte übergeben werden und Sie sich die Eingabe folglich im Aufruf ersparen möchten. Default-Werte werden den Eingabeparametern mit einem Gleichheitszeichen, in der Reihenfolge nach dem Datentyp, zugewiesen.

```
CREATE PROCEDURE spParameterTest

    @var1 int,

    @var2 int = 20,

    @var3 decimal(2,1) = 5.5

As

...
```

Diese Prozedur kann nun ohne Angabe von Werten für den zweiten und dritten Parameter aufgerufen werden:

```
EXEC spParameterTest 50
```

Möchten Sie für den dritten Parameter nun dennoch einen Wert übergeben, müssen Sie eine der folgenden Varianten für den Aufruf verwenden:

▷ Übergabe von Werten durch Position: Sie vergeben auch für den zweiten Parameter einen Wert, um danach für den dritten in der richtigen Reihenfolge einen Wert eingeben zu können:
```
EXEC spParameterTest 50, 20, 8
```

▷ Verwenden von `DEFAULT`: Um einen danach kommenden Parameter vergeben zum können und dennoch für den vorangegangenen Parameter den Standardwert zu verwenden, benutzen Sie das Schlüsselwort `DEFAULT`.
```
EXEC spParameterTest 50, DEFAULT, 8
```

▷ Übergabe von Werten durch Parameternamen: Um nicht an die definierte Reihenfolge gebunden zu sein, können Sie den Parameterwert auch direkt dem Parameternamen zuweisen:
```
EXEC spParameterTest @var1 = 50, @var3 = 8
```

Dadurch können Sie Parameter mit Default-Werten auslassen, auch wenn in der Reihenfolge nach diesen vorkommende Parameter mit Werten versorgt werden müssen.

Um den Prozeduraufruf und die Parameterübergabe so weit als möglich zu vereinfachen, definieren Sie Parameter mit Standardwerten immer zuletzt.

## 6.1.5 Ergebnisrückgabe von Prozeduren

Prozeduren können Ergebnisse auf verschiedene Arten an den, der sie aufruft, zurückliefern. Das kann eine Eingabe im Abfrage-Editor, ein externes Programm oder eine andere gespeicherte Prozedur sein, die diese aufruft. Welche Variante dabei zum Einsatz kommt, hängt auch von der Art des Aufrufs vom Frontend aus ab. Denn nicht jede Aufrufvariante kann jeden Rückgabewert auch entgegennehmen.

Folgende Rückgabevarianten sind möglich:

- RETURN-Anweisung
- PRINT-Anweisung
- SELECT-Anweisung
- OUTPUT-Parameter

Diese vier Varianten möchten wir Ihnen nun im Detail vorstellen und dabei auch auf ihre möglichen Einsatzbereiche eingehen.

### Return

Die RETURN-Anweisung haben wir schon kennen gelernt, um einen Anweisungsblock oder eine Prozedur sofort zu beenden. Alle nach RETURN stehenden Anweisungen werden nicht mehr ausgeführt. RETURN beendet aber eine Prozedur nicht nur, sondern kann auch einen ganzzahligen Wert liefern. Wird nach RETURN kein Wert explizit angegeben, wird 0 zurückgeliefert. Der Rückgabewert kann entweder direkt oder indirekt über eine Variable zurückgegeben werden:

```
RETURN 5
RETURN @nummer
```

Der von der Prozedur zurückgelieferte Wert muss in einer Variablen aufgefangen werden. Diese Variable muss direkt beim Aufruf angegeben werden:

```
EXEC @ergebnisvariable = prozedurname param_1, param_n
```

Das nachfolgende Beispiel zeigt die Verwendung von RETURN, um ein Ergebnis zurückzuliefern. Der Prozedur *spAnzInArtikelgruppe* wird ein Artikelgruppenkürzel übergeben. Die Prozedur stellt fest, wie viele aktive Artikel dieser Artikelgruppe zugeordnet sind, und gibt das Ergebnis über RETURN zurück.

```
CREATE PROCEDURE spAnzInArtikelgruppe

    @gruppe char(2)

AS

DECLARE @anz int

    SET NOCOUNT ON

    SET @anz = (SELECT COUNT(*)
                FROM tblArtikel
                WHERE ArtGruppe = @gruppe)

RETURN @anz
```

Um diese Prozedur aufzurufen, deklarieren Sie im Management Studio eine Variable vom Typ *Integer*. Diese geben Sie als Ziel beim Aufruf über EXECUTE an. Sie enthält nach Beendigung der Prozedur den Ergebniswert, den Sie mit SELECT anzeigen können.

```
DECLARE @ergebnis int
EXEC @ergebnis = spAnzInArtikelgruppe 'GE'
SELECT @ergebnis As Anzahl
```

Das Beispiel liefert folgendes Ergebnis:

```
Anzahl
-----------
233
(1 Zeile(n) betroffen)
```

 Die Anzeige der betroffenen Zeilen erfolgt in diesem Beispiel, da die Anweisung SET NOCOUNT ON nur innerhalb der Prozedur gilt. Die Anzeige, dass eine Zeile betroffen ist, rührt aber von der außerhalb von der Prozedur bei deren Aufruf verwendeten Anweisung SELECT @ergebnis As Anzahl her.

Häufig wird diese Variante der Wertrückgabe nicht dazu verwendet, Daten aus der Datenbank auszugeben, sondern um eine Art Statusbericht zu liefern, ob die der Prozedur übertragenen Aufgaben erfolgreich erledigt werden konnten.

Diese Variante demonstriert das nächste Beispiel:
In der Tabelle *tblLagerstand* werden die Lagerstände von Artikeln gespeichert. Neben der Artikelnummer (*Artnr*) werden die ID des Lagers (*LagNr*) sowie die Menge (*LagMenge*) und die reservierte Menge (*LagReserviert*) gespeichert.

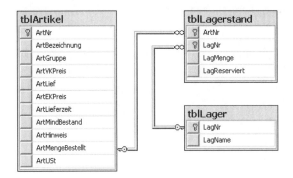

*Abbildung 6.15: Tabellen für Lagerstand*

An den verschiedensten Stellen der Applikation werden Lagerstandsbuchungen benötigt. Zum Beispiel wenn eine Lieferung eines Lieferanten eingeht oder eine Rechnung oder ein Lieferschein für einen Kunden geschrieben wird. Da eine Lagerstandsbuchung immer derselbe Vorgang ist, macht es Sinn, dafür eine Prozedur zu schreiben.

Dieser Prozedur, wir werden ihr den Namen *spLagerbuchungReturn* geben, werden beim Aufruf die Artikelnummer, die Lagernummer sowie die zu- oder abzubuchende Menge übergeben. Eine abzubuchende Menge wird dabei als negativer Wert übergeben. Als optionaler Parameter soll die zu reservierende Menge übergeben werden. Diese wird nicht immer benötigt und daher standardmäßig mit 0 festgelegt wird.

Gibt es die Kombination aus Artikel und Lager schon, wird die vorhandene Lagerstandsmenge angepasst. Gibt es sie noch nicht, muss ein neuer Datensatz in die Lagerstandstabelle eingefügt werden. Dieser Umstand wird dadurch erkannt, dass der zuerst versuchte Update-Vorgang keine Treffer erzielt hat. Dies wird über die Systemvariable @@ROWCOUNT geprüft. Der in diesem Fall nun als zweiter Schritt versuchte Insert-Vorgang wird in einen TRY-Block gesetzt. Dadurch soll ein etwaiger Fehler abgefangen werden, wenn eine ungültige Artikelnummer oder Lagernummer übergeben wird. (Dann würde das INSERT eine Fremdschlüsselverletzung auslösen.)

Bei einem Fehler gibt die Prozedur mit RETURN den Wert –1 zurück (innerhalb des CATCH-Blocks), bei Erfolg wird am Ende der Prozedur 1 zurückgeliefert.

Schauen wir uns nun den Code der Prozedur an:

```
CREATE PROCEDURE spLagerbuchungReturn
    @artikel int,
    @lager tinyint,
    @stk int,
    @res_stk int = 0
AS
    SET NOCOUNT ON
    UPDATE tblLagerstand
    SET LagMenge = LagMenge + @stk,
        LagReserviert = LagReserviert + @res_stk
    WHERE ArtNr = @artikel AND LagNr = @lager

    IF @@ROWCOUNT = 0
        BEGIN TRY
            INSERT INTO tblLagerstand
            VALUES (@artikel, @lager,
                    @stk, @res_stk)
        END TRY
        BEGIN CATCH
            RETURN -1
        END CATCH
RETURN 1
```

Da der gesamte TRY-CATCH-Block aus Sicht des IF ein einziger zusammenhängender Anweisungsblock ist, wird für den IF-Block hier kein BEGIN/END benötigt.

Um diese Prozedur zu testen, lesen wir den momentanen Lagerstandswert des Artikels mit der Nummer 1666 für das Lager 1 aus.

```
SELECT LagMenge
FROM tblLagerstand
WHERE ArtNr = 1666
AND LagNr = 1
```

Liefert:

```
LagMenge
- - - - - - - - - - -


(0 Zeile(n) betroffen)
```

Wir erhalten kein Ergebnis, das heißt, dieser Artikel ist noch nie auf dieses Lager gebucht worden. Dies bedeutet, beim ersten Aufruf der Prozedur muss ein neuer Datensatz eingefügt werden. Wir wollen nun 300 Stück buchen:

```
DECLARE @ergebnis int

EXEC @ergebnis = spLagerbuchungReturn 1666, 1, 300

SELECT @ergebnis As Anzahl
```

Liefert:

```
Anzahl
- - - - - - - - - - -
1

(1 Zeile(n) betroffen)
```

Das bedeutet, die Buchung muss erfolgreich gewesen sein. Kontrollieren wir nun erneut den Lagerstand, erhalten wir folgendes Ergebnis:

```
LagMenge
- - - - - - - - - - -
300

(1 Zeile(n) betroffen)
```

Bei einem erneuten Aufruf erhalten wir dasselbe Ergebnis, jetzt erfolgt jedoch ein UPDATE der vorhandenen Menge von 300 auf 600 Stück.

Wird beim Prozeduraufruf jedoch eine ungültige Artikelnummer oder Lagernummer übergeben, kann diese Artikel-Lager-Kombination beim UPDATE natürlich nicht gefunden werden. Beim daraufhin versuchten INSERT tritt eine Fremdschlüsselverletzung auf. Dieser Fehler wird abgefangen, und die Prozedur liefert –1 als Ergebnis.

Im folgenden Beispiel wird die ungültige Artikelnummer 166 übergeben:

```
DECLARE @ergebnis int
EXEC @ergebnis = spLagerbuchungReturn 166, 1, 300
SELECT @ergebnis As Anzahl
```

Daher liefert der Aufruf:

```
Anzahl
----------
-1

(1 Zeile(n) betroffen)
```

 Testen Sie diese Prozedur, indem Sie gültige und ungültige Artikel- und Lagernummern übergeben. Kontrollieren Sie, ob für diese Fälle wirklich korrekt die Werte –1 und 1 zurückgegeben werden.

Abschließend lässt sich über die Ergebnisrückgabe mit RETURN Folgendes bemerken:

▶ Diese Methode ist nur anwendbar, wenn sich das Ergebnis durch eine ganze Zahl ausdrücken lässt.

▶ Die Variante kann gut verwendet werden, wenn der Aufruf der Prozedur über ein Abfrage-Editorfenster des Management Studios oder über eine andere Prozedur erfolgt.

▶ Verschiedene Frontent-Werkzeuge können diesen Wert nicht oder nur sehr aufwändig entgegennehmen.

▶ Sie können immer nur einen einzelnen Wert als Ergebnis zurückliefern.

 Sie können eine gespeicherte Prozedur auch über den Objekt-Explorer des Management Studios aufrufen.

Dazu müssen Sie lediglich die gewünschte Prozedur markieren und über das Kontextmenü starten.

Im Dialog *Prozedur ausführen* müssen die Werte für die Parameter der Prozedur eingetragen werden. Um für einen Parameter einen NULL-Wert zu übergeben, haken Sie die entsprechende Option an. Um einen Parameter nicht zu übergeben, weil Sie den zugewiesenen DEFAULT-Parameter verwenden möchten, lassen Sie ihn einfach unausgefüllt.

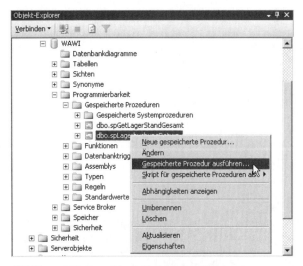

*Abbildung 6.16: Gespeicherte Prozedur ausführen*

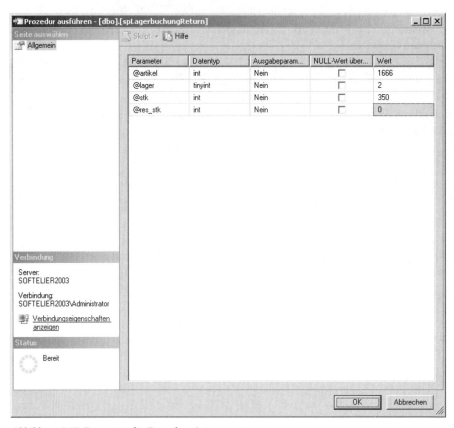

*Abbildung 6.17: Parameter für Prozedur eintragen*

Bestätigen Sie Ihre Eingabe mit OK, wird ein neues Abfrage-Editorfenster mit dem generierten Aufrufcode angezeigt. Diesen Code können Sie nun wie gewohnt über das Symbol *Ausführen* oder die Taste ⟨F5⟩ ausführen.

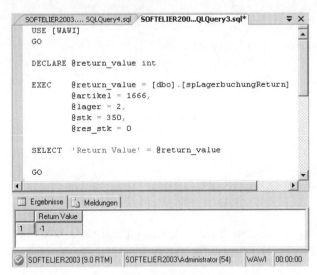

*Abbildung 6.18: Generierter Aufrufcode und Aufrufergebnis*

## Print

Eine weitere Variante, die nur für den direkten Prozeduraufruf über ein Abfrage-Editorfenster des Management Studios einen Sinn macht, ist die Verwendung von PRINT. Die PRINT-Anweisung haben wir ja bereits im vorangegangenen Kapitel kennen gelernt.

Wir behalten das vorige Beispiel bei und verändern es so, dass das Ergebnis über die PRINT-Anweisung ausgegeben wird. Dabei spielt es keine Rolle, ob Sie das Ergebnis über einen Zahlencode wie vorhin oder durch eine Meldung in Klartext ausgeben. Zu leichteren Unterscheidung haben wir der Prozedur den Namen *spLagerbuchungPrint* gegeben.

```
CREATE PROCEDURE spLagerbuchungPrint

    @artikel int,

    @lager tinyint,

    @stk int,

    @res_stk int = 0

AS

    SET NOCOUNT ON

    UPDATE tblLagerstand
    SET LagMenge = LagMenge + @stk,
        LagReserviert = LagReserviert + @res_stk
    WHERE ArtNr = @artikel AND LagNr = @lager
```

```
IF @@ROWCOUNT = 0
    BEGIN TRY
        INSERT INTO tblLagerstand
        VALUES (@artikel, @lager, @stk, @res_stk)

        PRINT 'Lagerbuchung erfolgreich.'
    END TRY
    BEGIN CATCH
        PRINT 'Artikel- oder Lagernummer ungültig!'
    END CATCH
ELSE
    PRINT 'Lagerbuchung erfolgreich.'
RETURN
```

Der Vorteil dieser Variante liegt darin, dass Sie für den Aufruf mit der einfachen EXE-CUTE-Anweisung auskommen und keine Variable für die Aufnahme des Ergebnisses benötigen.

```
EXEC spLagerbuchungPrint 1777, 3, 200
```

Liefert:

```
Lagerbuchung erfolgreich.
```

Vertippen wir uns absichtlich und rufen die Prozedur mit der Lagernummer 11 auf, erhalten wir folgendes Ergebnis angezeigt:

```
Artikel- oder Lagernummer ungültig!
```

 Testen Sie, ob Sie mit einer ungültigen Lagernummer die erwartete Fehlermeldung erhalten.

### Select-Anweisung

Eine sehr beliebte Variante, vor allem wenn die Prozedur von einem programmierten Frontend aus aufgerufen wird, ist die Rückgabe des Ergebnisses mit einer SELECT-Anweisung.

Hier enthält die Prozedur – in der Regel ist dies meist die letzte Anweisung innerhalb der Prozedur – eine SELECT-Anweisung, die entweder beliebig viele Zeilen und Spaltenwerte aus der Datenbank liefert oder den Inhalt einer oder mehrerer Variablen ausgibt.

Diese Variante haben wir bereits bei den Einstiegsbeispielen im Abschnitt „Einfache gespeicherte Prozeduren" auf Seite 222 benutzt.

Das Lagerbuchungsbeispiel haben wir beibehalten und nun auf die Variante mit der SELECT-Ausgabe umgearbeitet. Dabei wird der Rückgabetext in die Variable @ok eingefügt. Am Ende der Prozedur wird der Variableninhalt mit SELECT ausgegeben. Diese Variante der Prozedur trägt für die leichtere Unterscheidbarkeit den Namen *spLagerbuchungSelect*.

```
CREATE PROCEDURE spLagerbuchungSelect

    @artikel int,

    @lager tinyint,

    @stk int,

    @res_stk int = 0
AS

    DECLARE @ok varchar(50)

    SET NOCOUNT ON


    UPDATE tblLagerstand
    SET LagMenge = LagMenge + @stk,
        LagReserviert = LagReserviert + @res_stk
    WHERE ArtNr = @artikel AND LagNr = @lager


    IF @@ROWCOUNT = 0
        BEGIN TRY

            INSERT INTO tblLagerstand
            VALUES (@artikel, @lager, @stk, @res_stk)

            SET @ok = 'Lagerbuchung erfolgreich.(2)'

        END TRY
        BEGIN CATCH

            SET @ok='Artikel- oder Lagernummer ungültig!'

        END CATCH
    ELSE

        SET @ok = 'Lagerbuchung erfolgreich.(1)'


    SELECT @ok Ergebnis
RETURN
```

Im Beispiel wird im Ergebnistext durch den Zusatz in Klammern (1 oder 2) zusätzlich ausgegeben, ob die Buchung im ersten Schritt über das UPDATE oder im zweiten Schritt über das INSERT erfolgt ist.

Rufen wir diese Beispielvariante mit der Anweisung

```
EXEC spLagerbuchungSelect 1888, 2, 200
```

auf, erhalten wir folgende Anzeige:

```
Ergebnis
-------------------------------------------
Lagerbuchung erfolgreich.(2)
```

> Testen Sie auch diese Prozedurvariante wieder mit verschiedenen Übergabewerten.

> Diese Variante des Lieferns eines Ergebnisses können Sie nicht verwenden, um Werte von einer Prozedur an eine andere zu übergeben.

Die SELECT-Variante ist in folgenden Situationen zum Einsatz geeignet:

▷ Die Prozedur soll mehrere Zeilen aus einer Datenbank als Ergebnis zurückgeben.

▷ Die Prozedur wird von einem Frontent-Programmiertool aufgerufen, welches das Erstellen und Auslesen von Recordsets unterstützt. Das sind insbesondere Programmiertools wie VB, VBA, C und auch Java. Aber auch häufig im Web eingesetzte Tools wie ASP / ASP.NET unterstützen dies.

▷ Sie können in Access-Projektdateien direkt mit Doppelklick gestartet werden und zeigen ein Ergebnis an.

**OUTPUT-Parameter**

Die wohl am universellsten einsetzbare Variante ist die Verwendung von Output-Parametern.

▷ Output-Parameter können über das Ausgabefenster des Management Studios oder über einen beliebigen SQL-Editor ausgelesen und ausgegeben werden.

▷ Über Output-Parameter können Prozeduren untereinander Werte übergeben.

▷ Output-Parameter können über viele Programmiertools, wie zum Beispiel VB und VB.NET, und über Verwendung von ADO (ActiveX Data Objects) oder ADO.NET ausgelesen werden.

▷ Über Output-Parameter können Sie keine Datenzeilen zurückliefern. Deshalb können Sie auch kein tabellarisches Ergebnis auf diesem Wege liefern.

Output-Parameter werden in einer Prozedur wie Eingabeparameter definiert, gefolgt vom Schlüsselwort OUTPUT. Verwenden Sie mehrere Output-Parameter, müssen Sie OUT-PUT bei jedem Ausgabeparameter ergänzen.

Sie können Eingabe- und Ausgabeparameter in der Reihenfolge beliebig mischen. Jedoch ist es von der Übersicht her sinnvoller, zuerst die Eingabe- und danach die Ausgabeparameter zu definieren.

Sie können einen Output-Parameter mit einem Einkaufskorb vergleichen, den Sie jemandem zum Einkauf mitgeben, mit der Bitte, ihn mit bestimmten Dingen zu füllen. Nach dem Einkauf bekommen Sie ihn zurück und finden die gewünschten Artikel im Korb. Genauso funktioniert es mit Output-Parametern: Sie übergeben der Prozedur für jeden Output-Parameter eine Variable. Die Prozedur schreibt die Ergebniswerte in diese Variablen, und somit stehen diese Werte nach Beendigung der Prozedur zur Verfügung.

Sie können einen OUTPUT-Parameter zusätzlich auch wie einen INPUT-Parameter verwenden, um der Prozedur Werte zu übergeben. (Vergleichbar mit dem Geld, das Sie für den Einkauf in den Korb legen.)

Unser Lagerbuchungsbeispiel haben wir nun auch auf die Variante mit dem Output-Parameter umgebaut und als *spLagerbuchungOutput* angelegt.

```
CREATE PROCEDURE spLagerbuchungOutput
    @artikel int,
    @lager tinyint,
    @stk int,
    @ok varchar(50) OUTPUT,
    @res_stk int = 0
AS
    SET NOCOUNT ON

    UPDATE tblLagerstand
    SET LagMenge = LagMenge + @stk,
        LagReserviert = LagReserviert + @res_stk
    WHERE ArtNr = @artikel AND LagNr = @lager

    IF @@ROWCOUNT = 0
        BEGIN TRY
```

```
        INSERT INTO tblLagerstand
        VALUES (@artikel, @lager, @stk, @res_stk)

        SET @ok = 'Lagerbuchung erfolgreich.(2)'

    END TRY

    BEGIN CATCH

        SET @ok = 'Artikel- oder Lagernummer ungültig!'

    END CATCH

  ELSE

        SET @ok = 'Lagerbuchung erfolgreich.(1)'
RETURN
```

Das Entscheidende ist, dass der Output-Variablen innerhalb der Prozedur ein Wert zugewiesen wird. Dieser ist dann der Ergebniswert für diesen Parameter. Auf diese Art können ein oder mehrere Werte an die aufrufende Stelle übergeben werden.

Für den Aufruf dieser Prozedur muss eine Variable deklariert werden. Diese wird beim Aufruf übergeben wie Eingabeparameter auch. Jedoch genügt es nicht, dass der entsprechende Parameter in der Prozedur als Output-Parameter definiert worden ist. Auch die beim Aufruf übergebene Variable muss mit OUTPUT gekennzeichnet werden.

```
DECLARE @ergebnis varchar(50)

EXEC spLagerbuchungOutput 1788, 2, 50, @ergebnis OUTPUT

SELECT @ergebnis As Ergebnis
```

**Liefert:**

```
Ergebnis
---------------------------------------------
Lagerbuchung erfolgreich.(2)
(1 Zeile(n) betroffen)
```

Damit einer OUTPUT-Variablen in der Prozedur eine Variable übergeben werden kann, muss diese an der aufrufenden Stelle definiert werden. Im Anfragefenster geschieht dies über eine Transact-SQL-Variable. Nach dem Aufruf der Prozedur enthält diese Variable, die auch als Host-Variable bezeichnet wird, den Ergebniswert; so wie der Korb, der die Einkäufe enthält. Damit Sie den Inhalt dieser Variablen und damit das Ergebnis sehen, müssen Sie den Variableninhalt noch mit einem SELECT ausgeben.

## 6.1.6 Cursor in gespeicherten Prozeduren nutzen

Im vorigen Kapitel haben wir die Struktur eines Cursors kennen gelernt. Nun möchten wir diesen in einem Beispiel einsetzen. Bevor wir mit dem Beispiel starten, möchte ich vorweg noch Folgendes in Erinnerung rufen:

▷ Cursor liefern den Zugriff auf definierte Daten mit der Möglichkeit der Navigation (gehe zu Erstem, Nächstem etc.).

▷ Cursor werden verwendet, wenn ein und dieselbe Aktion auf mehrere Daten angewendet werden soll.

▷ Verwenden Sie niemals einen Cursor, um Daten zu ändern, wenn es auch über ein einfaches UPDATE möglich ist, da Cursor in Relation dazu sehr langsam sind.

▷ Verwenden Sie für den Cursor nur den Zugriffsmodus, den Sie für diese Aufgabenstellung benötigen, da sonst unnötige Performanceeinbußen in Kauf genommen werden. Das heißt, verwenden Sie keinen Cursor, der Schreibzugriff und Datenaktualisierung ermöglicht, wenn Sie über den Cursor nur Daten lesen möchten. In diesem Fall genügt ein statischer Cursor, wenn der Datenzugriff nur einen kurzen Augenblick (d.h. Zugriffe im Sekundenbereich und darunter) dauert.

▷ Vermeiden Sie wenn möglich Cursor, die große Datenmengen enthalten.

▷ Unter dem Strich kommt heraus: Setzen Sie einen Cursor nur dann ein, wenn es die Aufgabenstellung nicht anders zulässt.

Und nun zu unserem Beispiel:

Bisher haben wir mit unseren Lagerbuchungsprozeduren einzelne Artikel auf ein Lager zu- und abgebucht. Nun wollen wir diese Funktionalität auf Setartikel ausweiten. Setartikel sind Artikel, die wiederum aus mehreren einzelnen Artikel bestehen. So kann z.B. ein Kochtopfset aus mehreren einzelnen Kochtöpfen bestehen, die jeweils eine eigene Artikelnummer besitzen.

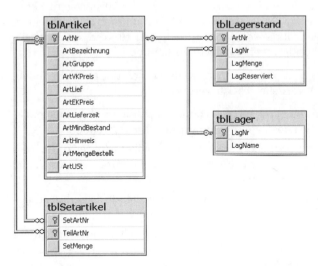

*Abbildung 6.19: Setartikel*

Wie die Abbildung zeigt, bestehen zwei Beziehungen von der Tabelle *tblSetartikel* zur Tabelle *tblArtikel*. Die Spalte *SetArtNr* enthält die Artikelnummer des gesamten Sets. Die *TeilArtNr* enthält die Artikelnummer des Teiles. Beide können nur gültige bestehende Artikelnummern sein.

| | SetArtNr | TeilArtNr | SetMenge |
|---|---|---|---|
| 1 | 1520 | 1568 | 2 |
| 2 | 1520 | 1596 | 1 |
| 3 | 1520 | 1875 | 1 |
| 4 | 1521 | 1523 | 2 |
| 5 | 2112 | 1502 | 1 |
| 6 | 2112 | 1503 | 1 |
| 7 | 2112 | 1504 | 1 |

*Abbildung 6.20: Inhalt der Tabelle tblSetartikel*

Die *SetArtNr* und die *TeilArtNr* bilden gemeinsam den Primärschlüssel. Die *SetMenge* gibt Aufschluss darüber, wie viele Stück eines Artikels in dem Set vorkommen. Betrachten wir exemplarisch das Set mit der Artikelnummer 2112. Hinter diesem verbergen sich folgender Artikel und folgende Teile:

| | ArtNr | ArtBezeichnung | ArtVKPreis |
|---|---|---|---|
| 1 | 1502 | Kochstar Pfanne Juwel 20 cm | 26,05 |
| 2 | 1503 | Kochstar Pfanne Juwel 24 cm | 32,48 |
| 3 | 1504 | Kochstar Pfanne Juwel 28 cm | 36,95 |
| 4 | 2112 | Kochstar Juwel Pfannenset | 64,99 |

*Abbildung 6.21: Setartikel und Teile dazu*

Die Teile 1502, 1503 und 1504 sind die Teile, die jeweils als eigene Artikel auch einen Preis haben. Alle drei werden gemeinsam als Set unter der Artikelnummer 2112 mit einem eigenen Setpreis verkauft. Lagerstände können natürlich nur für die Seteinzelteile geführt werden. Das Set als solches darf im Lager nicht vorkommen.

Daher muss die Lagerbuchungsprozedur erkennen, wenn es sich um ein Set handelt, und gegebenenfalls die Einzelteile anstelle des Sets verbuchen.

Damit die Logik der einzelnen Verbuchung nicht nochmals implementiert werden muss, wird hier folgender Aufbau für die neue Lagerbuchungsprozedur verwendet:

▷ Zuerst wird geprüft, ob der zu buchende Artikel ein Setartikel ist oder nicht. Dies geschieht dadurch, indem geprüft wird, ob diese Artikelnummer in der Spalte *SetArtNr* der Tabelle *tblSetartikel* vorkommt.

▷ Ist der zu buchende Artikel kein Setartikel, wird die bestehende Lagerbuchungsprozedur mit denselben Artikel-/Lager-/Menge-Werten aufgerufen.

▷ Ist der zu buchende Artikel ein Setartikel, werden die Seteinzelteile in einen Cursor geladen und danach die bestehende Lagerbuchungsprozedur für jeden dieser Einzelteile aufgerufen, um diese anstelle des Sets zu verbuchen.

Für die Lagerbuchung verwenden wir nun eine allgemeinere Variante, die gegenüber der letztverwendeten (*spLagerbuchungOutput*) folgende Unterschiede aufweist:

▷ Sie wird über den allgemeinen Namen *spLagerbuchung* aufgerufen.

▶ Der Output-Parameter hat den Datentyp *bit*. Dies ist ausreichend, um als Ergebnis erfolgreich (1) oder nicht erfolgreich (0) zurückzuliefern. Vor allem wenn eine Prozedur dann von einer anderen aufgerufen wird, wie es in unserem Beispiel der Fall sein wird, macht eine Ergebnismeldung in codierter Form mehr Sinn als ein ausformulierter Text.

▶ Es wird bei einem erfolgreichen Ergebnis nicht unterschieden, ob die Zubuchung durch INSERT oder UPDATE erfolgt. (Was in der Praxis zwar interessant ist zu wissen, aber nicht wirklich von Bedeutung ist.)

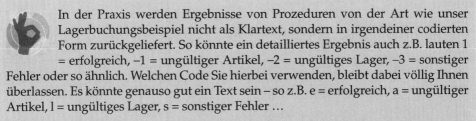

In der Praxis werden Ergebnisse von Prozeduren von der Art wie unser Lagerbuchungsbeispiel nicht als Klartext, sondern in irgendeiner codierten Form zurückgeliefert. So könnte ein detailliertes Ergebnis auch z.B. lauten 1 = erfolgreich, –1 = ungültiger Artikel, –2 = ungültiges Lager, –3 = sonstiger Fehler oder so ähnlich. Welchen Code Sie hierbei verwenden, bleibt dabei völlig Ihnen überlassen. Es könnte genauso gut ein Text sein – so z.B. e = erfolgreich, a = ungültiger Artikel, l = ungültiges Lager, s = sonstiger Fehler …

Das Anzeigen einer ausformulierten Fehlermeldung ist dann Aufgabe des Frontends. Dieses setzen den Code in den entsprechenden Text um. Das ist in der Regel nicht Aufgabe des Backends, also der Datenbank.

Die endgültige Version der Lagerbuchungsprozedur unter dem Namen *spLagerbuchung* hat folgendes Aussehen:

```
CREATE PROCEDURE spLagerbuchung

    @artikel int,

    @lager tinyint,

    @stk int,

    @ok bit OUTPUT,

    @res_stk int = 0

AS

    SET NOCOUNT ON

    UPDATE tblLagerstand
    SET LagMenge = LagMenge + @stk,
        LagReserviert = LagReserviert + @res_stk
    WHERE ArtNr = @artikel AND LagNr = @lager

    IF @@ROWCOUNT = 0

        BEGIN TRY

            INSERT INTO tblLagerstand
            VALUES (@artikel, @lager, @stk, @res_stk)

            SET @ok = 1
```

```
        END TRY
        BEGIN CATCH
            SET @ok = 0
        END CATCH
    ELSE
        SET @ok = 1
RETURN
```

Und nun widmen wir uns der eigentlichen Prozedur mit dem Namen *spLagerbuchung-Aufruf*. Beim Aufruf werden ihr dieselben Parameter übergeben wie der eigentlichen Buchungsprozedur. Die Aufgabe der Aufrufprozedur ist es ja nur, zu prüfen, ob der Artikel ein Set ist, und dieses gegebenenfalls in seine Einzelteile aufzuteilen. Die Verbuchung selber soll ja weiterhin die Buchungsprozedur erledigen.

```
CREATE PROCEDURE spLagerbuchungAufruf
    @artikel int,
    @lager tinyint,
    @stk int,
    @ok bit OUTPUT,
    @res_stk int = 0
AS
    SET NOCOUNT ON
    DECLARE @set int
```

Um festzustellen, ob es sich beim zu buchenden Artikel um ein Set handelt, wird geprüft, ob die Artikelnummer in der Spalte *SetArtNr* der Tabelle *tblSetartikel* vorkommt. Die Anzahl wird in der Variablen @set zwischengespeichert.

```
    -- ist es ein Set?
SET @set = (SELECT COUNT(*)
            FROM tblSetartikel
            WHERE SetArtNr = @artikel)
```

Handelt es sich nicht um einen Setartikel, ist die in der Variablen @set gespeicherte Anzahl gleich 0. In diesem Fall wird sofort die Buchungsprozedur aufgerufen, und die Parameter werden eins zu eins durchgereicht. Ebenso der Output-Parameter. (Wenn wir bei unserem Vergleich mit dem Warenkorb bleiben, bedeutet dies, dass der Warenkorb an eine weitere Person (Subunternehmer) weitergereicht, also der Einkauf delegiert wird. Am Ende wird der Warenkorb vom „Subunternehmer" an den „Hauptunternehmer" zurückgegeben, der wiederum gibt Ihnen den Korb. Am Endergebnis – nämlich dass Sie den Korb mit dem Inhalt erhalten – ändert sich also nichts.)

```
IF @set = 0

    EXEC spLagerbuchung @artikel, @lager,
    @stk, @ok OUTPUT, @res_stk
```

Der restliche Teil der Prozedur spielt sich im Else-Block ab. Das heißt, die Buchung eines Einzelartikels ist mit dem Aufruf der Buchungsprozedur auch schon erledigt.

Zu Beginn des Else-Blocks, der ausgeführt wird, wenn der Artikel als Setartikel erkannt worden ist, indem die Variable @set einen Wert größer als 0 enthält, werden noch zusätzliche Variablen deklariert. Die Variablen @teil und @teil_stk sollen die Werte aus dem Cursor aufnehmen. Wie im vorigen Kapitel beschrieben, wird für den Abruf einer Zeile aus einem Cursor für jede Spalte eine Variable mit dem passenden Datentyp benötigt. In unserem Beispiel sind dies die Artikelnummer des Einzelteiles und die Menge, mit der er im Set vertreten ist.

Die zu buchende und zu reservierende Menge muss noch mit der Menge, in der sie im Set enthalten ist, multipliziert werden. Diese zu buchende Gesamtmenge wird mithilfe der Variablen @stk_gesamt und @res_stk_gesamt errechnet.

```
ELSE

BEGIN

    -- Variablen für Cursor

    DECLARE @teil int, @teil_stk int

    DECLARE @stk_gesamt int, @res_stk_gesamt int
```

Nun kommt der entscheidende Teil mit dem Cursor. Bei der Deklaration werden dem Cursor über das SELECT die Teile-Artikelnummern und die Mengen zugewiesen – und zwar jene Teile, bei denen die Set-Artikelnummer der zuzubuchenden Nummer entspricht.

Da der Cursor nur den Bruchteil einer Sekunde offen ist und die Daten nur gelesen werden, wird der als LOCAL (nur innerhalb der Prozedur zugänglich) deklarierte Cursor auch STATIC (die Daten werden beim Öffnen des Cursors eingelesen, sind daher statisch und können nicht geändert werden) definiert.

Danach wird der Cursor mit der Anweisung OPEN geöffnet.

```
    -- Cursor definieren

    DECLARE teile CURSOR LOCAL STATIC
    FOR
        SELECT TeilArtNr, SetMenge
        FROM tblSetartikel
        WHERE SetArtNr = @artikel

    -- Cursor öffnen

    OPEN teile
```

Der nächste Schritt ist es, die erste Zeile aus dem Cursor abzurufen.

```
-- ersten Eintrag abrufen
FETCH NEXT FROM teile INTO @teil, @teil_stk
```

Solange der Fetch erfolgreich ist, gibt die Systemvariable @@FETCH_STATUS den Wert 0 zurück. In einer Schleife werden nun alle Zeilen des Cursors durchlaufen. Für jeden Teil des Sets werden nun

- die gesamt zu buchende und zu reservierende Menge errechnet und
- die Buchungsprozedur mit diesen Mengen und der Teilartikelnummer aufgerufen, so wie für einen Einzelteil.

```
WHILE @@FETCH_STATUS = 0
BEGIN
    SET @stk_gesamt = @teil_stk * @stk
    SET @res_stk_gesamt = @teil_stk * @res_stk


    EXEC spLagerbuchung @teil, @lager,
    @stk_gesamt, @ok OUTPUT, @res_stk_gesamt
    -- nächste Zeile aus Cursor abrufen
    FETCH NEXT FROM teile INTO @teil, @teil_stk
END
```

 Vergessen Sie niemals, am Ende der Schleife einen neuen Fetch einzufügen. Sonst haben Sie eine so genannte *Endlosschleife* erzeugt.

Nach Abschluss der Buchungen wird der nun nicht mehr benötigte Cursor geschlossen und die Ressource freigegeben.

```
-- Cursor schließen
CLOSE teile
-- Cursor deaktivieren
DEALLOCATE teile
    END
RETURN
```

Nun ist die Prozedur fertig und kann ausgetestet werden!

Buchen wir zuerst einen „normalen" Artikel. Zum Beispiel buchen wir 50 Stück des Artikels mit der Artikelnummer 1111 auf das Lager 1.

```
DECLARE @ok bit
EXEC spLagerbuchungAufruf 1111, 1, 50, @ok OUTPUT
SELECT @ok AS Ergebnis
```

Liefert:

```
Ergebnis
--------
1
```

Nun kontrollieren wir das Ergebnis:

```
SELECT * FROM tblLagerstand
WHERE ArtNr = 1111
```

Liefert:

```
ArtNr       LagNr LagMenge    LagReserviert
----------- ----- ----------- -------------
1111        1     50          0
```

Jetzt wiederholen wir den Vorgang mit dem Pfannenset mit der Artikelnummer 2112.

```
DECLARE @ok bit
EXEC spLagerbuchungAufruf 2112, 1, 500, @ok OUTPUT, 10
SELECT @ok AS Ergebnis
```

Wieder bekommen wir das Ergebnis 1 und kontrollieren, ob wir Artikel 2112 im Lager finden.

```
SELECT * FROM tblLagerstand
WHERE ArtNr = 2112
```

Liefert, da das Set ja nicht selber gebucht werden darf:

```
ArtNr       LagNr LagMenge    LagReserviert
----------- ----- ----------- -------------

(0 Zeile(n) betroffen)
```

Prüfen wir hingegen auf die Teile des Sets mit den Artikelnummern 1502, 1503 und 1504, müssen wir fündig werden.

```
SELECT * FROM tblLagerstand
WHERE ArtNr BETWEEN 1502 AND 1504
```

Liefert erwartungsgemäß:

```
ArtNr       LagNr LagMenge    LagReserviert
----------- ----- ----------- -------------
1502        1     500         10
1503        1     500         10
1504        1     500         10

(3 Zeile(n) betroffen)
```

In einem dritten Test, buchen wir den Setartikel 1520.

```
DECLARE @ok bit

EXEC spLagerbuchungAufruf 1520, 1, 100, @ok OUTPUT

SELECT @ok AS Ergebnis
```

Nachdem der Aufruf wieder 1 als Ergebnis geliefert hat, betrachten wir uns die gebuchten Mengen der Einzelteile.

```
SELECT * FROM tblLagerstand
WHERE ArtNr IN(1568, 1596, 1875)
```

Liefert:

```
ArtNr       LagNr LagMenge    LagReserviert
----------- ----- ----------- -------------
1568        1     200         0
1596        1     100         0
1875        1     100         0

(3 Zeile(n) betroffen)
```

Beachten Sie, dass von Artikel 1586 korrekterweise die doppelte Menge gebucht worden ist, da von diesem im Set zwei Stück enthalten sind.

> Testen Sie diese Prozedur auch mit anderen Werten aus. Achten Sie darauf, dass bei den bisher verwendeten Werten jeweils eine Buchung mittels INSERT erfolgt ist, weil die betroffenen Artikel erstmals auf diese Lager gebucht worden sind.

## 6.1.7 Transaktionen in Prozeduren

Transaktionen lassen sich in Prozeduren sehr einfach integrieren. So einfach, dass man in der Praxis oft deshalb eine Prozedur zur Lösung einer Aufgabenstellung verwendet, um eine Transaktion einsetzen zu können. Wir erweitern unsere Lagerbuchungsprozedur im Rahmen der Setverbuchung um eine Transaktion: Wenn die Verbuchung eines Setteils fehlschlägt, müssen alle abgeschlossenen Buchungen von anderen Setteilen rückgängig gemacht werden. Dasselbe gibt, wenn es während der Buchung eines Sets zu einem Systemausfall kommt.

Eine Transaktion sollte wegen der Sperren, die für die Dauer der Transaktion auf den betroffenen Datensätzen liegen, immer

▶ so spät wie möglich begonnen und

▶ so früh wie möglich beendet werden.

In der Prozedur *spLagerbuchungAufruf* wird die Transaktion begonnen, bevor die Cursor-Schleife mit der Buchung der Setteile beginnt.

```
ALTER PROCEDURE spLagerbuchungAufruf

    @artikel int,

    @lager tinyint,

    @stk int,

    @ok bit OUTPUT,

    @res_stk int = 0

AS

    SET NOCOUNT ON

    DECLARE @set int

    SET @set = (SELECT COUNT(*)
                FROM tblSetartikel
                WHERE SetArtNr = @artikel)

    IF @set = 0

        EXEC spLagerbuchung @artikel, @lager, @stk,
        @ok OUTPUT, @res_stk

    ELSE

    BEGIN

        DECLARE @teil int, @teil_stk int

        DECLARE @stk_gesamt int, @res_stk_gesamt int


        DECLARE teile CURSOR LOCAL STATIC
        FOR
            SELECT TeilArtNr, SetMenge
            FROM tblSetartikel
            WHERE SetArtNr = @artikel

        OPEN teile

        FETCH NEXT FROM teile INTO @teil, @teil_stk


        BEGIN TRANSACTION
```

```
WHILE @@FETCH_STATUS = 0
BEGIN
    SET @stk_gesamt = @teil_stk * @stk
    SET @res_stk_gesamt = @teil_stk * @res_stk
    EXEC spLagerbuchung @teil, @lager,
    @stk_gesamt, @ok OUTPUT, @res_stk_gesamt
```

Wenn die Buchung eines Einzelteiles nicht erfolgreich ist und die Prozedur daher 0 als Ergebnis liefert, muss die Transaktion mit ROLLBACK zurückgerollt werden. Da in diesem Fall die restlichen Buchungen auch nicht mehr ausgeführt werden müssen, wird die Schleife mit der Anweisung BREAK vorzeitig verlassen.

```
    IF @ok = 0
    BEGIN
        ROLLBACK TRANSACTION
        BREAK
    END
    FETCH NEXT FROM teile INTO @teil, @teil_stk
```

Nach jedem Fetch wird geprüft, ob noch ein weiterer Setteil zur Buchung vorhanden ist. Ist dies nicht der Fall und die Prozedurausführung ist bis an diese Stelle gelangt, muss die Transaktion nun mit COMMIT festgeschrieben und damit beendet werden.

```
    IF @@FETCH_STATUS != 0
        COMMIT TRANSACTION
END
CLOSE teile
DEALLOCATE teile
END
RETURN
```

An welcher Stelle im Code genau Sie eine Transaktion mit COMMIT bestätigen oder mit ROLLBACK zurückrollen, ist nicht so entscheidend. Wichtig ist dabei nur:

- Sie müssen sicherstellen, dass jede Transaktion irgendwann entweder mit COMMIT oder ROLLBACK beendet wird. Sie dürfen eine Transaktion nicht offen lassen.
- Es darf nie zu dem Fall kommen, dass sowohl das COMMIT als auch das ROLLBACK für ein und dieselbe Transaktion ausgeführt werden – egal in welcher Reihenfolge auch.

## 6.1.8 Gespeicherte Prozeduren aus Client-Anwendungen aufrufen

Zum Abschluss dieses Abschnittes möchten wir Ihnen noch einige Beispiele liefern, wie Sie auf dem SQL Server gespeicherte Prozeduren von einer Client-Anwendung aus aufrufen können.

### Visual Basic und Visual Basic for Applications mit ADO

Wir beginnen mit zwei Funktionen, die Sie in einem VB-Projekt, aber auch in VBA einsetzen können. Auch wenn es andere Varianten gibt, empfiehlt sich der Einsatz von *ADO* (ActiveX Data Objects).

ADO benötigt erst einmal eine Verbindung zur Datenquelle. Diese wird über einen Connect-String realisiert. Zu diesem gelangen Sie am einfachsten über eine so genannte Datenlinkdatei. Dies ist eine Textdatei mit der Dateierweiterung *UDL*. Um einen Datenlink anzulegen, klicken Sie mit der rechten Maustaste zum Beispiel am Desktop und erstellen über den Befehl NEU eine neue TEXTDATEI. Diese benennen Sie von *.TXT nach *.UDL um. Danach klicken Sie doppelt auf diese Datei, um den Datenlink zu konfigurieren. Auf dem Register PROVIDER wählen Sie den

▶ *Microsoft OLE DB Provider for SQL Server* oder

▶ *SQL Native Client*

aus.

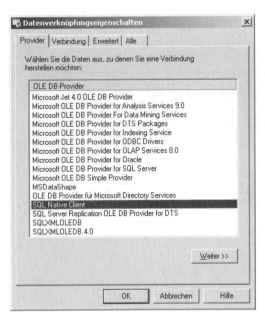

*Abbildung 6.22: Provider auswählen*

Danach wechseln Sie auf das Register VERBINDUNG und wählen den Server, den Anmeldemodus sowie die Datenbank aus. Wenn möglich, sollten Sie die integrierte Sicherheit von Windows NT verwenden.

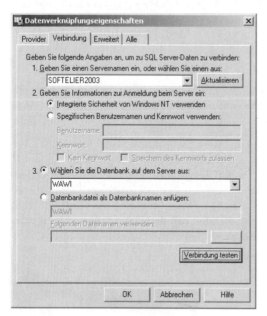

*Abbildung 6.23: Server, Anmeldung und Datenbank auswählen*

 Wenn Sie den SQL Native Client verwenden, können Sie den Server nicht aus einer Liste auswählen, sondern müssen den Servernamen manuell eingeben.

Testen Sie die Verbindung, speichern Sie Ihre Einstellungen, und schließen Sie die Datei. Öffnen Sie die Datei nun mit einem Text-Editor, um den Connect-String aus der Datei zu kopieren.

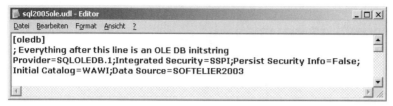

*Abbildung 6.24: Connect-String in Datenlinkdatei*

Sie können die Datenlinkdatei auch gleich direkt zur Herstellung der Verbindung verwenden und deren Pfad und Filenamen angeben. Jedoch macht es in der Praxis mehr Sinn, nur den Connect-String zu übernehmen und in den Code zu kopieren. Denn dann muss man nicht darauf achten, auch diese Datei immer mit zu kopieren und den Pfad richtig anzugeben.

### Prozedur mit SELECT-Rückgabe

Die Funktion *LagerbuchungSelect()* ruft eine leicht modifizierte Variante der weiter vorne in diesem Kapitel erstellten gespeicherten Prozedur *spLagerbuchungSelect* auf. Diese gibt das Ergebnis als Zahl, nicht als Text zurück. Sie finden das Skript für diese modifizierte Prozedur auf der Buch-CD in der Datei KAPITEL6.SQL. Die EXECUTE-Anweisung wird in der Variablen sql zusammengesetzt. Für die Verbindung wird ein Connection-Objekt und für das Auslesen der zurückgegebenen Prozedurwerte ein Recordset-Objekt benötigt. Zuerst wird die Verbindung hergestellt und danach das Recordset mit der EXECUTE-Anweisung erzeugt.

Im Beispielsfall liefert die Prozedur immer eine Zeile mit einer Spalte. Diese wird aus dem Recordset ausgelesen und der Funktion als Ergebnis zugewiesen. Danach werden das Recordset sowie die Connection wieder geschlossen.

```
Public Function LagerbuchungSelect(ByVal artikel As Long, ByVal
lager As byte, ByVal stk As Long) As Long


Dim dbcon As ADODB.Connection, rs As ADODB.Recordset
Dim sql As String
    sql = "EXEC spLagerbuchungSelect " & artikel & ", "
    & lager & "," & stk


    Set dbcon = New ADODB.Connection
    dbcon.ConnectionString = " Provider=SQLOLEDB.1;
    Integrated Security=SSPI;Persist Security Info=False;
    Initial Catalog=WAWI;Data Source=SOFTELIER2003"
    dbcon.Open
    Set rs = New ADODB.Recordset
    rs.Open sql, dbcon, adOpenStatic


    LagerbuchungSelect = rs(0)


    rs.Close
    Set dbcon = Nothing
End Function
```

## Prozedur mit OUTPUT-Parametern

Um eine Prozedur mit Output-Parametern anzusprechen, wird ein Command-Objekt verwendet. Diesem werden sowohl die Eingabeparameter als auch die Ausgabeparameter „umgehängt". Dem Command-Objekt werden außer den Parametern auch der Zieltyp (*CommandType*) und der Name der Prozedur (*CommandText*) zugewiesen. Sie können auch das Timeout (*CommandTimeout*) in Sekunden angeben. Dieses legt fest, wie viel Zeit dem Command bei der Ausführung bis zum Liefern des Ergebnisses gegeben wird, bevor mit einem Timeout-Fehler abgebrochen wird. Beim Anhängen der Parameter werden der Datentyp sowie der Typ (Input/ Output) definiert. Eingabeparametern muss ein Wert zugewiesen werden. Nachdem das Command-Objekt mit Execute ausgeführt worden ist, können Output-Parameter ausgelesen werden. Wir rufen in unserem Beispiel nun die gespeicherte Prozedur *spLagerbuchungAufruf* auf.

```
Public Function LagerbuchungOutput(ByVal artikel As Long, ByVal
lager As byte, ByVal stk As Long) As Boolean


Dim dbcon As ADODB.Connection
Dim dbparam As ADODB.Parameter, dbcmd As ADODB.Command


    Set dbcon = New ADODB.Connection
    dbcon.ConnectionString = " Provider=SQLOLEDB.1;
    Integrated Security=SSPI;Persist Security Info=False;
    Initial Catalog=WAWI;Data Source=SOFTELIER2003"
    dbcon.Open


    Set dbcmd = New ADODB.Command
    dbcmd.CommandText = "spLagerbuchungAufruf"
    dbcmd.CommandType = adCmdStoredProc
    dbcmd.CommandTimeout = 30


    Set dbparam = dbcmd.CreateParameter("@artikel",_
    adInteger, adParamInput)
    dbparam.Value = artikel
    dbcmd.Parameters.Append dbparam


    Set dbparam = dbcmd.CreateParameter("@lager",_
    adTinyInt, adParamInput)
    dbparam.Value = lager
```

```
dbcmd.Parameters.Append dbparam


Set dbparam = dbcmd.CreateParameter("@stk",_
adInteger, adParamInput)

dbparam.Value = stk

dbcmd.Parameters.Append dbparam


Set dbparam = dbcmd.CreateParameter("@ergebnis",
adBoolean, adParamOutput)

dbcmd.Parameters.Append dbparam


Set dbcmd.ActiveConnection = dbcon

dbcmd.Execute

LagerbuchungOutput = dbcmd.Parameters("@ergebnis")

Set dbcon = Nothing
```
End Function

Sie finden diese Beispiele auf der Begleit-CD in der Datei ADO.MDB.

## VB.NET mit ADO.NET

Als weitere Lösung finden Sie hier ein Beispiel, wie eine gespeicherte Prozedur über ADO.NET aufgerufen wird. Dieses Beispiel ist mit Visual Basic.NET und dem Visual Studio 2005 realisiert worden.

Sie finden das Beispiel auf der Begleit-CD im Ordner ADODOTNET als gesamtes Visual Studio-Projekt.

Das Beispiel ist ganz einfach aufgebaut und in eine Windows-Applikation eingebaut. Diese besteht aus einem kleinen Eingabeformular, über das die Artikelnummer, die Lagernummer und die Menge einzugeben sind. (Die Reservierungsmenge ist in diesem Beispiel zur Vereinfachung weggelassen worden.)

▸ Über den Button SELECT wird jene Lagerbuchungsprozedur aufgerufen, die das Prozedurergebnis über eine SELECT-Anweisung zurückliefert.

▸ Über den zweiten Button OUTPUT wird die Lagerbuchungsprozedur aufgerufen, die einen Output-Parameter verwendet, um das Ergebnis der Buchung zurückzuliefern.

*Abbildung 6.25: Aufrufformular für Prozeduren über VB.NET-Applikation*

Für den Aufruf der Prozeduren wird die Klasse *Datenzugriff* erstellt. Damit das Beispiel möglichst einfach ist und daher die Klasse beim Aufruf nicht instanziiert werden muss, werden die zwei Methoden für die Aufrufe als Shared Sub definiert.

 Um die benötigten Objekte für den Datenzugriff über den SqlClient einfacher deklarieren zu können, wird in unserer Klasse ein Verweis auf diese Basisklasse mit der Anweisung Imports System.Data.SqlClient eingefügt.

Die erste Methode für den Aufruf der Prozedur mit dem Namen *LagerbuchungSelect* verwendet einen *DataReader*, um das Ergebnis auszulesen. Für diesen wird ein *SqlCommand* definiert, dem die benötigten Parameter „umgehängt" werden.

 Wenn Sie das Beispiel nachbauen, vergessen Sie nicht, den Connect-String an Ihre Gegebenheiten anzupassen!

```
Public Class Datenzugriff

Shared Sub LagerbuchungSelect(ByVal artikel As Int32,
        ByVal lager As Short, ByVal stk As Int32,
        ByRef ok As Int16)


    Dim dbcon As New SqlConnection

    Dim strcon As String

    Dim strsql As String

    Dim cmd As SqlCommand

    Dim rdr As SqlDataReader


    strcon = "server=softelier2003;database=wawi;
            User ID=klemens;Password=klemens;
            Persist Security Info=True"
```

```
strsql = "EXEC spLagerbuchungSelect @artikel,
          @lager, @stk"

dbcon.ConnectionString = strcon

dbcon.Open()


cmd = New SqlCommand(strsql, dbcon)

cmd.Parameters.AddWithValue("@artikel", artikel)

cmd.Parameters.AddWithValue("@lager", lager)

cmd.Parameters.AddWithValue("@stk", stk)


rdr = cmd.ExecuteReader()

rdr.Read()

ok = rdr(0)


rdr.Close()

cmd.Dispose()

dbcon.Close()

End Sub
```

Die zweite Methode verwendet den Output-Parameter der Prozedur, um das Ergebnis auszulesen. Diese mit dem Namen *LagerbuchungAufruf* verwendet die Prozedur *spLagerbuchungAufruf*.

Diese Variante kommt ohne den *DataReader* aus. Es wird der weitere Parameter @ok dem *SqlCommand* zugewiesen. Wichtig ist, dass dieser über seine *Direction*-Eigenschaft als Output-Parameter festgelegt wird. Und auch beim Aufrufstring für die Prozedur muss unbedingt das Schlüsselwort OUTPUT ergänzt werden. Der *SqlCommand* wird mit der Methode *ExecuteNonQuery* ausgeführt. Danach kann das Ergebnis aus dem Parameter ausgelesen werden.

```
Shared Sub LagerbuchungAufruf(ByVal artikel As Int32,
          ByVal lager As Short, ByVal stk As Int32,
          ByRef ok As Int16)


    Dim dbcon As New SqlConnection

    Dim strcon As String

    Dim strsql As String

    Dim cmd As SqlCommand
```

```
strcon = "server=softelier2003;database=wawi;
          User ID=klemens;Password=klemens;
          Persist Security Info=True"

strsql = "EXEC spLagerbuchungAufruf @artikel,
          @lager, @stk, @ok OUTPUT"

dbcon.ConnectionString = strcon

dbcon.Open()


cmd = New SqlCommand(strsql, dbcon)

cmd.Parameters.AddWithValue("@artikel", artikel)

cmd.Parameters.AddWithValue("@lager", lager)

cmd.Parameters.AddWithValue("@stk", stk)

cmd.Parameters.AddWithValue("@ok", 0)

cmd.Parameters("@ok").Direction = ParameterDirection.Output


cmd.ExecuteNonQuery()

ok = cmd.Parameters("@ok").Value

cmd.Dispose()

dbcon.Close()

End Sub

End Class
```

Der Aufruf dieser beiden Methoden erfolgt über die Click-Events der beiden Schaltflächen im Formular. Nach einer einfachen Prüfung, ob die benötigten Parameterwerte eingetragen worden sind, wird die Methode *LagerbuchungSelect* der Klasse *Datenzugriff* aufgerufen.

```
Private Sub btnSelect_Click(ByVal sender As System.Object,
ByVal e As System.EventArgs) Handles btnSelect.Click


    Dim artikel As Int32
    Dim lager As Short
    Dim stk As Int32
    Dim ok As Int16


    If Me.tbArtikel.Text = "" Then
```

```
        MessageBox.Show("Geben Sie eine Artikelnummer
                        ein!", "Eingabefehler",
                        MessageBoxButtons.OK,
                        MessageBoxIcon.Warning)

    Me.tbArtikel.Focus()

ElseIf Me.tbLager.Text = "" Then

    MessageBox.Show("Geben Sie eine Lagernummer
                    ein!", "Eingabefehler",
                    MessageBoxButtons.OK,
                    MessageBoxIcon.Warning)

    Me.tbLager.Focus()

ElseIf Me.tbStk.Text = "" Then

    MessageBox.Show("Geben Sie bitte eine Menge
                    ein!", "Eingabefehler",
                    MessageBoxButtons.OK,
                    MessageBoxIcon.Warning)

    Me.tbStk.Focus()

Else

    artikel = Me.tbArtikel.Text

    lager = Me.tbLager.Text

    stk = Me.tbStk.Text


    Datenzugriff.LagerbuchungSelect(artikel, lager, stk, ok)


    If ok > 0 Then

        MessageBox.Show("Buchung erfolgreich!",
                        "Lagerbuchung",
                        MessageBoxButtons.OK,
                        MessageBoxIcon.Information)

    Else

        MessageBox.Show("Buchung nicht erfolgreich!",
                        "Fehler",
                        MessageBoxButtons.OK,
                        MessageBoxIcon.Error)

    End If

    End If

End Sub
```

Der Event-Handler der zweiten Schaltfläche unterscheidet sich von jenem der ersten lediglich dadurch, dass die Methode *LagerbuchungAufruf* der Klasse *Datenzugriff* verwendet wird.

```
Private Sub btnOutput_Click(ByVal sender As System.Object, ByVal e
As System.EventArgs) Handles btnOutput.Click

...

        Datenzugriff.LagerbuchungAufruf(artikel, lager, stk, ok)
...

End Sub

End Class
```

# 6.2 Mit Triggern automatisieren

Als Nächstes möchten wir Ihnen Trigger näher bringen. Trigger sind in Transact-SQL geschriebene Programme, die mit Ereignisprozeduren beziehungsweise Event-Handlern in anderen Programmiersprachen vergleichbar sind. Ereignisprozeduren werden automatisch gestartet, wenn das zugrunde liegende Ereignis eintritt. Man könnte Trigger demnach als Ereignisprozeduren für Tabellen bezeichnen, da sie auf Datenänderungen in Tabellen reagieren.

Trigger sind Programme, die auf Datenänderungen, das heißt auf das Einfügen, Löschen und Ändern von Daten, reagieren. In dieser Form können sie auch ähnliche Aufgaben wie Constraints erfüllen. Bevor Constraints ab der Version 6.0 des SQL Servers integriert worden sind, ist es alleinige Aufgabe von Triggern gewesen, Geschäftsregeln durchzusetzen. Da Constraints eine bessere Performance als Trigger bieten, werden sie in der Regel für diese Aufgabe eingesetzt. Dennoch werden Trigger häufig als Ergänzung verwendet, da sie eine wesentlich größere Flexibilität als Constraints bieten.

Wenn Trigger als Ergänzung von Gültigkeitsprüfungen eingesetzt werden, werden sie erst ausgeführt, wenn bereits alle anderen Integritätsprüfungen – wie durch Constraints wie *Primary Key*, *Foreign Key* oder *Check* – abgeschlossen sind. Der große Unterschied zwischen einem Trigger und einem Check-Constraint besteht darin, dass ein Trigger auch auf Daten in anderen Tabellen und Serverobjekten zugreifen kann. Ein Check-Constraint hingegen bleibt immer auf Inhalte innerhalb des aktuellen Datensatzes beschränkt. Des Weiteren ist ein Trigger in der Lage, verbundene Datensätze zu löschen und zu ändern, wie Sie das von der Lösch- und Aktualisierungsweitergabe von Foreign Keys kennen.

Die Hauptanwendungsfälle für einen Trigger sind demnach:

▶ Überprüfen von Geschäftsregeln, die für Constraints zu komplex sind. Damit können Sie Datenmanipulationen unterbinden, wenn Sie Ihren im Trigger definierten Bedingungen widersprechen.

▶ Ausführen von weiteren Aktionen, wenn eine Datenänderung abgeschlossen ist.

▶ Ausführen von Ersatzhandlungen, die anstelle der ursprünglichen Anweisung ausgeführt werden sollen.

Ein Trigger ist fest mit einer bestimmten Tabelle verknüpft und wird bei einer Datenmodifikation ausgeführt. Bis auf einige Einschränkungen stehen einem Trigger sämtliche SQL-Funktionen und Transact-SQL-Anweisungen zur Verfügung.

## 6.2.1    DML-Trigger: Insert, Update, Delete

Es gibt drei Arten von Triggern oder, wenn man so möchte, drei Ereignisse, auf die Trigger reagieren können:

▷ Insert-Trigger

▷ Update-Trigger

▷ Delete-Trigger

 Neu in dieser Version sind DDL-Trigger, die später in diesem Kapitel behandelt werden sollen. Wir beschäftigen uns vorerst nur mit den DML-Triggern.

Ein Trigger muss aber nicht ausschließlich einer dieser drei Arten angehören, sondern kann auch für mehrere Ereignisse konzipiert sein. So kann ein und derselbe Trigger sowohl beim Einfügen als auch bei Änderungen aktiv werden. Auf welche Ereignisse ein Trigger reagiert, wird bereits im Kopfbereich des Triggers festgelegt.

Um im Management Studio einen Trigger zu erstellen, wählen Sie im Objekt-Explorer die gewünschte Tabelle aus. Unter dieser selektieren Sie den Ordner TRIGGER. Über das Kontextmenü wählen Sie den Befehl NEUER TRIGGER ... aus.

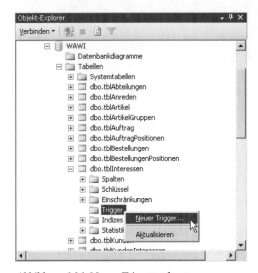

*Abbildung 6.26: Neuen Trigger anlegen*

Im Management Studio wird analog zum Erstellen einer Prozedur ein neues Abfrage-Editorfenster geöffnet. Hier wird aus einer Vorlage der Basiscode eingefügt. Auch hier ist einiges an textlichem Füllmaterial vorhanden, das erst durch Ihre eigenen Daten und Codezeilen ersetzt werden muss.

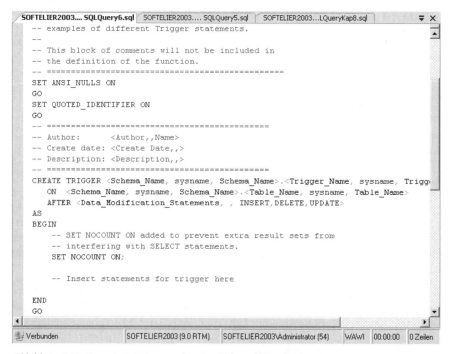

*Abbildung 6.27: Generierte Triggervorlage im Abfrage-Editorfenster*

Alternativ können Sie auch aus dem Vorlagen-Explorer eine Trigger-Vorlage wählen. Dazu haben Sie zwei Möglichkeiten.

▷ Klicken Sie die gewünschte Vorlage doppelt an, um mit dieser ein neues Abfrage-Editorfenster zu öffnen. Hier werden Sie in der Regel zur erneuten Eingabe Ihres Benutzernamens und Kennwortes aufgefordert.

▷ Ziehen Sie die Vorlage per Drag and Drop in ein bestehendes Abfrage-Editorfenster hinein.

Die Vorlagen, die Ihnen zur Verfügung stehen, sind:

▷ *Alter T-SQL Trigger*: Mit dieser Vorlage erzeugen Sie den Code, um einen bestehenden Trigger zu ändern.

▷ *Create T-SQL Trigger (New Menu)*: Dies ist die Vorlage, die verwendet wird, wenn Sie einen neuen Trigger in der zuerst beschriebenen Variante über das Kontextmenü im Objekt-Explorer erstellen.

▷ *Create T-SQL Trigger*: Dies ist die Basisvorlage für das Anlegen eines neuen Triggers.

▷ *Drop Trigger*: Diese Schablone dient dem Erstellen einer DROP TRIGGER-Anweisung, mit der Sie einen bestehenden Trigger löschen.

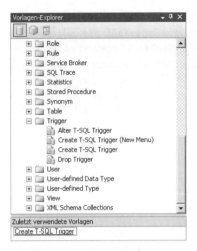

*Abbildung 6.28: Trigger-Vorlagen*

Weitere Vorlagen finden Sie im Vorlagen-Explorer unter dem Punkt *Earlier Versions* und *Create Trigger*. Das sind jene Vorlagen, die im SQL Server 2000 im Query Analyzer zur Verfügung standen.

▶ *Create INSTEAD OF Trigger Basic Template*: Mit einem INSTEAD OF Trigger leiten Sie eine DML-Anweisung um. Anstelle der vom Benutzer ausgeführten SQL-Anweisung wird die im Trigger angegebene ausgelöst. Häufig wird ein INSTEAD OF Trigger für eine View erzeugt, die schreibgeschützt ist und daher keine DML-Anweisungen zulässt. Der Trigger leitet die Anweisung auf die der View zugrunde liegende Tabelle um, wo die Ausführung der Anweisung möglich ist.

▶ *Create Trigger Basic Template*: Dies ist die Vorlage für einen *normalen* Trigger. Diese Vorlage entspricht weitgehend der im Enterprise Manager zur Verfügung gestellten Maske.

▶ *Create Trigger Contained IF COLUMNS_UPDATED*: Mit der COLUMNS_UPDATED()-Klausel können Sie in einem INSERT oder UPDATE Trigger überprüfen, welche Spalten in der Tabelle aktualisiert worden sind. Diese Klausel verwendet eine ganzzahlige Bitmaske, um die zu testenden Spalten anzugeben.

▶ *Create Trigger Contained IF UPDATE*: Mit UPDATE() können Sie einzelne Spalten der Tabelle daraufhin überprüfen, ob sie geändert worden sind.

Nach Übernahme einer Vorlage sind im Eingabefenster die SQL-Anweisungen zum Anlegen des Triggers bereits vorgegeben.

 In der Regel wird es weniger aufwändig und übersichtlicher sein, den Trigger manuell in einem Abfrage-Editorfenster zu erfassen, da viele der über die Schablone vorgegebenen Codeteile nicht benötigt werden.

Diese zu entfernen ist oft aufwändiger, als die schon benötigten Teile selber zu erfassen. Ich persönlich verwende diese Schablonen in der Praxis deshalb nie. Für Anfänger sind sie aber dennoch sehr hilfreich, da Sie ein Grundgerüst bieten. Es macht Sinn, dieses zu verwenden, bis man so weit ist, den Code selber ohne Hilfe zu tippen.

Betrachten wir uns den allgemeinen Aufbau eines Triggers. Die Anweisung CREATE TRIGGER wird vom Namen des Triggers gefolgt. Der Name ist gemäß den allgemeinen Namenskonventionen frei wählbar. Sinnvollerweise sollte aus dem Namen hervorgehen, auf welche Tabelle er sich bezieht und welche Aufgaben er erfüllt oder auf welches Ereignis er reagiert. Zu welcher Tabelle der Trigger gehört, wird im Anschluss an das Schlüsselwort ON angegeben. Auf welches Ereignis ein Trigger reagiert, wird über die Schlüsselwörter INSERT, UPDATE und DELETE angegeben, welche wie erwähnt auch kumulativ eingesetzt werden können.

```
CREATE TRIGGER triggername

{ON|AFTER|INSTEAD OF} tabellenname

[WITH ENCRYTION]

[NOT FOR REPLICATION]

FOR {INSERT, UPDATE, DELETE}

AS

    IF UPDATE(spaltenname) [OR|AND UPDATE(spaltenname)]

    SQL-Anweisungen
```

Es gibt drei Einstellungsmöglichkeiten, die festlegen, wie beziehungsweise wann ein Trigger reagieren soll.

▶ ON: Der Trigger reagiert beim Ereignis. Diese Einstellung wird zum Beispiel verwendet, wenn der Trigger zur Überprüfung einer Aktion herangezogen wird.

▶ AFTER: Dieser Trigger wird erst ausgeführt, wenn die den Trigger auslösende Aktion vollständig abgeschlossen ist. Insbesondere bedeutet das, dass alle Constraints-Überprüfungen und referenziellen kaskadierenden Aktionen (Änderungs- und Löschweitergabe von Beziehungen) abgeschlossen sind.

▶ INSTEAD OF: Mit dieser Anweisung werden Trigger erzeugt, die anstelle der ursprünglichen, den Trigger auslösenden Aktion eine Ersatzaktion ausführen.

Wenn Sie den optionalen Parameter WITH ENCRYPTION verwenden, wird der SQL-Anweisungsblock in den Systemtabellen verschlüsselt und kann nicht eingesehen werden.

Wenn der Trigger nicht ausgelöst werden soll, wenn das auslösende Ereignis durch einen Replikationsprozess herbeigeführt worden ist, verwenden Sie die Option NOT FOR REPLICATION. Dem Schlüsselwort AS folgt schließlich der eigentliche Programmblock des Triggers.

 Wenn Sie die Option WITH ENCRYPTION verwenden, kann der Code auch von Ihnen selber nicht mehr eingesehen werden. Es kann auch kein SQL-Skript mehr für diesen Code im Management Studio erzeugt werden. Speichern Sie den Code also selber in einem SQL-Skript ab, um ihn für eine spätere Bearbeitung zur Verfügung zu haben.

Um einen Trigger zu bearbeiten, muss die gesamte Anweisung mit ALTER TRIGGER anstelle von CREATE TRIGGER – analog zu einer Prozedur – erneut ausgeführt werden. Wenn Sie das entsprechende Skript noch zur Verfügung haben, ändern Sie einfach CREATE zu ALTER, und los geht es.

Haben Sie kein Skript zur Verfügung, klicken Sie einfach im Objekt-Explorer doppelt auf den Trigger, um ihn in einem neuen Abfrage-Editorfenster editieren zu können.

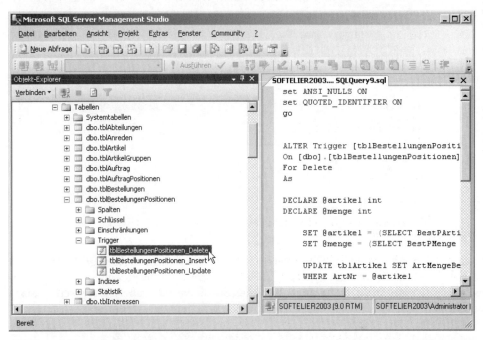

*Abbildung 6.29: Trigger durch Doppelklick bearbeiten*

Alternativ können Sie dies auch über das Kontextmenü tun. Hier haben Sie weitere Möglichkeiten. Sie können sowohl die Aktion als auch das Ziel wählen. Als Aktion können Sie wählen, ob Sie ein Skript haben möchten, mit dem Sie

▶ mit CREATE den Trigger erzeugen,

▶ mit ALTER den Trigger ändern oder

▶ mit DROP den Trigger löschen möchten.

Je nachdem, wie Ihr nächster Bearbeitungsschritt aussieht, können Sie das erzeugte Skript

▶ wie bei einem Doppelklick in einem neuen Abfrage-Editorfenster anzeigen,

▶ als Datei an einem gewählten Zielort speichern oder

▶ in die Zwischenablage kopieren, um es von dort an beliebiger Stelle einfügen zu können.

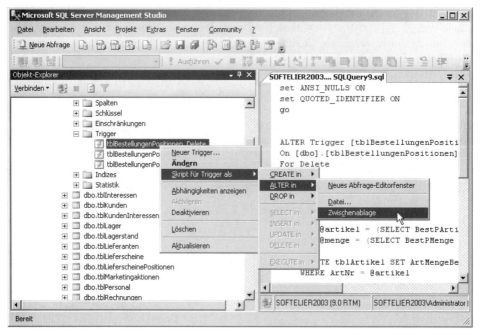

*Abbildung 6.30: Skript für Trigger erzeugen*

Leider ist es nicht möglich, den Trigger einfach in ein bestehendes Abfrage-Editorfenster zu ziehen. Wenn Sie dies tun, wird lediglich der Name des Objektes anstelle des gesamten Codes übernommen. In diesem Fall wählen Sie die Variante über die Zwischenablage und fügen den Code dann aus dieser in dem gewünschten Fenster ein.

Durch den Wegfall des Enterprise Managers und die Einführung des neuen SQL Server Management Studios gibt es keine direkte Möglichkeit mehr, eine Prozedur oder einen Trigger in einem eigenen Eingabefenster zu editieren. Hier ist im Management Studio eins zu eins die Bearbeitungsvariante des ursprünglichen Query Analyzers übernommen worden, nämlich dass jeglicher Code in einem Abfrage-Editorfenster dargestellt wird. Um die Prozedur oder den Trigger auf den Server zu speichern, muss der mit CREATE oder ALTER beginnende Code ausgeführt werden. Der Vorteil dabei ist jedoch, dass der Code jederzeit zusätzlich als SQL-Skript gespeichert werden kann.

Sie können bei einem Insert- oder Update-Trigger mit IF UPDATE(spaltenname) feststellen, ob die genannte Spalte von der Aktualisierung betroffen ist. Dadurch sind Sie in der Lage, gegebenenfalls nur dann zu reagieren, wenn eine bestimmte Spalte betroffen ist. Wenn Sie mehrere Spalten prüfen möchten, verwenden Sie UPDATE(spaltenname) für jede Spalte separat mit einem OR oder AND dazwischen.

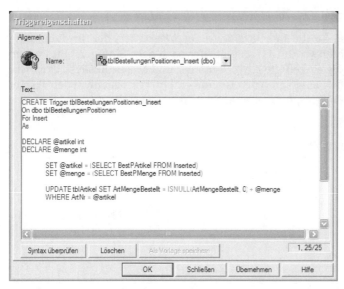

*Abbildung 6.31: Eingabefenster für Trigger und Prozeduren im Enterprise Manager der Vorversionen*

### Trigger für weiterführende Aktionen

Nach den allgemeinen Einführungen möchten wir uns nun den eigentlichen Trigger-Beispielen zuwenden. Wir beginnen mit Triggern, die bei Datenänderung weiterführende Aktionen vornehmen.

Das Entscheidende bei einem Trigger – egal welcher Kategorie er angehört – ist es, jene Daten auslesen zu können, die von der Datenänderung betroffen sind.

Um Werte aus dem eingefügten Datensatz auszulesen, wird die Pseudotabelle *inserted* benötigt. Diese Pseudotabelle existiert nur während der Ausführung eines Triggers. Ihre Struktur spiegelt exakt die Struktur der Tabelle wider, in welcher der Datensatz eingefügt wird. Die Tabelle *inserted* enthält immer den eingefügten Datensatz. Verwenden Sie diese, um die eingetragenen Werte abzufragen. Als Gegenstück dazu gibt es eine zweite Pseudotabelle mit dem Namen *deleted*. Diese enthält einen gerade gelöschten Datensatz und ermöglicht es, die Werte dessen auszulesen. Man könnte nun erwarten, dass es auch eine dritte Pseudotabelle mit dem Namen *updated* gibt, es ist aber nicht so. Bei Update-Vorgängen werden ebenso die beiden Tabellen *inserted* und *deleted* verwendet. Hierbei enthält die Tabelle *deleted* die alten, vor der Änderung gültigen Werte, und die Tabelle *inserted* ist bereits mit den neuen Inhalten gefüllt. Dies ist vor allem interessant, wenn man, um Änderungen nachzuvollziehen, die alten mit den neuen Werten vergleichen möchte.

### Und das ist unser Beispiel:
In der Artikeltabelle gibt es die Spalte *ArtMengeBestellt*. Diese enthält immer die aktuell beim Lieferanten offene bestellte Menge. Diese Menge wird nicht manuell geführt, sondern über Trigger automatisch gewartet. Wenn ein Artikel bestellt wird, muss die Menge automatisch erhöht werden, wenn eine Lieferung kommt, muss sie automatisch reduziert werden. Über eine Prozedur muss es die Möglichkeiten von Korrekturbuchungen geben, falls von einem Artikel zum Beispiel eine geringere Menge als bestellt geliefert wird und keine Nachlieferung mehr erfolgt.

## INSERT-Trigger

Der erste Trigger von dreien für die Tabelle *tblBestellungenPositionen*, der für die Lösung der Aufgabenstellung benötigt wird, ist derjenige, der nach dem Einfügen eines neuen Datensatzes in die Tabelle die eingefügte Artikelnummer und Menge ausliest. Um diese Menge wird die offene Bestellmenge im Artikelstamm erhöht. Wir benennen den Trigger nach der Tabelle und dem Ereignis, für das er feuert: *tblBestellungenPositionen_Insert*

```
CREATE TRIGGER tblBestellungenPositionen_Insert

ON tblBestellungenPositionen

AFTER INSERT

AS

    SET NOCOUNT ON


    DECLARE @artikel int

    DECLARE @menge int


    SET @artikel = (SELECT BestPArtikel FROM inserted)

    SET @menge = (SELECT BestPMenge FROM inserted)


    UPDATE tblArtikel
    SET ArtMengeBestellt = ArtMengeBestellt + @menge
    WHERE ArtNr = @artikel
RETURN
```

Der Trigger, der für das Ereignis INSERT der Tabelle definiert wird, wird mit der Option AFTER definiert, da der Eintrag in der Artikeltabelle nach allen anderen Änderungen erfolgen soll.

Bei diesem Beispiel würde es keinen Unterschied machen, wenn Sie anstelle von AFTER das Schlüsselwort FOR verwenden, da es ohnehin keine kaskadierenden Datenänderungen gibt.

Zu Beginn wird die bereits von Prozeduren bekannte Anweisung `SET NOCOUNT ON` verwendet, um die Ausgabe der betroffenen Zeilenanzahl zu deaktivieren. Diese würden bei so manchen Frontends zu Problemen führen – deshalb weg damit!

Es werden zwei Variablen deklariert, um danach die Artikelnummer sowie die bestellte Menge zwischenzuspeichern. Diese zwei Werte werden aus der internen Trigger-Tabelle *inserted* ausgelesen. Die Zuweisung des Inhaltes der Spalte *BestPArtikel* erfolgt an die Variable `@artikel` und jene der *BestPMenge* an die Variable `@menge`.

Nun erfolgt das Update auf die Tabelle *tblArtikel*, wobei die offene Bestellmenge (*Art-MengeBestellt*) für genau den eingefügten Artikel erhöht wird.

 Das RETURN am Ende des Triggers ist nicht notwendig. Wenn man möchte, kann man es als „optischen Abschluss" für den Trigger ergänzen

Der Vorteil der Trigger-Variante gegenüber einer Funktion, die vom Client aufgerufen wird, ist, dass der Trigger vom Benutzer praktisch nicht umgangen werden kann. Er wird immer ausgeführt, egal ob ein Datensatz über eine Client-Prozedur, über ein dafür vorgesehenes Client-Formular oder vom Benutzer direkt in die Tabelle eingefügt wird. Denken Sie daran, wie leicht eine Programmierung in einem Formular umgangen werden kann, wenn Daten „hintenherum" direkt in eine Tabelle eingetragen werden.

Generell muss man sich bei der Erstellung eines Triggers folgende Überlegung stellen:

*Ist von der SQL-Anweisung, die einen Trigger auslöst, in Ihrer Anwendung immer nur ein Datensatz betroffen, oder können es auch mehrere sein?*

Die Antwort auf diese Frage hat nicht unerheblichen Einfluss auf die Gestaltung eines Triggers, da in den Pseudotabellen *inserted* und *deleted* immer alle Datensätze enthalten sind, die von einer Anweisung *gemeinsam* betroffen sind. Bei einem Insert können ja mit einer Anweisung nur dann mehrere Zeilen eingefügt werden, wenn diese aus einer Unterabfrage stammen. Dies kommt in einer Datenbankanwendung mit manueller Datenerfassung allerdings selten vor und kann daher vernachlässigt werden. Gefährlicher ist es bei einem Update oder einem Delete, da können häufig mehrere Datensätze von einer Anweisung betroffen sein.

Enthält die Tabelle *inserted* oder *deleted* mehr als einen Datensatz, dann kann der Inhalt nicht in eine Variable übergeben werden. Die vorhin verwendete Syntax würde dann nicht jede der eingefügten Zeilen richtig verbuchen. Wird einer Variable ein Wert aus einer der Pseudotabellen über die SET-Anweisung mittels einer Unterabfrage zugewiesen, erzeugt dies einen Fehler:

```
Meldung 512, Ebene 16, Status 1, Prozedur tblBestellungenPositionen_
Insert, Zeile 10
```

```
Die Unterabfrage hat mehr als einen Wert zurückgegeben. Das ist
nicht zulässig, wenn die Unterabfrage auf =, !=, <, <=, > oder >=
folgt oder als Ausdruck verwendet wird.
```

```
Die Anweisung wurde beendet.
```

Um dies zu vermeiden, sollte man – wenn möglich – einen Trigger so programmieren, dass er auch fehlerfrei funktioniert, wenn mehrere Datensätze von einer Anweisung betroffen sind.

Dazu gibt es zwei mögliche Lösungsansätze:

1. Wenn möglich, kann das weitere Einfügen, Ändern oder Löschen durch Verknüpfen der Zieltabelle mit *inserted* oder *deleted* in einer einzigen SQL-Anweisung erfolgen. Dann werden auch mehrere Datensätze erfolgreich verarbeitet.

2. Wenn dies nicht möglich ist, muss im Trigger ein Cursor verwendet werden, der alle Zeilen aus *inserted* oder *deleted* einzeln ausliest und verarbeitet.

Versuchen wir das Beispiel mit der Buchung der Bestellmenge so umzuschreiben, dass sie auch beim gleichzeitigen Einfügen mehrerer Datensätze funktioniert, kommen wir mit der Lösungsvariante aus Punkt 1 zu folgendem Ergebnis:

```
ALTER TRIGGER tblBestellungenPositionen_Insert

ON tblBestellungenPositionen

AFTER INSERT

AS

    SET NOCOUNT ON


    UPDATE tblArtikel
    SET ArtMengeBestellt = ArtMengeBestellt +
                        i.BestPMenge
    FROM inserted i
    INNER JOIN tblArtikel a ON i.BestPArtikel = a.ArtNr


RETURN
```

Diese Variante verwendet stets eine Verknüpfung der Pseudotabelle mit jener, in der etwas „geschehen" soll. In unserem Beispiel wird für das vorzunehmende Update die Tabelle *tblArtikel* mit der Tabelle *inserted* über die Artikelnummer verknüpft. Aufgrund dieser Verknüpfung kann die Ist-Bestellmenge um den neu erfassten Wert aus der Tabelle *inserted* erhöht werden.

Um die Funktionsweise des neuen Triggers zu kontrollieren, fügen wir eine neue Bestellposition für einen Artikel hinzu. Zuvor zeigen wir die aktuelle offene Bestellmenge des Artikels mit der Nummer 1020 an:

```
SELECT ArtMengebestellt
FROM tblArtikel
WHERE Artnr = 1020
```

Ergebnis:

```
ArtMengebestellt
- - - - - - - - - - - - - - -
0
```

Fügen Sie in die Tabelle *tblBestellungenPositionen* nun einen neuen Datensatz ein (es wird die zweite Position für die Bestellung mit der Nummer 1007):

```
INSERT INTO tblBestellungenPositionen (BestNr, BestPos,
BestPArtikel, BestPText, BestPMenge, BestPPreis, BestPRabatt)
SELECT 1007, 2, ArtNr, ArtBezeichnung, 50, ArtEKPreis, 0
FROM tblArtikel
WHERE ArtNr = 1020
```

Rufen Sie nach dem Einfügen den Wert für den Artikel erneut ab, und kontrollieren Sie ihn:

```
ArtMengebestellt
----------------

50
```

Wie Sie sehen, ist die Menge von 50 Stück dem Artikel zugebucht worden.

 Gibt es bei Ihnen Probleme beim Testen, weil zum Beispiel die hier verwendeten Werte bereits vorhanden sind, legen Sie ruhig eine neue Bestellung an, und testen Sie mit anderen Werten!

Die hier verwendete Trigger-Variante funktioniert auch, wenn Sie zum Beispiel eine ganze Bestellung duplizieren und daher mit einer Anweisung mehrere Datensätze einfügen. Legen Sie dazu eine neue Bestellung an, und kopieren Sie alle Positionen der alten hinein (1008 steht stellvertretend für die Bestellnummer der neuen Bestellung und 1007 für jene der alten Bestellung):

```
INSERT INTO tblBestellungenPositionen
SELECT 1008, BestPos, BestPArtikel, BestPText,
       BestPMenge, BestPPreis, BestPRabatt
FROM dbo.tblBestellungenPositionen
WHERE bestNr = 1007
```

Kontrollieren Sie danach die offenen Bestellmengen in der Artikeltabelle!

### DELETE-Trigger

Nachdem wir beim Einfügen einer neuer Bestellposition diese automatisch verbuchen, muss auch eine Rückbuchung erfolgen, wenn ein Datensatz in dieser Tabelle wieder gelöscht wird.

```
CREATE TRIGGER tblBestellungenPositionen_Delete

ON tblBestellungenPositionen

AFTER DELETE

AS

    SET NOCOUNT ON


    UPDATE tblArtikel
```

```
    SET ArtMengeBestellt = ArtMengeBestellt -
                           d.BestPMenge
    FROM deleted d
    INNER JOIN tblArtikel a ON d.BestPArtikel = a.ArtNr
RETURN
```

Der Delete-Trigger gleicht dem Insert-Trigger bis auf zwei kleine Unterschiede:

▶ Die Verknüpfung erfolgt anstelle mit der Tabelle *inserted* mit der Tabelle *deleted*, welche die gelöschten Werte enthält.

▶ In der UPDATE-Anweisung wird die Menge nicht addiert, sondern subtrahiert.

Löschen Sie den zuvor vorgenommenen Eintrag in der Tabelle *tblBestellungenPositionen* wieder.

```
DELETE FROM tblBestellungenPositionen
WHERE Bestnr = 1007 AND BestPos = 2
```

Kontrollieren Sie das Ergebnis in der Tabelle *tblArtikel* für den Artikel mit der Nummer 1020: Die bestellte Menge ist wieder abgezogen.

## UPDATE-Trigger

Der dritte Trigger reagiert auf Änderungen an bestehenden Datensätzen. Ändert ein Benutzer die Artikelnummer oder die Menge in einem bereits gespeicherten Datensatz, muss eine Korrekturbuchung erfolgen. Folgende Anforderungen muss der Trigger erfüllen:

▶ Er soll nur dann reagieren, wenn die Artikelnummer oder die Menge geändert worden sind. Bei bloßer Änderung des Preises etwa ist keine Reaktion erforderlich.

▶ Die bereits verbuchten Werte müssen zurückgebucht, die neuen Werte gebucht werden.

In Update-Triggern kommt häufig die Anweisung IF UPDATE(spaltenname) zum Einsatz, da meist nicht generell auf irgendeine Änderung reagiert werden soll, sondern sehr differenziert auf Änderungen in bestimmten Feldern.

Möchten Sie mehrere Felder darauf prüfen, ob zumindest eines von ihnen geändert wird, verknüpfen Sie die Abfrage für die einzelnen Felder mit OR:

```
IF UPDATE(feld1) OR UPDATE(feld2) OR UPDATE(feld3) ...
```

Soll ein SQL-Block nur ausgeführt werden, wenn mehrere Felder gemeinsam geändert werden, verknüpfen Sie die Bedingungen mit AND:

```
IF UPDATE(feld1) AND UPDATE(feld2) AND UPDATE(feld3) ...
```

Natürlich können Sie auch NOT verwenden, wenn die Bedingung lautet, dass ein bestimmtes Feld nicht geändert wird:

```
IF UPDATE(feld1) AND NOT UPDATE(feld2) ...
```

Der Trigger für die Änderung einer Bestellposition könnte so realisiert werden:

```
CREATE TRIGGER tblBestellungenPositionen_Update
ON tblBestellungenPositionen
AFTER UPDATE
AS

    SET NOCOUNT ON


    IF UPDATE(BestPArtikel) OR UPDATE(BestPMenge)
    BEGIN
        UPDATE tblArtikel
        SET ArtMengeBestellt = ArtMengeBestellt -
                        d.BestPMenge
        FROM deleted d
        INNER JOIN tblArtikel a
        ON d.BestPArtikel = a.ArtNr


        UPDATE tblArtikel
        SET ArtMengeBestellt = ArtMengeBestellt +
                        i.BestPMenge
        FROM inserted i
        INNER JOIN tblArtikel a
        ON i.BestPArtikel = a.ArtNr
    END
RETURN
```

Damit nur dann gebucht wird, wenn dies aufgrund der geänderten Daten notwendig ist, wird zu Beginn mit `IF UPDATE(BestPArtikel) OR UPDATE(BestPMenge)` abgefragt, ob eine buchungsrelevante Aktualisierung vorgenommen worden ist. Ist dies der Fall, erfolgt zuerst die Rückbuchung der alten Werte. Dieser Anweisungsteil entspricht dem *Delete*-Trigger. Die anschließende Buchung des neuen Artikels entspricht genau genommen dem zuvor erläuterten *Insert*-Trigger.

### Kombinierte Trigger

Ein Trigger kann für ein, zwei oder alle drei DML-Anweisungstypen einge-setzt werden. Beim vorangegangenen Beispiel könnte man sich überlegen, ob man nicht alle drei Trigger durch einen einzigen ersetzen könnte. Dies ist in diesem Beispiel leicht möglich, da beim Update-Trigger eine Kombination der Anweisungen von Insert- und Delete-Trigger verwendet wird.

Verwenden wir den nachfolgenden Trigger als Ersatz für drei einzelne Trigger, müssen bei der Definition des Triggers alle drei Ereignisse – Insert, Update und Delete – angegeben werden.

Der Beispiel-Trigger besteht aus zwei SQL-Anweisugen, die zum einen die gelöschten Werte abbuchen und die neuen Werte zubuchen. Funktioniert dies nun bei allen drei Ereignissen korrekt?

▷ INSERT: Werden neue Datensätze eingefügt, sind diese in der Tabelle *inserted* enthalten, hingegen ist die Tabelle *deleted* leer. Es erfolgt, auch wenn die erste Update-Anweisung ausgeführt wird, keine Retourbuchung. Dies ist der Fall, weil über den Inner Join keine Zeilen zurückgegeben werden, wenn die Tabelle *deleted* leer ist. Die zweite Anweisung bucht die erfassten Werte, da diese in der Tabelle *inserted* enthalten sind. Dies erfolgt, da die Bedingung IF UPDATE() sowohl bei Insert- als auch bei Update-Vorgängen positiv ausgewertet werden kann.

▷ UPDATE: Bei einem Update sind sowohl die Tabelle *inserted* als auch die Tabelle *deleted* gefüllt. Die alten Werte werden retour gebucht und durch die neuen ersetzt.

▷ DELETE: Da nur die Tabelle *deleted* Zeilen enthält, kommt es zwar zur Rückbuchung der gelöschten Zeilen, aber da die *inserted* Tabelle leer ist, zu keiner neuen Buchung. Damit auch bei einem Löschvorgang die Buchung ausgeführt wird, wird speziell für diesen die Bedingung (SELECT COUNT(*) FROM inserted) = 0 ergänzt.

Um die drei vorigen Trigger zu ersetzen, verwenden Sie den nachfolgenden:

```
CREATE TRIGGER tblBestellungenPositionen_Buchung

ON tblBestellungenPositionen

AFTER INSERT, UPDATE, DELETE

AS

SET NOCOUNT ON


IF UPDATE(BestPArtikel) OR UPDATE(BestPMenge)
   OR (SELECT COUNT(*) FROM inserted) = 0

BEGIN

    UPDATE tblArtikel

    SET ArtMengeBestellt = ArtMengeBestellt -
                      d.BestPMenge
    FROM deleted d
    INNER JOIN tblArtikel a ON d.BestPArtikel = a.ArtNr
```

```
UPDATE tblArtikel
SET ArtMengeBestellt = ArtMengeBestellt +
                        i.BestPMenge
FROM inserted i
INNER JOIN tblArtikel a ON i.BestPArtikel = a.ArtNr
```

```
END
```

```
RETURN
```

### Trigger mit Abbruchbedingung

Eine Abbruchbedingung verwenden Sie in einem Trigger dann, wenn das Verändern der Werte unterbunden werden soll. Dies kann in folgender Situation notwendig sein:

Der eingefügte Datensatz enthält Werte, die einer im Trigger überprüften Geschäftsregel widersprechen. Trigger werden dazu verwendet, Eingabeprüfungen vorzunehmen, die für ein Constraint zu komplex sind und von einem solchen daher nicht überprüft werden können.

Wir verwenden für unser Beispiel eine ganz einfache Abbruchbedingung: Datenänderungen dürfen nur während der Geschäftszeiten von 8 bis 16 Uhr erfolgen.

Kommt man bei der Prüfung zum Schluss, dass der Vorgang abzubrechen ist, müssen zwei Dinge getan werden:

1. Vorgang mit ROLLBACK TRANSACTION abbrechen
2. Ausgeben einer Fehlermeldung mit RAISERROR

Mit RAISERROR kann sowohl auf benutzerdefinierte Fehlermeldungen, die in der Tabelle sysmessages gespeichert sind, zurückgegriffen werden, als auch ad hoc eine Fehlermeldung mit einem direkt erfassten Text ausgegeben werden.

```
RAISERROR (fehlercode|eigene fehlermeldung, schweregrad, status)
```

Ist eine benutzerdefinierte Fehlermeldung in der Tabelle *sysmessages* definiert, kann ein benutzerdefinierter Fehlercode verwendet werden. Benutzerdefinierte Fehlercodes sind jenseits der Zahl 50000 angesiedelt. So genannte Ad-hoc-Fehlermeldungen, bei denen der Text der Fehlermeldung direkt erfasst wird, erhalten den Fehlercode 50000. Der Schweregrad des Fehlers ist ein Wert von 0 bis 25 und in dieser Situation nur von informativer Natur. Der Schweregrad 16 ist für derartige mit RAISERROR erzeugte *User Error* vorgesehen. Der Fehlerstatus ist eine Zahl von 1 bis 127. Diesem Status kommt nur in ganz speziellen Situationen eine Bedeutung zu. Im Zusammenhang mit Ad-hoc-Fehlermeldungen ist der Status bedeutungslos.

 Der Programmablauf wird durch eine Fehlermeldung nicht – wie Sie es vielleicht von einer anderen Programmiersprache gewohnt sind – unterbrochen. Soll dies aber geschehen, verlassen Sie den Trigger oder die Prozedur mit RETURN.

In unserem Beispiel soll der Programmablauf nicht einfach unterbrochen, sondern das Einfügen der fehlerhaften Daten unterbunden werden. Daher wird die aktuelle Transaktion mit der Anweisung ROLLBACK TRANSACTION zurückgerollt. ROLLBACK TRANSACTION rollt die gesamte Transaktion zurück, in deren Verlauf es zum Feuern des Triggers gekommen ist. Der Trigger selber wird dadurch nicht verlassen. Wenn dies der Fall sein soll, beenden Sie den Trigger mit RETURN.

```
CREATE TRIGGER tblArtikel_Ins_Upd_Del

ON tblArtikel

FOR INSERT, UPDATE, DELETE

AS

    SET NOCOUNT ON


    IF DATEPART(hour, GETDATE()) NOT BETWEEN 8 AND 15
    BEGIN
        ROLLBACK TRANSACTION
        RAISERROR ('Keine Datenmanipulation außerhalb
                der Geschäftszeiten!', 16, 1)
        RETURN
    END

    ...

    -- beliebige weitere Anweisungen
RETURN
```

Versuchen Sie außerhalb des definierten Zeitraumes zum Beispiel ein Update auf die Tabelle *tblArtikel*,

```
UPDATE tblArtikel
SET ArtVKpreis = ArtVKPreis * 1.05
WHERE ArtGruppe = 'BE'
```

erhalten Sie folgende Fehlermeldung:

```
Meldung 50000, Ebene 16, Status 1, Prozedur tblArtikel_Ins_Upd_Del,
Zeile 10

Keine Datenmanipulation außerhalb der Geschäftszeiten!

Meldung 3609, Ebene 16, Status 1, Zeile 1

Die Transaktion endete mit dem Trigger. Der Batch wurde abgebrochen.
```

Auch wenn Sie in der Tabelle direkt editieren, zum Beispiel nachdem Sie sie über den Objekt-Explorer über das Kontextmenü geöffnet haben, erhalten Sie dieselbe Fehlermeldung.

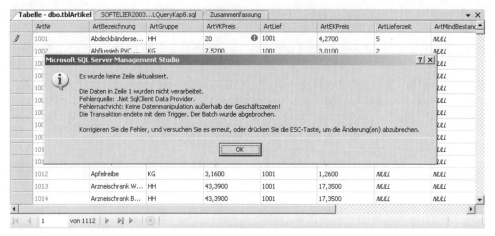

*Abbildung 6.32: Fehlermeldung beim Editieren von Daten nach Abbruch über Trigger*

## INSTEAD OF-Trigger

Ein INSTEAD OF-Trigger führt eine Aktion anstelle derjenigen aus, die ihn ausgelöst hat. Das auslösende Ereignis wird dadurch neutralisiert.

INSTEAD OF-Trigger können für

▶ *Tabellen* und für

▶ *Views* erstellt werden.
  Bei diesen werden diese Trigger vor allem dann eingesetzt, wenn die View selber nicht aktualisierbar ist. Die Aktualisierung wird dann direkt an der zugrunde liegenden Tabelle umgeleitet und damit quasi indirekt durchgeführt.

 Für jeden Tabelle oder jede View kann nur ein einziger INSTEAD OF-Trigger erzeugt werden.

Betrachten wir uns die Funktionsweise eines solchen Triggers anhand folgenden Beispiels:

Wenn ein Artikel gelöscht wird, soll dies nicht tatsächlich geschehen, sondern die Spalte *ArtAktiv* soll auf Nein gesetzt werden. Dies soll für den Benutzer vollkommen transparent sein. Das heißt, der Benutzer verwendet wie gewohnt eine DELETE-Anweisung. Tatsächlich wird der Datensatz aber nicht gelöscht, sondern auf inaktiv gesetzt. Als Draufgabe wird noch protokolliert, wann das geschehen ist und wer es getan hat.

Für dieses Beispiel benötigen wir in der Artikeltabelle folgende drei Spalten:

▶ *ArtAktiv*: Dieses Feld vom Datentyp *bit* enthält standardmäßig 1 (True). Dieser Wert soll im Falle des Löschens auf 0 (False) gesetzt werden.

▶ *ArtInaktivAm*: In diesem Feld vom Datentyp *datetime* wird beim Deaktivieren der aktuelle Zeitpunkt über die Funktion GETDATE() gespeichert.

▶ *ArtInaktivVon*: Hier soll beim Deaktivieren protokolliert werden, wer es getan hat. Dafür wird die Funktion USER_NAME() verwendet werden.

Der Trigger für die Tabelle *tblArtikel* wird mit dem Schlüsselwort INSTEAD OF DELETE definiert. Um alle Artikel, die ursprünglich gelöscht werden sollten, zu deaktivieren, werden die betroffenen Artikelnummern über die Unterabfrage aus der Tabelle *deleted* ausgelesen.

```
CREATE TRIGGER tblArtikel_Delete

ON dbo.tblArtikel

INSTEAD OF DELETE

AS


    SET NOCOUNT ON

    UPDATE dbo.tblArtikel
    SET ArtAktiv = 0,
        ArtInaktivAm = GETDATE(),
        ArtInaktivVon = USER_NAME()
    WHERE ArtNr IN (SELECT ArtNr FROM deleted)


RETURN
```

Testen Sie den Trigger, indem Sie den Artikel mit der Nummer 1505 löschen.

```
DELETE FROM tblArtikel
WHERE ArtNr = 1505
```

Liefert:

```
(1 Zeile(n) betroffen)
```

Es scheint also alles so, als wäre der Löschvorgang normal durchgeführt worden. Ein Blick in die Artikeltabelle zeigt aber, dass der Artikel noch vorhanden ist, aber als deaktiviert angezeigt wird.

```
SELECT ArtNr, ArtAktiv, ArtInaktivVon, ArtInaktivAm
FROM tblArtikel
WHERE ArtNr = 1505
```

Liefert:

```
ArtNr    ArtAktiv ArtInaktivVon  ArtInaktivAm
-------  -------- -------------- -----------------------
1505     0        dbo            2006-01-05 09:33:54.573
(1 Zeile(n) betroffen)
```

### Rekursive Trigger

Wenn ein Trigger Daten in einer anderen Tabelle ändert, kann es vorkommen, dass dadurch wieder ein weiterer Trigger feuert, der in der Zieltabelle zum Beispiel als Update-Trigger definiert ist. Dieser Trigger kann seinerseits eine Datenänderung in einer anderen Tabelle vornehmen und damit wieder einen weiteren Trigger auslösen.

SQL Server unterstützt solche geschachtelten Trigger, aber nur bis zu einer Schachtelungsebene von 32. Dasselbe gilt, wenn sich gespeicherte Prozeduren gegenseitig aufrufen. Jeder Trigger, jede Funktion, jede Prozedur und jede View, die sich gegenseitig aufrufen, erhöhen die Schachtelungsebene um eins. Wird die Schachtelungstiefe von 32 überschritten, wird die Ausführung mit einem Fehler abgebrochen:

```
Meldung 217, Ebene 16, Status 1, Prozedur xy, Zeile n
Die maximale Schachtelungsebene für gespeicherte Prozeduren,
Funktionen, Trigger oder Sichten wurde überschritten (Limit ist 32).
```

Gerade bei Triggern kann es schwierig sein, bei bestimmten Änderungen festzustellen, welche weiteren Änderungen in weiterer Folge durch Trigger ausgelöst werden. Bei Triggern wird zwischen zwei Arten der Rekursion unterschieden:

▶ *Direkte Rekursion*: Ein Trigger ändert etwas in seiner eigenen Tabelle und ruft sich dadurch selber wieder auf.

▶ *Indirekte Rekursion*: Ein Trigger ändert etwas in einer anderen Tabelle, für die wiederum ein anderer Trigger definiert ist. Dieser ändert Daten in der ursprünglichen Tabelle und löst damit den ersten Trigger erneut aus.

 Die direkte Rekursion kann generell auf Datenbankebene aktiviert und deaktiviert werden, die indirekte Rekursion nur auf Serverebene.

Der SQL Server ist standardmäßig so konfiguriert, dass er indirekte Rekursion bei Triggern zulässt. Sie können diese Einstellung aber deaktivieren. Dann wird ein Trigger nicht ausgelöst, wenn das zugrunde liegende Ereignis durch einen anderen Trigger ausgelöst worden ist.

Um diese Einstellung zu ändern, öffnen Sie im Management Studio über den Objekt-Explorer das Kontextmenü für den gewünschten Server und wählen den Befehl EIGEN-SCHAFTEN aus. Im Dialog *Servereigenschaften* wählen Sie unter *Seite auswählen* die Option *Erweitert* aus. Unter der Rubrik *Sonstiges* finden Sie die Eigenschaft *Triggern ermöglichen, weitere Trigger auszulösen*. Diese ist standardmäßig auf *True* eingestellt.

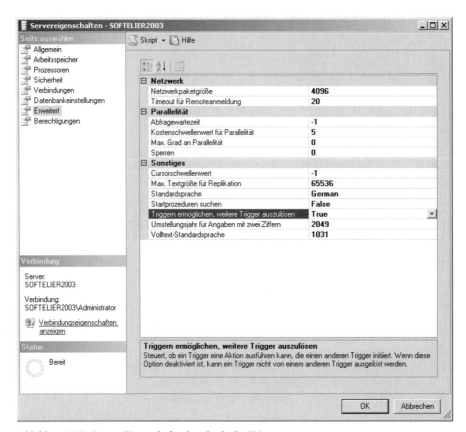

*Abbildung 6.33: Server-Eigenschaften/geschachtelte Trigger*

Sie können diese Einstellung auch direkt über Transact-SQL vornehmen:

```
EXEC sp_configure 'nested triggers', 0
```

Mit dieser Anweisung deaktivieren Sie diese Option. Mit 1 anstelle von 0 aktivieren Sie sie wieder. Nach Ausführen dieser Anweisung ist der Wert zwar geändert, aber diese Änderung ist noch nicht aktiv. Um diese Änderung auch aktiv zu schalten, müssen Sie danach noch die Anweisung

```
RECONFIGURE
```

ausführen.

Die direkte Rekursion wird auf Datenbankebene gesteuert. Sie ist standardmäßig deaktiviert. Um diese Einstellung zu ändern, öffnen Sie über das Kontextmenü im Objekt-Explorer die Eigenschaften der gewünschten Datenbank. Im Dialog *Datenbankeigenschaften* wählen Sie *Optionen* aus. Unter Sonstiges – Sie müssen ein wenig nach unten scrollen – finden Sie die Einstellung *Rekursive Trigger aktiviert* vor.

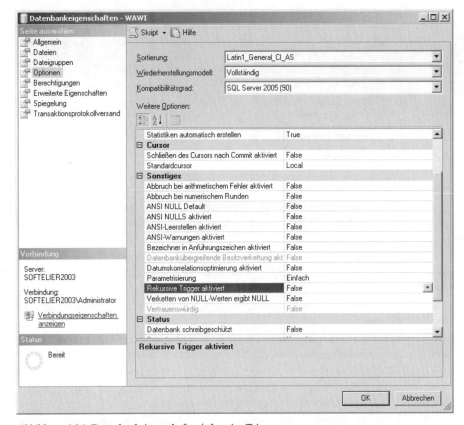

*Abbildung 6.34: Datenbankeigenschaften/rekursive Trigger*

Auch diese Einstellung kann ebenso auch über eine Transact-SQL-Anweisung geändert werden. Um die Option für unsere Beispieldatenbank zu aktivieren, verwenden Sie die Anweisung:

```
ALTER DATABASE WAWI
SET RECURSIVE_TRIGGERS ON
```

Um sie wieder zu deaktivieren, verwenden Sie OFF anstelle von ON.

 Problematisch ist es in der Praxis, dass diese Einstellung immer für den gesamten Server beziehungsweise die gesamte Datenbank gilt. So ist es durchaus realistisch, dass in der Praxis rekursive Trigger – egal ob direkt oder indirekt rekursiv – in einer Anwendungssituation erforderlich, in einer anderen aber absolut störend sind. Und dies spielt sich häufig sogar innerhalb einer Datenbank ab.

Problematisch wir es vor allem dann, wenn Sie für jemanden eine Datenbank entwickeln und gar keinen Einfluss darauf haben, wie die Einstellung auf dessen Server vorgenommen werden.

Daher empfiehlt es sich in der Praxis, die Schachtelungstiefe in einem Trigger selber zu überwachen, um damit von den Einstellungen möglichst unabhängig zu sein. (Übrig bleibt lediglich der Problemfall, dass Sie indirekte Rekursion benötigen und diese auf Serverebene deaktiviert ist. Denn Einstellungen auf Datenbankebene fallen Ihnen als Entwickler dieser Datenbank in der Regel ja ohnehin in Ihren eigenen Kompetenzbereich.)

Augrund dieser Problemstellung macht es in der Praxis Sinn, die Prüfung der Schachtelungstiefe im Trigger selber vorzunehmen und gegebenenfalls eine Ausführung der Trigger-Aktionen zu unterbinden.

Um die Schachtelungstiefe im Trigger zu eruieren, gibt es zwei Varianten:

▶ *@@NESTLEVEL*: Liefert die absolute Schachtelungstiefen, wobei jeder Trigger, jede Prozedur sowie jede Funktion und View mitgezählt wird. `@@NESTLEVEL` liefert folgende Werte:

   ▶ 0: Es ist im Moment keine Prozedur, Funktion oder kein Trigger aktiv. Sie erhalten das Ergebnis 0, wenn Sie @@NESTLEVEL zum Beispiel direkt in einem Abfrage-Editorfenster mit Select ausgeben.

   ▶ 1: Wann immer eine Prozedur oder ein Trigger aufgerufen ist, erhalten Sie 1 als Schachtelungstiefe.

   ▶ 2–32: Wenn eine Prozedur, ein Trigger oder eine Funktion durch eine andere aufgerufen worden ist, erhalten Sie je nach Schachtelungstiefe einen Wert von 2 bis 32.

▶ *TRIGGER_NESTLEVEL()*: Diese Funktion zählt nur jene Ebenen mit, die Trigger betreffen. Wird diese Funktion ohne Parameter angegeben, wird jeder Trigger-Aufruf gezählt. Sie können aber zusätzliche Parameter verwenden:

   ▶ *Objekt-ID*: Wird die Objekt-ID eines bestimmten Triggers angegeben, werden nur die Aufrufe dieses Triggers gezählt. Die Objekt-ID holen Sie sich am besten mit der Funktion `OBJECT_ID()`, der Sie als Parameter den Namen des Triggers übergeben.

   ▶ *Triggertyp*: Hier kann das Zählen der Schachtelungstiefe auf einen bestimmten Triggertyp eingeschränkt werden. Geben Sie entweder `AFTER` oder `IOT` (für INSTEAD OF-Trigger) an.

   ▶ *Ereigniskategorie*: Hier können Sie angeben, ob Sie auf DML- oder DDL-Trigger einschränken möchten. Geben Sie dazu `DML` oder `DDL` an.

Wenden wir dies nun in einem Beispiel an:

Wir möchten in unserer Datenbank eine Protokolltabelle erstellen, in der Einfüge-, Änderungs- und Löschvorgänge in ausgewählten Tabellen protokolliert werden. Änderungen, die indirekt über einen Trigger erfolgen, sollen aber nicht protokolliert werden. Außerdem soll sichergestellt werden, dass einerseits keine Protokolleinträge manuell erfasst werden können und es andererseits nicht möglich ist, bestehende Einträge zu ändern oder gar zu löschen. Damit soll eine Manipulation des Protokolls ausgeschlossen werden.

 Die hier verwendeten Anweisungen finden Sie als Skript auf der Begleit-CD.

Erstellen wir im ersten Schritt eine Protokolltabelle, in welche die Protokolleinträge geschrieben werden sollen.

Für solche Aufgabenstellungen gibt es zwei mögliche Realisierungsansätze.

▸ Man erzeugt eine allgemeine Protokolltabelle, in der die Protokolleinträge für die Änderungen in allen zu protokollierenden Tabellen eingetragen werden. Dann wird man in dieser den Namen der Herkunftstabelle mitspeichern. Wenn die Daten des geänderten Datensatzes auch gespeichert werden sollen, wird man diese in einem Feld als String zusammengefasst speichern. Hierfür bietet sich der neue Datentyp VARCHAR(MAX) an.

Vorteile:

▸ Alle Änderungen sind in einer Tabelle, und das Protokoll kann leicht tabellenübergreifend ausgewertet werden, wenn man zum Beispiel wissen möchte, welche Änderungen ein bestimmter Benutzer in einem bestimmten Zeitraum gemacht hat.

▸ Die Struktur der Protokolltabelle muss nicht angepasst werden, wenn bei einer der zu protokollierenden Tabellen zum Beispiel eine neue Spalte ergänzt wird.

▸ Alternativ kann man für jede Tabelle eine eigene Protokolltabelle vorsehen.

Vorteile:

▸ Sie können die Struktur der Protokolltabellen jeweils an jene der zu protokollierenden Tabelle anpassen. Der Einfügevorgang in die Protokolltabelle wird dadurch einfacher, weil Sie nicht die Inhalte aller Spalten zu einem String zusammenfassen müssen.

▸ Auswertungen der Protokolldateien, die sich auf die Inhalte der geänderten Spalten beziehen, sind einfacher, da diese Inhalte nicht aus einem Gesamtstring extrahiert werden müssen.

Nachteile:

▸ Auswertungen, die sich auf Benutzer oder Zeiträume und nicht auf eine bestimmte Tabelle beziehen, sind sehr schwierig und aufwändig zu erstellen.

▸ Die Protokolltabelle muss bei Änderungen an der Struktur der zu protokollierenden Tabelle immer mit angepasst werden.

Wir entscheiden uns für die erste Variante mit einer einzigen Protokolltabelle. Diese erzeugen wir mit nachfolgender Anweisung:

```
CREATE TABLE dbo.tblProtokoll
( ID int IDENTITY CONSTRAINT pk_protokoll PRIMARY KEY,
  Tabelle varchar(50) NOT NULL,
  TabelleID varchar(50) NOT NULL,
  Vorgang char(1) CONSTRAINT ck_protokoll_vorgang
    CHECK (Vorgang IN('I', 'U', 'D')),
  Inhalt varchar(max),
  Datum datetime NOT NULL
    CONSTRAINT df_protokoll_datum DEFAULT GETDATE(),
  Benutzer varchar(50) NOT NULL
    CONSTRAINT df_protokoll_benutzer DEFAULT USER_NAME()
)
```

In der Spalte *Tabelle* wird der Name der Tabelle gespeichert, für welche die Änderung protokolliert wird. In der Spalte *TabelleID* wird der Eintrag der Primärschlüsselspalte des protokollierten Datensatzes gespeichert. Damit ist es möglich, die Protokolleinträge für Auswertungen später mit den Echtdaten in den Ursprungstabellen zu verknüpfen. Da die Datentypen der Primärschlüssel in den Ursprungstabellen unterschiedlich sein können, wird als Datentyp ein VARCHAR verwendet. In diesen können alle anderen Datentypen konvertiert werden. In der Spalte *Vorgang* wird vermerkt, ob es sich um einen Insert- (I), Update- (U) oder einen Delete-Vorgang (D) handelt. Die Daten des protokollierten Datensatzes werden als String zusammengesetzt in der Spalte *Inhalt* abgelegt. Der Zeitpunkt des Vorganges wird über den Standardwert mit der Funktion GETDATE() in der Spalte *Datum* gespeichert, ebenso wie der Name des Datenbankbenutzers in der Spalte *Benutzer*. Hierfür wird der Standardwert mit der Funktion USER_NAME() vergeben.

Nun wenden wir uns dem ersten von mehreren Triggern zu. Der Trigger *tblProtokoll_Insert* feuert, wenn ein Datensatz in die Protokolltabelle eingefügt wird. Seine Aufgabe ist es zu verhindern, dass Zeilen manuell in die Protokolltabelle eingefügt werden. Nur über einen anderen Trigger eingefügte Werte sollen akzeptiert werden.

Liefert die Funktion TRIGGER_NESTLEVEL() den Wert eins, dann ist der Eintrag nicht über einen anderen Trigger erfolgt. Denn sonst müsste diese Funktion mindestens den Wert zwei liefern. (Level eins für den eintragenden Trigger und der zweite Level für den Trigger *tblProtokoll_Insert* selber.) Ist die Trigger-Schachtelungstiefe nun wirklich nur eins, wird der Vorgang abgebrochen, indem die Transaktion beendet wird.

```
CREATE TRIGGER tblProtokoll_Insert

ON dbo.tblProtokoll

FOR INSERT

AS

    SET NOCOUNT ON


    IF TRIGGER_NESTLEVEL() = 1

    BEGIN

        ROLLBACK TRANSACTION

        RAISERROR ('Kein direktes Einfügen in
        Protokolltabelle möglich.', 16, 1)

    END

RETURN
```

Wir können das nun sofort testen. Versuchen wir über ein simples Insert, einen Datensatz manuell in die Protokolltabelle einzutragen.

```
INSERT INTO dbo.tblProtokoll (Tabelle, TabelleID,
                             Vorgang, Inhalt)
VALUES ('Tabelle', 'TabelleID', 'I', 'Inhalt')
```

Prompt erhalten wir die Fehlermeldung, die wir im Trigger mit der Anweisung RAISERROR() definiert haben.

```
Meldung 50000, Ebene 16, Status 1, Prozedur tblProtokoll_Insert, Zeile 10

Kein direktes Einfügen in Protokolltabelle möglich.

Meldung 3609, Ebene 16, Status 1, Zeile 1

Die Transaktion endete mit dem Trigger. Der Batch wurde abgebrochen.
```

Der zweite Trigger für die Tabelle *tblProtokoll* feuert für die Ereignisse Ändern und Löschen. Diese Vorgänge sollen schlicht unterbunden werden, egal wann und wie sie erfolgen. Deshalb erfolgt sofort ein ROLLBACK TRANSACTION ohne Prüfung einer Bedingung. Damit wird sichergestellt, dass Protokolleinträge nachträglich nicht mehr manipuliert werden können.

```
CREATE TRIGGER tblProtokoll_Upd_Del

ON dbo.tblProtokoll

FOR UPDATE, DELETE

AS
    SET NOCOUNT ON

    ROLLBACK TRANSACTION

    RAISERROR ('Ändern und Löschen von
    Protokolleinträgen nicht möglich.', 16, 1)
RETURN
```

So – nun kommen wir zu jenen Triggern, die bei Änderungen an Datensätzen in bestimmten Tabellen diese Änderungen in die Protokolltabelle schreiben. Für jede Tabelle muss ein eigener Trigger geschrieben werden, aber alle werden denselben Aufbau aufweisen.

Für unser Beispiel nehmen wir die Tabelle *tblArtikel* her. Da wir alle Vorgänge protokollieren möchten, definieren wir den Trigger mit dem Namen *tblArtikel_Protokoll* für alle drei DML-Ereignisse.

In der Praxis werden oft nur Update- und Delete-Vorgänge protokolliert. Die Erfassung eines Datensatzes selber wird oft nicht protokolliert, zumal Erfasser und Erfassungszeitpunkt oft direkt im Datensatz schon gespeichert werden. Sie können, wenn Sie das Beispiel auf Ihre Anwendung umlegen, das Insert-Ereignis daher auch weglassen.

Zu Beginn des Triggers wird die Variable @vorgang deklariert, um die Art des auslösenden Vorgangs zu speichern. Der Grund dafür ist, dass bei einer Neuerfassung die zu protokollierenden Daten aus der Tabelle *inserted*, bei Update und Delete jedoch aus der Tabelle *deleted* in die Protokolltabelle eingefügt werden. Der Hintergrund dafür ist, dass bei einer Änderung die alten Werte protokolliert werden, denn die neuen Werte stehen ja ohnehin in der Tabelle. Bei Löschvorgängen gibt es eh keine neuen Werte.

```
CREATE TRIGGER tblArtikel_Protokoll
ON dbo.tblArtikel
AFTER INSERT, UPDATE, DELETE
AS
    SET NOCOUNT ON
    DECLARE @vorgang char(1)
```

Auch in diesem Trigger muss die Funktion TRIGGER_NESTLEVEL() verwendet werden. Der Grund dafür ist, dass die Protokollierung nur dann erfolgen soll, wenn der Schreibvorgang in der Artikeltabelle nicht durch einen anderen Trigger erfolgt.

Protokolliert werden sollen nur Änderungen, die entweder durch

▷ ein direktes Insert, Update oder Delete erfolgen oder

▷ über eine gespeicherte Prozedur realisiert werden.

Wenn noch kein anderer Trigger im Spiel ist, darf die Funktion TRIGGER_NESTLEVEL() nur den Wert eins zurückliefern.

 Verwenden Sie hier @@NESTLEVEL anstelle von TRIGGER_NESTLEVEL(), wenn Sie Änderungen, die über gespeicherte Prozeduren erfolgen, auch nicht protokollieren möchten.

Da der gesamte restliche Codeblock des Triggers in den IF-Block eingebettet ist, geschieht danach nichts, wenn diese Bedingung nicht erfüllt ist.

```
    IF TRIGGER_NESTLEVEL() = 1
    BEGIN
        IF (SELECT COUNT(*) FROM deleted) = 0
            SET @vorgang = 'I'
        ELSE
            IF (SELECT COUNT(*) FROM inserted) = 0
                SET @vorgang = 'D'
            ELSE
                SET @vorgang = 'U'
```

Dass es sich um einen Insert-Vorgang handelt, erkennt man dadurch, dass die Tabelle *deleted* leer ist. In diesem Fall wird der Variablen @vorgang ein I zugewiesen. Ist die Tabelle *inserted* leer, muss es sich um einen Delete-Vorgang handeln. Für diesen wird ein D in die Variable geschrieben. In allen anderen Fällen wird ein U verwendet, da es sich nur mehr um einen Update-Vorgang handeln kann. Diese Kürzel werden danach in der Bedingung verwendet, welche die Art des Vorganges prüft. Außerdem wird der Inhalt der Variablen @vorgang dann auch in die Spalte *Vorgang* der Protokolltabelle geschrieben.

Zuerst wird der Fall für einen Einfüge-Vorgang mit dem Kürzel I abgehandelt. Hier werden in die Protokolltabelle neben dem Tabellennamen (tblArtikel) die Artikelnummer, das Vorgangskürzel I und der Inhalt des eingefügten Datensatzes als String zusammengefasst aus der Tabelle *inserted* eingefügt. Die Artikelnummer muss dabei in einen Character konvertiert werden, um dem Datentyp in der Protokolltabelle zu entsprechen.

Beim Zusammenfassen der Daten aller Spalten des Datensatzes müssen alle Spalten, die nicht einen Character-Datentyp haben, in einen solchen konvertiert werden.

 Vergessen Sie nicht, dass die Null-Werte von Spalten, die einen solchen enthalten können, mit der ISNULL()-Funktion abgefangen und zum Beispiel durch den Text 'NULL' ersetzt werden. Sonst ist der gesamte String null und die Protokollierung verfehlt ihr Ziel.

```
IF @vorgang = 'I'
    INSERT INTO dbo.tblProtokoll (Tabelle,
    TabelleID, Vorgang, Inhalt)
    SELECT 'tblArtikel',
        CONVERT(varchar, ArtNr), @vorgang,
        'ArtNr=' +
        CONVERT(varchar,ArtNr) + '; ' +
        'ArtBezeichnung='+ArtBezeichnung+ '; ' +
        'ArtGruppe=' + ArtGruppe + '; ' +
        'ArtVKPreis=' +
        CONVERT(varchar, ArtVKPreis) + '; ' +
        'ArtLief=' +
        CONVERT(varchar, ArtLief) + '; ' +
        'ArtEKPreis=' +
        ISNULL(CONVERT(varchar, ArtEKPreis),
        'NULL') + '; ' +
        'ArtLieferzeit=' +
        ISNULL(CONVERT(varchar, ArtLieferzeit),
        'NULL') + '; ' +
        'ArtMindBestand=' +
        ISNULL(CONVERT(varchar,
        ArtMindBestand), 'NULL') + '; ' +
        'ArtHinweis=' +
        ISNULL(ArtHinweis, 'NULL') + '; ' +
        'ArtUSt=' + CONVERT(varchar, ArtUSt)
    FROM inserted
```

Im Else-Block der Bedingung wiederholt sich der vorige Schritt, hier jedoch für Update- und Delete-Vorgänge als auslösende Ereignisse. Der Unterschied der hier verwendeten Insert-Anweisung gegenüber der vorigen ist lediglich, dass anstelle von *inserted* aus der Tabelle *deleted* eingefügt wird.

```
ELSE

    INSERT INTO dbo.tblProtokoll (Tabelle,
    TabelleID, Vorgang, Inhalt)
    SELECT 'tblArtikel',
           CONVERT(varchar, ArtNr), @vorgang,
           'ArtNr=' +
             CONVERT(varchar,ArtNr) + '; ' +
           'ArtBezeichnung='+ArtBezeichnung+ '; ' +
           'ArtGruppe=' + ArtGruppe + '; ' +
           'ArtVKPreis=' +
             CONVERT(varchar, ArtVKPreis) + '; ' +
           'ArtLief=' +
             CONVERT(varchar, ArtLief) + '; ' +
           'ArtEKPreis=' +
             ISNULL(CONVERT(varchar, ArtEKPreis),
             'NULL') + '; ' +
           'ArtLieferzeit=' +
             ISNULL(CONVERT(varchar, ArtLieferzeit),
             'NULL') + '; ' +
           'ArtMindBestand=' +
             ISNULL(CONVERT(varchar,
             ArtMindBestand), 'NULL') + '; ' +
           'ArtHinweis=' +
             ISNULL(ArtHinweis, 'NULL') + '; ' +
           'ArtUSt=' + CONVERT(varchar, ArtUSt)
    FROM deleted
END
RETURN
```

Nun müssen wir das Ergebnis nur mehr testen!

 Achtung: Werfen Sie zuvor einen Blick auf die Uhr! Falls Sie den früher beschriebenen Trigger *tblArtikel_Ins_Upd_Del* angelegt haben, verhindert dieser Änderungen in der Artikeltabelle vor 8:00 und ab 16:00 Uhr.

Auch der Trigger *tblArtikel_Delete*, der das Löschen verhindert, stört unseren Test. (In der Praxis würden diese Trigger in dieser Form nie koexistieren!

Sie können einen Trigger auch deaktivieren. Dann müssen Sie ihn nicht löschen, und er kann später wieder aktiviert werden. Deaktivieren Sie die Trigger mit folgender Anweisung:

```
ALTER TABLE dbo.tblArtikel
DISABLE TRIGGER tblArtikel_Ins_Upd_Del
```

und

```
ALTER TABLE dbo.tblArtikel
DISABLE TRIGGER tblArtikel_Delete
```

Sie können sie später gegebenenfalls mit ENABLE TRIGGER wieder aktivieren. Alternativ können Sie einen Trigger auch im Objekt-Explorer über das Kontextmenü aktivieren und deaktivieren.

Noch ist die Protokolltabelle leer. Führen Sie zum Test nun folgende drei Anweisungen aus:

```
UPDATE tblArtikel
SET ArtVKPreis = ROUND(ArtVKPreis * 1.1, 1)
WHERE Artnr = 1588
```

```
INSERT INTO tblArtikel (ArtBezeichnung, ArtGruppe, ArtVKPreis, ArtLief)
VALUES ('Test für Protokoll', 'BE', 20, 1001)
```

```
DELETE FROM tblArtikel
WHERE Artnr = 2115
```

Und testen Sie danach das Ergebnis, indem Sie den Inhalt der Protokolltabelle anzeigen.

```
SELECT * FROM tblProtokoll
```

| | ID | Tabelle | TabelleID | Vorgang | Inhalt | Datum | Benutzer |
|---|---|---|---|---|---|---|---|
| 1 | 1 | tblArtikel | 1588 | U | ArtNr=1588; ArtBezeichnung=Moulinex Zitruspress... | 2006-01-06 22:16:38.330 | dbo |
| 2 | 2 | tblArtikel | 2115 | I | ArtNr=2115; ArtBezeichnung=Test für Protokoll; Ar... | 2006-01-06 22:16:42.227 | dbo |
| 3 | 3 | tblArtikel | 2115 | D | ArtNr=2115; ArtBezeichnung=Test für Protokoll; Ar... | 2006-01-06 22:18:15.400 | dbo |

*Abbildung 6.35: Ergebnis der Protokollierung*

 **Achtung:** Die Artikelnummer wird als Identität vergeben. Die Artikelnummer im vorigen Test kann daher bei Ihnen abweichen, je nachdem, wie viele Artikel davor bereits eingefügt worden sind!

Da die Protokolltabelle nun Daten enthält, können Sie abschließend noch den Trigger *tblProtokoll_Upd_Del* testen, der ja das Manipulieren der Protokolldaten verhindern soll.

```
DELETE FROM tblProtokoll
```

Liefert:

```
Meldung 50000, Ebene 16, Status 1, Prozedur tblProtokoll_Upd_Del, Zeile 8

Ändern und Löschen von Protokolleinträgen nicht möglich.

Meldung 3609, Ebene 16, Status 1, Zeile 1

Die Transaktion endete mit dem Trigger. Der Batch wurde abgebrochen.
```

 In der fertigen WAWI-Beispieldatenbank und im Skript auf der Begleit-CD finden Sie neben dem Protokolltrigger für die Artikeltabelle auch einen für die Tabelle *tblKunden* realisiert. Dieser Trigger mit dem Namen *tblKunden_Protokoll* funktioniert exakt nach demselben Prinzip wie der erläuterte Trigger *tblArtikel_Protokoll*.

## 6.2.2    Trigger löschen

Da wir weiter vorne für die Verbuchungen der Bestellpositionen einen Trigger geschrieben haben, der alle drei Ereignisse abdeckt, müssen die ersten drei „Einzeltrigger" gelöscht werden.

> Wenn Sie die ersten Trigger nicht löschen, werden bei jedem Ereignis der alte und der neue Trigger ausgelöst. Dies hat zur Folge, dass alle Buchungen doppelt erfolgen.

Das Management Studio stellt Ihnen zwei Möglichkeiten zum Löschen von Triggern zur Verfügung.

1.  *Objekt-Explorer:* Löschen Sie einen Trigger über das Kontextmenü. Um mehrere Trigger auf einmal zu löschen, markieren Sie diese im Fenster *Zusammenfassung* und drücken Sie die ⌈Entf⌉-Taste. Wahlweise können Sie auch hier das Kontextmenü verwenden.

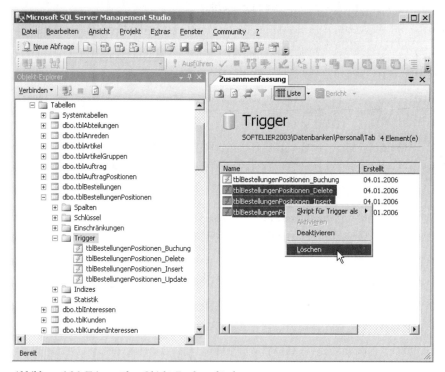

*Abbildung 6.36: Trigger über Objekt-Explorer löschen*

Im folgenden Löschdialog werden nochmals alle zum Löschen ausgewählten Objekte aufgelistet.

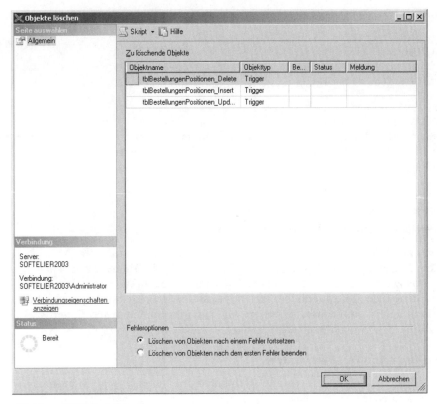

*Abbildung 6.37: Löschdialog*

2. *Abfrage-Editorfenster*: Genauso wir ein Trigger über die Anweisung CREATE erstellt wird, kann er mittels DROP wieder gelöscht werden. Verwenden Sie dazu die Anweisung `DROP TRIGGER triggername`.

3. Für unser Beispiel müssen folgende drei Anweisungen ausgeführt werden:

```
DROP TRIGGER tblBestellungenPositionen_Insert
DROP TRIGGER tblBestellungenPositionen_Update
DROP TRIGGER tblBestellungenPositionen_Delete
```

## 6.2.3   DDL-Trigger

 DDL-Trigger sind ein neues Feature der Version 2005. Damit können erstmals nicht nur Datenänderungen überprüft und protokolliert werden, sondern auch Änderungen an der Datenbankstruktur.

DDL-Trigger können auf zwei Ebenen definiert werden:

▶ Datenbankebene (DATABASE)

▶ Serverebene (ALL SERVER)

Der Aufbau eines DLL-Triggers ist beinahe identisch mit jenem eines DML-Triggers.

```
CREATE TRIGGER name
ON {ALL SERVER|DATABASE}
[WITH ENCRYPTION]
{FOR|AFTER} {ereignis_typ, ... | DDL_DATABASE_LEVEL_EVENTS}
AS
...
```

Sie können entweder mehrere Ereignisse mit Komma getrennt angeben oder mit der Option DDL_DATABASE_LEVEL_EVENTS alle DDL-Ereignisse in „einem Aufwasch" als den Trigger auslösende Ereignisse festlegen.

Es gibt zwei Einsatzbereiche für DDL-Trigger:

▶ Protokollierung von DDL-Aktivitäten
▶ Kontrollieren und Unterbinden von DDL-Aktivitäten

Um etwas zu protokollieren oder zu unterbinden, benötigt man Informationen über den aktuellen Vorgang. Die Funktion, die dabei bei einem DML-Trigger die Tabellen *inserted* und *deleted* haben, übernimmt bei einem DDL-Trigger die Funktion EVENTDATA(). Diese liefert umfangreiche Informationen über das auslösende Ereignis. Das Rückgabeergebnis der Funktion ist vom neuen Datentyp XML. Um Informationen aus diesem XML-Text herauszufiltern, können XQuery-Abfragetechniken verwendet werden.

**Protokollieren von DDL-Aktivitäten**

Im folgenden Beispiel wollen wir alle Aktivitäten auf Tabellenebene in unserer Datenbank protokollieren.

In der einfachen Variante verwenden wir für die Protokollierung eine Tabelle, die lediglich den von der Funktion EVENTDATA() zurückgelieferten XML-Text speichert.

```
CREATE TABLE dbo.tblDDL_log
(   ID int IDENTITY CONSTRAINT pk_ddl_log PRIMARY KEY,
    Datum datetime NOT NULL
    CONSTRAINT df_ddl_log_datum DEFAULT GETDATE(),
    LogText xml
)
```

Der Trigger *ddlLOG* wird auf Datenbankebene definiert und für die Ereignisse DROP_TABLE, ALTER_TABLE und CREATE_TABLE festgelegt. Das Rückgabeergebnis der Funktion EVENTDATA() wird direkt in die Spalte *LogText* der Tabelle *tblDDL_Log* eingefügt. Diese Spalte hat den Datentyp XML und kann daher das Ergebnis speichern.

```
CREATE TRIGGER ddlLOG
ON DATABASE
AFTER DROP_TABLE, ALTER_TABLE, CREATE TABLE
AS
    SET NOCOUNT ON
    INSERT INTO tblDDL_log (LogText)
    VALUES (EVENTDATA())
RETURN
```

Legen wir nun eine Testtabelle an …

```
CREATE TABLE ddl_test
(  ID int identity PRIMARY KEY,
   Name varchar(50)
)
```

… und löschen sie danach wieder.

```
DROP TABLE ddl_test
```

Wenn Sie nun den Inhalt der Protokolltabelle mit der Anweisung

```
SELECT * FROM dbo.tblDDL_log
```

anzeigen, bietet sich ungefähr folgendes Bild:

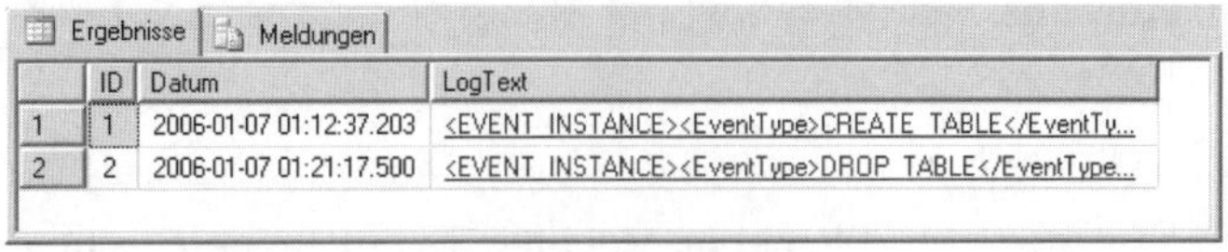

| | ID | Datum | LogText |
|---|---|---|---|
| 1 | 1 | 2006-01-07 01:12:37.203 | <EVENT_INSTANCE><EventType>CREATE_TABLE</EventTy... |
| 2 | 2 | 2006-01-07 01:21:17.500 | <EVENT_INSTANCE><EventType>DROP_TABLE</EventType... |

*Abbildung 6.38: Protokollierte Event-Einträge*

Sie können einen XML-Eintrag im Ergebnisraster einfach mit der Maus anklicken. Dann wird der gesamte XML-Text in einem neuen Abfrage-Editorfenster angezeigt.

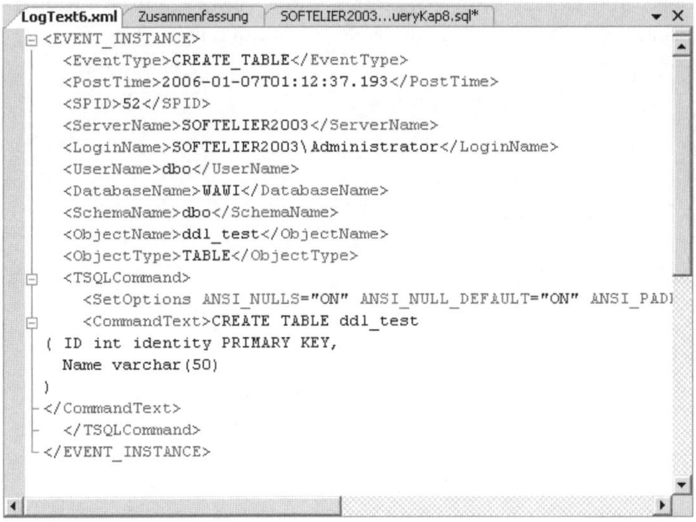

```
<EVENT_INSTANCE>
   <EventType>CREATE_TABLE</EventType>
   <PostTime>2006-01-07T01:12:37.193</PostTime>
   <SPID>52</SPID>
   <ServerName>SOFTELIER2003</ServerName>
   <LoginName>SOFTELIER2003\Administrator</LoginName>
   <UserName>dbo</UserName>
   <DatabaseName>WAWI</DatabaseName>
   <SchemaName>dbo</SchemaName>
   <ObjectName>ddl_test</ObjectName>
   <ObjectType>TABLE</ObjectType>
   <TSQLCommand>
      <SetOptions ANSI_NULLS="ON" ANSI_NULL_DEFAULT="ON" ANSI_PADI
      <CommandText>CREATE TABLE ddl_test
( ID int identity PRIMARY KEY,
  Name varchar(50)
)
</CommandText>
   </TSQLCommand>
</EVENT_INSTANCE>
```

*Abbildung 6.39: XML-Text eines Event-Eintrages*

In einer weiteren Ausbaustufe möchten wir mit XQuery aus dem XML-Text direkt bestimmte Informationen auslesen und auch gleich in der Protokolltabelle vermerken.

Dafür erweitern wir die Protokolltabelle um vier weitere Spalten, um den Benutzernamen, den Tabellennamen, das Ereignis und die gesamte DDL-Anweisung separat zu speichern.

```
ALTER TABLE dbo.tblDDL_log
ADD Benutzer varchar(50)

ALTER TABLE dbo.tblDDL_log
ADD Tabelle varchar(50)

ALTER TABLE dbo.tblDDL_log
ADD Ereignis varchar(15)

ALTER TABLE dbo.tblDDL_log
ADD Anweisung varchar(max)
```

Im nächsten Schritt erweitern wir den Trigger. Um die in XML gelieferten Event-Daten mit XQuery auswerten zu können, wird zuvor die Variable @event mit dem Datentyp XML deklariert. Dieser wird das Ergebnis der Funktion EVENTDATA() zugewiesen.

Um aus dieser Variable einen Wert aus dem XML-Text mit XQuery auszulesen, verwenden Sie folgende Syntax:

```
@event.query('data(//elementname)')
```

Elementname ist hierbei der Name des XML-Elements. Möchten Sie auf ein geschachteltes Element zugreifen, trennen Sie dessen Namen mit einem Slash (/) vom Namen des übergeordneten Elements.

 Sie müssen beim Elementnamen unbedingt die Groß-/Kleinschreibung beachten. Sie erhalten sonst zwar keinen Fehler, aber auch keine Daten.

```
ALTER TRIGGER ddlLOG

ON DATABASE

AFTER DROP_TABLE, ALTER_TABLE, CREATE_TABLE

AS

    SET NOCOUNT ON

    DECLARE @event xml

    SET @event = EVENTDATA()


    INSERT INTO dbo.tblDDL_log (Benutzer, Tabelle,
            Ereignis, Anweisung, LogText)
    VALUES (CONVERT(varchar(50),
            @event.query('data(//UserName)')),
          CONVERT(varchar(59),
            @event.query('data(//ObjectName)')),
          CONVERT(varchar(15),
            @event.query('data(//EventType)')),
          CONVERT(varchar(max),
```

```
    @event.query(
        'data(//TSQLCommand/CommandText)')),
    @event)
```

RETURN

 Die Namen der Elemente können Sie direkt aus dem XML-Dokument auslesen und übernehmen.

Führen wir nun folgende Anweisungen aus und kontrollieren wir danach wieder den
Inhalt der Protokolltabelle:

```
CREATE TABLE ddl_test
(   ID int identity PRIMARY KEY,
    Name varchar(50)
)

ALTER TABLE ddl_test
ADD Vorname varchar(50)

DROP TABLE ddl_test
```

Die aus dem XML-Dokument ausgelesenen Ereignisdaten werden nun in den Zeilen 7
bis 9 des Ergebnisses zusätzlich angezeigt. Wie Sie im Bild sehen, ist auch das Ergänzen
der vier neuen Spalten zur Protokolltabelle selber in dieser protokolliert worden (Zeilen
3 bis 6).

| | ID | Datum | LogText | Benutzer | Tabelle | Ereignis | Anweisung |
|---|---|---|---|---|---|---|---|
| 1 | 1 | 2006-01-07 01:12:37.203 | <EVENT_INSTANCE><EventType>C... | NULL | NULL | NULL | NULL |
| 2 | 2 | 2006-01-07 01:21:17.500 | <EVENT_INSTANCE><EventType>D... | NULL | NULL | NULL | NULL |
| 3 | 3 | 2006-01-07 01:43:35.587 | <EVENT_INSTANCE><EventType>A... | NULL | NULL | NULL | NULL |
| 4 | 4 | 2006-01-07 01:43:35.607 | <EVENT_INSTANCE><EventType>A... | NULL | NULL | NULL | NULL |
| 5 | 5 | 2006-01-07 01:43:35.617 | <EVENT_INSTANCE><EventType>A... | NULL | NULL | NULL | NULL |
| 6 | 6 | 2006-01-07 01:43:35.637 | <EVENT_INSTANCE><EventType>A... | NULL | NULL | NULL | NULL |
| 7 | 7 | 2006-01-07 02:07:30.013 | <EVENT_INSTANCE><EventType>C... | dbo | ddl_test | CREATE_TABLE | CREATE TABLE ddl_test&#x0D;( ID i... |
| 8 | 8 | 2006-01-07 02:07:30.033 | <EVENT_INSTANCE><EventType>A... | dbo | ddl_test | ALTER_TABLE | ALTER TABLE ddl_test&#x0D; ADD ... |
| 9 | 9 | 2006-01-07 02:07:30.053 | <EVENT_INSTANCE><EventType>D... | dbo | ddl_test | DROP_TABLE | DROP TABLE ddl_test&#x0D; ; |

*Abbildung 6.40: Erweiterte Protokolltabelle*

 Um einen Datenbank-Trigger wieder zu löschen, muss zur gewohnten
DROP-Anweisung der Zusatz ON DATABASE ergänzt werden:

```
DROP TRIGGER triggername ON DATABASE
```

Alternativ kann ein Datenbank-Trigger auch über das Kontextmenü im Objekt-Explorer gelöscht werden.

## Unterbinden von DDL-Aktivitäten

So wie ein DML-Trigger dazu verwendet werden kann, Geschäftsregeln umzusetzen und Datenänderungen gegebenenfalls zu verhindern, kann ein DDL-Trigger dazu verwendet werden, Änderungen an der Struktur der Datenbank zu unterbinden.

Ein solcher Trigger funktioniert genau so, wie Sie es wahrscheinlich aufgrund der bisher behandelten Themen erwarten:

▶ Er wird für das Ereignis definiert, das überprüft werden soll.

▶ Mit der Funktion EVENTDATA() und XQuery-Auswertungen werden Informationen gesammelt, um eine Entscheidungsbasis für einen etwaigen Abbruch zu haben.

▶ Wenn abgebrochen werden soll, wird dies mit ROLLBACK bewerkstelligt, mit RAISERROR kann noch zusätzlich ein spezifischer Fehler erzeugt werden.

Wir möchten im folgenden Beispiel verhindern, dass die Trigger, welche die Protokolltabelle *tblProtokoll* vor Datenmanipulation schützen, deaktiviert, geändert oder gar gelöscht werden.

Um diese Aufgabe lösen zu können, muss der DDL-Trigger auf folgende Ereignisse reagieren:

▶ DROP_TRIGGER, damit die Trigger nicht gelöscht werden können.

▶ ALTER_TRIGGER, damit sie nicht geändert werden können. (Es ist wichtig, dies auch zu unterbinden, denn um einen Trigger unschädlich zu machen, müsste man nur den Code so verändern, dass er nichts mehr tut. – Zum Beispiel ein RETURN gleich zu Beginn des Triggers einbauen.)

▶ ALTER_TABLE, damit die Trigger nicht deaktiviert werden können.

Und wenn wir schon so weit sind, nehmen wir das Ereignis DROP_TABLE auch noch mit, damit die Protokolltabelle selber nicht gelöscht werden kann.

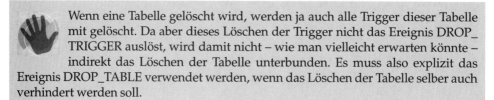

Wenn eine Tabelle gelöscht wird, werden ja auch alle Trigger dieser Tabelle mit gelöscht. Da aber dieses Löschen der Trigger nicht das Ereignis DROP_TRIGGER auslöst, wird damit nicht – wie man vielleicht erwarten könnte – indirekt das Löschen der Tabelle unterbunden. Es muss also explizit das Ereignis DROP_TABLE verwendet werden, wenn das Löschen der Tabelle selber auch verhindert werden soll.

Im Trigger *protect_protokoll* lesen wir wieder die Event-Daten aus. Daraus holen wir uns mit XQuery den Namen des betroffenen Objekts. Ist dies der Name der Tabelle oder der einer der beiden Trigger, wird der Vorgang mit ROLLBACK abgebrochen.

```
CREATE TRIGGER protect_protokoll

ON DATABASE

FOR ALTER_TABLE, DROP_TABLE, DROP_TRIGGER, ALTER_TRIGGER

AS

    SET NOCOUNT ON
```

```
DECLARE @event xml

DECLARE @objekt varchar(50)


SET @event = EVENTDATA()

SET @objekt = CONVERT(varchar(50),
              @event.query('data(//ObjectName)'))


IF @objekt IN('tblProtokoll','tblProtokoll_Upd_Del',
              'tblProtokoll_Insert')

BEGIN

    RAISERROR ('Protokolltabelle ist tabu!', 16, 1)

    ROLLBACK

END
```

Versuchen Sie nun, der Protokolltabelle etwas „anzutun". Es wird nicht funktionieren. Die nachfolgende Fehlermeldung ist beim Versuch entstanden, den Trigger *tblProtokoll_Insert* über das Kontextmenü im Objekt-Explorer zu deaktivieren.

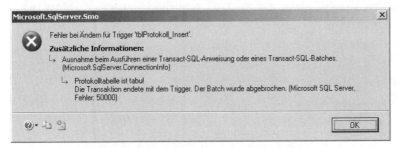

*Abbildung 6.41: Fehlermeldung beim Deaktivieren des Triggers*

# 6.3 Benutzerdefinierte Funktionen implementieren

In jeder höheren Programmiersprache haben Sie die Möglichkeit, benutzerdefinierte Funktionen zu schreiben. Diese Funktionen können wie integrierte Funktionen in Programmen zur Anwendung kommen. Gespeicherte Prozeduren können zwar auch wie Funktionen Werte zurückgeben, können aber nicht in SQL-Anweisungen verwendet werden.

Ab der Version SQL Server 2000 wird diese Möglichkeit nun auch in Transact-SQL geboten, *UDFs (User Defined Functions)* zu erstellen.

Es gibt drei Typen von benutzerdefinierten Funktionen:

▶ *Skalarfunktion*: Benutzerdefinierte Funktionen, die einen skalaren Wert zurückliefern. Dieser Wert entspricht einem der SQL Server-Datentypen.

▶ *Tabellenfunktion*: Benutzerdefinierte Funktionen, die eine Tabelle zurückliefern.

▶ *Inline-Funktion*: Benutzerdefinierte Funktionen, die aus einer SQL-Anweisung bestehen.

Für das Erstellen von benutzerdefinierten Funktionen gibt es dieselben Möglichkeiten wie für gespeicherte Prozeduren. Auch für Funktionen stehen einige Vorlagen zur Verfügung.

## 6.3.1  Skalarfunktionen

Benutzerdefinierte Funktionen sind gespeicherten Prozeduren in vielerlei Hinsicht ähnlich. Ihnen können Parameter beim Aufruf übergeben werden, und sie liefern ein Ergebnis.

Erzeugt werden benutzerdefinierte Funktionen mit der Anweisung CREATE FUNCTION, gefolgt vom Namen der Funktion und den optionalen Übergabeparametern. In der Basisvariante der Skalarfunktion wird in der darauf folgenden Zeile der Datentyp des Rückgabewertes festgelegt. Dies ist ein beliebiger SQL Server-Datentyp. Eingeleitet wird die Zeile mit dem Schlüsselwort RETURNS. Wie wir es bereits von gespeicherten Prozeduren und Triggern kennen, folgt darauf ein AS. Eingeschlossen von BEGIN und END folgen beliebige T-SQL-Anweisungen, bevor das Ergebnis schließlich mit dem Schlüsselwort RETURN zurückgeliefert wird.

```
CREATE FUNCTION [besitzer].funktionsname ([paramater1
datentyp1,...])

RETURNS datentyp

AS

BEGIN

    anweisungen

    RETURN ausdruck

END
```

In der deutschen Version des SQL Server Management Studios werden diese Funktionen nun als *Skalarwertfunktionen* bezeichnet. – Man sieht, dass das deutsche Übersetzerteam für die neue SQL Server-Version auch wieder neu zusammengesetzt worden ist.

Lernen wir nun Skalarfunktionen anhand folgenden Beispiels kennen: Die Funktion GETDATE() liefert neben dem aktuellen Datum auch immer die Uhrzeit mit. Wird dieser Wert in ein Feld gespeichert, ergibt sich oft das Problem, dass mit dem Suchkriterium

```
WHERE IrgendeinDatum = '30.07.2006'
```

keine Treffer geliefert werden, weil eben die Uhrzeit mit abgespeichert worden ist. Ebenso würde ein Suchkriterium

```
WHERE IrgendeinDatum > '30.07.2006'
```

auch alle Werte desselben Tages zurückgeben, weil ein späterer Uhrzeitpunkt enthalten ist. Um diesem Problem aus dem Weg zu gehen, müssen entweder Zeitbereiche als Vergleichswerte in WHERE-Klauseln verwendet werden, oder Sie schneiden die Uhrzeit bereits bei der Erfassung oder bei der Auswertung ab. Um die Uhrzeit abzuschneiden, werden Datumswerte üblicherweise mit der Funktion CONVERT() in einen Text umgewandelt, wobei über die bewusste Verwendung eines Konvertierungsformates ohne Uhrzeit die Uhrzeit abgeschnitten wird. Dieser Text wird danach sofort wieder in ein Datum zurückkonvertiert. Hier bietet es sich an, eine Funktion zu programmieren, die dazu verwendet werden kann, Datumswerte bereits bei der Eingabe oder beim Vergleich um die Zeitkomponente zu erleichtern.

Wir erzeugen für diese Aufgabenstellung eine Funktion mit dem Namen fnDatum(). Dieser Funktion wird beim Aufruf jener Datumswert übergeben, von dem die Zeitkomponente entfernt werden soll. Die Funktion konvertiert dieses Datum in einen Text. Bei diesem Vorgang wird die Uhrzeit „entsorgt". Danach wird der Wert sofort wieder in ein Datum zurückkonvertiert.

```
CREATE FUNCTION dbo.fnDatum (@datum datetime)

RETURNS datetime

AS

BEGIN


    DECLARE @char_datum varchar(10)

    SET @char_datum = CONVERT(varchar, @datum, 104)

    SET @datum = CONVERT(datetime, @char_datum, 104)


RETURN @datum

END
```

Diese Funktion lässt sich dann problemlos in SQL-Anweisungen einbauen. Geben Sie zum Beispiel im Abfrage-Editorfenster folgende Anweisung ein, um die soeben erstellte Funktion zu testen:

```
SELECT dbo.fnDatum(GETDATE()) AS NurDatum, GETDATE() AS MitUhrzeit
```

Hier wird nun direkt das aktuelle Datum ohne Uhrzeit mit jenem, das die Funktion GETDATE() liefert, gegenübergestellt.

```
NurDatum                MitUhrzeit
----------------------- -----------------------
2006-01-07 00:00:00.000 2006-01-07 12:37:41.790

(1 Zeile(n) betroffen)
```

Wenn Sie benutzerdefinierte Skalarfunktionen aufrufen, müssen Sie stets den Namen des Besitzers – in der Regel dbo – dem Funktionsnamen voranstellen. Sonst wird die Funktion nicht gefunden, und Sie erhalten eine Fehlermeldung.

Benutzerdefinierte Funktionen stehen nur in der Datenbank zur Verfügung, in der sie gespeichert sind. Sie müssen also, wenn Sie obiges Beispiel ausprobieren, die richtige Datenbank ausgewählt haben.

 In einer benutzerdefinierten Funktion können keine nicht deterministischen Funktionen verwendet werden, die bei einem erneuten Aufruf mit denselben Werten nicht dasselbe Ergebnis liefern. Davon ist insbesondere die Verwendung der häufig verwendeten Funktionen GETDATE() oder USER_NAME() betroffen, denn diese liefert bei jedem Aufruf einen anderen Wert. Hingegen liefert die Funktion SQRT() in derselben Situation immer denselben Wert. Denn die Wurzel aus 4 ist immer 2, egal wann und wie oft die Funktion aufgerufen wird. Deshalb kann sie auch in benutzerdefinierten Funktionen verwendet werden.

Aufgrund der beschriebenen Einschränkung kann nachfolgende Funktion nicht erzeugt werden:

```
CREATE FUNCTION NurDatumAktuell ()

RETURNS smalldatetime

AS

BEGIN

    RETURN CONVERT(smalldatetime, CONVERT(varchar,
    GETDATE(), 104), 104)

END
```

Man löst dieses Problem dadurch, dass Funktionswerte wie GETDATE() der Funktion bereits beim Aufruf über Input-Parameter übergeben werden.

Wenn Sie eine Funktion nicht mehr benötigen, können Sie diese, wie Sie es von anderen Datenbankobjekten her gewohnt sind, mit der Anweisung DROP wieder löschen.

```
DROP FUNCTION dbo.fnDatum
```

## 6.3.2    Inline-Funktionen

Benutzerdefinierte Funktionen können nicht nur einen Wert, sondern auch ganze Tabellen zurückliefern. Der Unterschied dieser zurückgegebenen Tabellen zu Datensätzen, die eine gespeicherte Prozedur liefert, ist, dass diese Tabellen wie gewöhnliche Tabellen in Abfragen verwendet und auch mit anderen verknüpft werden können.

Bei diesem Funktionstyp wird der Datentyp für den Rückgabewert als `TABLE` definiert. Der Name Inline-Funktion stammt daher, dass sie lediglich aus einer SELECT-Anweisung besteht, also einer Anweisung innerhalb einer Zeile.

 In anderem Zusammenhang werden auch Unterabfragen, die in einer FROM-Klausel verwendet werden, als Inline-Views bezeichnet, weil Sie wie eine Sicht wirken, aber innerhalb der SQL-Anweisungszeile definiert werden.

Inline-Funktionen wirken und werden auch wie Sichten verwendet. Der große Unterschied besteht darin, dass eine Funktion Übergabeparameter haben kann, etwas womit eine Sicht nicht aufwarten kann. Da es sich immer nur um eine einzige Anweisung handelt, entfällt bei dieser Variante die Umklammerung des Funktionsteiles mit `BEGIN` und `END`.

 Im Management Studio finden Sie Inline-Funktionen im Objekt-Explorer gemeinsam mit Tabellenfunktionen in der Rubrik *Funktionen* in der Unterrubrik *Tabellenwertfunktionen*.

Die nachfolgende Beispielfunktion liefert alle Artikel, die jener Artikelgruppe angehören, deren Artikelgruppenkürzel übergeben wird.

```
CREATE FUNCTION dbo.fnArtikelGruppe (@gruppe char(2))

RETURNS TABLE

AS

RETURN

    SELECT ArtNr AS Nr,
           ArtBezeichnung AS Bezeichnung,
           ArtVKPreis AS Preis,
           ArtLief AS LiefNr
    FROM tblArtikel
    WHERE ArtGruppe = @gruppe
```

Wie erwähnt, kann diese Funktion wie eine echte Tabelle in einer SQL-Anweisung verwendet werden. Sie können Sie auch in der JOIN-Klausel verwenden, um sie mit anderen Tabellen zu verknüpfen. Sie greifen auf Spalten dieser Funktion wie auf Tabellenspalten zu.

Um das Ergebnis zu testen, setzen Sie in einem Abfrage-Editorfenster folgende SELECT-Anweisung ab:

```
SELECT *
FROM dbo.fnArtikelGruppe ('be')
ORDER BY 2
```

Als Ergebnis erhalten wir alle Artikel zurück, die der Artikelgruppe Besteck angehören:

```
Nr      Bezeichnung                       Preis       LiefNr
------  ------------------------------    ----------  ------
1180    Eislöffel 6-St.-Packung           8,61        1001
1178    Essgabel 6-St.-Packung            9,70        1003
1179    Esslöffel 6-St.-Packung           9,70        1003
1177    Essmesser 6-St.-Packung           18,42       1003
1228    Fiskars Schere 2-St.-Packung      21,58       1020
1227    Fixiermesser mit Etui             17,33       1020
...
1914    Steakmesser für Jausenset         0,76        1001

(21 Zeile(n) betroffen)
```

Da eine Inline-Funktion wie eine Tabelle oder View/Sicht zu verwenden ist, können Sie Ergebnisspalten in Berechnungen verwenden, mit anderen Tabellen verknüpfen, einschränken, gruppieren …, wie das abschließende Beispiel zeigt:

```
SELECT a.Nr, a.Bezeichnung,
       a.Preis * 1.05 As Neupreis,
       l.LiefFirma1 +
       ISNULL(' ' + l.LiefFirma2, '') AS Lieferant

FROM fnArtikelGruppe ('be') a
INNER JOIN tblLieferanten l ON a.LiefNr = l.LiefNr
WHERE a.Preis > 10
ORDER BY a.Bezeichnung
```

 Sie können Sich auch Inline-Funktionen für das bessere Auswerten unserer Protokolltabelle erstellen. Der Beispielfunktion werden der Tabellenname sowie der Vorgangstyp (I, U, D) übergeben. Die Funktion liefert die betroffenen Einträge.

```
CREATE FUNCTION dbo.fnProtokoll (@tabelle varchar(50),
                                 @vorgang char(1))

RETURNS TABLE

AS

RETURN

    SELECT TabelleID, Inhalt, Datum, Benutzer
    FROM dbo.tblProtokoll
    WHERE Tabelle = @tabelle
    AND Vorgang = @vorgang
```

## 6.3.3 Tabellenfunktionen

Für den zweiten Funktionstyp, der ein Ergebnis in Tabellenform zurückgibt, müssen Sie zusätzlich einen Namen für die Tabellenvariable vergeben. Danach definieren Sie die Struktur der Tabelle in derselben Syntax, als würden Sie diese als echte Tabelle über eine DDL-Anweisung erzeugen. Im Anweisungsblock befüllen Sie die Tabelle mittels INSERT-Anweisungen. Auch hier unterscheidet sich die Syntax nicht von jener, die beim Einfügen in eine echte Tabelle verwendet wird.

```
CREATE FUNCTION [besitzer].funktionsname ([paramater1
datentyp1,...])
RETURNS variablenname TABLE

    ( feld1 datentyp1,

      feld2 datentyp2,

      ...

      )

AS

BEGIN

    anweisungen

    RETURN

END
```

Am Ende des Anweisungsblocks steht stets das Schlüsselwort RETURN. Dem Return folgt kein Variablenname oder irgendein anderer Ausdruck, da ja bereits in der Funktionsdefinition festgelegt worden ist, dass eine Tabelle zurückgegeben wird. Das tatsächliche Rückgabeergebnis hängt nur davon ab, was Sie im Anweisungsblock in die interne Funktionstabelle einfügen.

Funktionen bieten sich für die Rückgabe von Ergebnissen an, die Sie mit einer SQL-Anweisung direkt nicht erzeugen können.

Beispiel: Werden von Lieferanten bestellte Waren geliefert, werden diese in unserer Beispieldatenbank in die Tabellen *tblWareneingang* sowie *tblWareneingangPositionen* erfasst. Da die Waren direkt nach der Warenübernahme fertig mit Preisetiketten versehen werden, sollen diese entsprechend der eingegangenen Warenmengen ausgedruckt werden. Auf den ersten Blick scheint dieses Unterfangen nicht allzu schwierig zu sein, aber beim genaueren Hinsehen zeigt sich das Problem: Erzeugen wir in einem Frontend-Tool einen Bericht für die Etiketten mit einer Abfrage über die Tabellen *tblWareneingangPositionen* und *tblArtikel* als Grundlage, bekommen wir für jeden Artikel ja nur ein Etikett! Wie schaffen wir es, für jeden Artikel so viele Etiketten auszudrucken, wie wir Stück geliefert bekommen haben?

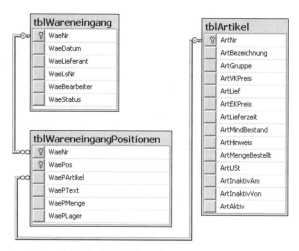

*Abbildung 6.42: Artikeltabelle und Wareneingangstabellen*

Hier bietet sich eine Tabellenfunktion an, weil das Ergebnis mit normalem SQL nicht erzielbar ist. Diese soll folgendes Ergebnis liefern:

```
Artikel   Bezeichnung                         Preis       Gruppe
--------  ----------------------------------  ---------   ------
1201      Eierbecher Barkerole                3,16        GE
1201      Eierbecher Barkerole                3,16        GE
1201      Eierbecher Barkerole                3,16        GE
1201      Eierbecher Barkerole                3,16        GE
1201      Eierbecher Barkerole                3,16        GE
1201      Eierbecher Barkerole                3,16        GE
...

1178      Essgabel 6-St.-Packung              9,70        BE
1178      Essgabel 6-St.-Packung              9,70        BE
1178      Essgabel 6-St.-Packung              9,70        BE
1178      Essgabel 6-St.-Packung              9,70        BE
...
```

Die Daten, die für den Etikettendruck benötigt werden, müssen für jeden Artikel so oft im Ergebnis vorkommen, wie Stück gedruckte Etiketten benötigt werden.

Betrachten wir nun die Funktion *fnWAEEtiketten* im Detail.

Beim Aufruf wird der Funktion die Wareneingangsnummer des Wareneingangs übergeben, für den die Etiketten gedruckt werden müssen. Die interne Funktionstabelle wird mit den vier Spalten für die Artikelnummer, die Artikelbezeichnung, den Preis und die Artikelgruppe definiert. Da diese Werte über einen Cursor eingelesen werden, benötigen wir auch für jeden dieser Werte eine Variable, die beim Fetch aus dem Cursor befüllt wird.

```
CREATE FUNCTION fnWAEEtiketten (@wae int)
RETURNS @etik TABLE
    (Artikel int,
     Bezeichnung varchar(100),
     Preis smallmoney,
     Gruppe char(2))
AS
BEGIN
    DECLARE @artikel int
    DECLARE @name varchar(100), @gruppe char(2)
    DECLARE @stk int, @preis smallmoney
    DECLARE @i int
```

Der Cursor liefert alle Daten, die benötigt werden. Das sind die Artikelnummer und die Menge aller Positionen des Wareneinganges. Preis, Bezeichnung und Artikelgruppe werden aus der Artikeltabelle ergänzt.

```
    DECLARE wae_cursor CURSOR LOCAL STATIC
    FOR
        SELECT w.WaePArtikel, w.WaePMenge,
               a.ArtGruppe, a.ArtVKpreis,
               a.ArtBezeichnung
        FROM tblWareneingangPositionen w
        INNER JOIN tblArtikel a
        ON w.WaePArtikel = a.ArtNR
        WHERE w.WaeNr = @wae

    OPEN wae_cursor

    FETCH NEXT FROM wae_cursor
    INTO @artikel, @stk, @gruppe, @preis, @name
```

In der obligaten WHILE-Schleife, um den Cursor zu durchlaufen, wird der Zähler zu Beginn für jeden Artikel einmal auf 1 gesetzt. Dieser Zähler wird benötigt, um so lange Zeilen in die interne Tabelle einzufügen, wie Etiketten für diesen Artikel benötigt werden. Dafür wird die innere WHILE-Schleife verwendet. Bei jedem Schleifendurchlauf wird der Zähler @i um eins erhöht und eine Zeile in die interne Tabelle @etik eingefügt.

```
    WHILE @@fetch_status = 0
    BEGIN
        SET @i = 1
        WHILE @i <= @stk
```

```
BEGIN

    INSERT INTO @etik
    VALUES (@artikel, @name, @preis, @gruppe)

    SET @i = @i + 1

END

FETCH NEXT FROM wae_cursor
INTO @artikel, @stk, @gruppe, @preis, @name

END


CLOSE wae_cursor

DEALLOCATE wae_cursor

RETURN

END
```

Am Ende wird automatisch der gesamte Inhalt der internen Tabelle als Funktionsergebnis ausgegeben.

Eine Tabellenfunktion verwenden Sie wie eine Tabelle in einer SELECT-Anweisung. Rufen Sie die Funktion zum Beispiel mit der Wareneingangsnummer 2000001 auf:

```
SELECT * FROM dbo.fnWAEEtiketten (2000001)
```

Da eine Tabellenfunktion wie eine normale Tabelle verwendet werden kann, können Sie auch einzelne Spalten auswählen, Auswahlkriterien vergeben, Sortierkriterien definieren und die Funktion mit anderen Tabellen verknüpfen.

# 7 Der SQL Server und .NET

Die wohl mit Abstand innovativste und umfangreichste Erneuerung im SQL Server 2005 ist die .NET-Integration. Damit verwoben ist auch das enge Zusammenspiel mit dem Visual Studio. Dieses ist auch durch die gemeinsame Präsentation des SQL Servers 2005 mit dem Visual Studio 2005 im November 2005 zusätzlich dokumentiert worden.

Für die Arbeit mit diesem Kapitel ist es von Vorteil, wenn Sie bereits mit .NET-Programmierung und dem Visual Studio vertraut sind. Insbesondere Kenntnisse von ADO.NET werden benötigt. Da eine eingehende Behandlung dieser Themen den Rahmen dieses Buches bei weitem sprengen würde, verweise ich Sie auf weiterführende Literatur zu diesen Themen.

Die Beispiele in diesem Kapitel werden mit VB.NET realisiert. Sie können aber eins zu eins auch in C# umgesetzt werden.

## 7.1 Neu mit im Boot: .NET Framework

Der SQL Server ist durch die Common Language Runtime (CLR) in der Lage, .NET-Code auszuführen. Das Visual Studio dient als Entwicklungswerkzeug für die vom SQL Server ausführbaren Objekte.

Diese sind:

- .NET User-Defined Functions (UDF)
- .NET Stored Procedures
- .NET Trigger
- User-Defined Aggregates (UDA)
- User-Defined Datatypes (UDT)

Benutzerdefinierte Funktionen, gespeicherte Prozeduren und Trigger gleichen in ihrer Funktionalität und ihrem Einsatzbereich ihren Transact-SQL-Pendants.

Aber damit ist noch nicht alles abgedeckt, das .NET Framwork hat auch bei der Verwaltung des SQL Servers seine Finger mit dabei. Die COM-basierten *Distributed Management Objects (SQL-DMO)* sind durch die .NET-basierten *SQL Server Management Objects (SMO)* abgelöst worden.

Das Visual Studio wird benötigt, wenn es um das *Debuggen* von Transact-SQL Stored Procedures geht. Dieses Feature, das bisher im Query Analyzer integriert gewesen ist, werden Sie im Management Studio vergeblich suchen.

Mit dem .NET Framework und der Datenbank-Engine prallen aber auch zwei Welten aufeinander, zwischen denen Brücken geschlagen werden müssen. Daher gibt es einen eigenen Satz an SQL-Datentypen, um SQL Server-Datentypen mit den .NET-Datentypen zu verbinden. Eine Übersicht entnehmen Sie der nachfolgenden Tabelle.

| SQL Server-Datentyp | SqlType | .NET-Datentyp |
|---|---|---|
| char<br>varchar<br>nchar<br>nvarchar<br>text<br>ntext | SqlString | String |
| bigint | SqlInt64 | Int64 |
| int | SqlInt32 | Int32 |
| smallint | SqlInt16 | Int16 |
| tinyint | SqlByte | Byte |
| numeric<br>decimal | SqlDecimal | Decimal |
| money<br>smallmoney | SqlMoney | Decimal (da Currency in der aktuellen Version nicht mehr unterstützt wird) |
| real | SqlSingle | Float |
| float | SqlDouble | Double |
| datetime<br>smalldatetime | SqlDateTime | Datetime |
| bit | SqlBoolean | Boolean |
| binary<br>varbinary<br>image<br>timestamp | SqlBinary<br>SqlBytes | Byte() |
| uniqueidentifier | SqlGuid | Guid |

*Tabelle 7.1: Datentypenzuordnung*

Innerhalb von .NET-Code verwenden Sie die SQL-Typen an den Schnittstellen von und zur Datenbank. Innerhalb des Codes verwenden Sie wie gewohnt die .NET-Datentypen. Verwenden Sie übliche Konvertierungen, um Inhalte von Variablen mit .NET-Typen in solche mit SQL-Typen und umgekehrt zu konvertieren.

 Sie sollten, bevor Sie mit diesem Kapitel arbeiten, die Kapitel 5 und 6 gelesen haben. In diesen lernen Sie nicht nur die Sprache Transact-SQL, sondern auch die Konzepte hinter dem Einsatz von gespeicherten Prozeduren, Triggern und benutzerdefinierten Funktionen kennen. Diese werden in diesem Kapitel benötigt und nicht nochmals erarbeitet.

# 7.1.1 Integration mit dem Visual Studio 2005

Das Visual Studio 2005 ist das Tool, mit dem der Zugang zu den neuen Funktionalitäten offen steht. Erstellen Sie dazu ein neues Projekt vom Typ *SQL Server-Projekt*, das Sie wahlweise unter den Vorlagen für Visual Basic oder Visual C# finden.

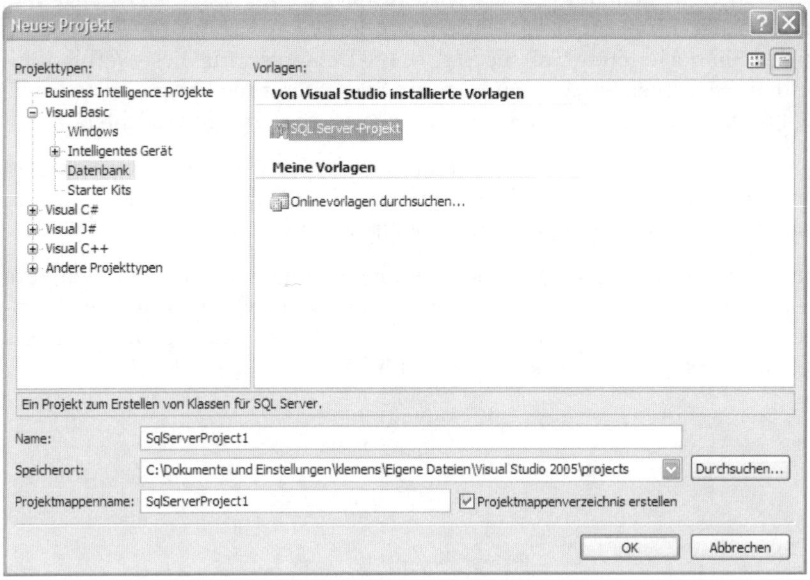

*Abbildung 7.1: Neues SQL Server-Projekt im Visual Studio 2005*

Der Name, den Sie diesem Projekt geben, wird später in Ihrer Datenbank als Assembly-Name verwendet, wenn Sie die im Studio erstellten Objekte von Studio automatisch *bereitstellen* lassen. Sobald Sie dieses neue Projekt erstellen, werden Sie aufgefordert, einen Datenbankverweis auf Ihre Datenquelle auszuwählen. Bereits bestehende Verweise werden im Dialog bereits angezeigt. Klicken Sie auf HINZUFÜGEN, um einen neuen Verweis zu erstellen.

*Abbildung 7.2: Datenbankverweis hinzufügen*

Wählen Sie im nachfolgenden Dialog *Neuer Datenbankverweis* den Namen des Servers aus. Wählen Sie für die Anmeldung entweder Windows-Authentifizierung aus, oder geben Sie Ihren Anmeldenamen und Ihr Kennwort ein, um sich per SQL Server-Authentifizierung anzumelden. Nachdem Sie aus der Liste jene Datenbank ausgewählt haben, auf die Sie zugreifen möchten, testen Sie unbedingt die Verbindung, bevor Sie den Dialog verlassen. Der neue Datenbankverweis wird in der Syntax *Servername.Datenbankname.Schemaname* in der Liste angezeigt. Bestätigen Sie die Auswahl des Datenbankverweises, werden Sie noch gefragt, ob Sie SQL/CLR-Debuggen für diese Verbindung aktivieren möchten. Bestätigen Sie dies mit JA, wenn Sie später Ihren Programmcode wie in Abschnitt „Übrigens: Debuggen" auf Seite 334 beschrieben debuggen möchten.

Das neue Projekt wird wie gewohnt im Projektmappen-Explorer mit dem Projektnamen angezeigt. Dort finden Sie die Einträge *My Project* sowie den Ordner *Test Scripts* mit dem SQL-Skript *Test.sql* standardmäßig bei diesem Projekttyp vor.

Auf dem Projekt-Register können Sie allgemeine Einstellungen vornehmen, wie zum Beispiel Verweise auf Klassenbibliotheken ergänzen oder Einstellungen für die Datenverbindung bearbeiten. Für das Arbeiten mit den SQL Server Management Objects (SMO) werden wir später einen Verweis ergänzen müssen.

*Abbildung 7.3: Projekt-Einstellungen*

In den nächsten Abschnitten beschäftigen wir uns nun mit der Erstellung der verschiedenen Projekttypen für den SQL Server.

## 7.1.2 CLR-Aktivierung

Nach der Installation ist die CLR bei jeder SQL Server 2005-Edition deaktiviert. Während der Beta-Phase hat es hier ja mehrmals Änderungen bei dieser Voreinstellung gegeben. Sie müssen daher die CLR auf Ihrem Server aktivieren, bevor Sie die nachfolgenden Beispiele ausführen können.

Die CLR-Integration können Sie auf folgende Arten aktivieren:

▶ Öffnen Sie die *Oberflächenkonfiguration*. Unter der Rubrik *Oberflächenkonfiguration für Features* finden Sie CLR-Integration als Auswahlpunkt. (Siehe dazu auch Kapitel 2.)

▶ Führen Sie die Systemprozedur `sp_configure` aus. Dazu müssen zuerst die erweiterten Optionen aktiviert werden, bevor die eigentliche Aktivierung der CLR erfolgen kann. Mit der Anweisung `RECONFIGURE` setzen Sie die zuvor gemachte Änderung jeweils sofort aktiv.

```
EXEC sp_configure 'show advanced options', 1
GO

RECONFIGURE
GO

EXEC sp_configure 'clr enabled', 1
GO

RECONFIGURE
GO
```

Sie können alle nachfolgenden Beispiele erstellen, auch wenn die CLR noch nicht aktiviert ist. Aber spätestens bevor Sie sie ausführen möchten, muss die CLR-Integration aktiv sein.

## 7.1.3 Code auf den Server bringen: Assembly

.NET-Code wird auf dem SQL Server in Assemblies zusammengefasst. Diese Assemblies werden aus einer mit dem Visual Studio erzeugten DLL generiert. Dazu stehen Ihnen zwei Varianten zur Auswahl, die nachfolgend in diesem Kapitel beschrieben werden:

▶ Assemblies können aus dem Visual Studio heraus direkt in eine Datenbank eingespielt werden. Dazu muss lediglich bei geöffnetem SQL Server-Projekt im Menü ERSTELLEN der Befehl PROJEKT BEREITSTELLEN gewählt werden. Hier steht PROJEKT synonym für den Namen des aktuellen Projekts, der im Menübefehl angezeigt wird. Mehr ist nicht zu tun. Dies ist sicher die komfortabelste Variante. Voraussetzung ist jedoch, dass Sie direkt eine Verbindung zum Zielserver herstellen können.

▶ Sie erstellen eine neue Assembly mit der Anweisung `CREATE ASSEMBLY` direkt auf dem SQL Server. Hierbei geben Sie den Pfad zur DLL an, wie das nachfolgende Beispiel zeigt.

```
CREATE ASSEMBLY sql_manuell AUTHORIZATION dbo
FROM 'd:\projekte\sql_manuell.dll'
WITH PERMISSION_SET = EXTERNAL_ACCESS
```

Hierbei wird auch das Permission-Set für diese Assembly definiert, das standard-mäßig auf SAFE eingestellt ist. Verwenden Sie in dem in dieser Assembly enthaltenen Programmcode externe Zugriffe zum Beispiel auf das Filesystem, muss dieses auf EXTERNAL_ACCESS gesetzt werden.

 Aus Sicherheitsgründen sollten Sie jene Prozeduren, die externen Zugriff benötigen, in einer eigenen Assembly zusammenfassen, damit Sie das Permission-Set für alle anderen Assemblies auf SAFE setzen können.

Auch in der Assembly enthaltene Prozeduren müssen manuell angelegt werden, wenn sie nicht über das Visual Studio bereitgestellt worden sind. Hier werden wie gewohnt die Anweisungen CREATE PROCEDURE oder CREATE FUNCTION verwendet. Sie enthalten den Zusatz AS EXTERNAL NAME mit einem Verweis auf das gewünschte Objekt. Dieser muss in der Syntax *Assemblyname.Klassenname.Objektname* angegeben werden. Die nachfolgenden Beispiele zeigen das Erstellen einer gespeicherten Proze-dur sowie einer benutzerdefinierten Funktion.

```
CREATE PROCEDURE dbo.spPfadAuslesen
( @pfad nvarchar(100) )
AS EXTERNAL NAME
sql_manuell.StoredProcedures.spPfadAuslesen

CREATE FUNCTION dbo.NegativeZahl (@wert varchar(20))
RETURNS money
AS EXTERNAL NAME
sql_manuell.UserDefinedFunctions.NegativeZahl
```

Eine Assembly kann über den Objekt-Explorer des Management Studios sowie die Anweisung DROP ASSEMBLY wieder gelöscht werden.

 Sie können eine Assembly erst löschen, wenn Sie zuvor alle Datenbank-objekte gelöscht haben, die auf in ihr enthaltenem Code basieren. Verwenden Sie dazu zum Beispiel die Anweisung DROP PROCEDURE.

Assemblies werden beim Erstellen in der Datenbank gespeichert. Die DLL wird ab diesem Zeitpunkt also nicht mehr benötigt. Beim Sichern der Datenbank werden diese daher auch mitgesichert.

 Sie können eine Assembly auch via Skript von einer Datenbank in eine andere übertragen. Dazu generieren Sie ein Skript im Objekt-Explorer über das Kontextmenü.

Den Beginn eines solchen Skripts sehen Sie nachfolgend dargestellt.

```
CREATE ASSEMBLY [SqlServerProject1]
AUTHORIZATION [dbo]
FROM 0x4D5A9000030000004000000FFFF0000B8000000000000000400000000000
0000000000000000000000000000000000000000000000000000000000008000000
00E1FBA0E00B409CD21B8014CCD21546869732070726F6772616D2063616E6E6F74
2062652072756E20696E20444F53206D6F64652E0D0D0A24000000000000000050450
0004C010400A6CB0144000 ...
```

Sie finden das vollständige Beispielskript auf der Begleit-CD des Buches.

# 7.2    .NET User-Defined Functions

Wie bereits in Kapitel 6 herausgearbeitet, sollen *benutzerdefinierte Funktionen*, die mit .NET erstellt worden sind, nicht ausnahmslos alle bisherigen mit Transact-SQL programmierten ersetzen. Transact-SQL ist immer dann der Vorzug zu geben, wenn Datenzugriffe im Vordergrund stehen. Bei solchen Aufgabenstellungen wird die Transact-SQL-Lösung auch performanter sein. Stehen jedoch der Algorithmus oder auch ein Zugriff auf externe Ressourcen im Vordergrund, wird .NET die richtige Wahl sein. Es ist aber auch eine Kombination möglich, wenn Sie zum Beispiel aus einer gespeicherten Prozedur eine andere aufrufen, die in der jeweils anderen Entwicklungsumgebung erstellt worden ist.

Legen Sie im zuvor erstellten SQL Server-Projekt eine neue benutzerdefinierte Funktion über das Kontextmenü an.

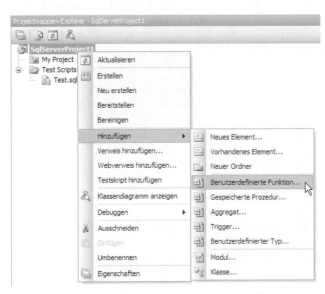

*Abbildung 7.4: Neue Funktion über Kontextmenü erstellen*

Im nachfolgenden Dialog geben Sie den Namen für die Funktion ein. Wir vergeben hier für das allererste Beispiel den Namen *hallo*.

Es wird eine neues Fenster mit der Klasse *UserDefinedFunctions* angelegt. Im Header werden fixe Referenzen auf folgende Systemklassen angelegt:

```
Imports System
Imports System.Data
Imports System.Data.SqlClient
Imports System.Data.SqlTypes
Imports Microsoft.SqlServer.Server
```

Der nachfolgende Code wird standardmäßig angezeigt. Nur der Text in der RETURN-Zeile ist editiert worden.

```
Partial Public Class UserDefinedFunctions
    <Microsoft.SqlServer.Server.SqlFunction()> _
    Public Shared Function Hallo() As SqlString
        ' Fügen Sie hier Ihren Code hinzu
        Return New SqlString("Hallo, ich komme aus der CLR!")
    End Function
End Class
```

Sie sehen, dass für den Rückgabetyp der SQL-Datentyp SqlString verwendet wird. Bis auf die Änderung des Rückgabetextes lassen wir alles so, wie es vom Visual Studio erstellt worden ist. Bevor wir uns „mächtigeren" Beispielen zuwenden, betrachten wir uns die weitere Vorgangsweise.

Wählen Sie im Visual Studio im Menü ERSTELLEN den Befehl PROJEKT BEREITSTELLEN.

Im Management Studio finden Sie die neue Assembly sowie die Funktion *Hallo* im Objekt-Explorer. Rufen wir die neue Funktion wie eine mit Transact-SQL erstellte auf, erhalten wir als Ergebnis den eingegebenen Text. (Siehe Abbildung 7.5.)

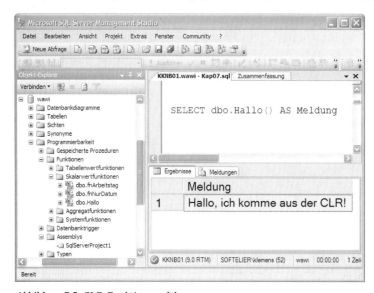

*Abbildung 7.5: CLR-Funktion ausführen*

Wenden wir uns nun einem weiteren Beispiel zu. Diese neue Funktion soll dem Umformatieren von Importdaten dienen. Für dieses Beispiel ziehe ich eine Funktion heran, die ich beim SQL Server 2000 bereits mit Transact-SQL realisiert habe. Dieses Beispiel ist nun für die Umsetzung mit .NET prädestiniert, da hier nur String-Operationen vorgenommen werden und nicht auf Daten zugegriffen werden muss.

Die Ausgangssituation für dieses Beispiel ist folgende: Aus einer SAP-Anwendung werden periodisch Daten in eine Textdatei exportiert, die dann in die SQL Server-Datenbank importiert und verarbeitet werden. Bei diesem Export werden Zahlen mit einem Tausendertrennpunkt und negative Zahlen mit dem Minus hinten in die Textdatei geschrieben. Als Kommaseparator wird das Komma und kein Punkt verwendet. All dies verhindert ein sauberes Konvertieren dieses Wertes in eine Zahl auf dem SQL Server. So ein Wert könnte zum Beispiel so aussehen: 4.299,50-

Für die korrekte Konvertierung in einen Wert mit dem Datentyp *money* schreiben wir nun eine *.NET-benutzerdefinierte Funktion*.

Wir gehen im Visual Studio wie beschrieben vor, um eine neue Funktion anzulegen.

> Legen Sie für jede Funktion ein eigenes Fenster an. Ergänzen Sie nie manuell eine zweite Funktion in einem bestehenden Fenster. Beim Bereitstellen berücksichtigt das Visual Studio nämlich nur eine Funktion je Fenster, nämlich die erste. Auch wenn auf mehrere Fenster verteilt, sind dennoch alle Funktionen in der Klasse *UserDefinedFunctions* enthalten. Ab dieser Version kann über den Zusatz Partial bei der Klassendefinition eine Klasse auf mehrere Fenster aufgeteilt werden.

In der Funktionszeile ergänzen wir einen Aufrufparameter für die Funktion. Dieser muss, da an der Schnittstelle zwischen SQL Server und .NET platziert, von einem SQL-Datentyp sein (siehe Tabelle 7.1 auf Seite 306). Auch der Rückgabewert der Funktion wird von dem standardmäßig angebotenen Datentyp für dieses Beispiel auf *SqlMoney* geändert. Für die Bearbeitung innerhalb der Funktion wird der beim Aufruf übergebene Wert in einen .NET-Datentyp konvertiert. Dann erfolgt die Bearbeitung. Ein etwaiges Minus wird nach vorne gestellt, Tausendertrennpunkte werden entfernt und das Ergebnis in eine Zahl konvertiert. Nach der Konvertierung in den entsprechenden SQL-Datentyp wird das Ergebnis mit Return zurückgegeben.

```
Partial Public Class UserDefinedFunctions
    <Microsoft.SqlServer.Server.SqlFunction()> _
    Public Shared Function NegativeZahl(ByVal sql_wert As SqlString)
    As SqlMoney
        Dim betrag As Decimal
        Dim sql_betrag As SqlMoney
        Dim wert As String
        wert = sql_wert.ToString
        If Right(wert, 1) = "-" Then
            wert = "-" & Replace(wert, "-", "")
        End If
```

```
        wert = Replace(wert, ".", "")
        betrag = Convert.ToDecimal(wert)
        sql_betrag = CType(betrag, SqlMoney)
        Return sql_betrag
    End Function
End Class
```

Sie finden alle Codebeispiele auf der Begleit-CD. Manchmal können aufgrund ihrer Länge – trotz Bemühungen – Codezeilen nicht in einer Zeile im gedruckten Buch untergebracht werden. Falls dies zu Unklarheiten führt, nehmen Sie bitte den Beispielcode von der CD zu Hilfe.

Wieder stellen wir das Ergebnis auf dem SQL Server bereit und rufen die Funktion direkt in einem Abfrage-Editorfenster auf.

```
SELECT dbo.NegativeZahl('4.299,50-') As Betrag
```

Liefert:

```
Betrag
--------------------
-4299,50

(1 Zeile(n) betroffen)
```

So wie bei mit Transact-SQL programmierten benutzerdefinierten Funktionen muss beim Aufruf der Schemaname (zum Beispiel *dbo*) immer mit angegeben werden. (Information zum Thema Schema finden Sie in Kapitel 9.)

# 7.3    .NET Stored Procedures

Nach den benutzerdefinierten Funktionen wenden wir uns nun den *.NET-gespeicherten Prozeduren* zu. Auch für diese gilt in Bezug auf Einsatzbereich und Verwendung das bisher Erläuterte.

Als Beispiel setzen wir die Lagerbuchungsprozedur, die wir im vorigen Kapitel mit Transact-SQL erstellt haben, mit .NET um. Sollte Ihnen das Beispiel nicht mehr ganz geläufig sein, lesen Sie bitte nochmals in Kapitel 6 nach.

Die Erstellung einer Prozedur im Visual Studio gleicht dem Vorgang bei der Erstellung einer Funktion. Die Ergebnisrückgabe können wir wie von Transact-SQL gewohnt auf drei unterschiedliche Arten realisieren.

▶ *Return*: Rückgabe eines einzigen skalaren Wertes

▶ *Output-Parameter*: Rückgabe eines oder mehrerer skalarer Werte

▶ *Datenzeilen*: Eine oder mehrere Zeilen mit einer oder mehreren Spalten, analog zu einem SELECT in einer Transact-SQL-Prozedur.

Wir werden im Folgenden alle drei Varianten behandeln.

Das Visual Studio erstellt für eine Prozedur innerhalb der Klasse *StoredProcedures* eine *SUB*. Soll das Ergebnis mittels *Return* zurückgegeben werden, müssen Sie daraus eine *FUNCTION* machen.

## 7.3.1 Datenzugriff aus der CLR heraus

In unserem Lagerbuchungs-Beispiel greifen wir lesend und schreibend auf Daten der Datenbank zu. Diese Zugriffe geschehen wie in .NET gewohnt über *ADO.NET*. Hier gibt es keine entscheidenden Unterschiede. Lediglich spezifische Erweiterungen sind für die SQL Server-Integration vorgenommen worden.

### SqlContext

Die Klasse *SqlContext* stellt Funktionalitäten zur Verfügung, die sich auf den Kontext der bereits aktiven SQL Server-Session beziehen. Dies wird in der Regel bereits beim Erstellen einer Connection von Bedeutung sein. Selbstverständlich können Sie aus einer Prozedur heraus eine Connection zur Datenquelle wie mit ADO.NET gewohnt erstellen. Wenn man aber davon ausgeht, dass sich ein Benutzer, der eine gespeicherte Prozedur startet, ja bereits am Server angemeldet hat, wird man keine zweite Anmeldung mit womöglich einem anderen Anmeldenamen für die Prozedur verwenden wollen. Die Prozedur soll mit dem Anmeldekontext des aktuellen Benutzers auf Daten zugreifen.

Dazu erstellen Sie auf folgende Art und Weise eine Connection mit dem SqlContext:

```
Dim dbcon As New SqlConnection("context connection=true")
dbcon.Open()
```

Die in der Beta-Version gültige Syntax *SqlContext.Connection* wird nicht mehr unterstützt.

### Lesezugriffe

Für Lesezugriffe aus einer Prozedur heraus verwenden Sie üblicherweise einen *SqlDataReader*, den Sie mit Hilfe eines *SqlCommand* befüllen. Die Zeilen eines solchen Readers lesen Sie mit der Read-Methode aus.

### Schreibzugriffe

Um auf Daten schreibend zuzugreifen, nutzen Sie die Möglichkeiten, die ADO.NET Ihnen bietet. Typischerweise werden Sie einen *SqlCommand* einsetzen, den Sie mit der Methode *ExecuteNonQuery* ausführen.

## 7.3.2    Prozeduren mit Werterückgabe

Widmen wir uns nun der Prozedur mit dem Lagerbuchungs-Beispiel. Da ein Schreibzugriff auf die Tabelle *tblLagerstand* benötigt wird, wird eine *Connection* auf Basis des *Sql-Context* erstellt. Ein *SqlCommand* wird mit einer Update-Anweisung erstellt, um den Lagerstand anzupassen. Liefert dieses Update kein Ergebnis, kann dies daran liegen, dass dieser Artikel erstmals auf dieses Lager gebucht wird. Daher wird in diesem Fall ein Einfügen versucht, indem dem *SqlCommand* ein neuer *CommandText* zugewiesen wird. Dieser enthält eine Insert-Anweisung. Diese wird ausgeführt. Da diese Anweisung zu einem Fehler führt, wenn eine ungültige Artikelnummer oder Lagernummer involviert ist, wird dies innerhalb eines Try-Catch-Blocks erledigt.

Die Prozedur liefert demzufolge folgende Ergebnisse: 1, wenn die Buchung erfolgreich gewesen ist, und –1, wenn dies nicht der Fall ist. In den nachfolgenden Codebeispielen werden wir herausarbeiten, wie die zuvor beschriebenen Arten der Rückgabe dieses Ergebnisses zu handhaben sind.

**Return**

Die erste Variante liefert das Ergebnis mit Return zurück. Wie bereits erwähnt, muss bei dem im Visual Studio erstellten Basiscode der Typ von Sub auf Function geändert werden. Auch der Rückgabetyp mit SqlInt32 wird ergänzt, ebenso wie die Aufrufparameter für die Übergabe der Artikel- und Lagernummer sowie der zu buchenden Menge.

```
Partial Public Class StoredProcedures

    <Microsoft.SqlServer.Server.SqlProcedure()> _

    Public Shared Function spLagerbuchungCLR(ByVal artikel As
    SqlInt32, ByVal lager As SqlByte, ByVal stk As SqlInt32)
    As SqlInt32

        Dim str_sql As String
        Dim cmd As SqlCommand
        Dim anzahl As Int32
        Dim dbcon As New SqlConnection("context connection=true")

        dbcon.Open()

        str_sql = "UPDATE dbo.tblLagerstand SET LagMenge = LagMenge
                   + @stk WHERE ArtNr = @artikel AND LagNr = @Lager"

        cmd = New SqlCommand(str_sql, dbcon)
        cmd.Parameters.AddWithValue("@artikel", artikel)
        cmd.Parameters.AddWithValue("@lager", lager)
        cmd.Parameters.AddWithValue("@stk", stk)

        anzahl = cmd.ExecuteNonQuery()

        If anzahl = 0 Then
```

```
    Try
        str_sql = "INSERT INTO dbo.tblLagerstand (ArtNr,
            LagNr, LagMenge) VALUES (@artikel, @lager, @stk)"

        cmd.CommandText = str_sql
        anzahl = cmd.ExecuteNonQuery()

    Catch ex As Exception
        anzahl = -1
    End Try
End If

cmd.Dispose()

Return CType(anzahl, SqlInt32)

    End Function
End Class
```

Am Ende der Prozedur wird das Ergebnis mit der Anweisung – analog zu einer Funktion – mit Return zurückgegeben. Dabei wird das Ergebnis noch in einen SQL-Datentyp konvertiert.

Nachdem die Prozedur in der Datenbank bereitgestellt worden ist, rufen Sie sie exakt wie eine Transact-SQL-Prozedur im Management Studio auf. (Vergleichen Sie dazu auch das vorhergehende Kapitel.)

Das mit Return gelieferte Ergebnis wird beim Aufruf einer Transact-SQL-Variablen zugewiesen, indem diese dem Prozedurnamen vorangestellt wird. Danach wird der Variableninhalt mit SELECT ausgegeben.

```
DECLARE @ok int
EXEC @ok = dbo.spLagerbuchungCLR 1234, 2, 50
SELECT @ok Ergebnis
```

Liefert:

```
Ergebnis
--------------------
1
```

Testen Sie das Ergebnis auch mit anderen Aufrufwerten. Verwenden Sie dabei auch ungültige Artikel- oder Lagerwerte.

Die gespeicherte Prozedur wird vom Visual Studio in der Datenbank mit dem Namen angelegt, den Sie für die Prozedur in Ihrem .NET-Code vergeben haben. Dieser ist daher auch für den Aufruf der fertigen gespeicherten Prozedur zu verwenden.

```
Public Shared Sub spLagerbuchungCLR (...)
```

## Output-Parameter und Referenzvariablen

Für dasselbe Beispiel verwenden wir nun Output-Parameter. Bei dieser Variante behalten wir die vom Visual Studio vorgeschlagene Sub bei. Da ein Output-Parameter in Transact-SQL dasselbe ist wie eine in Visual Basic per Referenz übergebene Variable, wird ein solcher Übergabeparameter zu den schon bisher verwendeten Parametern ergänzt. Die Variable anzahl wird ByRef übergeben. Da der Inhalt des Parameters automatisch am Ende der Prozedur der aufrufenden Stelle zur Verfügung steht, ist keine gesonderte Ergebnisrückgabe mehr notwendig.

```vb
Public Shared Sub spLagerbuchungCLROutput(ByVal artikel As SqlInt32,
ByVal lager As SqlByte, ByVal stk As SqlInt32, ByRef anzahl As
SqlInt32)

    Dim str_sql As String
    Dim cmd As SqlCommand
    Dim dbcon As New SqlConnection("context connection=true")

    dbcon.Open()

    str_sql = "UPDATE dbo.tblLagerstand SET LagMenge = LagMenge +
            @stk WHERE ArtNr = @artikel AND LagNr = @Lager"

    cmd = New SqlCommand(str_sql, dbcon)
    cmd.Parameters.AddWithValue("@artikel", artikel)
    cmd.Parameters.AddWithValue("@lager", lager)
    cmd.Parameters.AddWithValue("@stk", stk)

    anzahl = cmd.ExecuteNonQuery()

    If anzahl = 0 Then

        Try
            str_sql = "INSERT INTO dbo.tblLagerstand (ArtNr, LagNr,
                    LagMenge) VALUES (@artikel, @lager, @stk)"

            cmd.CommandText = str_sql
            anzahl = cmd.ExecuteNonQuery()

        Catch ex As Exception
            anzahl = -1
        End Try

    End If

    cmd.Dispose()
End Sub
```

Der Aufruf der in der Datenbank bereitgestellten Prozedur erfolgt im Management Studio durch Übergabe eines Output-Parameters.

```sql
DECLARE @ok int
EXEC dbo.spLagerbuchungCLROutput 12345, 3, -5, @ok OUTPUT
SELECT @ok Ergebnis
```

## Tabellarisches Ergebnis

Die Ausgabe eines Ergebnisses in Tabellenform wird über das Objekt *Pipe* der *SqlContext*-Klasse realisiert. Über dieses kann wahlweise

▶ ein einfacher Text oder

▶ ein tabellarisches Ergebnis aus einzelnen Zeilen

zurückgegeben werden.

Um einen einfachen Text auszugeben, verwenden Sie die Methode Send mit dem gewünschten Text. Dazu müssten Sie die Prozedur mit der Anweisung SqlContext. Pipe.Send beenden.

```
        . . .

            End Try
        End If

        cmd.Dispose()

        SqlContext.Pipe.Send(anzahl.ToString)

    End Sub
End Class
```

Dieser Text wird im Management Studio allerdings nicht in Form einer Tabelle ausgegeben, sondern entspricht der Verwendung der Anweisung PRINT in Transact-SQL. Da diese Form der Ausgabe in der Praxis aber eher nur für Debug-Informationen genutzt wird, wollen wir im nächsten Beispiel wirklich ein Ergebnis in Tabellenform erzeugen.

Dafür wird die Methode *SendResultsRow* anstelle der einfachen Send-Methode der Pipe verwendet. Mit dieser Methode wird über ein Objekt des Typs *SqlDataRecord* an der Aufrufstelle eine Zeile ausgegeben. Die Struktur des SqlDataRecord wird über ein *SqlMetaData*-Objekt definiert.

In unserem Beispiel enthält die Struktur nur eine Spalte, nämlich die Spalte *Ergebnis* mit einem Wert vom Datentyp Integer.

Das Ergebnis, das vorerst in der Variablen *anzahl* zwischengespeichert wird, wird mit der Methode *SetValue* in das SqlDataRecord geschrieben. Die 0 im Beispiel steht dabei für die erste (und einzige) Spalte. Die Ausgabe erfolgt dann in drei Schritten:

▶ SendResultsStart: Mit dieser Methode wird die Ausgabe initialisiert. Dabei wird bereits ein *SqlDataRecord*-Objekt übergeben, um die Struktur für die Ausgabe bekannt zu geben. Dies ist quasi die Überschrift der Tabelle in Form der Spaltennamen.

▶ SendResultsRow: Das Senden der Daten erfolgt zeilenweise mit dieser Methode. Bei einem mehrzeiligen Ergebnis wird diese Methode für jede einzelne auszugebende Zeile angewendet.

▶ SendResultsEnd: Dies bildet den Abschluss und wird ohne Parameter aufgerufen.

```
Public Shared Sub spLagerbuchungCLRPipeRow(ByVal artikel As
SqlInt32, ByVal lager As SqlByte, ByVal stk As SqlInt32)

    Dim str_sql As String
    Dim anzahl As Int32
    Dim cmd As SqlCommand
    Dim dbcon As New SqlConnection("context connection=true")

    Dim ergebnis As New SqlMetaData("Ergebnis", SqlDbType.Int)
    Dim zeile As New SqlDataRecord(ergebnis)

    dbcon.Open()

    str_sql = "UPDATE dbo.tblLagerstand SET LagMenge = LagMenge +
              @stk WHERE ArtNr = @artikel AND LagNr = @Lager"

    cmd = New SqlCommand(str_sql, dbcon)

    ...

    cmd.Dispose()

    zeile.SetValue(0, anzahl)

    SqlContext.Pipe.SendResultsStart(zeile)

    SqlContext.Pipe.SendResultsRow(zeile)

    SqlContext.Pipe.SendResultsEnd()

End Sub
```

Der Aufruf im Management Studio erfolgt auf folgende Weise:

```
EXEC dbo.spLagerbuchungCLRPipeRow 1234, 2, 10
```

Liefert:

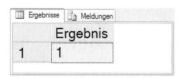

*Abbildung 7.6: Tabellarisches Ergebnis*

## 7.3.3  Zugriff auf externe Daten

Ein großes Plus der .NET-Integration ist die Möglichkeit des Zugriffs auf externe Daten. Dadurch tun sich Türen auf, die in früheren Versionen nur sehr schwierig oder überhaupt nicht geöffnet werden konnten.

Durch die Integration stehen alle Features, die .NET bietet, auch aus der Datenbank heraus zur Verfügung. Das kann von Dateizugriffen, Mailversand bis zur Bearbeitung von Grafikdateien reichen.

## Die Klasse System.IO

Für den Zugriff auf das Dateisystem stellt das .NET-Framework die Klasse *System.IO* zur Verfügung. Diese bietet alle für den Dateizugriff notwendigen Objekte und Methoden. Die Objekte *File* und *Directory* werden für das Bearbeiten von Verzeichnissen und Dateien verwendet. Informationen verschiedenster Art können über die Objekte *FileInfo* und *DirectoryInfo* gesammelt werden.

Im nachfolgenden Beispiel wird der gespeicherten Prozedur *spPfadAuslesen* ein Pfad übergeben. Diese liest alle Dateinamen aus diesem Verzeichnis aus und gibt sie in Tabellenform zurück.

Nach der Deklaration eines DirectoryInfo-Objektes und eines FileInfo-Objektes wird geprüft, ob der Ordner existiert. Ist dies der Fall, werden in einer For Each-Schleife die Namen aller Dateien ausgelesen. Diese werden wie im vorigen Beispiel über eine Pipe ausgegeben.

```
Partial Public Class StoredProcedures
    <Microsoft.SqlServer.Server.SqlProcedure()> _

    Public Shared Sub spPfadAuslesen(ByVal pfad As SqlString)

        Dim dateien As New SqlMetaData("Dateiname",
                                        SqlDbType.NVarChar, 100)

        Dim zeile As New SqlDataRecord(dateien)
        Dim ordner As New System.IO.DirectoryInfo(pfad.ToString)
        Dim datei As System.IO.FileInfo

        SqlContext.Pipe.SendResultsStart(zeile)

        If ordner.Exists Then

            For Each datei In ordner.GetFiles()

                zeile.SetValue(0, datei.Name)
                SqlContext.Pipe.SendResultsRow(zeile)

            Next

        End If

        SqlContext.Pipe.SendResultsEnd()

    End Sub
End Class
```

*SendResultsStart()* und *SendResultsEnd()* werden in diesem Beispiel auch dann ausgeführt, wenn es den Ordner gar nicht gibt. Der Grund dafür ist, dass sonst gar kein Ergebnis anstelle eines solchen, das dokumentiert, dass es keine Dateien gibt, ausgegeben wird. Wenn an der anderen Stelle ein aufrufendes Programm auf ein Ergebnis wartet und es kommt gar nichts, wird dies zu einem Programmfehler führen.

## Externe Berechtigungen

Damit diese Prozedur ausgeführt werden kann, muss das Permission-Set jenes Assemblys, das diese Prozedur enthält, auf EXTERNAL_ACCESS gesetzt sein. Ist dies nicht bereits beim Anlegen der Assembly geschehen, kann dies nachträglich erfolgen.

▷ Über die Eigenschaften des Assemblys, zu dem Sie über das Kontextmenü im Objekt-Explorer gelangen, können Sie den Berechtigungssatz einstellen.

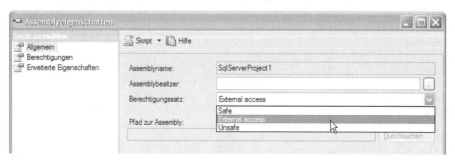

*Abbildung 7.7: Assemblyeigenschaften einstellen*

▷ Dasselbe können Sie auch über die Anweisung ALTER ASSEMBLY erledigen.

```
ALTER ASSEMBLY SQlServerProject1
WITH PERMISSION_SET = EXTERNAL_ACCESS
```

Damit Sie diese Einstellung vornehmen können, muss die Eigenschaft *TRUSTWORTHY* für die Datenbank aktiviert sein. Dies können Sie mit der Anweisung

```
ALTER DATABASE wawi
SET TRUSTWORTHY ON
```

erledigen.

Nun können wir die Prozedur testen!

```
EXEC spPfadAuslesen 'c:\windows'
```

Liefert:

```
Dateiname
------------------------------------------------------------
Angler.bmp
Blaue Spitzen 16.bmp
bootstat.dat
chipset.log
clock.avi
cmsetacl.log
...
```

# 7.4 .NET-Trigger

Nach den gespeicherten Prozeduren und den benutzerdefinierten Funktionen gelangen wir nun noch zum Dritten im Bunde, den *.NET-Triggern*. Auch diese entsprechen in der Logik und dem Einsatzbereich den mit Transact-SQL programmierten Pendants.

Folgende wichtige Funktionalitäten bietet Ihnen auch ein .NET-Trigger:

▶ Der Zugriff auf die Tabellen *Inserted* und *Deleted*, um auf die Daten des auslösenden Trigger-Ereignisses zuzugreifen, besteht. Dazu verwenden Sie einen *SqlDataReader*.

▶ Beenden der Transaktion, um den Schreibvorgang zu unterbinden: Mit `Transaction.Current.Rollback()` rollen Sie die aktuelle Transaktion zurück. (Die noch in der Beta-Version verwendete Variante über den SqlContext mit der Anweisung `SqlContext.Transaction.Rollback()` funktioniert nicht mehr.)

▶ Zugriff auf die geänderten Spalten und das auslösende Ereignis: Über den *Trigger-Context* des *SqlContext* liefert die Eigenschaft *ColumnsUpdated* ein Array mit den geänderten Spalten. Die Eigenschaft *TriggerAction* liefert Auskunft darüber, welcher Vorgang einen Trigger ausgelöst hat. Diese Information wird oft in Triggern benötigt, die für mehrere Ereignisse feuern.

Um die speziellen Einsatzmöglichkeiten eines .NET-Triggers gegenüber einem konventionellen Trigger herauszustreichen, verwenden wir ein Beispiel, für das der Zugriff auf externe Dateien notwendig ist. Dies wäre mit einem klassischen Trigger direkt nicht möglich.

Wir stellen uns vor, wir haben eine Webapplikation, über die Kunden Dateien für uns auf unseren Webserver heraufladen können. Aus Sicherheitsgründen dürfen diese Dateien nur in einem lokalen Verzeichnis auf dem Webserver landen, der in der *demilitarisierten Zone (DMZ)* unseres Netzwerkes steht. Vom Webserver aus sind keine Zugriffe auf das interne Netzwerk möglich. Lediglich der Zugriff auf den Datenbankserver über den Port 1433 ist freigeschaltet. Die Webapplikation hat also keine Möglichkeit, die heraufgeladene Datei in den Kundenordner auf dem internen Fileserver zu verschieben. Außerdem müsste dort der Ordner, dessen Name aus der Kundennummer und dem aktuellen Datum besteht, noch angelegt werden.

Die Lösung zu dieser Aufgabenstellung liefert ein .NET-Trigger. Der Upload-Vorgang muss ohnehin in der Datenbank registriert werden. Sonst erfährt ja kein Mitarbeiter etwas von dieser Datei. Ein für diese Tabelle definierter Trigger übernimmt diese Aufgabe. Damit Sie das Beispiel auch bei sich nachstellen können, ohne dafür eine DMZ mit Webserver zu konfigurieren, wird im Beispiel die Datei nur von einem lokalen Pfad in einen anderen verschoben. Um das Beispiel überschaubar zu halten, werden der Herkunfts- und Zielpfad im Code fix eingetragen. In der Praxis würden diese auch aus der Datenbank ausgelesen werden.

Für das Beispiel wird die Tabelle *tblUploads* benötigt:

```
CREATE TABLE dbo.tblUploads
(  ID int IDENTITY CONSTRAINT pk_uploads PRIMARY KEY,
   Kunde int NOT NULL,
   Datei nvarchar(100) NOT NULL,
   Datum datetime NOT NULL
   CONSTRAINT df_uploads_datum DEFAULT GETDATE(),
   CONSTRAINT fk_uploads_kunden FOREIGN KEY (Kunde)
   REFERENCES dbo.tblKunden (KdNr)
)
```

Die ID als Identität und das Datum über den Standardwert werden automatisch vergeben, es müssen nur die Kundennummer und der Dateiname erfasst werden.

Für die Klasse *Triggers* werden neben den klassischen fünf Referenzen auch die Namespaces *System.IO* und *System.Transactions* mit Imports... referenziert. Ersterer wird für den Dateizugriff, Letzter für das Beenden der Transaktion, wenn die Datei nicht vorhanden ist, benötigt. In der Definitionszeile werden der Name des Triggers, der Name der Tabelle und das oder die auslösenden Ereignisse eingetragen.

Um auf die Tabelle *Inserted* zuzugreifen, werden ein *Connection-*, *SqlCommand-* und ein *SqlDataReader*-Objekt deklariert. Für die Verbindung wird auch hier der SqlContext verwendet. Existiert die im Datensatz angegebene Datei, wird im Zielordner der Unterordner bestehend aus der Kundennummer und dem aktuellen Datum erstellt, bevor die Datei dorthin verschoben wird. Da es bei der Methode *File.Move* keine Möglichkeit gibt, eine bestehende Datei zu überschreiben, wird die Datei mit der Methode *File.Copy* zuerst kopiert und danach mit der Methode *File.Delete* gelöscht. Der dritte Parameter der Copy-Methode (True) legt fest, dass eine vorhandene Datei überschrieben werden soll. Gibt es die zu verschiebende Datei nicht, wird die Transaktion zurückgerollt.

```
Imports System
Imports System.Data
Imports System.Data.SqlClient
Imports System.Data.SqlTypes
Imports Microsoft.SqlServer.Server
Imports System.IO
Imports System.Transactions

Partial Public Class Triggers

    <Microsoft.SqlServer.Server.SqlTrigger(Name:="Uploads_Insert",
    Target:="tblUploads", Event:="FOR INSERT")> _

    Public Shared Sub Uploads_Insert()

        Dim datei As String, kunde As String
        Dim herkunft As String, ziel As String
        Dim herkunft_voll As String, ziel_voll As String
        Dim cmd As SqlCommand
```

```
Dim dbcon As New SqlConnection("context connection=true")
Dim rdr As SqlDataReader
Dim str_sql As String

herkunft = "C:\inetpub\wwwroot\uploads\"
ziel = "d:\projekte\dateien\"

dbcon.Open()

str_sql = "SELECT * FROM inserted"
cmd = New SqlCommand(str_sql, dbcon)
rdr = cmd.ExecuteReader()
datei = "leer"

While rdr.Read()

    datei = CType(rdr("Datei"), String)
    kunde = CType(rdr("Kunde"), String)
    herkunft_voll = herkunft & datei

    If File.Exists(herkunft_voll) Then

        ziel_voll = ziel & kunde & "\" &
            DateTime.Today.ToString("yyyy-MM-dd")

        If Not Directory.Exists(ziel_voll) Then
            Directory.CreateDirectory(ziel_voll)
        End If

        ziel_voll = ziel_voll & "\" & datei
        File.Copy(herkunft_voll, ziel_voll, True)
        File.Delete(herkunft_voll)

    Else
        Transaction.Current.Rollback()
    End If
End While

rdr.Close()
cmd.Dispose()

'SqlContext.Pipe.Send(datei)

    End Sub

End Class
```

 Die letzte Zeile des Triggers ist auskommentiert. Es kann ein Trigger zwar ein Ergebnis zurückliefern, dies macht aber außer für die Ausgabe von Debugging-Informationen keinen Sinn.

Um den Trigger zu testen, passen Sie die Pfade zuvor an Ihre Gegebenheiten an, und fügen Sie dann neue Datensätze in die Tabelle *tblUploads* ein.

# 7.5 User-Defined Aggregates (UDA)

Das Erstellen von eigenen Aggregatfunktionen ist durch die .NET-Integration nun auch möglich. Diese sind wie andere Aggregatfunktionen in SQL-Anweisungen alleine oder in Kombination mit einer GROUP BY-Klausel einsetzbar. So sind ganz neue Lösungen realisierbar.

Eine oft vermisste Aggregatfunktion ist eine, welche die Werte innerhalb der Gruppe zu einem String mit einem Zeichen getrennt darstellt.

In der Tabelle *tblKundeninteressen* unserer Beispieldatenbank WAWI finden wird die Kundennummern und Interessenkürzel. Nachfolgend ist ein Auszug der Daten dieser Tabelle zu sehen.

```
KdNr          IntCode
-----------   -------
121           BAU
121           HWE
122           KUE
123           HWE
123           KUE
124           HUG
125           HUG
125           KUE
125           SPO
...
```

In der nachfolgenden Ergebnisdarstellung sehen Sie die Kundennummer gruppiert und die einzelnen Interessen zu einem mit Semikolon getrennten String zusammengefügt. Diese Darstellungsweise zu erreichen ist das Ziel!

```
KdNr          Interessen
-----------   ----------------
121           BAU;HWE
122           KUE
123           HWE;KUE
124           HUG
125           HUG;KUE;SPO
...
```

Dieses dargestellte Ergebnis ist nicht händisch „hingeschrieben", sondern mit einer benutzerdefinierten Aggregatfunktion realisiert worden.

Eine solche Aggregatfunktion besteht aus vier Teilen. Die dazu benötigte Grundstruktur stellt das Visual Studio nach dem Hinzufügen eines *Aggregates* bereit:

▶ *Init*: In diesem Abschnitt wird die Variable, in der danach das Ergebnis aufgebaut wird, initialisiert und auf ihren Startwert gesetzt. Im nachfolgenden Beispiel wird die Variable *Ergebnis* initialisiert.

▶ *Accumulate*: Beim Gruppieren werden alle in der Gruppe enthaltenen Details durchlaufen und jeder Wert in das Gesamtergebnis eingearbeitet. In unserem Beispiel wird für jede in der Gruppe enthaltene Zeile ein neuer Wert mit Semikolon getrennt an das bisherige Ergebnis angehängt. Der Zeilenwert wird der Prozedur als *value*-Parameter übergeben.

▶ *Merge*: Der Merge-Abschnitt wird nur intern für den Abfrage-Prozessor benötigt. Dieser kann den Vorgang in mehreren Teilschritten abarbeiten. Daher wird das gesamte bisherige Ergebnis angefügt, um so zum Gesamtergebnis zu kommen.

▶ *Terminate*: Der Abschluss wird von diesem Teil gebildet. Das generierte Ergebnis wird „endverarbeitet" und in die richtige Form gebracht, bevor es an die aufrufende Anweisung retourniert wird. In unserem Beispiel wird das erste Semikolon am Beginn des Rückgabestrings abgeschnitten.

Da Eigenschaften einer Aggregatfunktion nicht unerheblichen Einfluss auf die Arbeit des Abfrage-Optimierers haben, müssen Sie dem Server verschiedene Informationen über das selbst erstellte Aggregat geben. Über die Standard-Aggregatfunktionen weiß das System ja Bescheid. Aber es kann die Arbeitsweise Ihres Aggregates nicht kennen. Tragen Sie folgende Informationen in den Header des Aggregates ein.

▶ *Format*: Gibt die Art der Serialisierung der Daten an.

▶ *IsInvariantToNulls*: Dieser Wert teilt dem Server mit, ob das Aggregat Null-Werte so wie die meisten Standard-Aggregatfunktionen ignoriert. Dies tut beispielsweise die Funktion *SUM()*. Da wir in unserem Beispiel Null-Werte auch ignorieren, wird diese Eigenschaft auf *True* gesetzt. Im Accumulate-Teil finden Sie ja im Code die Bedingung vor, dass nur Werte, die nicht null sind, an den Ergebnisstring angefügt werden.

▶ *IsInvariantToDuplicates*: Diese Eigenschaft teilt dem Server mit, ob Duplikate das Ergebnis verändern. *True* für diese Eigenschaft bedeutet, dass Duplikate das Ergebnis nicht verändern; so wie dies bei *MIN()* und *MAX()* der Fall ist. Wir verwenden in unserem Beispiel *False*, weil Duplikate ins Ergebnis mit eingehen und es daher beeinflussen.

▶ *IsInvariantToOrder*: Diese Eigenschaft teilt dem Server mit, ob eine Sortierung der Daten für das Ergebnis von Bedeutung ist. Setzen Sie diese Eigenschaft auf *True*, wenn eine Sortierung das Ergebnis nicht verändert, so wie es auch bei den internen Aggregatfunktionen der Fall ist. So ist für *COUNT()* zum Beispiel die Reihenfolge irrelevant. Außerdem erspart sich der Server eine vorherige Sortierung, wenn Sie ihm auf diesem Wege mitteilen, dass Sie eine solche nicht benötigen.

▶ *IsNullIfEmpty*: Wird dieser Wert auf *True* gesetzt, teilen Sie dem Server damit mit, dass das Aggregat null zurückgibt, wenn es keine Werte zu aggregieren gibt. In diesem Fall spart sich der Server den Aufruf der Prozedur für diese Gruppe, wenn es gar keine Werte gibt. In der Regel wird diese Eigenschaft auf *True* gesetzt werden.

▶ *MaxByteSize*: Die Größe des Buffers für die zu aggregierenden Daten wird über diese letzte Eigenschaft festgelegt. Der maximale Wert, der hier vergeben werden kann, ist 8000.

 Achten Sie darauf, dass die vorgenommenen Einstellungen die Realität widerspiegeln, damit Sie die optimale Performance für die Ausführung des Aggregates erzielen.

```
<Serializable()> _
<Microsoft.SqlServer.Server.SqlUserDefinedAggregate(Format.
UserDefined, IsInvariantToNulls:=True, IsInvariantToDuplicates:=
False, IsInvariantToOrder:=True, IsNullIfEmpty:=True,
MaxByteSize:=8000)> _
Public Structure Liste
    Implements IBinarySerialize

    Private Ergebnis As System.Text.StringBuilder

    Public Sub Init()
        Ergebnis = New System.Text.StringBuilder
    End Sub

    Public Sub Accumulate(ByVal value As SqlString)
        If Not value.IsNull Then
            Ergebnis.Append(";" & value.ToString)
        End If
    End Sub

    Public Sub Merge(ByVal value As Liste)
       Ergebnis.Append(value.Ergebnis)
    End Sub


  Public Function Terminate() As SqlString
        If Ergebnis.ToString.Length = 0 Then
            Return SqlString.Null
        Else
            Dim zwi_ergebnis As String

            zwi_ergebnis = Ergebnis.ToString
            zwi_ergebnis = Mid(zwi_ergebnis, 2)

            Return New SqlString(zwi_ergebnis)
        End If
    End Function

    Public Sub Read(ByVal r As System.IO.BinaryReader) Implements
    IBinarySerialize.Read
        Ergebnis = New System.Text.StringBuilder(r.ReadString())
    End Sub

    Public Sub Write(ByVal w As System.IO.BinaryWriter) Implements
    IBinarySerialize.Write
        w.Write(Ergebnis.ToString())
    End Sub

End Structure
```

Für die benutzerdefinierte Serialisierung des Ergebnisses implementieren Sie nach dem Muster im Beispiel die *IBinarySerialize*-Schnittstelle.

Stellen Sie das Aggregat in der Datenbank bereit, und testen Sie das Ergebnis mit der nachfolgenden Anweisung, die das eingangs dargestellte Ergebnis liefert.

```
SELECT KdNr, dbo.Liste(IntCode) Interessen
FROM tblKundeninteressen
GROUP BY KdNr
```

 Wenn Sie das Trennzeichen variieren möchten, bearbeiten Sie das Ergebnis der Aggregierung mit der Funktion *REPLACE*.

```
SELECT k.KdNachname,
       REPLACE(dbo.Liste(i.IntText),';','/') Interessen
FROM dbo.tblKundeninteressen ki
INNER JOIN dbo.tblKunden k ON ki.KdNr = k.KdNr
INNER JOIN dbo.tblInteressen i ON ki.IntCode = i.IntCode
GROUP BY k.KdNachname
ORDER BY COUNT(*) DESC
```

**Liefert:**

```
KdNachname          Interessen
-----------------   ----------------------------------------------
Killian             Haus und Garten/Küche und Kochen/Sportartikel
Lukanz              Haus und Garten/Küche und Kochen
Mosing              Heimwerken/Küche und Kochen
Prazsky             Werk- und Baustoffe/Heimwerken
Wolff               Heimwerken/Küche und Kochen
Zimmer              Werk- und Baustoffe
Sauber              Küche und Kochen
...
```

# 7.6   Verwalten des Servers mit SMO

.NET ist durch die CLR-Integration beim neuen SQL Server stark vertreten. Da ist es nur logisch, dass auch bei der Schnittstelle zur Programmierung der Verwaltung des SQL Servers .NET verwendet wird.

Die bisherige COM-basierte Schnittstelle für den Zugriff auf Funktionalitäten des SQL Servers ist durch eine .NET-basierte ersetzt worden. Die Distributed Management Objects (DMO) sind durch die SQL Server Management Objects (SMO) ersetzt worden. Mit Hilfe dieser können Sie sämtliche Funktionalitäten des SQL Servers aus einer eigenen Anwendung heraus aufrufen. Es gibt keine Funktionalität, die über diesen Weg nicht aufgerufen werden kann.

Typische Aufgabenstellungen, die über SMO zu erledigen sind, sind zum Beispiel:

▷ Auslesen von Informationen über Datenbankobjekte.

▷ Erstellen und Verwalten von Datenbankobjekten.

▷ Konfigurieren von Replikationen.

▷ Verändern von Servereinstellungen.

▷ Verwalten von Anmeldungen, Benutzern und Berechtigungen.

Um Ihnen einen Eindruck von SMO zu geben, erstellen wir mit dem Visual Studio eine einfache Windows-Anwendung. Wir verwenden SMO, um beim Start der Applikation die Namen der Datenbanken in ein Listenfeld einzulesen. Bei Auswahl einer Datenbank werden in das TreeView-Control die Namen von Tabellen, Sichten und Prozeduren dieser Datenbank eingelesen.

*Abbildung 7.8: Windows-Applikation mit SMO*

Die dargestellte Windows-Applikation enthält die Listbox *libDatenbanken* sowie das Tree-View-Control *tvwObjekte*.

 Damit Sie in einem Projekt SMO verwenden können, müssen Sie einen Verweis auf die Komponente einrichten. Dies können Sie beispielsweise über das Kontextmenü des Applikationsordners mit dem Befehl Verweis Hinzufügen erledigen. Wählen Sie auf dem Register .NET die Komponente *Microsoft.SqlServer.Smo* aus.

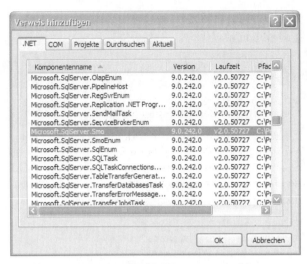

*Abbildung 7.9: Verweis auf SMO-Komponente einrichten*

Damit Sie nicht bei jedem Objekt den gesamten Verweis auf den Namespace eingeben müssen, referenzieren Sie in der Klasse des Formulars auf den SMO-Namespace.

```
Imports Microsoft.SqlServer.Management.Smo
```

Beim Laden des Formulars wird die Sub *DatenbankenEinlesen* aufgerufen, der als Parameter der im Listenfeld gewählte Servername übergeben wird.

 Sie können auch hier für den lokalen Server einen Namen (local) oder schlicht einen Punkt eingeben. In diesem Beispiel wird der lokale Server verwendet, damit Sie das Beispiel von der Begleit-CD kopieren und direkt ausführen können.

```
Private Sub ServerObjekte_Load(ByVal sender As System.Object, ByVal
e As System.EventArgs) Handles MyBase.Load

    DatenbankenEinlesen("(local)")

End Sub
```

Um die Datenbanknamen einzulesen, benötigen wir eine Objektvariable vom Typ *Microsoft.SqlServer.Management.Smo.Server,* um eine Verbindung mit dem Server herzustellen, und eine weitere vom Typ *Microsoft.SqlServer.Management.Smo.Database* für den Zugriff auf die Namen der Datenbanken. Im nachfolgenden Beispielcode der Prozedur *DatenbankenEinlesen* sehen Sie, wie eine Verbindung über Windows-Authentifizierung hergestellt wird. In einer For-Each-Schleife werden danach die Datenbanknamen eingelesen und dem Listenfeld angefügt.

```
Private Sub DatenbankenEinlesen(ByVal srvname As String)

    Dim sql_server As New Server(srvname)
    Dim db As Database
    Dim dbname As String
    Me.lbDatenbanken.Items.Clear()
    For Each db In sql_server.Databases
        dbname = db.Name
        Me.lbDatenbanken.Items.Add(dbname)
    Next
End Sub
```

Um sich auf den Server mit Windows-Authentifizierung zu verbinden, müssen Sie folgende drei Codezeilen nach der Deklaration der Variablen *sql_server* ergänzen:

```
sql_server.ConnectionContext.LoginSecure = False
sql_server.ConnectionContext.Login = "Anmeldename"
sql_server.ConnectionContext.Password = "Passwort"
```

Wird im Listenfeld eine Datenbank ausgewählt, wird die weitere Sub *TabellenEinlesen* aufgerufen. Der Name der Datenbank aus dem Listenfeld wird dabei mit übergeben.

```
Private Sub lbDatenbanken_SelectedValueChanged(ByVal sender As
Object, ByVal e As System.EventArgs) Handles
lbDatenbanken.SelectedValueChanged

    TabellenEinlesen("(local)", Me.lbDatenbanken.SelectedItem.ToString)

End Sub
```

In der Prozedur *TabellenEinlesen* erfolgt der Zugriff auf die Datenbankobjekte Tabellen, Sichten und Prozeduren. Deren Namen werden in Schleifen eingelesen und dem Tree-View-Control als Knoten (Nodes) hinzugefügt.

```
Private Sub TabellenEinlesen(ByVal srvname As String, ByVal dbname
As String)

    Dim sql_server As New Server(srvname)
    Dim db As Database = sql_server.Databases(dbname)
    Dim tabelle As Table, tabname As String
    Dim spalte As Column, spname As String
    Dim sicht As View, vwname As String
    Dim prozedur As StoredProcedure, procname As String
    Dim aktKnoten As TreeNode

    Me.tvObjekte.Nodes.Clear()

    'Tabellen
    aktKnoten = New TreeNode("Tabellen")

    For Each tabelle In db.Tables
        tabname = tabelle.Name
        aktKnoten.Nodes.Add(tabname, tabname)
```

Jener Codeteil, der im Control auch die Spaltennamen unter den Tabellen darstellt, ist aus Performancegründen auskommentiert. Wenn Sie ihn verwenden möchten, aktivieren Sie ihn.

```
'For Each spalte In tabelle.Columns
'    spname = spalte.Name
'    aktKnoten.Nodes(tabname).Nodes.Add(spname, spname & "
                      (" & spalte.DataType.ToString & ")")
'Next
Next

Me.tvObjekte.Nodes.Add(aktKnoten)
```

Beim Hinzufügen der Sichten wird zusätzlich das Schema abgefragt, um Systemsichten und jene des Informationsschemas auszuschließen

```
'Sichten
aktKnoten = New TreeNode("Sichten")
For Each sicht In db.Views
    If sicht.Schema <> "INFORMATION_SCHEMA"
    And sicht.Schema <>   "sys" Then
        vwname = sicht.Name
        aktKnoten.Nodes.Add(vwname, vwname)
    End If
Next

Me.tvObjekte.Nodes.Add(aktKnoten)

'Prozeduren
aktKnoten = New TreeNode("Gespeicherte Prozeduren")
For Each prozedur In db.StoredProcedures
    procname = prozedur.Name
    If prozedur.Schema <> "syst" Then
        aktKnoten.Nodes.Add(procname, procname)
    End If
Next

Me.tvObjekte.Nodes.Add(aktKnoten)

End Sub
```

Dieses Beispiel soll Ihnen einen kleinen Einblick in die Verwendung von SMO geben. Wenn Sie mit Ihrer eigenen Oberfläche auf den SQL Server zugreifen oder eigene Utilities für den SQL Server entwickeln möchten, sind SMO das richtige Werkzeug dazu.

# 7.7 Übrigens: Debuggen

Da niemand perfekt ist und eine Prozedur immer auf Anhieb fehlerfrei programmiert, benötigen wir Werkzeuge, die uns das Auffinden von Fehlern erleichtern. Den Vorgang der toolgestützten Fehlersuche nennt man *Debuggen*. Das Debuggen hat viele Aspekte, die alle zu behandeln hier den Rahmen sprengen würde. Daher möchte ich hier nur auf das Wesentlichste eingehen. Der wichtigste Aspekt ist, dass man eine Prozedur schrittweise, Anweisung für Anweisung ausführen kann. So kann man beobachten, was sich beim Ausführen jeder dieser Anweisungen tut. Man nennt diesen Modus den *Einzelschrittmodus*.

Wie eingangs in diesem Kapitel erwähnt, sind der SQL Server 2005 und das Visual Studio 2005 eng miteinander verbunden. Die Funktion des Debuggens von Transact-SQL Stored Procedures ist daher auch nicht im SQL Server Management Studio, sondern im Visual Studio anzufinden. Somit können gespeicherte Prozeduren, die mit Transact-SQL, und jene, die mit .NET programmiert sind, auf dieselbe Art und Weise getestet werden.

Um eine Prozedur zu debuggen, gehen Sie wie folgt vor.

1. Öffnen Sie im Visual Studio über das Menü ANSICHT den *Server-Explorer*.

2. Sofern Sie noch keine Datenverbindung zu Ihrer Datenbank eingerichtet haben, erstellen Sie eine neue Datenverbindung über das Kontextmenü. Sonst wählen Sie die gewünschte Datenverbindung aus, und öffnen Sie die Ordnerstruktur, bis Sie zu den *gespeicherten Prozeduren* gelangen.

3. Wählen Sie die zu debuggende Prozedur aus – egal ob eine .NET-gespeicherte Prozedur oder eine klassische in Transact-SQL programmierte –, und wählen Sie im Kontextmenü den Befehl EINZELSCHRITT IN GESPEICHERTER PROZEDUR aus.

4. Geben Sie im Dialog die Parameter für die Prozedur ein. Für die Prozedur *spLagerbuchung* ergibt sich beispielsweise folgendes Bild:

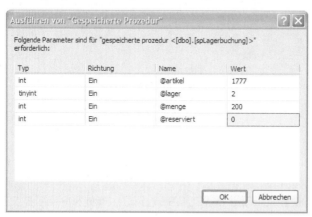

*Abbildung 7.10: Parameter für zu testende Prozedur*

5. Sie können die Prozedur im Einzelschrittmodus über die Symbolleiste oder mit der Taste F11 durchlaufen. Die aktuelle Zeile wird durch den gelben Pfeil links angezeigt. (Schade, dass Bilder im Buch nicht in Farbe dargestellt werden können …) Zugleich können Sie die Inhalte der Variablen und deren Veränderung beobachten (Abbildung 7.13).

*Abbildung 7.11: Prozedur im Einzelschritt durchlaufen*

Während der Prozedurablauf unterbrochen ist, können mit verschiedenen Methoden nach Fehlern gesucht werden. Folgende Funktionalitäten sind von hoher praktischer Bedeutung:

▷ Setzen von Haltepunkten: Bereits im Vorfeld oder im Debug-Modus können Sie Haltepunkte setzen. Dies ist einerseits über das Kontextmenü als auch über ein Klicken in der grauen Leiste am linken Fensterrand möglich. Haltepunkte werden durch braune Punkte angezeigt. Zusätzlich wird bei .NET-Prozeduren die Zeile braun hinterlegt. An diesen Haltepunkten wird die Ausführung gezielt unterbrochen. Wenn Sie im Einzelschrittmodus mit dem Symbol WEITER oder der Taste F5 fortfahren, gelangen Sie entweder bis zum Prozedurende oder bis zum nächsten Haltepunkt, wenn ein solcher gesetzt ist. Damit müssen Sie nicht alle Zeilen einzeln debuggen, sondern nur jene, die Sie möchten. Die nachfolgende Abbildung zeigt eine .NET-Prozedur im Einzelschrittmodus. Momentan ist die Zeile aktiv, in der das Command-Objekt initialisiert wird. Mit WEITER käme man bis zum nächsten Haltepunkt vier Zeilen weiter.

▷ Anzeigen von Variableninhalten: Im unteren Fensterbereich können Sie die Inhalte der Variablen während der unterbrochenen Ausführung beobachten. Aber auch wenn man den Mauszeiger auf eine Variable im Code bewegt, wird der Inhalt neben dem Mauszeiger als QuickInfo angezeigt.

Eine angenehme Sache ist, dass auf diesem Weg jede Prozedur getestet werden kann, egal in welcher Entwicklungsumgebung sie erstellt worden ist. Damit haben Sie ein einheitliches Tool zur Fehlersuche.

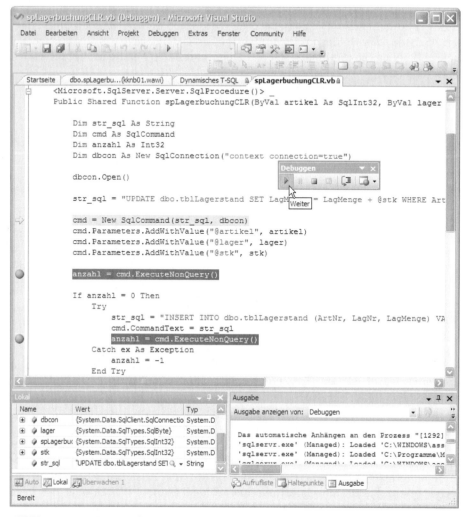

*Abbildung 7.12: .NET-Prozedur mit Haltepunkten*

*Abbildung 7.13: Inhalte von Variablen im Debug-Modus*

 Sie können an dieser Stelle mit dem Visual Studio Transact-SQL gespeicherte Prozeduren nicht nur testen, sondern auch erstellen. Der Nachteil gegenüber dem Management Studio ist allerdings, dass keine Speicherung als Skript möglich ist. Die Prozedur wird nur direkt in der Datenbank gespeichert.

# 8 Client-Server-Datenbank verwalten

Neben der Entwicklungsarbeit fallen bei einer Datenbank im laufenden Betrieb verschiedene Verwaltungstätigkeiten an. Auch wenn der SQL Server bei nicht allzu großen Datenbanken darauf ausgelegt ist, ohne Eingriffe von außen beziehungsweise ohne besonderen Verwaltungsaufwand zu arbeiten, kommt man um gewisse Tätigkeiten dennoch nicht herum. Dazu gehören in erster Linie das

▶ Anfügen und Trennen von Datenbanken,

▶ Sichern und Wiederherstellen der Datenbank sowie das

▶ Garantieren der Verfügbarkeit.

## 8.1 Anfügen und Trennen von Datenbanken

SQL Server-Datenbanken lassen sich nicht wie eine Desktop-Datenbank wie zum Beispiel MS Access einfach durch Kopieren und Verschieben auf Betriebssystemebene von A nach B bringen. Da gehört ein wenig mehr dazu. Zwar wird man eine Server-Datenbank nicht ständig zwischen Desktop und Notebook hin- und herkopieren, aber dennoch gibt es Szenarien, bei denen es notwendig ist, eine Datenbank von einem Speicherort zu einem anderen zu transferieren; zum Beispiel um eine fertig entwickelte Datenbank vom Entwicklungssystem auf das Produktivsystem einzuspielen. Aber auch um Datenbankfiles auf einem Server zum Beispiel auf eine andere Festplatte zu transferieren. Im Besonderen auch, um den Namen von Datenbankfiles zu ändern, müssen Sie die Datenbank vorerst trennen und danach mit den umbenannten Files wieder anfügen.

### 8.1.1 Trennen einer Datenbank

Um eine Datenbank an einen anderen Ort zu transferieren, muss diese vom System getrennt werden. Solange dies nicht geschieht, ist diese Datei in Benutzung.

 Sie müssen eine Datenbank immer vom Server trennen, bevor Sie die Datenbankfiles kopieren können. Wenn Sie eine Datei im laufenden Betrieb einfach „wegkopieren", haben Sie nur eine 50:50-Chance, dass diese Datenbankfiles sich auf dem Zielsystem wieder verwenden lassen.

Ebenso problematisch kann es sein, den Serverdienst zu beenden und die Datenbankfiles danach zu kopieren, bevor man den Dienst wieder startet.

Die saubere Lösung ist es,

▶ die Datenbank vom Server zu trennen,

▶ die Dateien zu kopieren oder zu verschieben und

▶ die Datenbank wieder zu verbinden.

Um eine bestehende Datenbank von einem System zu trennen, verwenden Sie entweder das Menü im SQL Server Management Studio oder eine Transact-SQL-Anweisung.

Wählen Sie die zu trennende Datenbank aus, und wählen Sie über das Kontextmenü den Befehl TASKS\TRENNEN.

*Abbildung 8.1: Trennen einer Datenbank*

Im nachfolgenden Dialog *Datenbank trennen* werden Sie nochmals zur Bestätigung des Vorganges aufgefordert. Die zu trennende Datenbank wird angezeigt, und Sie können folgende Optionen beim Trennen verwenden:

▶ *Verbindungen löschen*: Sind noch Benutzer mit der Datenbank verbunden, kann diese nicht getrennt werden. In der Spalte *Meldungen* wird dies gegebenenfalls auch angezeigt. Entweder beenden Sie diese Verbindungen, oder Sie wählen die Option *Verbindungen löschen*, um diese vor dem Trennvorgang zwangsweise zu beenden. Diese Option ist standardmäßig nicht ausgewählt.

 Wenn Sie sich wundern, wer da eine aktive Verbindung zu Ihrer Datenbank hält, sollten Sie bedenken, dass es auch ein von Ihnen selber im Management Studio geöffnetes Abfrage-Editorfenster mit Verbindung zu dieser Datenbank sein kann. Es muss also nicht jemand anders der „Böse" sein.

▷ *Statistiken aktualisieren*: Mit dieser Option können Sie vor dem Trennen der Datenbank die Statistiken noch einmal aktualisieren. Für jeden Index in einer Datenbank
  existiert eine Statistik, um vor dem Ausführen einer Abfrage entscheiden zu können,
  ob der Index verwendet werden soll oder nicht. Auch diese Option ist standardmäßig
  nicht aktiviert.

▷ *Volltextkataloge beibehalten*: Ist für diese Datenbank die Volltextindizierung aktiviert,
  können Sie entscheiden, ob die Volltextkataloge beibehalten oder verworfen werden.
  Diese Option ist standardmäßig aktiviert, auch wenn für diese Datenbank gar keine
  Volltextkataloge existieren.

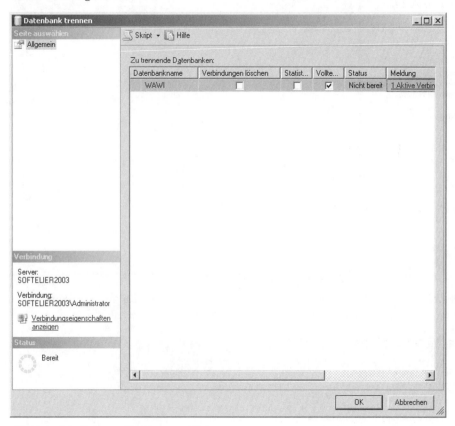

*Abbildung 8.2: Optionen fürs Trennen aktivieren*

Wenn aktive Verbindungen zur Datenbank bestehen und Sie nicht unreflektiert diese
Verbindungen löschen möchten, können Sie diese einsehen. Dazu klicken Sie in der
Spalte *Meldungen* auf den Text *n Aktive Verbindungen*. Im geöffneten Aktivitätsmonitor
können Sie die offenen Prozesse einsehen. Von Bedeutung ist hierbei vor allem der
Benutzername. Nun können Sie betreffende Personen bitten, die Arbeit in dieser Daten-
bank zu beenden und damit offene Transaktionen noch abzuschließen.

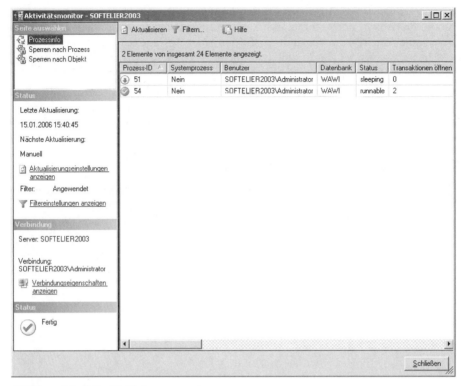

*Abbildung 8.3: Aktive Verbindungen anzeigen*

Schließen Sie diesen Dialog, und bestätigen Sie den Trennvorgang mit OK.

Versuchen Sie die Datenbank ohne das Löschen von Verbindungen zu beenden und es bestehen welche, erhalten Sie die nachfolgend angezeigte Fehlermeldung.

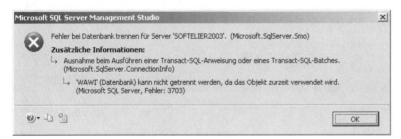

*Abbildung 8.4: Fehlermeldung bei aktiven Verbindungen*

Ist der Trennvorgang erfolgreich gewesen, können Datenbankfiles nun auf Filesystem-ebene kopiert, verschoben oder auch gelöscht werden.

Oft sucht man nach dem Trennvorgang die Files, weil man nicht mehr genau weiß, wo diese liegen und wie sie heißen. Damit Sie die Files nach dem Trennvorgang nicht suchen müssen, öffnen Sie vor dem Trennvorgang die Datenbankeigenschaften, und sehen Sie nochmals nach, an welchem Pfad und unter welchen Dateinamen die Datenfiles zu finden sind.

Alternativ zum menügeführten Trennvorgang können Sie eine Datenbank auch über eine Transact-SQL-Anweisung mit dem Aufruf einer Systemprozedur trennen. Diese Systemprozedur heißt `sp_detach_db` und weist drei Parameter auf:

▶ `@dbname`: Der Name der zu trennenden Datenbank.

▶ `@skipchecks`: Sie können *true* oder *false* angeben. Wenn Sie *true* übergeben, werden die Statistiken nicht aktualisiert. Standardmäßig wird die Anweisung `UPDATE STATISTICS` jedoch immer ausgeführt, wenn Sie diesen Parameter nicht angeben.

▶ `@KeepFulltextIndexFile`: Auch hier können Sie als Parameter *true* oder *false* übergeben, je nachdem, ob Sie Volltextkataloge beim Trennen behalten oder löschen möchten. Standardmäßig ist dieser Parameter mit *true* belegt und muss nicht angegeben werden.

Um zum Beispiel die Datenbank WAWI zu trennen, verwenden Sie die Anweisung

```
EXEC sp_detach_db WAWI
```

in einem Abfrage-Editorfenster.

## 8.1.2   Anfügen einer Datenbank

Damit Datenbankfiles auf einem Server verwendet werden können, müssen sie an diesem angefügt werden. Bloßes Hinkopieren der Datenbankdateien genügt nicht.

Datenbankfiles können entweder direkt über den Objekt-Explorer oder über den Aufruf einer Systemprozedur auf einem Server angefügt werden. Kopieren Sie dazu zuvor die Files in den gewünschten Zielordner.

Klicken Sie auf dem Zielserver im Objekt-Explorer auf den Ordner DATENBANKEN und wählen im Kontextmenü den Befehl ANFÜGEN... aus.

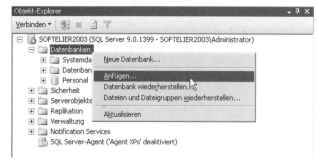

*Abbildung 8.5: Anfügen einer Datenbank*

Im Dialog *Datenbanken anfügen* klicken Sie auf die Schaltfläche HINZUFÜGEN. Danach wählen Sie im Dialog *Datenbankdateien suchen* das primäre Datenfile der anzufügenden Datenbank aus. Primäre Datenfiles tragen die Dateierweiterung MDF.

 Achten Sie darauf, dass die Ordnerstruktur des Servers und nicht jene Ihrer Arbeitsstation angezeigt wird, wenn Sie remote über das Netzwerk mit dem Management Studio auf den Server zugreifen.

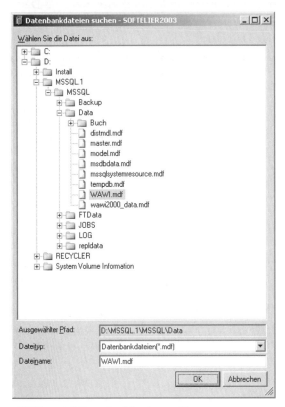

*Abbildung 8.6: Datenbankdatei auswählen*

Nachdem Sie die primäre Datenbankdatei der anzufügenden Datenbank ausgewählt haben, gelangen Sie weiter in den Dialog *Datenbanken anfügen*. In diesem Dialog können Sie noch abschließende Einstellungen vornehmen.

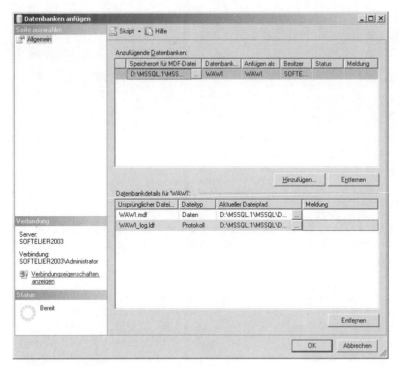

*Abbildung 8.7: Datenbank anfügen*

▷ Datenfiles und Transaktionsprotokoll(e): Im primären Datenfile sind die Namen etwaiger weiterer Datenfiles (*.NDF) und der Transaktionsprotokolldatei(en) gespeichert. Haben Sie diese aber umbenannt oder an einen anderen Pfad verschoben, werden diese als fehlend angezeigt, da sie mit den intern gespeicherten Pfaden nicht übereinstimmen. Derartige Fehler werden in der Spalte *Meldung* angezeigt. Sie können den Pfad im Feld *Aktueller Dateipfad* manuell editieren oder die Datei über die Schaltfläche mit den drei Punkten suchen und auswählen.

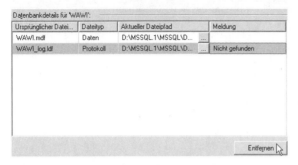

*Abbildung 8.8: Dateien der Dateibank auswählen*

▷ Datenbankname: Der ursprüngliche Datenbankname wird in der Übersicht angezeigt. Hier können Sie diesen ändern, indem Sie in das Feld *Anfügen als* klicken und den Namen editieren.

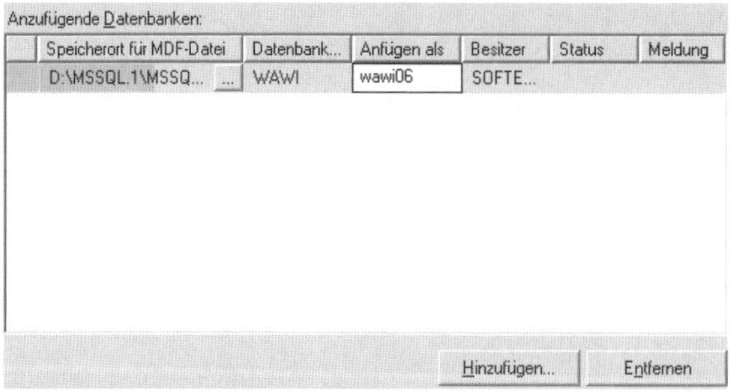

*Abbildung 8.9: Datenbankname*

Im Gegensatz zur Vorversion kann der Besitzer der Datenbank nicht schon beim Anfüge-vorgang geändert werden. Wenn Sie versuchen, in das Feld *Besitzer* zu klicken, funktio-niert dies leider nicht. Ändern Sie den Besitzer gegebenenfalls nach dem Anfügen der Datenbank über die Datenbankeigenschaften. Hier können Sie unter der Rubrik *Dateien* der Datenbank einen neuen Besitzer zuweisen.

> Sie können eine Datenbank auch dann anfügen, wenn Sie das Transaktions-protokoll nicht zur Verfügung haben oder aus einem anderen Grund nicht mit transferieren möchten. Ist die Transaktionsprotokolldatei nicht vorhan-den, wird dies in der Spalte Meldung angezeigt. Markieren Sie die Zeile mit dem Transaktionsprotokoll, und entfernen Sie sie über die Schaltfläche ENTFERNEN rechts unten.
>
> Die Transaktionsprotokolldatei wird danach beim Anfügevorgang am Pfad der pri-mären Datendatei neu erstellt.
>
> Sie können den Datenbanknamen – der ja eigentlich nur ein Registrierungsname auf dem Server ist – nun auch direkt im Management Studio ändern. Dazu wählen Sie lediglich die Datenbank aus und klicken erneut auf den Datenbanknamen oder verwenden die Taste F2, um diesen editieren zu können.
>
> Sie müssen nun nicht mehr, wie in den Vorversionen notwendig, die Datenbank trennen, um ihr beim Wiederanfügen einen neuen Namen geben zu können.

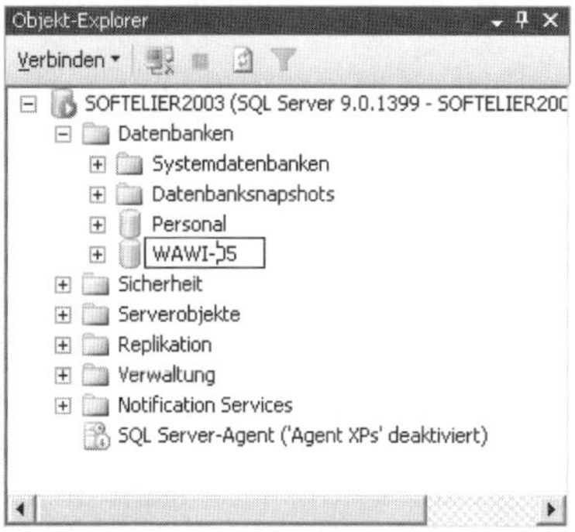

*Abbildung 8.10: Ändern des Datenbanknamens*

Sie können eine Datenbank auch direkt über den Einsatz der gespeicherten System-prozedur `sp_attach_db` anfügen. Dieser werden der Name der Datenbank sowie nach-folgend die Pfade der Datenbankfiles übergeben. So könnte die Anweisung, um die Datenbank WAWI anzufügen, aussehen:

```
EXEC sp_attach_db WAWI, 'd:\mssql.1\mssql\data\wawi_data.mdf', 'd:\
mssql.1\mssql\data\wawi_log.ldf'
```

### 8.1.3    Option Automatisch schließen

Generell sind die Datenfiles aller registrierten Datenbanken aus Sicht des Betriebssys-tems geöffnet und können nicht umbenannt oder gelöscht werden. Deshalb musste eine Datenbank, wie in den vorigen Abschnitten erläutert, getrennt werden, bevor die Dateien sauber kopiert werden konnten.

Wird die Datenbankoption *Automatisch schließen* auf *True* gesetzt, wird die Datenbank-verbindung automatisch getrennt, wenn kein Prozess mehr auf die Datenbank zugreift. Die Verbindung wird vom Server wieder hergestellt, wenn jemand versucht, auf die Datenbank zuzugreifen.

 Im Unterschied zum SQL Server 2000 bedeutet dies in der aktuellen Version keine Performanceverluste mehr.

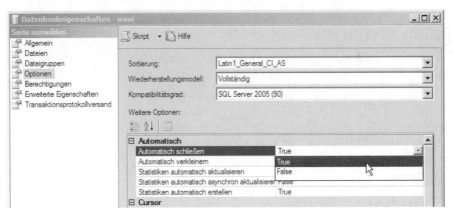

*Abbildung 8.11: Option Automatisch schließen*

Wird die Datenbank geschlossen, kann auf Betriebssystemebene auf die Datenbankfiles zugegriffen werden.

Sie können eine diesbezügliche Einstellung über den Dialog *Datenbankeigenschaften* über die Seite *Optionen* einstellen. Sie finden sie als erste Option in der Rubrik *Automatisch*.

Um die Option `AUTO_CLOSE` über Transact-SQL einzustellen, verwenden Sie die Anwei-sung `ALTER DATABASE`.

```
ALTER DATABASE wawi SET AUTO_CLOSE ON WITH NO_WAIT
```

Wie diese Eigenschaft standardmäßig eingestellt ist, hängt von der verwendeten SQL Server-Edition beziehungsweise mit dem mit dieser Version installierten Management Studio ab.

–  Wird eine Datenbank mit der Express oder der Workgroup-Edition erstellt, wird die Eigenschaft *Automatisch schließen* auf *True* eingestellt.

–  Bei Datenbanken, die mit der Standard oder der Enterprise Edition erstellt werden, ist diese Eigenschaft mit *False* voreingestellt.

(Teilweise scheint es Abweichungen von dieser Regel zu geben. Denn bei einer mit dem Management Studio Express angelegten Datenbank war diese Einstellung dennoch auf *False*, bei einer reinen Workgroup-Edition-Installation auf *True* eingestellt.)

Diese Eigenschaftseinstellung wird auch beibehalten, wenn die Datenbank auf einen anderen Server – unter Umständen mit einer anderen Edition – transferiert wird.

## 8.2 Datenbank sichern

Da in Serverdatenbanken in der Regel nicht private Adressdaten, sondern lebensnotwendige Unternehmensdaten gespeichert werden, kommt der Datensicherung ein besonderes Augenmerk zu. Der SQL Server bietet Ihnen die entsprechenden Möglichkeiten dazu.

Eine Sicherung kann beim SQL Server im vollen Betrieb erfolgen. Es ist nicht notwendig, dass Benutzer die Datenbank verlassen.

### 8.2.1 Sicherungsvarianten

Der SQL Server stellt Ihnen unterschiedliche Sicherungsvarianten zur Verfügung. Die Wahl der geeigneten Methode erfolgt nach Größe der Datenbank und der für die Sicherung zur Verfügung stehenden Zeit und Speicherplatz.

Folgende Varianten der Sicherung werden Ihnen angeboten:

▶  *Vollständig*: Es wird eine vollständige Sicherung der Datenbank angelegt, die den gesamten Zustand der Datenbank zu diesem Zeitpunkt widerspiegelt. Nach einer vollständigen Sicherung kann das Transaktionsprotokoll abgeschnitten werden, da alle protokollierten und abgeschlossenen Vorgänge in der gesicherten Datenbank festgeschrieben sind.

▶  *Differenziell*: Um Zeit – besonders bei großen Datenbanken oder häufigen Sicherungen – zu sparen, kann hierüber eine Sicherung erstellt werden, die lediglich die Änderungen seit der letzten vollständigen Sicherung enthält. Für das Wiederherstellen werden sowohl die letzte vollständige Sicherung sowie die differenzielle Sicherung benötigt. Jedoch ist es mit dieser Sicherungsmethode alleine nicht möglich, bei einem

Ausfall der Datenbank den Zustand bis exakt vor dem Ausfall wiederherzustellen. Dazu werden zusätzliche Transaktionsprotokollsicherungen benötigt, die zum Beispiel im Anschluss an die differenzielle Sicherung durchgeführt werden.

▸ *Transaktionsprotokoll*: Mit Hilfe einer Transaktionsprotokollsicherung kann der Zustand der Datenbank bei einem Ausfall bis zu diesem Zeitpunkt wiederhergestellt werden. Im Transaktionsprotokoll sind alle Transaktionen, die seit der letzten vollständigen Datenbanksicherung, differenziellen Sicherung oder Transaktionsprotokollsicherung abgeschlossen worden sind, enthalten. Bei der Sicherung des Transaktionsprotokolls werden alle bereits inaktiven Transaktionen gesichert und im Anschluss aus dem Protokoll entfernt. Der nicht mehr benötigte Speicherplatz wird dabei freigegeben.

Eine vollständige Wiederherstellung bis zum Zeitpunkt des Ausfalls ist auch mit einer Transaktionsprotokollsicherung nur dann möglich, wenn das Wiederherstellungsmodell der Datenbank auf *Vollständig* (FULL) eingestellt ist.

▸ *Datei- und Dateigruppensicherung*: Dies ist eine fortgeschrittene Möglichkeit, um die Sicherung extrem großer Datenbanken in mehrere Teilschritte aufzuteilen. Auf diese Variante wird zurückgegriffen, wenn die Datenbank so groß ist, dass eine gewöhnliche Sicherung in dem zur Verfügung stehenden Zeitfenster nicht durchgeführt werden kann.

Die Datei- und Dateigruppensicherung steht allerdings nur zur Verfügung, wenn die Datenbank aus mehreren Datendateien besteht, die zu verschiedenen Dateigruppen zusammengefasst worden sind. Für eine lediglich aus einer primären Datendatei (*.MDF) bestehende Datenbank steht diese Option nicht zur Verfügung.

## 8.2.2 Sicherungsziele

Der SQL Server unterstützt unterschiedliche Ziele für Sicherungen. Diese können je nach Gegebenheiten eingesetzt werden.

Als Ziel für eine Sicherung kann ein

▸ Bandlaufwerk oder
▸ eine Datei auf einer Harddisk

angegeben werden.

Die empfohlene Methode ist es, Datenbanksicherungen auf einer Festplatte anzulegen, um diese zu einem späteren Zeitpunkt gemeinsam mit der täglichen File-Sicherung auf ein Bandlaufwerk zu sichern.

## Sicherungsmedien einsetzen

Um die Verwaltung von Sicherungszielen zu vereinfachen, bietet der SQL Server die Möglichkeit, so genannte *Sicherungsmedien* anzulegen. Diese ermöglichen es, einfach auf Sicherungsziele zuzugreifen, ohne sich jedes Mal über Pfade und Speicherorte Gedanken machen zu müssen.

Sie können aber eine Sicherung auch ohne ein Sicherungsmedium direkt in eine Zieldatei erstellen. Die Verwendung eines Sicherungsmediums erhöht lediglich die Verwaltbarkeit und Übersicht beim Sichern.

Beim Anlegen eines solchen Mediums wird ein Ziel festgelegt, auf das in weiterer Folge dann einfach über den Namen des Mediums zugegriffen werden kann. Wenn man so möchte, kann man ein Sicherungsmedium als eine Form „Aliasname" für ein Speicherziel bezeichnen.

Sie können Sicherungsmedien auf folgende Arten anlegen:

▶ direkt im Management Studio unter dem Ordner SERVEROBJEKTE

▶ über eine Transact-SQL-Anweisung.

 Im Enterprise Manager der Vorversion konnten Sicherungsmedien noch direkt beim Erstellen einer Sicherung im Dialog erstellt werden. Diese Variante ist in das Management Studio nicht übernommen werden.

Um im Management Studio ein Sicherungsmedium anzulegen, öffnen Sie den Ordner SERVEROBJEKTE unter dem gewünschten Server. In diesem Ordner finden Sie den Unterordner SICHERUNGSMEDIEN. Wenn Sie diesen auswählen, werden im Fenster Zusammenfassung bereits vorhandene Sicherungsmedien angezeigt.

Um ein Sicherungsmedium anzulegen, klicken Sie mit der rechten Maustaste entweder auf den Ordner SICHERUNGSMEDIEN oder in das Fenster Zusammenfassung. Im Kontextmenü wählen Sie den Befehl NEUES SICHERUNGSMEDIUM... aus.

Geben Sie einen Namen für das neue Medium ein, und wählen Sie ein Bandlaufwerk oder einen Dateinamen aus. Den Pfad einer Datei können Sie über die Schaltfläche mit den drei Punkten auswählen. Standardmäßig wird Ihnen das Verzeichnis \BACKUP unter dem im Server-Setup angegebenen Datenverzeichnis angeboten. Übernehmen Sie dieses, oder wählen Sie ein beliebiges anderes Verzeichnis aus.

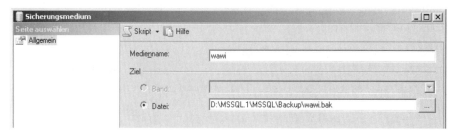

*Abbildung 8.12: Name und Pfad für Sicherungsmedium*

Im Dialog zur Auswahl des Pfades für das Sicherungsmedium werden Ihnen nur physikalische und gemappte Laufwerke mit Laufwerksbuchstaben angeboten. Möchten Sie einen Netzwerk-Share verwenden, mappen Sie diesen entweder als Laufwerk auf dem Datenbankserver, oder geben Sie den Verweis manuell ein. Achten Sie allerdings darauf, dass der Serverdienst die entsprechenden Rechte auf dem Netzwerklaufwerk besitzt. Dies ist nicht der Fall, wenn der Server mit dem Konto *Lokales Systemkonto* (LocalSystem) gestartet wird.

Generell wird aber empfohlen, die Sicherungsdatei auf einem Medium direkt auf einem dafür vorgesehenen Laufwerk auf dem Datenbankserver selber abzulegen.

Welche Dateierweiterung das Sicherungsmedium trägt, ist unerheblich. Für eine bessere Ordnung und Erkennbarkeit der Datei empfiehlt es sich aber, eine einheitliche Erweiterung für Medien zu vergeben, beispielsweise die vorgeschlagene Erweiterung BAK.

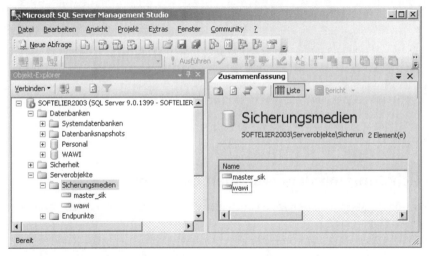

*Abbildung 8.13: Neues Sicherungsmedium*

Beim Anlegen einer neuen Sicherung wird dieses Sicherungsmedium nun als Sicherungsziel angeboten.

 Verwenden Sie für jede Datenbank ein separates Sicherungsmedium. Vermeiden Sie es, ein und dasselbe Medium abwechselnd für mehrere Datenbanken zu verwenden, auch wenn in einem Sicherungsmedium mehrere Sicherungssätze enthalten sein können. Außerdem sollten Sie bei der Namensvergabe für ein Sicherungsmedium darauf achten, dass aus dem Namen eindeutig hervorgeht, für welche Datenbank das Medium verwendet werden soll.

Um ein Medium über Transact-SQL anzulegen, verwenden Sie die gespeicherte System-prozedur sp_addumpdevice. Diese Prozedur kann folgende Parameter verwenden:

▸ @devtype: Als Ziel für das Sicherungsmedium geben Sie über diesen Parameter ent-weder disk für eine Festplattendatei oder tape für eine Bandmedium an.

▸ @logicalname: Der logische Name ist der eigentliche Name des Sicherungsmediums, der für die Sicherung verwendet und auch im Management Studio angezeigt wird.

▸ @physicalname: Der physische Name legt das eigentliche Sicherungsziel fest. Es handelt sich um den Pfad zu einer lokalen Datei, einem gemappten Laufwerk oder einem UNC-Pfad. Für das erste Bandlaufwerk im Server geben Sie zum Beispiel \\.\ TAPE0 ein.

Um beispielsweise ein Sicherungsmedium *personal* mit dem Dateinamen PERSONAL.BAK im Standardordner für Sicherungen anzulegen, verwenden Sie folgende Anweisung in einem Abfrage-Editorfenster:

```
EXEC sp_addumpdevice 'disk', 'personal', 'D:\MSSQL.1\MSSQL\BACKUP\
personal.bak'
```

Der Standardordner für Backup-Dateien kann bei Ihnen je nach vorhande-nen Laufwerken und beim Setup verwendeten Einstellungen vom Beispiel abweichen.

Nachdem Sie Sicherungsmedien angelegt haben, können diese sofort für Sicherungen verwendet werden.

## 8.2.3   Sicherung mit dem Management Studio

Um eine Sicherung zu starten, stehen Ihnen auch hier die zwei gebräuchlichsten Varianten, nämlich die Sicherung über

▸ das Kontextmenü im Objekt-Explorer oder

▸ den Einsatz einer Transact-SQL-Anweisung

zur Verfügung.

Zu Begriffsklärung sein vorweg noch Folgendes erwähnt:

– Ein *Sicherungsmedium* ist eine Datei, in der ein oder mehrere Sicherungs-sätze gespeichert werden können.

– Ein *Sicherungssatz* ist das Ergebnis eines Sicherungslaufes. Dieser ist entweder das Ergebnis einer vollständigen, differenziellen oder Transaktionsprotokollsiche-rung. In einem Sicherungsmedium bzw. einer Sicherungsdatei können mehrere Sicherungssätze gespeichert werden. Beim Wiederherstellen muss dann angege-ben werden, welcher der Sicherungssätze aus einem Medium zu verwenden ist. Geschieht dies nicht, wird immer der erste (= älteste) Sicherungssatz zur Wieder-herstellung verwendet.

Um grafisch unterstützt eine Sicherung über den Objekt-Explorer des Management Studios zu starten, gehen Sie wie folgt vor:

1. Markieren Sie die gewünschte Datenbank und wählen im Kontextmenü den Befehl TASKS/DATENBANK SICHERN... aus.

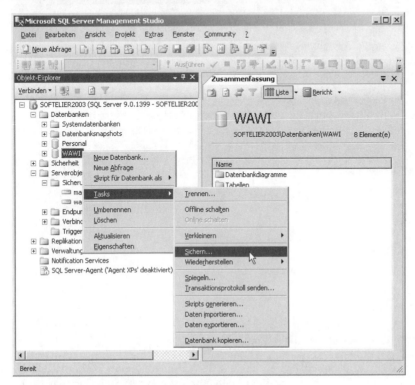

*Abbildung 8.14: Datenbanksicherung im Management Studio*

2. Im Dialog *Datenbank sichern* nehmen Sie die benötigten Einstellungen vor:

   ▶ Auswahl der *Datenbank* (... falls Sie zuvor nicht die richtige Datenbank markiert haben ... )

   ▶ Sie wählen den *Sicherungstyp* aus den zu Beginn des Abschnittes vorgestellten Varianten aus. Standardmäßig ist hier *Vollständig* ausgewählt.

   ▶ Als *Sicherungskomponente* ist die *Datenbank* als Voreinstellung ausgewählt. Einzelne Dateien oder Dateigruppen können bei großen Datenbanken separat gesichert werden.

   ▶ Vergabe eines Namens und einer Beschreibung für die Sicherung.

   ▶ Eingeben eines Ablaufdatums für den Sicherungssatz. Wenn ein solches definiert wird, kann dieser Sicherungssatz nicht vor Ablauf der Zeit – absichtlich oder versehentlich – überschrieben werden.

   ▶ Festlegen des Ziels: Haben Sie bereits einmal eine Sicherung für diese Datenbank vorgenommen, wird dieses Sicherungsziel schon angezeigt. Über die Schaltflächen HINZUFÜGEN und ENTFERNEN können Sie das Sicherungsziel ändern.

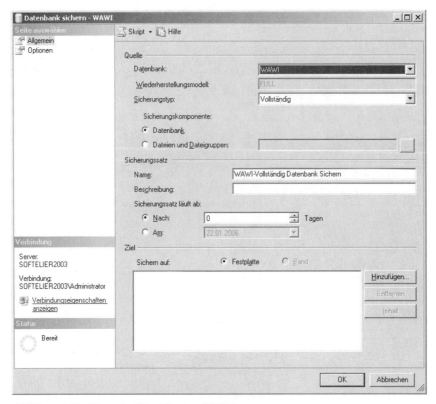

*Abbildung 8.15: Allgemeine Einstellungen für Sicherung*

3. Klicken Sie auf die Schaltfläche HINZUFÜGEN, um ein neues Sicherungsziel auszuwählen. Geben Sie entweder einen Dateinamen oder ein Sicherungsmedium an.
   Der Standardordner für Backup-Dateien wird angezeigt, ein Dateiname kann ergänzt
   werden. Geben Sie einen Dateinamen ein, oder wählen Sie ein zuvor erstelltes Sicherungsmedium aus, zum Beispiel das Medium *wawi*. Beenden Sie die Eingabe mit OK.

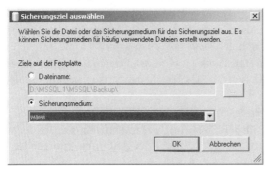

*Abbildung 8.16: Ziel der Sicherung auswählen*

In dieser Version kann im Dialog *Datenbank sichern* über die Schaltfläche INHALT sofort der Inhalt einer ausgewählten Sicherungsdatei oder eines ausgewählten Sicherungsmediums angesehen werden. Dies ist bisher einerseits nur bei Sicherungsmedien und nicht bei Dateien und andererseits nicht von diesem Dialog aus möglich gewesen.

Zeigen Sie den Inhalt einer Sicherung an, sehen Sie die in diesem File enthaltenen Sicherungen. Diese Informationen umfassen über die enthaltenen Sicherungssätze:

▶ Name

▶ Typ (Sicherungskomponente)

▶ Komponente (Sicherungstyp)

▶ Server

▶ Datenbank

▶ Position (Nummer des Sicherungssatzes innerhalb der Datei)

▶ Datum

▶ Größe

▶ Benutzer

▶ Ablaufdatum

Leider gibt es in der deutschen Version, wie Sie bei Typ und Komponente sehen, eine kleine Unschlüssigkeit in der Benennung und Unterschiede zwischen den Bezeichnungen in den Dialogen *Datenbank sichern* und *Medieninhalt*.

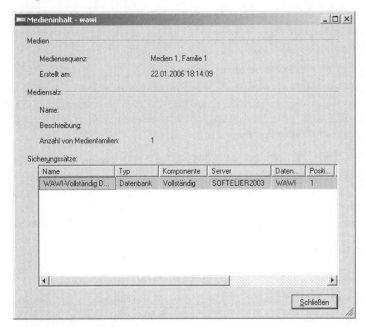

*Abbildung 8.17: Inhalt eines Sicherungsmediums*

4. Wählen Sie im Dialog *Datenbank sichern* die Seite *Optionen*, um weitere Einstellungen vornehmen zu können.

 ▶ Sie können hier einstellen, ob Sie vorhandene Sicherungssätze in der Datei überschreiben oder einen neuen Sicherungssatz anfügen möchten.

 ▶ Sie können eine Prüfung der abgeschlossenen Sicherung vorsehen und die Bildung von Checksummen vorsehen.

 ▶ Bei einer Transaktionsprotokollsicherung wird das Transaktionsprotokoll abgeschnitten. Die zweite Option wird bei einem Desaster Recovery benötigt, das später in diesem Kapitel beschrieben werden wird.

5. Starten Sie den Sicherungsvorgang mit der Schaltfläche OK.

## 8.2.4 Sicherung über TRANSACT-SQL

Wenn Sie die Sicherung Ihrer Datenbank programmgesteuert starten möchten, können Sie dazu auch den Transact-SQL-Befehl BACKUP DATABASE verwenden. Verwenden Sie diese Anweisung direkt in einem Abfrage-Editorfenster, oder verpacken Sie diese in eine gespeicherte Prozedur.

Weitere Informationen zu Transact-SQL und gespeicherten Prozeduren finden Sie in den Kapiteln 5 und 6.

Die Syntax des Befehls zur vollständigen Sicherung einer Datenbank lautet:

```
BACKUP DATABASE datenbankname
TO backup_device | {DISK|TAPE|} = 'sicherungspfad'
```

Die Sicherung kann auch hier auf zwei Arten erfolgen:

 ▶ *Backup-Device*: Auf dem Server definierte Sicherungsmedien werden bei einer Sicherung als Ziel angegeben. Wie Sie ein neues Sicherungsmedium im Management Studio oder über Transact-SQL mit der Prozedur sp_addumpdevice erstellen können, haben Sie weiter vorne in diesem Kapitel gelesen.

 Den Namen des Mediums verwenden Sie in der Backup-Anweisung als Zielangabe.

 ▶ *Sicherungspfad*: Alternativ können Sie einen Pfad auf einem Speichermedium angeben. In der Regel ist das ein Pfad auf einer Harddisk oder ein Sicherungsband. Als Pfadangabe für eine Datei kann ein Laufwerksbuchstabe als auch ein UNC-Pfad verwendet werden. Geben Sie entweder nur den Namen des Mediums oder den Pfad der Datei an. Wenn Sie kein definiertes Sicherungsmedium verwenden, müssen Sie vor dem Dateinamen den Vorsatz DISK= angeben. Zum Beispiel:

 ```
 DISK = 'd:\backup\wawi_back.bak'
 ```

Um die Datenbank WAWI in eine Datei zu sichern, verwenden Sie folgende Anweisung:

```
BACKUP DATABASE WAWI
TO  DISK = 'D:\MSSQL.1\MSSQL\Backup\wawi.bak'
```

Wenn Sie diese Anweisung ein weiteres Mal ausführen, wird standardmäßig ein weiterer Sicherungssatz in dieser Datei angefügt. Um die Datei mit der neuen Sicherung zu überschreiben, verwenden Sie die Option INIT.

```
BACKUP DATABASE WAWI
TO  DISK = 'D:\MSSQL.1\MSSQL\Backup\wawi.bak'
WITH INIT
```

Eine Übersicht über alle weiteren Optionen finden Sie in der Online-Dokumentation.

Sie können die Anweisung auch in eine gespeicherte Prozedur verpacken, welche die Datenbank an den angegebenen Pfad sichert.

```
CREATE PROCEDURE spDatenbankSichern
    @pfad varchar(200)
AS
    SET NOCOUNT ON

    BACKUP DATABASE wawi
    TO DISK = @pfad
RETURN
```

Beachten Sie bei der Angabe des Sicherungspfades, dass dieser immer aus Sicht des Rechners anzugeben ist, der als Datenbankserver fungiert. Dies ist wichtig, wenn Sie die Sicherung von einem anderen Rechner aus starten.

Mit der beschriebenen Prozedur sind Sie sehr flexibel in der Wahl des Sicherungszieles. Es wäre auch die Variante denkbar, dass Sie in Ihre Frontend-Applikation eine Schaltfläche einbauen, mit der die Sicherung jederzeit durch einen Benutzer gestartet werden kann, indem der Programmcode hinter der Schaltfläche die Prozedur aufruft oder das Backup-Statement direkt abschickt.

Wenn Sie einen Sicherungsvorgang mit speziellen Parametern starten wollen, aber diese Anweisung nicht selber erstellen möchten, können Sie sich diese als Skript erzeugen lassen.

Dazu gehen Sie vorerst wie unter Punkt „Sicherung mit dem Management Studio" auf Seite 350 beschrieben vor. Sie definieren Ihren Sicherungsauftrag mit allen Einstellungen im Dialog. Wenn Sie damit fertig sind, wählen Sie die Schaltfläche SKRIPT.

Diese stellt Ihnen folgende vier Optionen zur Auswahl (die vierte wird erst etwas später behandelt werden):

▶ *Skript für Aktion in Fenster 'NeueAbfrage' schreiben.*
Die generierte SQL-Anweisung wird in ein neues Abfrage-Editorfenster übertragen. Verwenden Sie diese Option, wenn Sie die Anweisung danach editieren und manuell ausführen möchten. Sie können das Skript danach natürlich auch noch in einer SQL-Datei speichern.

▶ *Skript für Aktion in Datei schreiben.*
Die SQL-Anweisung wird nach dem Generieren sofort als Datei mit der Erweiterung SQL abgelegt. Verwenden Sie diese Option, wenn Sie zum Beispiel die Anweisung aufheben oder woandershin transferieren möchten.

▶ *Skript für Aktion in Zwischenablage schreiben.*
Da die generierte SQL-Anweisung in die Zwischenablage kopiert wird, ist diese Option die ideale Variante, wenn Sie die Anweisung anderwärtig verwenden möchten. Sie können Sie dann einfügen, wo immer Sie möchten.

*Abbildung 8.18: Skript aus Vorgang generieren*

## 8.2.5  Zeitgesteuerte Sicherung mit dem SQL Server Agent

Um eine regelmäßige Sicherung zu erstellen, muss ein Auftrag für den SQL Server Agent erstellt werden. Dieser Auftrag wird mit einem Zeitplan versehen und dann vom Agent ausgeführt.

Mit der Express Edition des SQL Servers 2005 kann keine zeitgesteuerte Sicherung erfolgen. Dies liegt daran, dass im Unterschied zur Vorgängerversion MS SQL Server 2000 Desktop Edition (MSDN 2.0) der Server Agent nicht mehr integriert ist. Daher können auch keine Aufträge erstellt und ausgeführt werden. Wenn Sie diese Funktionalität benötigen, müssen Sie zumindest die Workgroup-Edition des SQL Servers 2005 einsetzen.

Um eine zeitgesteuerte Sicherung über einen Auftrag für den SQL Server Agent zu erstellen, gehen Sie folgendermaßen vor:

1. Starten Sie eine manuelle Sicherung über das Kontextmenü des Objekt-Explorers, indem Sie für die gewünschte Datenbank den Befehl TASKS/DATENBANK SICHERN... ausführen.

2. Nehmen Sie alle Einstellungen für Ihre Sicherung vor. Erstellen Sie zum Beispiel eine vollständige Sicherung für die Datenbank WAWI, die als Sicherungsziel das Sicherungsmedium *wawi* verwendet, das wir in einem der vorhergehenden Abschnitte erzeugt haben. Stellen Sie unter OPTION ein, dass alle vorhandenen Sicherungssätze überschrieben werden.

3. Wählen Sie das Menü SKRIPT und dort den Punkt SKRIPT FÜR AKTION IN AUFTRAG SCHREIBEN. Alternativ können Sie auch die Tastenkombination $\boxed{\text{Strg}}$+$\boxed{\Diamond}$+$\boxed{\text{M}}$ verwenden.

*Abbildung 8.19: Skript für Aktion in Auftrag schreiben*

4. Das Skript wird als erster Arbeitsschritt in einen neuen Auftrag eingefügt. Auf der Seite *Allgemein* können Sie den Namen (z.B. WAWI-Tagessicherung) vergeben, den Besitzer und die Kategorie des Auftrages auswählen sowie eine Beschreibung erfassen. Wählen Sie als Kategorie zum Beispiel *Datenbankwartung* aus. Wenn Sie möchten, erfassen Sie noch eine Beschreibung für den Auftrag.

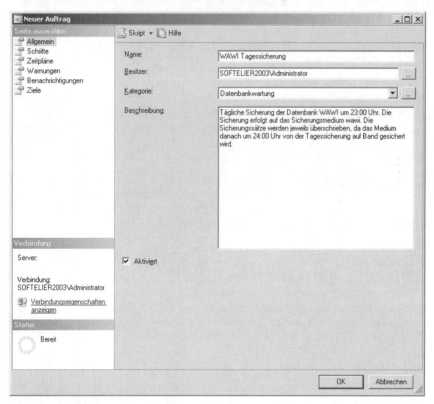

*Abbildung 8.20: Neuen Auftrag festlegen*

5. Wenn Sie die Seite *Schritte* auswählen, sehen Sie den Sicherungsauftrag als ersten Schritt eingetragen. Sie können die generierte Transact-SQL-Anweisung über die Schaltfläche BEARBEITEN einsehen und auch editieren, sollten Sie eine Änderung vornehmen wollen.

6. Wählen Sie nun die Seite *Zeitpläne* aus, um einen Zeitplan für die Sicherung festzulegen.

Für die Festlegung des Zeitplanes stehen Ihnen folgende Optionen zur Auswahl, die Sie im Listenfeld *Zeitplantyp* einstellen:

▷ *Automatisch starten, wenn SQL Server-Agent startet*: Der Server-Agent ist ein eigener Dienst des SQL Servers, der für alle zeitgesteuerten Vorgänge zuständig ist. Wählen Sie diese Option, wird die Sicherung durchgeführt, sobald dieser Dienst läuft beziehungsweise gestartet worden ist.

▷ *Starten, sobald die CPU(s) im Leerlauf ist (sind)*: Diese Option können Sie verwenden, wenn im Moment „viel Verkehr" auf Ihrem Server ist und Sie eine Periode der Inaktivität nutzen möchten, um die Belastung des Gesamtsystems zu minimieren.

▷ *Einmalig*: Wenn Sie diese Option wählen, legen Sie das Datum sowie die genaue Uhrzeit selber fest, zu welcher der Sicherungsvorgang gestartet werden soll.

▷ *Wiederholt*: Diese Option verwenden Sie, um eine periodische Sicherung festzulegen. Dies ist wohl jene Variante, die meist zum Einsatz kommen wird. Die genauen Sicherungszeitpunkte legen Sie darunter im Dialog fest.

Der SQL Server bietet Ihnen verschiedene Varianten, die es Ihnen erlauben, von monatlichen Sicherungen bis hin zu quasi permanenter Sicherung, jeden Wiederholungsalgorithmus zu definieren. In der Praxis wird zumeist eine tägliche Sicherung zur Nachtzeit festgelegt. Wenn Sie mehrere Datenbanken sichern, staffeln Sie die Sicherungszeiten wenn möglich. Abbildung 8.21 zeigt Ihnen eine Einstellung, wonach die ganze Woche über von Montag bis Freitag jeweils um 23:00 Uhr die Sicherung gestartet wird. Samstags und sonntags erfolgen keine Sicherungen.

Durch die Angabe von Start- und Enddatum können Sie unterschiedliche Sicherungen für spätere Zeitpunkte definieren, die dann automatisch aufeinander folgen, ohne dass Sie dann anwesend sein müssen. Denn auch ein Datenbankadministrator hat schließlich auch einmal das Recht auf einen Urlaub.

Zeitgesteuerte Sicherungen werden nur durchgeführt, wenn der *SQL Server Agent-Dienst* gestartet ist. Stellen Sie die *Startart* dieses Dienstes entweder über den Eigenschaften-Dialog im Objekt-Explorer oder die Dienste in der Systemsteuerung auf *automatisch starten*. Sie können auch den in dieser Version neuen *SQL Server Configuration Manager* dazu verwenden.

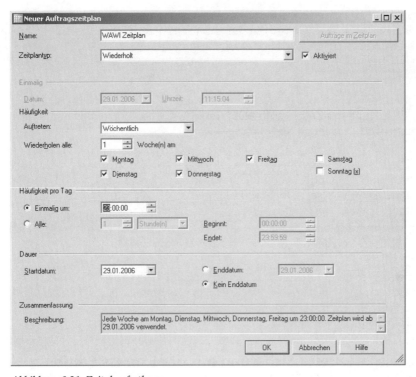

*Abbildung 8.21: Zeitplan festlegen*

 Sie können für eine Sicherung auch mehrere Zeitpläne erstellen, wenn Sie beispielsweise unter der Woche mehrmals täglich sichern möchten und am Wochenende aber mit einer Sicherung pro Tag auskommen. In diesem Fall definieren Sie einen Plan für die Werktage und einen zweiten, der das Wochenende abdeckt.

7. Speichern Sie den fertigen Auftrag ab. Dieser erscheint im Objekt-Explorer nun im Ordner AUFTRÄGE unter dem *SQL Server-Agent*.

 Wir haben in diesem Beispiel die Einstellung gewählt, bei jeder Sicherung alle vorhandenen Sicherungssätze im Sicherungsmedium zu überschreiben. Dabei sind wir davon ausgegangen, dass die Sicherungsdatei nach erfolgter Datenbanksicherung mit der davon unabhängigen Tagessicherung Ihrer Daten mit auf ein Band gesichert wird. Dadurch stehen mehrere Sicherungen der letzten Tage über die verschiedenen Sicherungsbänder zur Verfügung. Eine Historie über mehrere Sicherungssätze in einer Datei ist damit nicht vonnöten.

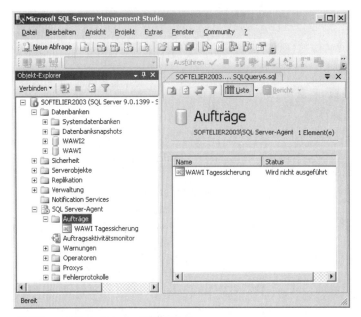

*Abbildung 8.22: Auftrag im Objekt-Explorer*

## 8.2.6    Zeitgesteuerte Sicherung mit der Express Edition

Wie im vorigen Abschnitt erwähnt, ist in der Express Edition des SQL Servers 2005 kein SQL Server-Agent mehr enthalten, weshalb eine über den SQL Server selber zeitgesteuerte Sicherung nicht möglich ist. Wir möchten Ihnen in diesem Abschnitt eine alternative Variante vorstellen, mit der dennoch eine automatisierte tägliche Sicherung erfolgen kann.

Dazu sind folgende Schritte notwendig:

▶ Erstellen einer SQL-Skriptdatei, welche die Anweisung für die Sicherung enthält.

▶ Erstellen einer Kommandozeilen-Batchdatei, die das Kommandozeilentool SQLCmd mit dem Parameter öffnet, die zuvor erstellte Skriptdatei auszuführen.

▶ Erstellen eines geplanten Tasks unter Windows, der diese Batchdatei zur gewünschten Uhrzeit startet.

Gehen wir diese Schritte der Reihe nach im Detail durch.

1. Erfassen Sie in einem neuen Abfrage-Editorfenster die nachfolgende Anweisung, oder generieren Sie sie wie im vorigen Abschnitt beschrieben. (Wenn Sie kein Sicherungsmedium namens wawi haben, geben Sie mit DISK= einen Dateinamen an.)

```
USE master
GO

BACKUP DATABASE WAWI
TO wawi
WITH INIT
GO
```

2. Speichern Sie die Anweisungen als Skript, zum Beispiel unter dem Namen WAWI_ BACKUP.SQL im Standardordner für Datenbank-Backups. (Zum Beispiel D:\MSSQL. 1\MSSQL\BACKUP)

3. Legen Sie eine neue DOS-Batchdatei, beispielsweise mit dem Namen WAWI_ BACKUP.BAT, im selben Ordner an. In diese Batchdatei fügen Sie folgende Anweisung ein:

```
sqlcmd -U backup -P sqlbackup -S (local)
-i d:\mssql.1\mssql\backup\wawi_backup.sql
```

Mit dieser Anweisung wir das Kommandozeilentool *sqlcmd* gestartet. Dabei werden folgende Parameter verwendet:

▶ -U: der Benutzername, mit dem die Session aufgebaut werden soll.

▶ -P: das Kennwort des zuvor verwendeten Benutzernamens.

▶ -S: der Name des Servers, an dem angemeldet werden soll. Handelt es sich wie in unserem Beispiel um den lokalen Server, kann dieser Parameter auch weggelassen werden, wenn es sich nicht um eine benannte Instanz handelt.

▶ -i: Über diesen Parameter wird eine Input-Datei angegeben. Dies ist die zuvor erstellte SQL-Skriptdatei, welche die auszuführenden Anweisungen enthält. Wird dieser Parameter beim Aufruf mit angegeben, werden die in der Datei enthaltenen Anweisungen ausgeführt und *sqlcmd* danach sofort wieder beendet.

 Bei den beim Aufruf von *sqlcmd* verwendeten Parametern ist die Groß-/ Kleinschreibung zu beachten. Eine Übersicht über alle Parameter erhalten Sie, wenn Sie an der Kommandozeile sqlcmd /? eingeben.

4. Testen Sie die Batchdatei, indem Sie sie manuell aufrufen.

```
Eingabeaufforderung                                            _ □ ×

D:\MSSQL.1\MSSQL\Backup>dir
 Datenträger in Laufwerk D: ist Daten
 Volumeseriennummer: 24DF-87DC

 Verzeichnis von D:\MSSQL.1\MSSQL\Backup

29.01.2006  12:50    <DIR>          .
29.01.2006  12:50    <DIR>          ..
29.01.2006  12:50         1.786.368 wawi.bak
29.01.2006  12:47                83 wawi_backup.bat
29.01.2006  12:28               130 wawi_backup.sql
               3 Datei(en),    1.786.581 Bytes
               2 Verzeichnis(se), 16.942.866.432 Bytes frei

D:\MSSQL.1\MSSQL\Backup>wawi_backup.bat

D:\MSSQL.1\MSSQL\Backup>sqlcmd -U backup -P sqlbackup -S (local) -i d:\mssql.1\m
ssql\backup\wawi_backup.sql
Der Datenbankkontext wurde auf 'master' geändert.
208 Seiten wurden für die 'WAWI'-Datenbank, Datei 'WAWI' für Datei 1, verarbeite
t.
1 Seiten wurden für die 'WAWI'-Datenbank, Datei 'WAWI_log' für Datei 1, verarbei
tet.
BACKUP DATABASE hat erfolgreich 209 Seiten in 0.378 Sekunden verarbeitet (4.529
MB/s).

D:\MSSQL.1\MSSQL\Backup>
```

*Abbildung 8.23: Sicherung mittels Skript und Batchdatei*

Wir haben in diesem Beispiel den Benutzer *backup* mit dem Kennwort *sqlbackup* zur Anmeldung an der Datenbank verwendet. Wir haben diesen Benutzer zuvor angelegt und in der Datenbank WAWI der festen Datenbankrolle *backup_operator* hinzugefügt. Wie Sie Benutzer anlegen und Berechtigungen vergeben, lesen Sie im nächsten Kapitel.

5. Erstellen Sie einen geplanten Task zum Aufruf dieser Bachdatei. Im Windows-Startmenü finden Sie dies in der Regel unter START\ALLE PROGRAMME\ZUBEHÖR\ SYSTEMPROGRAMME\GEPLANTE TASKS.
Fügen Sie mit dem Assistenten einen neuen Task hinzu, der die Batchdatei – zum Beispiel wochentags um 23:00 Uhr – ausführt.

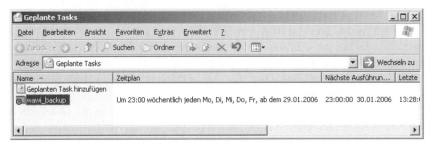

*Abbildung 8.24: Geplanter Task, um Datenbank zu sichern*

Da bei einem geplanten Task das ausführende Windows-Konto mit angegeben werden muss, ist es nicht notwendig, dass ein Benutzer am Rechner angemeldet ist. Es muss lediglich der Rechner gestartet sein, damit der Task ausgeführt wird.

 Achten Sie darauf, dass auf dem betroffenen Rechner der Dienst *Taskplaner* gestartet ist.

Sie können anstelle eines geplanten Tasks auch andere Programme verwenden, um die Batchdatei auszuführen. Insbesondere auch Sicherungsprogramme, die oft in der Lage sind, vor dem Start einer Sicherung auch ein Programm zu starten.

## 8.2.7 Datenbank wiederherstellen

Das Wiederherstellen einer Datenbank sollte hoffentlich nicht allzu oft notwendig sein, im Optimalfall nie. Dennoch wird der Vorgang häufig verwendet, in der Regel, um eine Datenbank von einem Server auf einen anderen zu übertragen. Dazu wird auf einem Server eine Sicherung erstellt und danach mit der Sicherungsdatei die Datenbank auf einem anderen Server wieder eingespielt.

Um eine Datenbank wiederherzustellen, markieren Sie im Enterprise Manager vorerst die Datenbank. Wählen Sie danach im Kontextmenü den Befehl TASKS/WIEDERHERSTELLEN/DATENBANK... aus.

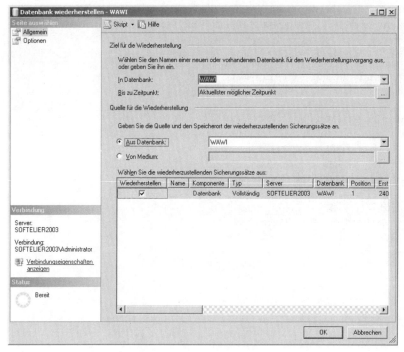

*Abbildung 8.25: Wiederherstellen einer Datenbank*

Die auf dem Server durchgeführten und damit gespeicherten Sicherungen dieser Datenbank werden im unteren Bereich des Dialoges angezeigt, wenn Sie die Wiederherstellungsquelle *Aus Datenbank* auswählen. Sie können die neueste Sicherung direkt zur Wiederherstellung verwenden.

Alternativ kann ein Sicherungssatz aus einem Medium ausgewählt werden. Dazu müssen Sie die Option *Von Medium* auswählen. Danach können Sie über die Schaltfläche mit den drei Punkten die gewünschte Backup-Datei aufrufen. Als Ursprung kann eine Datei oder ein definiertes Sicherungsmedium ausgewählt werden.

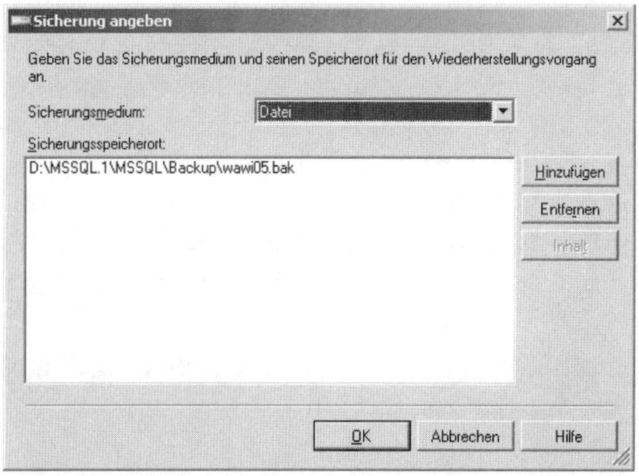

*Abbildung 8.26: Ursprung der Wiederherstellung auswählen*

Wird die Ursprungsdatei übernommen, werden die in ihr enthaltenen Sicherungssätze angezeigt. Wählen Sie den Sicherungssatz aus, den Sie verwenden möchten. Der erste Sicherungssatz in der Datei ist zugleich auch der älteste.

 Auch wenn nur ein Sicherungssatz in der Datei enthalten ist, ist dieser standardmäßig nicht zur Wiederherstellung ausgewählt. Er muss erst dafür markiert werden. Wenn kein Sicherungssatz ausgewählt ist, erhalten Sie eine Fehlermeldung.

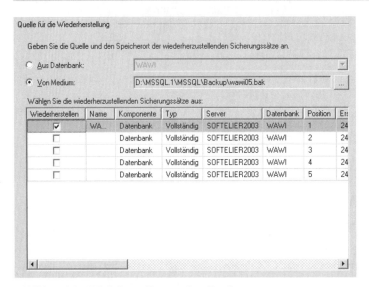

*Abbildung 8.27: Wiederherstellen aus einer Datei*

Die letztere Variante mit der Wiederherstellung durch manuelle Auswahl eines Mediums kommt vor allem beim Übertragen von Datenbanken zum Einsatz. Aber natürlich auch dann, wenn der Server derart „gecrasht" ist, dass die Sicherungshistorie für die Datenbank nicht mehr zur Verfügung steht.

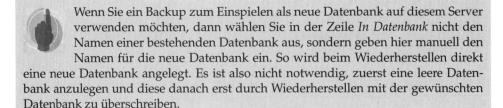 Wenn Sie ein Backup zum Einspielen als neue Datenbank auf diesem Server verwenden möchten, dann wählen Sie in der Zeile *In Datenbank* nicht den Namen einer bestehenden Datenbank aus, sondern geben hier manuell den Namen für die neue Datenbank ein. So wird beim Wiederherstellen direkt eine neue Datenbank angelegt. Es ist also nicht notwendig, zuerst eine leere Datenbank anzulegen und diese danach erst durch Wiederherstellen mit der gewünschten Datenbank zu überschreiben.

Der SQL Server enthält Prüfungen, um zu verhindern, dass eine falsche Sicherung eingespielt und damit die Datenbank durch Überschreiben zerstört wird.

Aufgrund der Sicherheitsoptionen kann über eine bestehende Datenbank die Sicherung einer anderen Datenbank nicht eingespielt werden. Wenn Sie die Sicherung einer Datenbank in eine andere z.B. leere Datenbank einspielen möchten, wählen Sie im Dialog *Datenbank wiederherstellen* auf der Seite *Optionen* die Wiederherstellungsoption *Vorhandene Datenbank überschreiben*.

In der Sicherungsdatei ist nicht nur die Datenbank, sondern auch ihr Aufbau gespeichert. Die physischen Dateinamen der Datendatei(en) und der Protokolldatei(en) werden ebenfalls auf der Seite *Optionen* angezeigt, nachdem eine Backup-Datei ausgewählt worden ist. Hier können Sie die Pfade und Dateinamen anpassen, bevor Sie den Wiederherstellungsvorgang starten.

Häufig muss hier eine Anpassung vorgenommen werden, wenn beim Übertragen einer Datenbank der Ausgangsserver andere Datenverzeichnisse verwendet als der Zielserver. Im Falle von ungültigen Pfaden schlägt das Wiederherstellen fehl. Fehlende Unterverzeichnisse werden nicht automatisch angelegt, sondern müssen zuvor manuell angelegt werden.

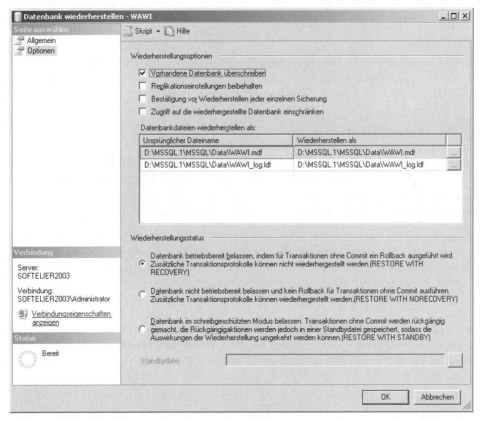

*Abbildung 8.28: Wiederherstellung erzwingen und Pfade anpassen*

Passen zum Beispiel Pfade nicht oder muss die Wiederherstellung erzwungen werden, wird dies sofort nach dem Starten der Wiederherstellung angezeigt.

*Abbildung 8.29: Fehler beim Wiederherstellen*

## 8.2.8 Wiederherstellung über Transact-SQL

Um eine Datenbank wiederherzustellen, können Sie auch die Anweisung RESTORE verwenden.

Die Basisanweisung lautet:

```
RESTORE DATABASE datenbankname
FROM backup_device | {DISK|TAPE|} = 'sicherungspfad'
```

Weitere Parameter können Sie der Online-Dokumentation entnehmen. Wie beim Sichern der Datenbank kann auch für den Wiederherstellungsvorgang das Skript direkt im Dialog *Datenbank wiederherstellen* generiert werden.

## 8.2.9 Desaster Recovery

Eine der besonderen Stärken eines Datenbanksystems wie dem SQL Server ist es, im Falle eines Crashs eine Datenbank bis zum Zeitpunkt desselben wiederherstellen zu können.

Dies bedeutet, mit Hilfe des Transaktionsprotokolls werden alle Transaktionen, die nach der letzten Sicherung abgeschlossen worden sind, nachgezogen.

Voraussetzung für ein solches Wiederherstellen ist, dass das Wiederherstellungsmodell der Datenbank auf Vollständig (Full) eingestellt ist, und zwar schon bevor die letzte Datenbanksicherung gemacht worden ist. Diese Einstellung können Sie entweder über die Datenbankeigenschaften oder über die Anweisung ALTER DATABASE vornehmen:

```
ALTER DATABASE wawi SET recovery FULL
```

Um die Umstellung mit dem grafischen Tool vorzunehmen, öffnen Sie über das Kontextmenü im Objekt-Explorer die Datenbankeigenschaften der betroffenen Datenbank. Im Dialog *Datenbankeigenschaften* finden Sie auf der Seite *Optionen* an zweiter Stelle die Einstellung für das *Wiederherstellungsmodell*. Hier können Sie *Vollständig* einstellen.

*Abbildung 8.30: Wiederherstellungsmodell einstellen*

Das Wiederherstellen einer Datenbank nach einem Crash ist in der Regel ein zeitkritischer Vorgang, der mit Stress für alle Beteiligten verbunden ist. Da in einer solchen Stresssituation leicht Fehler passieren, sollten Sie diesen Vorgang nicht mit dem grafischen Tools erledigen. Denn allzu leicht wird eine Option zu setzen vergessen, oder man verklickt sich.

Hat man die notwendigen Anweisungen aber als SQL-Skript zur Verfügung, bei dem eventuell nur mehr Namen und Pfad angepasst werden müssen, kann man Fehler weitgehend vermeiden. Legen Sie sich deshalb schon frühzeitig ein solches Skript an, das Sie im Notfall nur aus der Schublade ziehen müssen. Denn dann können Sie Schritt für Schritt nach diesem „Drehbuch" vorgehen und eine Anweisung nach der anderen ausführen. Außerdem gibt es Ihnen enorm viel Sicherheit im Ernstfall, wenn Sie eine solche Wiederherstellung mit genau diesem Skript zuvor in einer Testsituation schon einmal erfolgreich durchgeführt haben.

Fassen Sie jene Teile aus dem nachfolgenden Beispiel in ein Skript zusammen, testen Sie es aus, und heben Sie es für den Ernstfall auf.

Sie finden ein solches fertiges Skript auf der CD unter dem Namen DESAS-TERRECOVERY.SQL.

Wir spielen nun im Beispiel einen solchen Fall durch. Wir bauen in dieses Beispiel auch inkrementelle Sicherungen mit ein, um möglichst viele Eventualitäten abzubilden. Wenn Sie diese Komponenten nicht verwenden, überspringen Sie die betreffenden Punkte einfach.

Für das Beispiel verwenden wie folgendes Szenario:

- Am Wochenende wird jeweils eine vollständige Datenbanksicherung durchgeführt. Da die erzeugte Sicherungsdatei danach auf Band gesichert wird, das erst in einem 4er-Zyklus überschrieben wird, wird der Sicherungssatz in der Sicherungsdatei immer überschrieben.

- Täglich erfolgt in der Nacht eine differenzielle Datenbanksicherung, die nur die Änderungen seit der letzten vollständigen Sicherung speichert. Diese sechs Sicherungssätze werden in unserem Beispiel jeweils in einem gemeinsamen Sicherungsmedium gespeichert.

▷ Außerdem wird jeden Tag zu Mittag zusätzlich eine Transaktionsprotokollsicherung durchgeführt.

Beginnen wir in unserem Beispiel mit der vollständigen Sicherung, die einmal wöchentlich durchgeführt wird. Diese sichert die Datenbank zum Beispiel in die Datei WAWI_VOLL.BAK. Damit in dieser Datei vorhandene Sicherungssätze immer überschrieben werden, wird der Parameter WITH INIT mitgegeben. Diese Sicherung würde in der Praxis in einen Auftrag verpackt werden, damit sie automatisch ausgeführt wird.

```
BACKUP DATABASE wawi
TO DISK = 'd:\mssql.1\mssql\backup\wawi_voll.bak'
WITH INIT
```

Um dieses Beispiel einmal manuell durchzuspielen, führen Sie diese Anweisung ruhig direkt in einem Abfrage-Editorfenster aus.

Lassen Sie sich nun den Inhalt der Tabelle *tblArtikelgruppen* anzeigen.

```
SELECT * FROM tblArtikelgruppen
```

Liefert:

```
ArtGr ArtGrText
----- ------------------------
GE    Geschirr
BE    Besteck
KG    Küchengeschirr
EG    Elektrische Geräte
GA    Garten
HH    Haushalt
HW    Heimwerken

(7 Zeile(n) betroffen)
```

Nun (am Montag) fügen wir einen neuen Datensatz in diese Tabelle ein, zum Beispiel die Artikelgruppe „Computer".

```
INSERT INTO tblArtikelgruppen
VALUES ('PC', 'Computer')
```

Danach erstellen wir unsere erste differenzielle Datenbanksicherung (Montagnacht). Da es die erste (in dieser Woche) ist, werden alle bisherigen Sicherungssätze mit dem Parameter INIT überschrieben. Der Parameter DIFFERENTIAL macht den Sicherungsvorgang zu einer differenziellen Sicherung.

```
BACKUP DATABASE wawi
TO DISK = 'd:\mssql.1\mssql\backup\wawi_diff.bak'
WITH INIT, DIFFERENTIAL
```

Danach fügen wir (am Dienstag) einen weiteren Datensatz ein.

```
INSERT INTO tblArtikelgruppen
VALUES ('SP', 'Spielwaren')
```

Nun machen wir die zweite differenzielle Datenbanksicherung (Dienstagnacht). Etwaige davor gemachte Transaktionsprotokollsicherungen werden damit obsolet.

```
BACKUP DATABASE wawi
TO DISK = 'd:\mssql.1\mssql\backup\wawi_diff.bak'
WITH NOINIT, DIFFERENTIAL
```

Und wir fügen einen weiteren Datensatz (Mittwochvormittag) in die Tabelle *tblArtikelgruppen* ein.

```
INSERT INTO tblArtikelgruppen
VALUES ('SW', 'Software')
```

Nun machen wir unsere (mittägliche) Transaktionsprotokollsicherung.

```
BACKUP LOG wawi
TO DISK = 'd:\mssql.1\mssql\backup\wawi_log1.bak'
WITH INIT
```

Danach (am Nachmittag) fügen wir einen weiteren Datensatz hinzu.

```
INSERT INTO tblArtikelgruppen
VALUES ('WE', 'Werkzeug')
```

Nun kommt es zum Crash!

Wir können diesen Crash wie folgt simulieren:

▷ Beenden des SQL Server-Dienstes.

▷ Löschen oder Umbenennen der primären Datendatei der Datenbank.

▷ SQL Server-Dienst wieder starten.

Versuchen wir nun, auf diese Datenbank zuzugreifen, erhalten wir eine Fehlermeldung.

Nun muss das noch vorhandene Transaktionsprotokoll mit dem Parameter `NO_TRUNCATE` nochmals gesichert werden, bevor der Wiederherstellungsvorgang gestartet werden kann. Von der Verwendung dieser Option hängt es ab, ob der ganze Vorgang letztendlich erfolgreich sein kann oder nicht!

```
BACKUP LOG wawi
TO DISK = 'd:\mssql.1\mssql\backup\wawi_log2.bak'
WITH INIT, NO_TRUNCATE
```

Nun kann mit der eigentlichen Wiederherstellung begonnen werden.

 Eine Datenbank kann nicht wiederhergestellt werden, wenn jemand mit dieser verbunden ist. Im Crash-Fall ist dies ohnehin unmöglich, aber falls Sie nur testen und diese Datenbank noch aktiv ist, könnte das der Fall sein. Wechseln Sie auf eine andere Datenbank, bevor Sie den Vorgang fortsetzen.

In der Regel verbindet man sich mit der *master*, wenn eine Datenbank wiederhergestellt wird.

```
use master
```

Nun beginnt das Wiederherstellungsprozedere. Am Beginn eines solchen Vorganges steht immer das Einspielen der letzten Vollsicherung dieser Datenbank.

 Das Wichtigste bei einem solchen Vorgang ist, dass bei jeder Sicherungs-datei, die hier eingespielt wird, die Option NORECOVERY verwendet wird. Dies lässt den Vorgang quasi „offen", um danach noch weitere Dateien „draufzuspielen". Erst bei der allerletzten einzuspielenden Datei muss die Option RECOVERY verwendet werden.

```
RESTORE DATABASE wawi
FROM DISK = 'd:\mssql.1\mssql\backup\wawi_voll.bak'
WITH NORECOVERY
```

Der nächste Schritt ist nur dann auszuführen, wenn seit der letzten Vollsicherung differenzielle Sicherungen vorgenommen worden sind. Dann muss die letzte differenzielle Sicherung ebenfalls mit der Option NORECOVERY eingespielt werden. Haben Sie keine differenziellen Sicherungen gemacht, überspringen Sie diesen Punkt.

In unserem Beispiel ist die zweite als letzte differenzielle Sicherung einzuspielen. Um gezielt auf einen Sicherungssatz innerhalb der Sicherungsdatei zuzugreifen, wird die Option FILE verwendet.

```
RESTORE DATABASE wawi
FROM DISK = 'd:\mssql.1\mssql\backup\wawi_diff.bak'
WITH FILE = 2, NORECOVERY
```

Nach der Vollsicherung oder der letzten differenziellen Sicherung müssen alle danach gemachten Transaktionsprotokollsicherungen in der richtigen Reihenfolge eingespielt werden. Wenn keine weiteren Transaktionsprotokollsicherungen vor der allerletzten gemacht worden sind, ist dieser Punkt zu überspringen.

```
RESTORE LOG wawi
FROM DISK = 'd:\mssql.1\mssql\backup\wawi_log1.bak'
WITH NORECOVERY
```

Beim letzten Schritt, bei dem die nach dem Crash durchgeführte Sicherung des Transaktionsprotokolls verwendet wird, wird die Wiederherstellung mit der Option RECOVERY endgültig abgeschlossen.

```
RESTORE LOG wawi
FROM DISK = 'd:\mssql.1\mssql\backup\wawi_log2.bak'
WITH RECOVERY
```

Nun ist die Datenbank wieder verfügbar. Auch alle Datensätze, die bis zum Crash erfasst worden sind, sind wieder da. Sehen Sie nach!

```
SELECT * FROM wawi..tblArtikelgruppen
```

Liefert wie erwartet:

```
ArtGr ArtGrText
----- -----------------------
GE    Geschirr
BE    Besteck
KG    Küchengeschirr
EG    Elektrische Geräte
GA    Garten
HH    Haushalt
HW    Heimwerken
PC    Computer
SP    Spielwaren
SW    Software
WE    Werkzeug

(11 Zeile(n) betroffen)
```

Zusammenfassung:

Um eine Datenbank bis zum Schluss wiederherzustellen, sind folgende Schritte durchzuführen:

▶ Einspielen der letzten vollständigen Sicherung

▶ Einspielen der letzten differenziellen Sicherung (wenn vorhanden).

▶ Einspielen aller seither gemachten Transaktionsprotokollsicherungen.

Bei jedem dieser Vorgänge ist die Option NORECOVERY zu verwenden, der jeweils letzte Teilschritt ist mit der Option RECOVERY abzuschließen.

 Sie sehen, der gesamte Vorgang steht und fällt mit dem „Überleben" des Transaktionsprotokolls. Wenn Sie kein RAID-System in Ihrem Server haben, dann ist es sinnvoll, die Datendateien sowie Transaktionsprotokolldateien auf unterschiedliche Festplatten zu legen, damit bei einem Festplattencrash nicht beides verloren ist.

# 9 Sicherheit und Zugriffsberechtigungen

Meist ist der Grund für den Einsatz einer Client-Server-Datenbank, dass die Anzahl der Benutzer steigt. Auch das Größenwachstum der Datenbank und die zunehmende Wichtigkeit der gespeicherten Daten führen häufig zum Einsatz von Serverdatenbanken. Als Argument hierfür wird oft die *Sicherheit der Daten* ins Spiel gebracht. Doch die Datensicherheit ist nicht darauf beschränkt, dass im Falle eines Ausfalls die Datenbank restlos wiederhergestellt werden kann. Oft sind es Benutzer, die erhebliche Schäden verursachen. Dabei sind oft nicht einmal böswillige Machenschaften der Grund – auch wenn diese nicht außer Acht gelassen werden sollten – sondern viel öfter ist Fehlbedienung die Ursache für beschädigte Datenbestände.

Um solchen Problemen vorzubeugen, bietet der SQL Server Möglichkeiten, durch gezielte Rechtevergabe den einzelnen Benutzern innerhalb der Datenbank nur jene Möglichkeiten zu eröffnen, die sie für ihre Arbeit benötigen.

Die in diesem Kapitel beschriebenen Funktionalitäten stehen gleichermaßen bei der Express Edition wie den anderen Editionen zur Verfügung. Auch die im Management Studio realisierten Lösungen können mit dem Management Studio Express gleichermaßen realisiert werden.

Sie lesen im Folgenden, wie das Berechtigungssystem des SQL Servers aufgebaut ist und aus welchen Komponenten es besteht. Sie lernen den Weg von der Anmeldung am Server bis zum Zugriff auf Daten kennen.

## 9.1 Authentifizierungsmodi – Anmeldungen und Benutzer

Der SQL Server unterstützt zwei unterschiedliche Authentifizierungsmodi, um den Zugriff auf den Server zu gewähren.

- Windows-Authentifizierung
- SQL Server-Authentifizierung

Je nach Modus werden dabei Windows-Benutzerkonten oder direkt auf dem SQL Server eingerichtete Konten verwendet.

Beim SQL Server wird bereits beim Setup festgelegt, ob nur *Windows-Authentifizierung* oder *Windows-Authentifizierung und SQL Server-Authentifizierung* verfügbar sein sollen. Letzteres wird auch als *Gemischter Modus* bezeichnet. Sie können diese Einstellung im Bedarfsfall ändern. Dazu wählen Sie im Objekt-Explorer des Management Studios den gewünschten Server aus. Über das Kontextmenü öffnen Sie über den Befehl EIGENSCHAFTEN den Dialog *Servereigenschaften*. Auf der Seite *Sicherheit* können Sie eine Änderung der Einstellung vornehmen.

*Abbildung 9.1: Serverauthentifizierung einstellen*

 Achten Sie darauf, dass bei einer Änderung dieser Einstellung der Serverdienst automatisch beendet und neu gestartet wird!

## 9.1.1 Windows-Authentifizierung

Bei dieser Variante übernimmt der SQL Server den Login von der Domänenanmeldung. Der Anwender muss daher separat kein Kennwort eingeben, wenn er auf den Datenbankserver zugreifen möchte. Die Anmeldung an der Betriebssystemdomäne reicht vollkommen aus.

Das heißt jedoch nicht, dass jeder Benutzer, der sich an der Domäne des Betriebssystems anmelden kann, zugleich auch schon Zugriff auf den Datenbankserver hat. Der Datenbankadministrator muss einem Betriebssystemkonto explizit das Zugriffsrecht auf den Datenbankserver gewähren, bevor dies möglich ist.

 Mittels Windows-Authentifizierung kann nicht nur einem Domänenbenutzerkonto, sondern auch einem Gruppenkonto der Zugriff auf Datenbanken gewährt werden. Dies kann für einfache Anwendungsfälle, bei denen keine besondere Differenzierung unter den Anwendern notwendig ist, die Administration vereinfachen. Es kann aber auch Probleme aufwerfen, wenn sich zum Beispiel ein Benutzer anmeldet, dessen Benutzerkonto auf dem SQL Server autorisiert ist, der aber auch einer Gruppe angehört, die ebenfalls autorisiert ist.

## 9.1.2 Gemischter Modus

Der gemischte Modus verwendet sowohl Windows-Authentifizierung als auch SQL Server-Authentifizierung. Besitzt der Anwender aufgrund seiner Betriebssystemanmeldung keine Zugriffsrechte auf den Datenbankserver, kann er sich mit Hilfe einer SQL Server-Anmeldung anmelden, sofern er eine solche besitzt.

Clients, die nicht Mitglied einer Windows-Domäne sind oder sein können, steht nur SQL Server-Authentifizierung offen.

Dies gilt insbesondere für:

- Clients mit Windows 9.x/ME als Betriebssystem
- Den Zugriff über einen Web-Server
- Andere als Windows-Betriebssysteme
- Einen gerouteten Zugriff über WANs
- Auch beim Einsatz eines VNP-Clients für den Remote-Zugriff steht meist der Windows-Benutzer nicht zur Verfügung.

Sollten solche Szenarien bei Ihnen anzufinden sein, verwenden Sie für Ihren Server unbedingt den gemischten Modus.

## 9.1.3 Anmeldung und Benutzer

Einer der wichtigsten Punkte beim Sicherheitskonzept des SQL Servers ist die Trennung in Anmeldung und Benutzer:

▶ *Anmeldung (Login)*: Mittels Anmeldung erhält man Zugriff auf den Datenbankserver. Diese erfolgt mit einem der beiden zuvor beschriebenen Authentifizierungsmethoden. Anmeldungen werden auf Datenbankebene erstellt und daher in der Systemdatenbank *master* gespeichert, ebenso wie Berechtigungen auf Serverebene. Anmeldungen wurden in Vorversionen auch als *Systembenutzer* bezeichnet.

▶ *Benutzer (User)*: Jede Anmeldung benötigt einen zugewiesenen Benutzer in einer Datenbank, um auf diese zugreifen zu können und dort Berechtigungen zu erhalten. Benutzer und deren Berechtigungen werden in der jeweiligen Datenbank selber gespeichert. In Vorversionen wurde auch die Bezeichnung *Datenbankbenutzer* verwendet.

Die Trennung in Anmeldung und Benutzer hat vor allem zwei Gründe:

1. Dadurch ist eine sinnvolle Integration der Windows-Authentifizierung in den SQL Server erst möglich.
2. Das Berechtigungssystem innerhalb einer Datenbank ist portabel, da es in der Datenbank selber gespeichert ist. Wird eine Datenbank transferiert, „wandern" alle Benutzer und Berechtigungen mit. Am Zielsystem müssen lediglich die Verbindungen zwischen Anmeldungen und Benutzern neu hergestellt werden.

Die nachfolgende Abbildung zeigt das Schema des Zugriffs auf Datenbanken.

▶ Die Anmeldung erfolgt mittels Windows- oder SQL Server-Authentifizierung.

▶ Einer Anmeldung können Serverrollen für Berechtigungen auf Serverebene zugewiesen werden.

▶ Einer Anmeldung können in Datenbanken Benutzer zugewiesen werden. Dadurch erlangt der angemeldete Benutzer erst Zugriff auf diese Datenbanken.

▶ Innerhalb einer Datenbank werden den Benutzern in der Regel durch Rollenmitgliedschaften Berechtigungen erteilt.

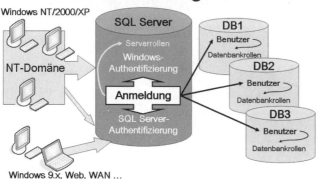

*Abbildung 9.2: Schema des Datenbankzugriffs*

Die einzelnen Schritte werden in den folgenden Abschnitten genauer erläutert.

## 9.2 Berechtigungen

Jeder Benutzer benötigt Berechtigungen, um innerhalb einer Datenbank etwas tun zu können. Hierbei wird zwischen

▶ *Objektberechtigungen* und

▶ *Anweisungsberechtigungen*

unterschieden.

*Objektberechtigungen* erlauben uns den Zugriff auf Objekte innerhalb der Datenbank. Diese Objekte sind Tabellen, Spalten einer Tabelle, Sichten, gespeicherte Prozeduren und benutzerdefinierte Funktionen. Für Tabellen und Sichten werden zum Beispiel die Rechte SELECT, INSERT, UPDATE, und DELETE erteilt. Für Tabellen kann auch das Recht REFERENCES (DRI) vergeben werden. Für gespeicherte Prozeduren und benutzerdefinierte Funktionen gibt es das Recht EXECUTE.

*Anweisungsberechtigungen* werden *normalen* Datenbankbenutzern in der Regel nicht zur Verfügung gestellt. Sie beziehen sich nicht auf bestehende Objekte, sondern legen fest, wer Datenbankobjekte erstellen, verwalten und sichern darf. Anweisungsberechtigungen sind beispielsweise CREATE DATABASE, CREATE TABLE, CREATE VIEW oder CREATE PROCEDURE. Das Recht BACKUP DATABASE wird benötigt, um eine Sicherung der Datenbank durchführen zu können.

# 9.3 Rollen

Bei großen Benutzeranzahlen ist es oft eine verwaltungstechnische Unmöglichkeit, einzelnen Benutzern Rechte zu erteilen und zu entziehen. Wechselt ein Benutzer die Abteilung, kann das eine Menge an Änderungen notwendig machen. Um diese Situation zu entschärfen, gibt es so genannte *Rollen*. Zum besseren Verständnis können Sie *Rollen* mit *Gruppen* gleichsetzen, wie sie unter Windows zur Benutzerverwaltung verwendet werden.

## 9.3.1 Serverrollen

Unter den Rollen wird zwischen *Serverrollen* und *Datenbankrollen* unterschieden. *Serverrollen* dienen der Steuerung von Berechtigungen, die für den gesamten Server gelten. Folgende Serverrollen stehen auf einem SQL Server zur Verfügung:

| Serverrolle | Beschreibung |
|---|---|
| *sysadmin* | Benutzer, die dieser Rolle angehören, können sämtliche Aktivitäten auf dem Server durchführen. Die Mitgliedschaft in dieser Rolle schließt kumulativ alle Berechtigungen mit ein, die den Mitgliedschaften in allen nachfolgenden Rollen entsprechen. Anmeldungen, die Mitglieder dieser Rolle sind, haben automatisch Vollzugriff auf alle Datenbanken auf dem Server, auch wenn ihnen kein Benutzer in den einzelnen Datenbanken zugewiesen ist. Dies ist der Fall, weil Sie in jeder Datenbank automatisch zum Benutzer *dbo* (Database Owner) mutieren. |
| *securityadmin* | Mitglieder dieser Rolle können Sie die Erlaubnis zur Anmeldung an den Server an Benutzer und Datenbankberechtigungen vergeben. |
| *serveradmin* | Wer Mitglied dieser Rolle ist, kann den Server verwalten, Servereinstellungen verändern und ist in der Lage, den Server herunterzufahren. |
| *setupadmin* | Die Mitgliedschaft in dieser Rolle wird benötigt, um Replikation auf dem Server zu konfigurieren. |
| *processadmin* | Mitglieder dieser Rolle dürfen SQL Server-Prozesse steuern. |
| *diskadmin* | Mitglieder sind in der Lage, Datenträgerdateien zu verwalten. |
| *dbcreator* | Um eine Datenbank erstellen und modifizieren zu können, müssen Sie zumindest Mitglied dieser Rolle sein. |
| *bulkadmin* | Mitgliedern dieser Rolle ist es gestattet, Masseneinfügeoperationen durchzuführen. |

*Tabelle 9.1: Serverrollen*

Am SQL Server können keine zusätzlichen Serverrollen erstellt werden. Auch wenn Sie eine differenziertere Rechtevergabe als über diese vorhandenen Rollen möglich benötigen, können Sie keine eigenen Serverrollen anlegen.

Sie müssen hingegen einzelne Berechtigungen auf Serverebene direkt an Anmeldenamen vergeben. Der SQL Server 2005 stellt hier eine Menge neuer Berechtigungen zu Verfügung.

Sie finden die Serverrollen im Objekt-Explorer beim jeweiligen Server unter dem Ordner SICHERHEIT vor.

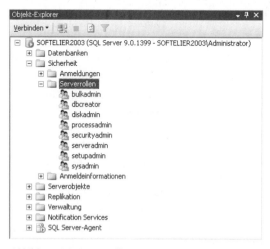

*Abbildung 9.3: Serverrollen im Management Studio*

## 9.3.2    Datenbankrollen

Während *Serverrollen* Rechte auf Serverebene gewähren, dienen *Datenbankrollen* dazu, Rechte innerhalb von Datenbanken zu erteilen. Diese Rechte sind jeweils auf jene Datenbank beschränkt, innerhalb der sie vergeben worden sind.

Neben der Möglichkeit, benutzerdefinierte Datenbankrollen zu erstellen, gibt es eine Reihe fester Datenbankrollen, mit denen schon eine grundlegende Verwaltung der Berechtigungen möglich ist. Eine Übersicht über die festen Datenbankrollen entnehmen Sie der nachfolgenden Tabelle:

| Datenbankrolle | Beschreibung |
|---|---|
| *db_owner* | Der Datenbankbesitzer hat uneingeschränkten Zugriff auf die Datenbank und kann alle Aktivitäten in der Datenbank durchführen. Er vereint in sich alle Berechtigungen, die sich aus der Mitgliedschaft in allen anderen Rollen ergeben. |
| *db_accessadmin* | Mitglieder dieser Rolle können den Zugriff auf die Datenbank steuern, indem Sie Benutzer hinzufügen und entfernen können. |
| *db_securityadmin* | Jeder, der diese Rolle besitzt, kann Anweisungs- und Objektberechtigungen innerhalb der Datenbank vergeben. |
| *db_ddladmin* | Durch diese Rolle kann man Datenbankobjekte erstellen, löschen und ändern (DDL = Data Definition Language). |
| *db_backupoperator* | Durch diese Rolle ist man berechtigt, eine Sicherung der Datenbank durchzuführen. |
| *db_datareader* | Erhält man diese Rolle, kann man uneingeschränkt alle Daten in der Datenbank lesen. Mit dieser Rolle allein sind jedoch keinerlei Schreibrechte verbunden. |
| *db_datawriter* | Diese Rolle gewährt Schreibrechte auf die gesamte Datenbank. Dies schließt die Rechte INSERT, UPDATE und DELETE ein. Die Rolle selbst gewährt aber keinerlei Leserechte. In der Regel wird den Benutzern, die dieser Rolle angehören, auch die Rolle *db_datareader* zugewiesen. |
| *db_denydatareader* | Benutzern, die dieser Rolle zugewiesen sind, wird das Lesen (SELECT) in der gesamten Datenbank verweigert. |
| *db_denydatawriter* | Diese Rolle verweigert Schreibzugriff (INSERT, UPDATE, DELTE) auf die gesamte Datenbank. |
| *public* | Dieser Rolle gehören alle Benutzer einer Datenbank an. Verwenden Sie diese Rolle, um Rechte zu vergeben, die jeder haben soll. |

*Tabelle 9.2: Datenbankrollen*

## 9.3.3 Anwendungsrollen

Im Gegensatz zu *Datenbankrollen* werden *Anwendungsrollen* keine Mitglieder in Form von Benutzern zugewiesen. Anwendungsrollen werden mit einem Kennwort versehen. Die Berechtigungen, die der Anwendungsrolle zugewiesen werden, werden durch die Eingabe des Kennwortes erlangt.

Nach Aufbau einer Verbindung muss die Systemprozedur `sp_setapprole` ausgeführt werden, um in den Sicherheitskontext dieser Rolle zu wechseln. Dieser Prozedur wird der Name der Anwendungsrolle sowie das Kennwort übergeben. Der Benutzer wechselt seine eigenen Berechtigungen gegen jene der Anwendungsrolle. Das heißt, die Berechtigungen der Anwendungsrolle ergänzen nicht die eigenen, sondern ersetzen diese.

Die Berechtigungen werden so lange beibehalten, bis entweder die Verbindung zum Server beendet wird oder der alte Sicherheitskontext mit der Systemprozedur sp_unsetapprole wiederhergestellt wird.

In früheren Versionen konnte zu den ursprünglichen Berechtigungen nur durch Beenden der Session und erneutes Anmelden zurückgekehrt werden. Die Prozedur sp_unsetapprole gibt es erst in der aktuellen Version.

# 9.4 Anmeldeinformationen (Credentials)

Durch die CLR-Erweiterungen der aktuellen Version – denken Sie beispielsweise an die umfangreichen Möglichkeiten, die durch den Einsatz von einer .NET-Stored Procedure bestehen – tauchen Anwendungsfälle auf, bei denen Sie die Datenbank verlassen, um zum Beispiel auf eine Datei auf dem Filesystem zuzugreifen.

Sobald auf externe Ressourcen zugegriffen wird, werden Berechtigungen auf Betriebssystemebene benötigt. Um diese einem Benutzer, der mit SQL Server-Authentifizierung an der Datenbank angemeldet ist, zu erteilen, werden *Anmeldeinformationen* (Credentials) benötigt. Diese müssen ein Windows-Konto und ein Kennwort enthalten.

Diese Anmeldeinformationen können einem Anmeldenamen zugeordnet werden. Die in der Anmeldeinformation gespeicherten Anmeldedaten werden dann beim Zugriff auf externe Ressourcen verwendet.

Für die Zuordnung von Anmeldeinformationen zu Anmeldenamen gilt Folgendes:

– Eine Anmeldeinformation kann mehreren Anmeldenamen zugeordnet werden. Dies ist wichtig, damit nicht für jeden Benutzer eine eigene Anmeldeinformation erstellt werden muss, was mitunter sehr aufwändig werden könnte.
– Sie können einem Anmeldenamen aber nur eine Anmeldeinformation zuweisen.

Für unser Beispiel haben wir auf unserem Server einen Benutzer mit dem Namen *Dateizugriff* mit dem Kennwort *Datei* angelegt.

Um eine neue Anmeldeinformation zu erstellen, wählen Sie im Objekt-Explorer den Ordner ANMELDEINFORMATIONEN aus. Dieser ist als Unterordner des Ordners SICHERHEIT zu finden. Über das Kontextmenü wählen Sie den Befehl NEUE ANMELDEINFORMATIONEN... aus. Der Anmeldeinformationsname ist ein frei zu wählender Name. Als Identität wählen Sie, vorzugsweise über den Auswahldialog, den Sie über die Schaltfläche mit den drei Punkten öffnen, den Windows-Benutzernamen aus. Ergänzen Sie noch das Kennwort und speichern die neuen Anmeldeinformationen ab.

*Abbildung 9.4: Windows-Benutzer für Anmeldeinformation*

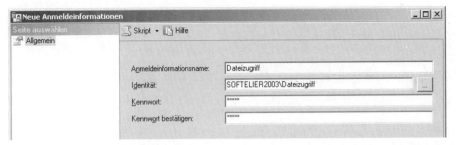

*Abbildung 9.5: Anmeldeinformation anlegen*

 Beim Speichern der Anmeldeinformationen wird das Kennwort nicht gegen die Windows-Domäne geprüft. Es wird lediglich das Übereinstimmen des zuerst eingegebenen Kennwortes mit der Kennwortbestätigung kontrolliert.

# 9.5   Schema

Eine besondere Aufwertung in der aktuellen SQL Server-Version hat das Schema erfahren. Daraus ergeben sich auch im Handling einige Änderungen gegenüber den Vorversionen.

Das Schema ist ein Bereich in einer Datenbank, in dem Datenbankobjekte wie zum Beispiel Tabellen und Sichten gespeichert werden. Jedes Datenbankobjekt ist in einem Schema gespeichert. Der Besitzer dieses Schemas ist somit der Eigentümer aller in diesem Schema gespeicherten Objekte. Deshalb werden diese Datenbankobjekte auch als *Schemaobjekte* bezeichnet. Ein Schema bildet somit eine Art Namensraum für Objekte.

Bisher ist ein Schema fix an den gleichnamigen Datenbankbenutzernamen gebunden gewesen. Dies hat den Nachteil gehabt, dass ein Benutzer, der Schemaobjekte besessen hat, nicht gelöscht werden konnte. Jeder Benutzer, der über die Berechtigungen verfügt, Datenbankobjekte anzulegen, besitzt in den Vorversionen somit sein Schema (siehe Abbildung 9.6).

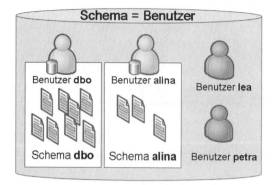

*Abbildung 9.6: SQL Server 2000 – Schema ist an Benutzer gekoppelt*

 In der aktuellen Version ist das Schema vom Benutzer entkoppelt worden. Es muss sogar explizit erzeugt werden. Lediglich das Standardschema *dbo* sowie die Schemata der fixen Datenbankrollen existieren bereits nach Erstellung der Datenbank.

Durch diese Entkopplung kann ein Benutzer, der Besitzer eines Schemas ist, gelöscht werden. Der Besitz am Schema kann danach einem anderen Benutzer übertragen werden. Schema und Benutzer existieren unabhängig von einander (siehe Abbildung 9.7).

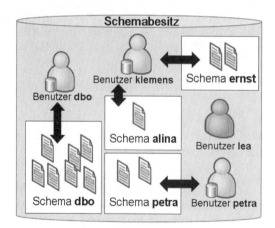

*Abbildung 9.7: SQL Server 2005 – Schemaeigentum wird Benutzer übertragen.*

Was gilt es für ein Schema in der Datenbank zu berücksichtigen?

▷ Ein Schema muss explizit erstellt werden, es entsteht nicht mehr implizit durch Anlegen eines Benutzers.

▷ Das Standardschema *dbo* (Database Owner) ist in jeder Datenbank vorhanden.

▷ Der Besitzer eines Schemas hat alle Berechtigungen für alle Objekte innerhalb dieses Schemas.

▶ Ein Benutzer kann Besitzer mehrerer Schemata sein.

▶ Ein Schema kann auch ohne Besitzer existieren.

▶ Der Objektname eines Datenbankobjektes muss innerhalb eines Schemas eindeutig sein. Da für den globalen Namen eines Datenbankobjektes immer der Schemaname mit zu berücksichtigen ist, kann es Objekte mit demselben Namen in einer Datenbank, allerdings in unterschiedlichen Schemata geben (zum Beispiel *dbo.tblArtikel* und *lea.tblArtikel* in einer Datenbank). Der Schemaname wird dem Objektnamen jeweils mit einem Punkt getrennt vorangestellt:
`Schemaname.Objektname`

▶ Wird in einer SQL-Anweisung ein Objektname angegeben, wird beim Zugriff auf dieses Objekt wie folgt vorgegangen:

  ▶ Wird der Schemaname mit angegeben, wird direkt dieses Objekt herangezogen. Gibt es das Objekt nicht oder der Schemaname ist falsch, wird ein Fehler ausgegeben.

  ▶ Wird kein Schemaname angegeben, wird in folgender Reihenfolge vorgegangen:

  1. Es wird auf das Objekt im Standardschema des Benutzers zugegriffen.

  2. Gibt es kein Objekt mit diesem Namen im Standardschema des Benutzers, wird auf jenes im Schema *dbo* zugegriffen.

  3. Gibt es auch im Schema *dbo* kein Objekt mit diesem Namen, wird eine Fehlermeldung ausgegeben.

> Achtung, für Umsteiger von einer früheren SQL Server-Version ist zu beachten: Hat zum Beispiel der Benutzer *alina* bisher mit der Anweisung `CREATE TABLE Artikel` eine neue Tabelle angelegt, wurde diese bisher als *alina.Artikel* in der Datenbank erstellt. Um diese im Schema dbo zu erstellen, musste die Tabelle mit der Anweisung `CREATE TABLE dbo.Artikel` erzeugt werden. Dies ist jetzt nicht mehr notwendig, wenn dem Benutzer *alina* als Standardschema das Schema *dbo* zugewiesen wird.

*Wie sieht es mit der praktischen Bedeutung von Schemata aus?*

In bisherigen SQL Server-Versionen sind Schemata von untergeordneter Bedeutung gewesen. Es galt immer die Empfehlung, dass alle Datenbankobjekte dem dbo-Schema angehören. Dies aus dem Grund, weil Benutzer mit Objekteigentum nicht gelöscht werden konnten.

Man muss sich aber die Frage stellen, was bringen unterschiedliche Schemata in einer Datenbank überhaupt? Stellen wir an dieser Stelle einen Vergleich mit einer Oracle-Datenbank an. Ein Oracle-Datenbanksystem unterscheidet sich von einem SQL Server-Datenbanksystem dadurch, dass pro Instanz nur eine Datenbank vorhanden ist. Daher ist das Schema dort die einzige Möglichkeit, Datenbankobjekte für unterschiedliche Applikationen logisch zu trennen, um nicht alles in einen Topf zu werfen. Beim SQL Server legt man typischerweise für jede Applikation eine eigene Datenbank an. Dadurch ist die Forderung nach einer Trennung der Anwendungsteile schon erfolgt. Es besteht daher keine Notwendigkeit mehr, Schemata zum Auseinanderhalten dieser Teile zu verwenden. Daher sind bisher Schemata meist nicht abgegangen. Alles hat dem Benutzer *dbo* (Benutzer und Schema waren ja identisch) gehört, und alle „sind glücklich damit gewesen". Benutzer erstellen nur dann eigene Objekte in einer Datenbank und damit in ihrem eigenen Schema, wenn diese Objekte nicht einer Applikation angehören, sondern zum Beispiel für Auswertungszwecke angelegt werden. Vielfach werden solche Auswertungen von Benutzern jedoch nicht in SQL Server-Datenbanken, sondern beispielsweise mit MS Access realisiert. In den seltensten Fällen haben „normale" Benutzer die Berechtigung, in einer Serverdatenbank eigene Objekte anzulegen.

Bisher waren alle Datenbankentwickler am SQL Server gewohnt, keine Schemata einzusetzen. Nur der zuletzt beschriebene Anwendungsfall macht meiner Ansicht nach Sinn. Ob Schemata beim SQL Server in Zukunft eine höhere praktische Bedeutung erlangen werden als bisher, wird sich zeigen.

# 9.6 Verwaltung im Management Studio

Im nachfolgenden Abschnitt möchten wir Ihnen zeigen, wie die zuvor besprochenen Objekte mit dem Management Studio unter Verwendung des Objekt-Explorers erstellt werden können.

## 9.6.1 Serveranmeldung hinzufügen

Sie können eine neue Serveranmeldung (Anmeldung) hinzufügen, indem Sie im Management Studio im Objekt-Explorer den Ordner SICHERHEIT öffnen. Darunter finden Sie den Ordner ANMELDUNGEN vor. Über das Kontextmenü wählen Sie den Befehl NEUE ANMELDUNG... aus. Den beschriebenen Authentifizierungsmodi zufolge können Sie einen neuen Benutzer auf zwei Arten anlegen.

► *Windows-Authentifizierung*: Um ein Windows-Benutzerkonto für den Zugriff auf den Datenbankserver freizugeben, tragen Sie den Benutzernamen in der Syntax *Domäne\Benutzer* ein oder suchen den Namen über den vielleicht von Betriebssystemaufgaben bekannten Suchdialog. Dazu klicken Sie auf SUCHEN..., um in den Dialog *Benutzer oder Gruppe wählen* zu gelangen.

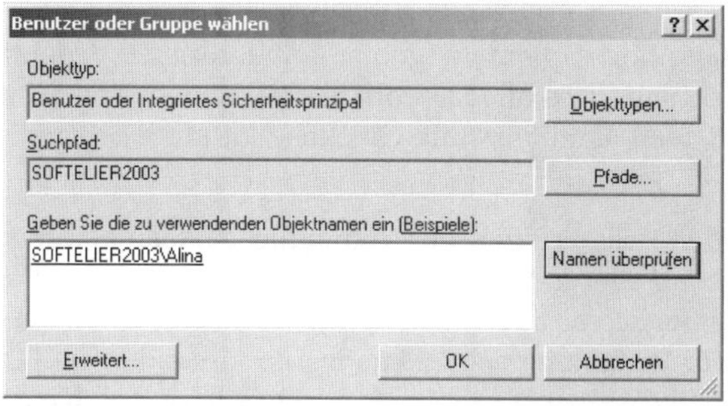

*Abbildung 9.8: Domänenbenutzer oder -gruppe auswählen*

Um einen Domänenbenutzer zu suchen, verwenden Sie die erweiterten Optionen. Übernehmen Sie den ausgewählten Namen mit OK.

Die Eingabe eines Kennwortes ist nicht notwendig, da der Benutzer schon bei der Domänenanmeldung sein Kennwort eingeben muss.

▶ *SQL Server-Authentifizierung*: Wählen Sie diese Option, geben Sie unter *Anmeldename* den Namen und unter *Kennwort* das Anmeldekennwort ein. Unter *Kennwort bestätigen* muss nun sofort die Kennwortbestätigung erfasst werden. (Bei der Vorgängerversion ist die Bestätigung erst beim Speichern abgefragt worden.)

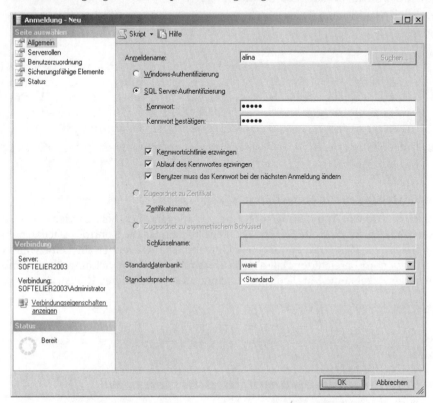

*Abbildung 9.9: Neue Serveranmeldung mit SQL Server-Authentifizierung*

 In den vorangegangenen SQL Server-Versionen sind Kennwörter nicht kontextsensitiv gewesen. Nicht nur, dass in der aktuellen Version zwischen Groß- und Kleinbuchstaben beim Kennwort unterschieden wird, es sind auch weitere Kennwortoptionen verfügbar.

Folgende weiteren Kennwortoptionen bringt der SQL Server 2005:

▶ *Kennwortrichtlinie erzwingen*: Mit dieser Option binden Sie den Aufbau des Kennwortes an die Kennwortrichtlinie der Domäne. Damit können zum Beispiel Mindestanforderungen, wie dass eine Ziffer oder ein Sonderzeichen im Kennwort enthalten sein muss, erzwungen werden.

▶ *Ablauf des Kennwortes erzwingen*: Mit dieser Option werden auch, was den Ablauf des Kennwortes betrifft, die Einstellungen der Domäne übernommen. Der Benutzer erhält dann nach Ablauf des Kennwortes bei der nächsten Anmeldung die Aufforderung zur Eingabe eines neuen Kennwortes.

▶ *Benutzer muss das Kennwort bei der nächsten Anmeldung ändern*: Bereits bei der ersten Anmeldung am Datenbankserver muss der Benutzer ein neues Kennwort vergeben.

Optional können Sie – wie bereits in den Vorversionen – eine Standarddatenbank sowie eine Standardsprache für den Benutzer auswählen:

▶ Beim Anmelden wird der Benutzer automatisch mit seiner Standarddatenbank verbunden.

Wenn einem Anmeldenamen eine Standarddatenbank zugewiesen ist, in der aber kein diesem Anmeldenamen zugeordneter Benutzer existiert, schlägt der Anmeldeversuch fehl. Da beim Anlegen der Anmeldung keine Warnung mehr erfolgt, wie in der Vorversion noch üblich, kann es leicht passieren, dass man vergisst, auch einen Benutzer in dieser Datenbank anzulegen.

Auf die Datenbank *master* darf mit Gastberechtigungen immer lesend zugegriffen werden.

### Weitere Einstellungen für Anmeldungen

Sie können der neuen Anmeldung direkt beim Anlegen auch Serverrollen zuweisen. Dazu wechseln Sie auf die Seite *Serverrollen*. Dort klicken Sie die Kontrollkästchen neben jenen Rollen an, die sie zuordnen möchten. Gewöhnliche Anwender, die keine weiteren Sonderaufgaben im Bereich der Datenbankverwaltung und -entwicklung übernehmen, erhalten in der Regel keine Mitgliedschaft in einer dieser besonderen Rollen.

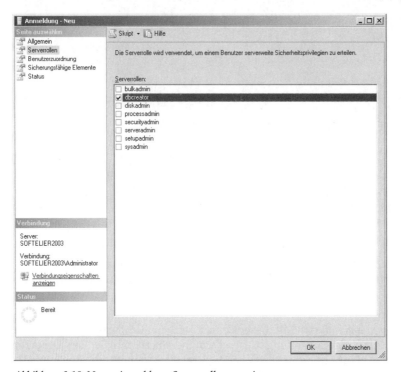

*Abbildung 9.10: Neuer Anmeldung Serverrollen zuweisen*

Einer Anmeldung kann auch jederzeit später eine Rolle zugeordnet werden.

Auf der Seite *Benutzerzuordnung* können Sie festlegen, in welcher Datenbank zugleich ein Benutzer für die neue Anmeldung erstellt werden soll. Als Benutzername wird standardmäßig der Anmeldename vorgeschlagen. Um diesen Namen zu editieren, klicken Sie einfach in die Spalte *Benutzer*.

 Es besteht kein logischer Zusammenhang zwischen dem Anmeldenamen und den für diesen in Datenbanken vergebenen Benutzernamen. Auch kann für eine Anmeldung in jeder Datenbank ein anderer Benutzername vergeben werden. In der Praxis macht es jedoch wenig Sinn und fördert nicht die Übersichtlichkeit, hier zu variieren.

Zusätzlich zum Benutzernamen kann in dieser Version nun auch ein Standardschema für diesen Benutzer in der jeweiligen Datenbank vergeben werden. Damit wird nach einem in einer SQL-Anweisung ohne Schemanamen angegebenen Objekt immer zuerst in diesem Schema gesucht.

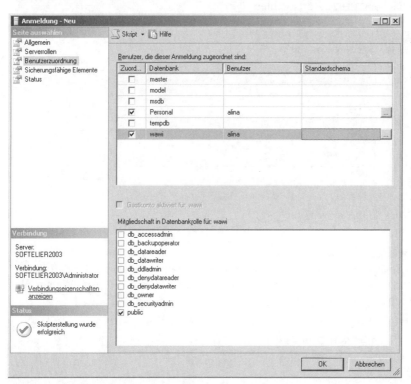

*Abbildung 9.11: Datenbankzugriff gewähren*

Für eine ausgewählte Datenbank können Sie im unteren Bereich des Dialogs die Datenbankrollen auswählen, die dem neuen Benutzer zugewiesen werden sollen. Für einen Standardbenutzer wählen Sie zum Beispiel die Rollen *db_datareader* und *db_datawriter* aus.

Beim Anlegen der Anmeldung wird überprüft, ob ein angegebenes Windows-Konto auch vorhanden ist. Fehlt dieses, kann die Serveranmeldung nicht erstellt werden. Dies kann lästig sein, wenn der Domänenkontroller aus irgendeinem Grund im Moment nicht erreichbar ist.

## 9.6.2 Schema anlegen

Ob Sie ein Schema vor dem Benutzer, der sein Besitzer sein soll, oder danach anlegen, spielt keine Rolle. Dennoch empfiehlt es sich, ein Schema vor den Benutzern anzulegen, wenn man dieses als Standardschema für diese Benutzer verwenden möchte.

Im Objekt-Explorer finden Sie den Ordner SCHEMAS als Unterordner des Ordners SICHERHEIT in der jeweiligen Datenbank. Dort befinden sich bereits die Schemata der Standarddatenbankrollen sowie *dbo*, *guest*, *sys* sowie *INFORMATION_SCHEMA*.

Über das Kontextmenü mit dem Befehl NEUES SCHEMA… legen Sie ein solches an. Neben dem Schemanamen können Sie sogleich auch einen Schemabesitzer angeben. Den Namen des dafür vorgesehenen Benutzers können Sie entweder manuell eintragen oder über die Schaltfläche SUCHEN… auswählen.

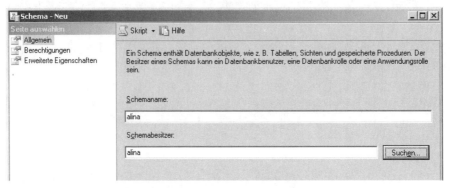

*Abbildung 9.12: Neues Schema anlegen*

 Sie können ein Schema auch ohne Angabe eines Besitzers anlegen. Sie können den Besitzer später über den Eigenschaften-Dialog ergänzen oder den Besitz einem Benutzer direkt beim Anlegen desselben übertragen. Als Besitzer für ein Schema kann sowohl

– ein Benutzer,

– eine Datenbankrolle oder

– eine Anwendungsrolle

angegeben werden.

## 9.6.3    Datenbankbenutzer hinzufügen

Wenn beim Anlegen einer Anmeldung dieser noch kein Datenbankzugriff für eine speziele Datenbank gewährt worden ist, gibt es in der betroffenen Datenbank noch keinen zugewiesenen Benutzer. Dies ist natürlich auch der Fall, wenn eine Datenbank erst später angelegt wird.

Um zum Beispiel der Datenbank *WAWI* einen neuen Benutzer hinzuzufügen, wählen Sie die Datenbank im Objekt-Explorer aus und markieren den Ordner BENUTZER, der in dieser Version als Unterordner des Ordners SICHERHEIT zu finden ist. Über das Kontextmenü wählen Sie den Befehl NEUER BENUTZER... zum Anlegen eines neuen Benutzerkontos aus.

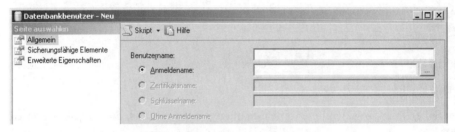

*Abbildung 9.13: Neuen Datenbankbenutzer erstellen*

Tragen Sie den Anmeldenamen, dem Sie dem neuen Benutzer zuordnen möchten, ein, oder klicken Sie auf die Schaltfläche mit den drei Punkten, um den Auswahldialog zu starten.

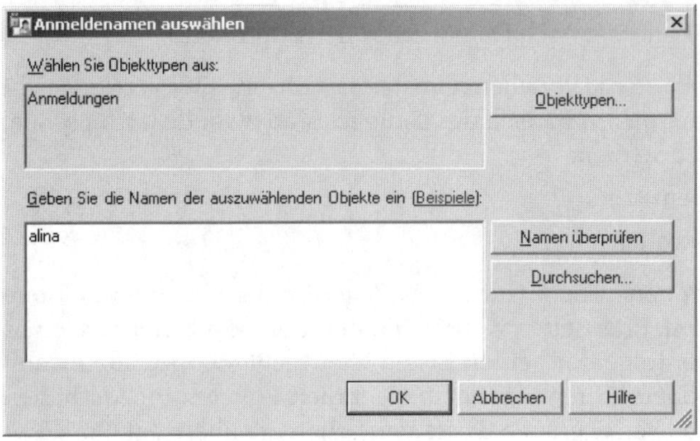

*Abbildung 9.14: Anmeldenamen auswählen*

Auch im Auswahldialog müssen Sie den Anmeldenamen vorerst manuell erfassen, erhalten aber beim Übernehmen desselben sofort eine Fehlermeldung, wenn dieser nicht vorhanden ist. Sie können aber mit der Schaltfläche NAMEN ÜBERPRÜFEN diesen sofort nach der Eingabe auf sein Vorhandensein prüfen.

Wissen Sie nicht mehr genau, wie der Anmeldename geschrieben wird, können Sie sich mit der Schaltfläche DURCHSUCHEN ... eine Liste anzeigen lassen.

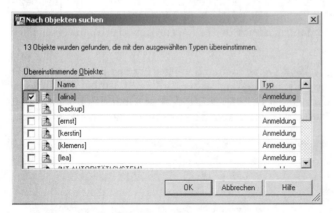

*Abbildung 9.15: Anmeldenamen anzeigen*

Wählen Sie aus den angezeigten Anmeldenamen denjenigen aus, den Sie übernehmen möchten.

Leider wird der Anmeldename hier nicht automatisch als Benutzername vorgeschlagen, sondern muss noch manuell ergänzt werden.

Das Standardschema kann ausgewählt werden, wenn gewünscht. Wenn Sie keines auswählen, wird beim Speichern des neuen Benutzers *dbo* als Standardschema ergänzt.

Zuletzt können Sie dem neuen Benutzer noch Datenbankrollen zuordnen.

Hier ist eine kleine Tücke eingebaut, die vor allem Umsteiger von einer Vorversion leicht zu Fehleingaben leiten kann: Im unteren Bereich des Dialoges sind zwei Listen zu sehen, die auf den ersten Blick identisch wirken:

▶ Schemata im Besitz dieses Benutzers

▶ Mitgliedschaft in Datenbankrollen

In der Praxis werden Sie einem neuen Benutzer in der Regel immer eine oder mehrere Rollenmitgliedschaften zuweisen. Eher selten werden Sie ihm den Besitz eines Schemas übertragen. Daher ist die Reihenfolge der beiden Listen eher nicht so optimal gewählt und wird in der Praxis häufig dazu führen, dass man eigentlich Rollenmitgliedschaften erteilen will, aber stattdessen aus Versehen den Besitz von Schemata überträgt.

Also: Weisen Sie die Rollenmitgliedschaften dem Benutzer in der unteren der beiden Listen zu, bevor Sie den Benutzer endgültig speichern.

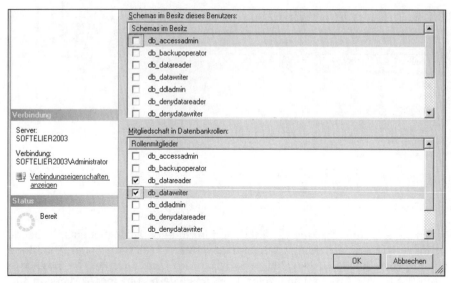

*Abbildung 9.16: Rollenmitgliedschaften zuweisen*

Wenn Sie möchten, können Sie dem Benutzer noch spezifische Berechtigungen erteilen. Dazu müssen Sie im Dialog die Seite *Sicherungsfähige Elemente* wählen.

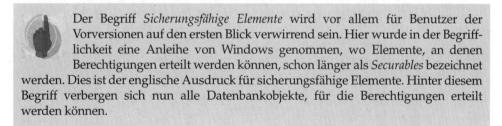

Der Begriff *Sicherungsfähige Elemente* wird vor allem für Benutzer der Vorversionen auf den ersten Blick verwirrend sein. Hier wurde in der Begrifflichkeit eine Anleihe von Windows genommen, wo Elemente, an denen Berechtigungen erteilt werden können, schon länger als *Securables* bezeichnet werden. Dies ist der englische Ausdruck für sicherungsfähige Elemente. Hinter diesem Begriff verbergen sich nun alle Datenbankobjekte, für die Berechtigungen erteilt werden können.

Um die Übersicht zu wahren, werden zu Beginn keinerlei Elemente in der Auswahlliste *Sicherungsfähige Elemente* angezeigt. Klicken Sie auf HINZUFÜGEN…, um Elemente zur Anzeige hinzuzufügen. Im Auswahldialog können Sie vorerst unter den Optionen

▶ *Bestimmte Objekte …,*

▶ *Alle Objekte des Typs … oder*

▶ *Alle Objekte, die dem Schema angehören …*

wählen. Bei Letzterem müssen Sie dann noch das Schema auswählen. Wenn Sie zum Beispiel die mittlere Option wählen, können Sie die Objekttypen aus einer Liste auswählen und markieren.

*Abbildung 9.17: Objekttypen für Vergabe von Berechtigungen auswählen*

Nun können Sie einzelne Objekte auswählen und im unteren Dialogteil entsprechende Berechtigungen erteilen. In Abhängigkeit vom gewählten Objekttyp – in der Abbildung 9.18 sehen Sie eine Tabelle ausgewählt – werden in der Liste darunter die möglichen Berechtigungsarten zur Auswahl angezeigt. Wie Umsteigern von einer Vorversion auffallen wird, sind einige neue Berechtigungen hinzugekommen.

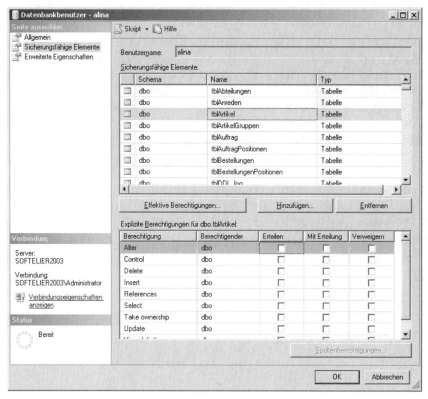

*Abbildung 9.18: Explizite Berechtigungen für eine Tabelle erteilen*

Über Berechtigungen und deren Vergabe lesen Sie etwas später mehr.

 Typischerweise werden in der Praxis wegen der besseren Wartbarkeit Berechtigungen wenn möglich nicht an Benutzer, sondern ausschließlich an Rollen erteilt. Benutzer erhalten so ihre effektiven Berechtigungen ausschließlich indirekt über die Mitgliedschaft in Rollen.

## 9.6.4 Rollen in einer Datenbank anlegen

Neben den Standard-Datenbankrollen können beliebig eigene Datenbankrollen ergänzt werden. Diese ergänzen die Standardrollen und können spezifische Berechtigungen erhalten.

Wir erinnern uns, es wird zwischen zwei Arten von benutzerdefinierten Rollen unterschieden:

▶ *Datenbankrollen*: Datenbankrollen werden explizit Benutzer als Mitglieder zugewiesen. Diese erhalten die Berechtigungen, die diesen Rollen zugewiesen worden sind.

▶ *Anwendungsrollen*: Anwendungsrollen haben keine Mitglieder. Sie sind mit einem Kennwort versehen. Durch Eingabe dieses Kennwortes erlangt man die der Rolle zugewiesenen Berechtigungen.

Aufgrund der wesentlich höheren praktischen Bedeutung behandeln wir hier nur die Datenbankrollen.

Eine neue Datenbankrolle legen Sie im Management Studio über den Objekt-Explorer an, indem Sie bei der gewünschten Datenbank den Ordner DATENBANKROLLEN markieren. Diesen finden Sie in der aktuellen Version als Unterordner des Ordners ROLLEN, der wiederum ein Unterordner des Ordners SICHERHEIT ist.

Über das Kontextmenü wählen Sie den Befehl NEUE DATENBANKROLLE... aus. Über die Schaltflächen HINZUFÜGEN... und ENTFERNEN können Sie der neuen Rolle sogleich Mitglieder zuweisen.

Sie können als Mitglieder einer Rolle lediglich Benutzer zuweisen. Rollen können nicht anderen Rollen zugewiesen und damit ineinander geschachtelt werden.

 Sie sollten stets Rollen verwenden, um Berechtigungen an Benutzer zu vergeben. Die Verwaltung von Berechtigungen an Einzelbenutzer ist in der Praxis sehr aufwändig. Vergeben Sie Berechtigungen an verschiedenste Rollen, müssen Sie in weiterer Folge nur die Mitgliedschaften von Benutzern verwalten, was wesentlich weniger Aufwand bedeutet.

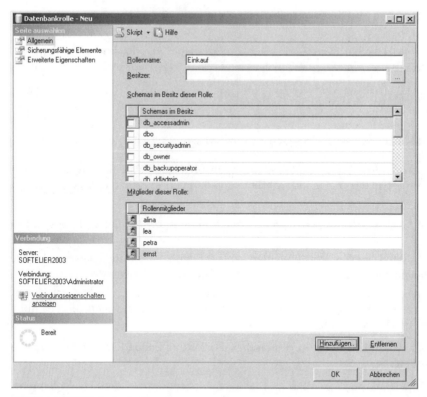

*Abbildung 9.19: Datenbankrolle anlegen*

Die Vergabe von Berechtigungen an eine Rolle erfolgt analog zur Berechtigungsvergabe an einen Benutzer. Sie müssen im Dialog die Seite *Sicherungsfähige Elemente* auswählen. Auch hier müssen Sie vorerst Elemente in die Liste übernehmen, damit danach der Rolle Berechtigungen an ihnen erteilt werden können.

# 9.7 Berechtigungen vergeben

In der Version 2005 des SQL Servers gibt es einige Erweiterungen in diesem Bereich. Die Berechtigungsarten sind stark ergänzt worden, wodurch in der Praxis eine viel granularere Steuerung möglich ist.

Bei der Zuweisung von Rechten sind drei Berechtigungsstufen vorgesehen:

▶ *Erteilt*: Dem Benutzer oder der Rolle ist diese Berechtigung zugewiesen.

▶ *Neutral*: Die Berechtigung ist zwar nicht zugewiesen, aber der Benutzer kann das Recht dennoch indirekt über eine Rollenmitgliedschaft erhalten.

▶ *Verweigern*: Dem Benutzer ist dieses Recht explizit entzogen. Damit kann beispielsweise einem einzelnen Rollenmitglied ein bestimmtes Recht, das es indirekt über die Mitgliedschaft besitzt, „ausnahmsweise" entzogen werden. Ein Verweigern ist immer stärker als ein Erteilen auf einer anderen Ebene, sei es auf Rollen- oder Benutzerebene.

Als zusätzliche Option zu *Erteilt* gibt es noch:

▶ *Mit Erteilung*: Derjenige, der dieses Recht hat, kann es auch anderen weitergeben. Diese weitergegebenen Rechte gehen aber bei Entzug der ursprünglichen Berechtigung ebenfalls verloren.

Berechtigungen können im Management Studio auf zweierlei Arten vergeben werden:

▶ Sie wählen das Datenbankobjekt aus – zum Beispiel eine Tabelle –, an der Sie Berechtigungen an einen Benutzer oder Rollen erteilen möchten. Sie können auf diesem Wege bei einem Vorgang mehreren Rollen beziehungsweise Benutzern Berechtigungen erteilen oder entziehen.

▶ Sie wählen einen Benutzer oder eine Rolle aus und erteilen oder entziehen ihm oder ihr Berechtigungen. Sie können so zum Beispiel in einem Vorgang Berechtigungen an mehreren Datenbankobjekten erteilen.

Folgende Berechtigungen können für Objekte – je nach Objekttyp unterschiedlich – vergeben werden. Bisher konnten Berechtigungen nur für *Tabellen*, *Sichten*, *Prozeduren* und *Funktionen* vergeben werden. Eine Übersicht über diese alteingesessenen Berechtigungen gibt Ihnen die nachfolgende Tabelle.

| Berechtigung | Wirkung |
| --- | --- |
| *Select* | Inhalte dürfen gelesen werden |
| *Insert* | Einfügen von Datensätzen |
| *Update* | Ändern von bestehenden Datensätzen |
| *Delete* | Löschen von Datensätzen |
| *Exec* | Diese Berechtigung wird bei Prozeduren und Skalarfunktionen benötigt, um diese ausführen zu können. |
| *DRI* | Ein Fremdschlüssel, der auf diese Tabelle verweist, darf erstellt werden. |

*Tabelle 9.3: Bisherige Berechtigungen für Datenbankobjekte*

Die Rechte SELECT und UPDATE können auch auf Spaltenebene vergeben werden, wodurch eine Feinsteuerung bei der Rechtevergabe möglich wird.

 Neu sind in dieser Version weitere Berechtigungen, die Sie der nachfolgenden Tabelle entnehmen können.

| Berechtigung | Wirkung |
| --- | --- |
| *Alter* | Mit dieser Berechtigung kann alles am Element geändert werden. Ausgenommen ist nur der Besitz. Alle untergeordneten Elemente können erstellt, geändert und gelöscht werden. So erlaubt dieses Recht, an einem Schema beliebig Objekte innerhalb dieses Schemas zu erstellen, zu ändern und zu löschen. |

| Berechtigung | Wirkung |
|---|---|
| Control | Dieses Recht kommt beinahe dem Besitz an diesem Objekt gleich. Insbesondere können Berechtigungen an diesem Objekt vergeben werden. Dieses Recht umfasst alle untergeordneten sicherungsfähigen Elemente. Dieses Recht für ein Schema inkludiert dasselbe Recht für alle Schemaobjekte. Dieses Recht für eine Datenbank beinhaltet dasselbe Recht für alle Schemata in dieser Datenbank. |
| Take ownership | Mit dieser Berechtigung versehen kann man den Besitz an diesem Objekt übernehmen. |
| View definition | Betrachten von Metadaten für dieses Element. |

*Tabelle 9.4: Neue Berechtigungen für Datenbankobjekte*

Eine Reihe an Berechtigungen gibt es auch auf Datenbankebene. Viele sind in diesem Detaillierungsgrad erst in dieser Version verfügbar. Einen Überblick über die wichtigsten Berechtigungen liefert Ihnen die nachfolgende Tabelle.

| Berechtigung | Wirkung |
|---|---|
| Alter any role | Verwalten von Datenbankrollen |
| Alter any schema | Verwalten von Datenbankschemata |
| Alter any user | Verwalten der Datenbankbenutzer |
| Backup database | Sichern der Datenbank |
| Backup log | Sichern des Transaktionsprotokolls |
| Connect | Mit der Datenbank verbinden – diese Berechtigung erhält jeder neue Benutzer beim Anlegen automatisch. |
| Control | Besitzähnliche Berechtigung für die gesamte Datenbank |
| Create function | Anlegen von neuen benutzerdefinierten Funktionen |
| Create procedure | Erstellen von gespeicherten Prozeduren |
| Create role | Erzeugen von Rollen |
| Create schema | Erstellen von neuen Schemata |
| Create view | Anlegen von Sichten in allen Schemata |
| Delete | Löschen in allen Tabellen |
| Execute | Ausführen aller Prozeduren und Skalarfunktionen |
| Insert | Einfügen in alle Tabellen |
| Select | Inhalte aller Tabellen lesen |
| Update | Ändern der Inhalte aller Tabellen |

*Tabelle 9.5: Berechtigungen auf Datenbankebene*

Rechte innerhalb einer Datenbank können an Benutzer und Rollen vergeben werden.

Das Management Studio bietet eine Vielzahl an Möglichkeiten, Berechtigungen zu vergeben. Sie können hier prinzipiell nach zwei Varianten vorgehen und diese auch mischen:

▶ *Ansatzpunkt Datenbankobjekte*: Sie wählen im Objekt-Explorer das Datenbankobjekt aus, für das Sie Berechtigungen erteilen möchten. Im Dialog *Eigenschaften* wählen Sie die Seite BERECHTIGUNGEN und erteilen diese an Rollen und Benutzer.

▶ *Ansatzpunkt Benutzer und Rollen*: Nach Auswahl eines Benutzers oder einer Rolle im Objekt-Explorer öffnen Sie den Dialog *Eigenschaften*. Auf der Seite SICHERUNGSFÄHIGE ELEMENTE wählen Sie die Objekte aus, an denen Sie Berechtigungen vergeben möchten.

Die Vorgangsweise ist für einen Benutzer und eine Rolle dieselbe. Für einen Benutzer finden Sie die Vorgangsweise bereits unter Punkt „Datenbankbenutzer hinzufügen" auf Seite 389 beschrieben. Schauen wir uns den Vorgang für eine Rolle an.

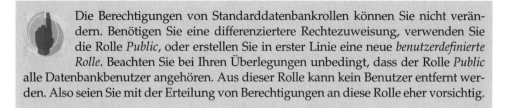

Die Berechtigungen von Standarddatenbankrollen können Sie nicht verändern. Benötigen Sie eine differenziertere Rechtezuweisung, verwenden Sie die Rolle *Public*, oder erstellen Sie in erster Linie eine neue *benutzerdefinierte Rolle*. Beachten Sie bei Ihren Überlegungen unbedingt, dass der Rolle *Public* alle Datenbankbenutzer angehören. Aus dieser Rolle kann kein Benutzer entfernt werden. Also seien Sie mit der Erteilung von Berechtigungen an diese Rolle eher vorsichtig.

1. Wählen Sie eine Rolle – zum Beispiel *Einkauf* – aus, und öffnen Sie die Eigenschaften über das Kontextmenü. Wählen Sie im Dialog die Seite SICHERUNGSFÄHIGE ELEMENTE aus.

2. Klicken Sie auf die Schaltfläche HINZUFÜGEN…, um Objekte auszuwählen, für die Sie der Rolle *Einkauf* Berechtigungen erteilen möchten. Um die Auswahl zu erleichtern, können Sie unter drei Auswahlvarianten wählen:

   ▶ *Bestimmte Objekte*: Im nachfolgenden Auswahldialog können Sie zuerst einen oder mehrere Objekttypen auswählen und danach Objekte aus diesen Kategorien suchen.

   ▶ *Alle Objekte des Typs*: Im nachfolgenden Dialog können ein oder mehrere Objekttypen ausgewählt werden. Alle Objekte dieser Typen werden danach hinzugefügt – egal in welchem Schema der Datenbank sie gespeichert sind.

   ▶ *Alle Objekte, die dem Schema angehören*: Auf diese Art und Weise können alle Objekte, ungeachtet des Objekttyps, aus einem ausgewählten Schema übernommen werden.

Wir wählen hier zur Abwechslung einmal die dritte Option und übernehmen alle Objekte des dbo-Schemas.

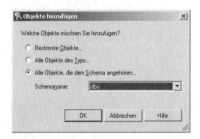

*Abbildung 9.20: Sicherungsfähige Objekte/Elemente hinzufügen*

3. Nun wählen wir in der Liste der sicherungsfähigen Elemente die Tabelle *tblArtikel* aus.

4. Im unteren Dialogbereich in der Liste *Explizite Berechtigungen für …* erteilen wir die Berechtigungen *Insert*, *Select* und *Update*.

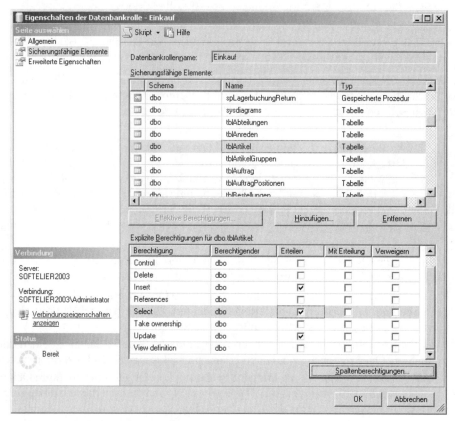

*Abbildung 9.21: Berechtigungen erteilen*

5. Um Berechtigungen auf Spaltenebene zu erteilen, wählen wir die Zeile mit der Berechtigung (in unserem Beispiel *Update*) und klicken auf SPALTENBERECHTI-GUNGEN.

6. Wir erteilen die Berechtigung für alle Spalten mit Ausnahme der des Verkaufspreises (*ArtVKpreis*) und der der Artikelnummer (*ArtNr*). Leicht irritierend ist hier im Dialog, dass die Spaltennamen nicht gemäß ihrer Position in der Tabelle, sondern in alphabetischer Reihenfolge angeführt sind.

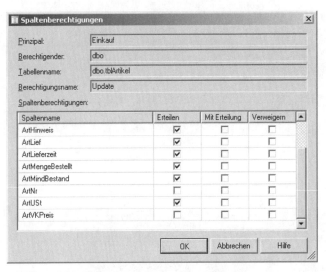

*Abbildung 9.22: Spaltenberechtigungen auswählen*

Nach Übernahme der Spaltenberechtigungen wird die Update-Berechtigung zwar als erteilt dargestellt, aber grau angezeigt. Dadurch ist auch späterhin sichtbar, dass das Recht nicht uneingeschränkt für alle Spalten erteilt worden ist.

 In der aktuellen Version wird neben dem Begriff *Datenbankobjekte* beziehungsweise *Objekte* für Tabellen, Sichten etc. vor allem im Zusammenhang mit Berechtigungen wie schon zuvor erwähnt auch von *sicherungsfähigen Elementen (Securables)* gesprochen. Gemeint ist jedoch immer dasselbe. Letzterer Begriff ist in dieser Version neu eingeführt worden, da vieles im Sicherungsbereich von der Begrifflichkeit und der Funktionalität her an das Betriebssystem Windows angeglichen worden ist.

Um Berechtigungen für die gesamte Datenbank zu vergeben, benötigen Sie den Dialog DATENBANKEIGENSCHAFTEN. In diesen gelangen Sie, indem Sie die gewünschte Datenbank auswählen und im Kontextmenü den Befehl EIGENSCHAFTEN... auswählen.

Im nachfolgenden Beispiel in Abbildung 9.23 sehen Sie, wie dem Benutzer *backup* die Berechtigungen *Backup database* und *Backup log* erteilt werden.

Sie sehen in der Abbildung auch die Berechtigung *Connect* erteilt. Diese Berechtigung erhält ein Benutzer bei der Anlage automatisch.

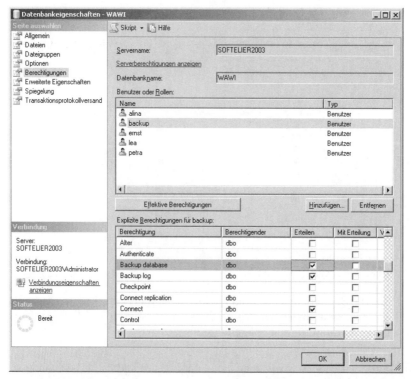

*Abbildung 9.23: Berechtigung für gesamte Datenbank erteilen*

Im Unterschied zum bisherigen werden auf Serverebene Berechtigungen an *Anmelde-namen* und nicht an Benutzer vergeben. Die hier gebotenen Berechtigungsarten sind ebenfalls um einiges granularer als in den Vorversionen. Dadurch wird eine viel genau-ere und detailliertere Rechtevergabe möglich. Dadurch ist es einfacher, Rechte gezielt zu vergeben, anstelle dies – wie bisher oft geschehen – in Bausch und Bogen zu tun. Die nachfolgende Tabelle listet die wichtigsten Berechtigungen auf Serverebene auf.

| Berechtigung | Wirkung |
|---|---|
| *Alter any database* | Ändern der Einstellungen aller Datenbanken |
| *Alter any login* | Ändern der Einstellungen aller Anmeldenamen |
| *Alter settings* | Verwalten der Servereinstellungen |
| *Connect SQL* | |
| *Control server* | Volle Berechtigung auf Serverebene |
| *Create any database* | Anlegen von neuen Datenbanken |
| *Shutdown* | Beenden des SQL Server-Dienstes |
| *View any database* | Lesen von Metadaten aller Datenbanken über die *sys.databases* und *sysdatabases*-Sichten sowie der Systemprozedur *sp_helpdb* |

*Tabelle 9.6: Berechtigungen auf Serverebene*

Um Berechtigungen auf Serverebene zu erteilen, öffnen Sie den Dialog SERVEREIGEN-SCHAFTEN über den Objekt-Explorer und wählen die Seite BERECHTIGUNGEN aus. Im nachfolgenden Beispiel wird dem Anmeldenamen *klemens* die Berechtigung *Alter any database* erteilt.

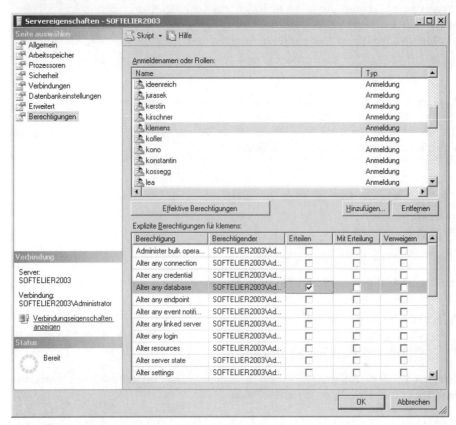

*Abbildung 9.24: Berechtigungen auf Serverebene erteilen*

 Serveranmeldungen, Serverberechtigungen und die Mitgliedschaften in Serverrollen werden in der *master*-Datenbank gespeichert. Deshalb sollten Sie nicht vergessen, auch diese Datenbank regelmäßig zu sichern.

Datenbankbenutzer, Datenbankrollen und Berechtigungen werden in den Benutzer-datenbanken selber gespeichert. Wird eine Datenbank auf einen anderen Server über-tragen – zum Beispiel über Sicherung und Wiederherstellung –, bleiben diese Einstel-lungen auch in der Zieldatenbank erhalten.

# 9.8    Lösungen mit T-SQL

Einzelne Anmeldungen, Benutzer und Ähnliches können sehr komfortabel mit grafischen Tools erzeugt und gewartet werden. Diese Vorgangsweise ist jedoch nicht mehr praktikabel, wenn zum Beispiel große Mengen an Anmeldungen und Benutzern angelegt werden müssen. In solchen Fällen ist die Verwendung von Transact-SQL-Anweisungen viel zielführender, weil die entsprechenden Anweisungen geskriptet werden können.

Die wichtigsten Anweisungen finden Sie hier zum Abschluss des Kapitels zusammengefasst.

Das Management Studio ermöglicht es, diese Anweisungen aus dem jeweiligen Dialog direkt als SQL-Skript auszugeben. In jedem der zuvor beschriebenen Dialoge finden Sie dazu die Schaltfläche Skript. Lediglich die letzte der hier verfügbaren vier Optionen ist im Management Studio Express nicht verfügbar.

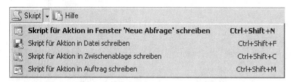

*Abbildung 9.25: Skript aus Dialog heraus generieren*

Wenn Sie viele Objekte schnell anlegen müssen, können Sie diese Anweisungen mittels SQL-Statements erzeugen. Man nennt diesen Vorgang den Einsatz von *generischen Skripten*, da SQL verwendet wird, um SQL-Anweisungen zu erzeugen.

## 9.8.1    Sicherheitsobjekte anlegen

In bisherigen Versionen des SQL Servers mussten Anmeldungen und Benutzer über gespeicherte Systemprozeduren erstellt werden.

 Einige dieser Systemprozeduren sind in der aktuellen Version durch DCL-Anweisungen (DCL = Data Control Language) ersetzt worden, um wieder mehr Aufgaben durch SQL-Anweisungen erledigen zu können. Damit werden wieder Anforderungen von ANSI-SQL umgesetzt.

### Anmeldung

Bereits das Anlegen einer neuen Anmeldung ist ein Beispiel für das Ersetzen einer früheren Systemprozedur. Die Prozedur sp_addlogin wird aus Gründen der Abwärtskompatibilität noch unterstützt, sollte aber nicht mehr verwendet werden, da sie in einer zukünftigen Version nicht mehr implementiert sein wird. Zum Anlegen einer Anmeldung wird nun die Anweisung CREATE LOGIN verwendet. Für die ähnliche Prozedur sp_grantlogin gilt dasselbe.

Das erste Beispiel zeigt das Anlegen einer Anmeldung mit SQL Server-Authentifizierung, wobei die Standarddatenbank auf WAWI gesetzt wird, der Ablauf des Kennwortes (Standardeinstellung) und die Kennwortrichtlinie ebenso nicht erzwungen wird. Letzteres widerspricht der Standardeinstellung.

```
CREATE LOGIN lea WITH PASSWORD = 'lea',
DEFAULT_DATABASE = WAWI, CHECK_EXPIRATION = OFF, CHECK_POLICY = OFF
```

 Erzeugen Sie diese Anweisung als Skript aus dem Dialog heraus, enthält sie leichte Änderungen:

- Objektnamen werden in eckige Klammern gesetzt. Diese ermöglichen Sonder- und Leerzeichen innerhalb dieser Namen. Da in der Praxis niemand solche Zeichen verwenden wird, können Sie die eckigen Klammern bei manueller Erstellung beruhigt weglassen.

- Das N vor Texten wie zum Beispiel dem Kennwort bedeutet, dass der nachfolgende Text als Unicode angegeben wird. Da Sie in unseren Breiten in der Regel keine Zeichen verwenden, die nicht im Standardzeichensatz enthalten sind, ist auch die Verwendung dieses N nicht notwendig.

```
CREATE LOGIN [lea] WITH PASSWORD=N'lea', DEFAULT_
DATABASE=[WAWI] ...
```

Mit der Option CREDENTIAL = credential_name können Sie beim Anlegen eines Benutzers diesem eine Anmeldeinformation für den Zugriff auf externe Ressourcen zuweisen. Diese Anmeldeinformation müssen Sie allerdings zuvor schon erstellt haben. Diese Option scheint ja in der aktuellen Version im grafischen Tool des Management Studios vergessen worden zu sein. In der Online-Dokumentation ist zwar zu lesen, dass diese Option auf der Seite ALLGEMEIN im Dialog zum Anlegen einer Anmeldung zu finden sei, aber sie fehlt dort.

Um eine Anmeldung mit Windows-Authentifizierung zu erstellen, ergänzen Sie den Parameter FROM WINDOWS. Die Option PASSWORD entfällt hier definitionsgemäß. Da der Name der Domäne und der Benutzername mit einem Schrägstrich getrennt eingegeben werden müssen, muss der gesamte Anmeldename entweder in eckigen Klammern oder unter doppelten Hochkommata eingegeben werden.

```
CREATE LOGIN [SOFTELIER2003\Alina] FROM WINDOWS
```

Um eine Anmeldung einer Serverrolle hinzuzufügen, verwenden Sie wie in den Vorversionen die Systemprozedur sp_addsrvrolemember, der Sie den Anmeldenamen sowie den Namen der Serverrolle als Parameter übergeben. Der nachfolgende Aufruf fügt die Anmeldung des Windows-Benutzers *Alina* der Rolle *sysadmin* hinzu.

```
EXEC sp_addsrvrolemember 'SOFTELIER2003\Alina', 'sysadmin'
```

Sie entfernen eine Anmeldung mit der Prozedur sp_dropsrvrolemember wieder aus einer Serverrolle. Um eine Anmeldung zu löschen, verwenden Sie die Anweisung DROP USER. Eigenschaften der Anmeldung können mit der ALTER USER-Anweisung modifiziert werden.

## Anmeldeinformationen

Anmeldeinformationen werden mit der Anweisung CREATE CREDENTIAL erzeugt. Das nachfolgende Beispiel erzeugt eine Anmeldeinformation mit dem Namen *datei*, die den gleichnamigen Windows-Benutzer mit dem Kennwort *datei2412* verwendet.

```
CREATE CREDENTIAL datei WITH IDENTITY = 'softelier2003\datei',
SECRET = 'datei2412'
```

Änderungen nehmen Sie mit der Anweisung ALTER CREDENTIAL vor. Sie können einen Satz Anmeldeinformationen mit DROP CREDENTIAL wieder löschen.

## Benutzer

In einer Datenbank wurden Benutzer in den Vorversionen über die Systemprozeduren sp_grantdbaccess beziehungsweise sp_adduser erstellt. Diese werden in der aktuellen Version durch die Anweisung CREATE USER ersetzt.

 Um einen Datenbankbenutzer anzulegen, muss man sich zuvor mit dieser Datenbank verbinden!

```
USE wawi
GO
CREATE USER alina FOR LOGIN [SOFTELIER2003\Alina]
```

Eigenschaften des Benutzers können mit der Anweisung ALTER USER geändert werden. Das nachfolgende Beispiel weist einem Benutzer ein Standardschema zu.

```
ALTER USER alina WITH DEFAULT_SCHEMA = lea
```

Benutzer werden über die Anweisung DROP USER wieder gelöscht.

## Schema

Ein Schema muss in der aktuellen Version ja wie zuvor in diesem Kapitel beschrieben explizit angelegt werden. Dies erfolgt mittels der Anweisung CREATE SCHEMA. Im nachfolgenden Beispiel wird ein Schema mit dem Schemanamen *alina* erzeugt. Zugleich wird der Benutzer *alina* als Besitzer dieses Schemas zugeteilt.

```
CREATE SCHEMA alina AUTHORIZATION alina
```

Auch ein Schema wird analog zum bisherigen über die Anweisungen ALTER und DROP geändert beziehungsweise gelöscht.

## Rollen

Die Systemprozedur sp_addrole wird ab der aktuellen Version durch die Anweisung CREATE ROLE abgelöst.

```
CREATE ROLE verkauf
```

Die Namen von Benutzern und Datenbankrollen müssen innerhalb einer Datenbank eindeutig sein. Eine Rolle darf daher nie denselben Namen haben wie ein bereits bestehender Benutzer, ebenso ist es umgekehrt.

Die Mitgliedschaft in einer Rolle wird nach wie vor über die Systemprozedur `sp_addrolemember` erteilt.

```
EXEC sp_addrolemember 'verkauf', 'Alina'
```

Die Systemprozedur `sp_droprolemember` sowie die Anweisungen `ALTER ROLE` sowie `DROP ROLE` sind analog anzuwenden.

### Berechtigungen

Berechtigungen werden mit der Anweisung

- ▶ `GRANT` erzielt,
- ▶ mit `REVOKE` entzogen und
- ▶ mit `DENY` verwehrt.

Dies gilt sowohl für Berechtigungen auf Serverebene als auch für Berechtigungen innerhalb einer Datenbank.

```
GRANT VIEW ANY DATABASE TO [SOFTELIER2003\Alina] WITH GRANT OPTION
```

In einer Datenbank werden Berechtigungen auf dieselbe Art und Weise an Rollen wie an Benutzer erteilt.

```
GRANT UPDATE ON dbo.tblArtikel TO verkauf
```

```
DENY DELETE ON dbo.tblArtikel, dbo.tblArtikelgruppen TO alina
```

## 9.8.2   Generische Skripte

Generische Skripte verwenden SQL-Statements, um andere SQL-Anweisungen zu generieren.

Betrachten wir uns einen solchen Vorgang an folgendem Beispiel: Für alle in der Tabelle *tblPersonal* der Datenbank *WAWI* gespeicherten Mitarbeiter sollen Anmeldungen erstellt werden. Dabei soll der Nachname als Anmeldename und der Vorname als Kennwort verwendet werden.

In einer SELECT-Anweisung werden als fixer Textteil die benötigten SQL-Anweisungen dynamisch mit den aus der Tabelle stammenden Informationen werden zu einer fertigen Anweisung verknüpft. Sie sehen, die im Ergebnis enthaltenen SQL-Befehle werden als Text unter Hochkomma eingegeben.

```
SELECT 'CREATE LOGIN ' + LOWER(PersNachname) +
       ' WITH PASSWORD = ''' + LOWER(PersVorname) + ''''
FROM tblPersonal
```

Die vorige Anweisung liefert als Ergebnis:

```
CREATE LOGIN meister WITH PASSWORD = 'lorenz'
CREATE LOGIN hoier WITH PASSWORD = 'marion'
CREATE LOGIN kossegg WITH PASSWORD = 'anita'
CREATE LOGIN prügger WITH PASSWORD = 'mathias'
CREATE LOGIN holzmann WITH PASSWORD = 'bernhard'
CREATE LOGIN pullmeier WITH PASSWORD = 'eva'
...
```

Diese Anweisungen müssen dann nur mehr zum Beispiel über die Zwischenablage in ein Abfrage-Editorfenster kopiert und ausgeführt werden. Auf diese Art und Weise können viele Massenoperationen mit sehr wenig Aufwand durchgeführt werden.

# 10 Erweiterte Funktionalitäten

Zum Abschluss dieses Buches möchten wir Ihnen noch einen Überblick über ein paar weitere neue Features des SQL Servers 2005 geben. Eine detaillierte Behandlung dieser Themen würde den Rahmen dieses Buches bei weitem sprengen. Ziel dieses Überblicks ist es, Ihnen diese Features vorzustellen, damit Sie im Bedarfsfall wissen, welche Themen für Sie interessant sein können, um dort weiter in Details eindringen zu können.

Die hier vorgestellten Features sind alle in der Express Edition nicht verfügbar. Teilweise sind Sie überhaupt auf den Einsatz der Enterprise Edition angewiesen, wenn Sie sie nutzen möchten.

## 10.1 Datenbankspiegelung

Ein ganz neues Feature des SQL Servers 2005 ist die Datenbankspiegelung (*Database Mirroring*). Dieses Feature ist für Umgebungen gedacht, wo höchste Verfügbarkeit der Datenbank von größter Bedeutung ist. Dabei liegt auf einem zweiten Server dieselbe Datenbank. Alle Änderungen werden an diese zweite Datenbank übertragen. Somit kann diese im Falle eines Ausfalls des ersten Datenbankservers die Aufgabe dieses übernehmen.

In diesem Szenario sind zwei oder drei Server vorgesehen, die jeweils eine der folgenden Rollen übernehmen:

▶ *Principal*: Der *Principal Server* ist der Hauptserver, auf den die Benutzer zugreifen.

▶ *Mirror*: Der *Mirror Server* erhält vom Principal Server alle Transaktionen übertragen und zieht diese in der gespiegelten Datenbank nach. Somit hat diese Datenbank – mit minimaler Verzögerung oder zeitgleich – immer denselben Datenbestand wie die originale Datenbank auf dem Principal.

▶ *Witness*: Die Rolle des *Witness Servers* ist optional. Seine Aufgabe ist es, beim Ausfall des Principals automatisch einen Wechsel (Failover) auf den Mirror zu veranlassen. Dieser übernimmt die Position des Principals und wird damit auch selber zum Principal. Ist der frühere Principal wieder online, wird er automatisch zum Mirror. Gibt es keinen Witness, muss im Falle eines Ausfalls manuell auf den Mirror umgeschaltet werden.

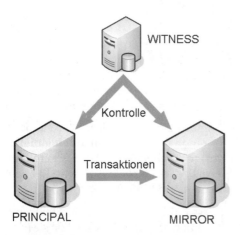

*Abbildung 10.1: Datenbankspiegelung mit Witness*

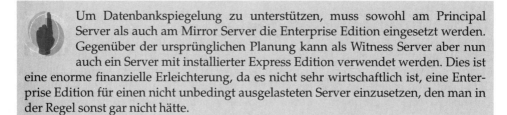

Um Datenbankspiegelung zu unterstützen, muss sowohl am Principal Server als auch am Mirror Server die Enterprise Edition eingesetzt werden. Gegenüber der ursprünglichen Planung kann als Witness Server aber nun auch ein Server mit installierter Express Edition verwendet werden. Dies ist eine enorme finanzielle Erleichterung, da es nicht sehr wirtschaftlich ist, eine Enterprise Edition für einen nicht unbedingt ausgelasteten Server einzusetzen, den man in der Regel sonst gar nicht hätte.

Je nachdem, ob Performance oder Sicherheit im Vordergrund stehen, gibt es zwei Betriebsmodi zur Auswahl:

▶ *Synchroner Modus*:
Beim *synchronen Modus* werden alle Transaktionen vom Principal auf den Mirror übertragen. Sie werden aber erst mit einem COMMIT in der Datenbank festgeschrieben, wenn diese Transaktion in das Log des Mirrors eingetragen worden ist. Dieser Modus garantiert Ihnen Datensicherheit, da keine Transaktionen verloren gehen können. Nachteil ist, dass die Performance des Gesamtsystems darunter leiden kann. Dies ist insbesondere der Fall, wenn zwischen den beteiligten Servern nur eine schwache Leitung verfügbar ist. Durch den Einsatz eines Witness kann ein automatisches Failover erfolgen, wenn der Principal ausfällt. Fällt hingegen der Mirror aus, hängt das Weitere vom Vorhandensein eines Witness ab:

  ▶ *Gibt es einen Witness*, arbeitet der Principal zwar weiter, aber die Spiegelung wird unterbrochen. Zur Reaktivierung der Spiegelung muss am Witness eine Wiederherstellung erfolgen, wenn er wieder verfügbar ist.

  ▶ *Gibt es keinen Witness*, schaltet der Principal die Datenbank offline. Die Datenbank wird automatisch wieder verfügbar, wenn der Mirror wieder arbeitet.

Der synchrone Modus ist zu wählen, wenn die Sicherheit der Daten im Vordergrund steht, aber ein kurzzeitiger Ausfall des Systems verkraftet werden kann.

▶ *Asynchroner Modus*:
Beim *asynchronen Modus* werden Transaktionen am Principal sofort mittels COMMIT festgeschrieben. Der Principal wartet nicht auf eine Antwort des Mirrors. Dadurch wird das System performanter, vor allem wenn zwischen den Servern eine große Distanz besteht oder die Leitung nicht sehr leistungsfähig ist. Fällt der Principal aus, muss ein Administrator den Mirror dazu bringen, die Rolle des Principals zu übernehmen. Fällt der Mirror aus, arbeitet der Principal weiter. Der Mirror muss danach durch eine Wiederherstellung der Datenbank wieder einsatzbereit gemacht werden, bevor er seine Rolle wieder übernehmen kann.

Der asynchrone Modus bietet eine bessere Performance, kann aber zu Datenverlust bei einem Ausfall des Principals führen. Transaktionen, die bereits abgeschlossen, aber noch nicht an den Mirror übertragen worden sind, gehen verloren.

In der im Herbst 2005 ausgelieferten finalen Release des SQL Servers 2005 ist diese Funktion vorerst deaktiviert. Der Grund dafür ist, dass aus Sicht von Microsoft in der Beta-Phase zu wenige Tester dieses Feature getestet haben. Damit ist Microsoft nicht bereit, dieses Feature freizugeben, auch wenn es aus eigener Sicht stabil läuft. Dieses Feature wird voraussichtlich mit dem ersten Service-Pack wieder aktiviert werden.

# 10.2   Datenbank-Snapshots

Datenbank-Snapshots bieten die Möglichkeit, den momentanen Zustand der Datenbank in einer eigenen Datei zu speichern. Auf dieses Snapshot kann dann lesend zugegriffen werden. Das kommt quasi einem Einfrieren eines Datenbestandes zu einem fixen Zeitpunkt gleich.

Ein Datenbank-Snapshot kann maximal die Größe erreichen, welche die Datenbank zum Zeitpunkt der Erstellung des Snapshots aufweist. Bei der Erstellung eines Snapshots wird noch keine komplette Kopie der Datenbank erstellt. Im Gegenteil, der Snapshot ist zu Beginn vollkommen leer. Datenblöcke der Originaldatenbank werden vor der Änderung in den Snapshot wegkopiert. Das heißt, physisch sind im Snapshot nur die Änderungen der Originaldatenbank seit der Snapshot-Erstellung gespeichert.

Für den Endbenutzer sieht so ein Snapshot wie eine Datenbank aus, in der jedoch nur gelesen werden kann. Sonst kann wie gewohnt auf diese „Datenbank" zugegriffen werden.

Leider ist die Verwendung von Datenbank-Snapshots nur Anwendern der Enterprise Edition vorbehalten.

Datenbank-Snapshots werden im Objekt-Explorer des Enterprise Managers zwar angezeigt, können aber direkt mit dem grafischen Tool nicht erzeugt werden. Sie müssen dazu die Transact-SQL-Anweisung in einem Abfrage-Editorfenster eingeben.

Zum Anlegen eines Datenbank-Snapshots wird die `CREATE DATABASE`-Anweisung mit dem Zusatz `AS SNAPSHOT OF` verwendet. Die volle Syntax lautet:

```
CREATE DATABASE snapshotname
ON (NAME = logischername, FILENAME = pfad der Datei)
AS SNAPSHOT OF datenbankname
```

Sie können ein Snapshot auch dazu verwenden, die Datenbank bis zu diesem eingefrorenen Zustand wiederherzustellen. Dies wird nach dem Schema einer normalen Wiederherstellung abgehandelt. Als Herkunft der Wiederherstellung wird eine Snapshot anstelle eines Sicherungsmediums angegeben:

```
RESTORE DATABASE datenbankname
FROM DATABASE_SNAPSHOT = snapshotname
```

# 10.3 Integration Services

Die *Integration Services* (IS) sind der Nachfolger der *Data Transformation Services* (DTS). Mit diesem Tool können Workflows abgebildet werden, die aus einer Reihe von unterschiedlichsten Einzelschritten bestehen können.

Während die Data Transformation Services noch in den Enterprise Manager integriert gewesen sind, werden Sie die Integration Services im Management Studio vergeblich suchen. Diese sind nun im *Business Intelligence Development Studio* untergebracht. Dieses ist eine speziell auf den SQL Server abgestimmte Ausgabe des Visual Studios 2005. Dort muss ein neues Projekt mit der Vorlage *Integration Services-Projekt* angelegt werden.

Definierte Workflows werden in so genannten *Paketen* gespeichert. Diese Pakete bestehen aus beliebigen *Tasks*, die in ihrer Gesamtheit den Workflow bilden. Da es hierbei um die Definition von Abläufen mit Bedingungen und nun auch Schleifen – diese sind in den DTS oftmals abgegangen – geht, werden diese als *Ablaufsteuerungskomponenten* bezeichnet. Für den Zugriff auf Daten werden zusätzlich *Datenflusskomponenten* benötigt. Diese Trennung in Ablauflogik und Zugriffslogik auf Daten ist neu. Bei den Data Transformation Services hat es schlichtweg eine Kategorie von Tasks gegeben. Es ist nicht zwischen Tasks unterschieden worden, die einen Ablauf steuern, und jenen, die auf Daten zugreifen. Hier gibt es nun eine klare Trennung:

▶ *Ablaufsteuerungskomponenten (Control Flow)*: Mit diesen Komponenten wird der logische Ablauf definiert. Jedes Paket enthält einen solchen Ablauf. Auf jede Komponente kann eine weitere folgen. Verzweigungen kann es geben, da unterschiedliche Folgekomponenten für folgende Ergebnisse definiert werden können:

   – Bei Erfolg (Success)
   – Bei Fehler (Failure)
   – Bei Abschluss (Completion)

Die nachfolgende Abbildung zeigt ein Beispiel mit vier Ablaufsteuerungskomponenten. Der erste Task ist ein *Datenflusstask*. Hier sollen zum Beispiel Daten aus einer Textdatei importiert werden. *Bei Erfolg* folgt der nächste Task, der einen Index neu erstellt. Zum Abschluss wird die Datenbankintegrität geprüft. Wird der erste Task jedoch mit einem Fehler beendet, wird im alternativen Folgetask eine Mail an den

Administrator gesendet. (Leider ist am Bild in Graustufen nicht erkennbar, dass die Pfeillinie zwischen dem Datenflusstask und dem Task 'Mail senden' rot, die anderen beiden grün dargestellt werden.)

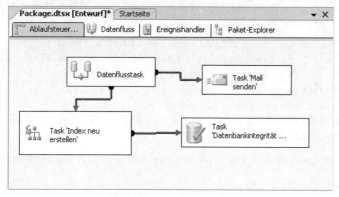

*Abbildung 10.2: Ablaufsteuerungskomponenten*

▷ *Datenflusskomponenten (Data Flow)*:
Da ein *Datenflusstask* immer nur eine leere Hülle ist, die erst mit Leben gefüllt werden muss, müssen Datenflusskomponenten für diesen definiert werden. Datenflusskomponenten beinhalten drei Gruppen von Komponenten:

– *Datenflussquellen* (Woher kommen die Daten?)

– *Datenflusstransformationen* (Wie werden sie bearbeitet?)

– *Datenflussziele* (Wohin kommen die Daten?)

Die nachfolgende Grafik zeigt, wie für den zuvor erstellten Datenflusstask die benötigten Datenflusskomponenten definiert werden. Der Datenflusstask wird in der Liste ausgewählt. Danach wird zum Beispiel die Komponente *Flatfilequelle* als Importherkunft und die Komponente *SQL Server-Ziel* als Importziel definiert. Eine Transformation wird in diesem Beispiel nicht verwendet.

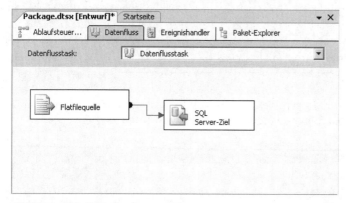

*Abbildung 10.3: Datenflusskomponenten*

Diese Pakete müssen zum Abschluss noch auf den Server übertragen und zum Beispiel mit einem Auftrag zeitgesteuert aufgerufen werden.

# 10.4    Reporting Services

Die Reporting Services (Berichtsserver) sind ein neues Tool des SQL Servers 2005. Zur Verkürzung der Wartezeit auf die neue Version sind sie auch als nachträglicher Zusatz für dem SQL Server 2000 herausgekommen.

Ziel dieser Services ist es, Berichte, die auf Daten aus der Datenbank basieren, in verschiedenen Formen zur Verfügung zu stellen. Das könnte zum Beispiel eine HTML-Seite oder ein PDF-Dokument sein, das per Mail an eine definierte Gruppe verschickt wird. Ziel ist es, das gesamte Berichtswesen eines Unternehmens abbilden zu können. Daher sind diese Berichte auch nicht statisch, sondern erlauben dem Benutzer, viel mehr durch Parametereingabe das Ergebnis zu verändern oder über einen definierten Drill-down immer detailliertere Daten abzurufen.

Die wichtigsten Ausgabeformate, die mit den Reporting Services generiert werden können, sind:

► HTML

► PDF

► XML

► Excel

► CSV

► TIFF

*Abbildung 10.4: Berichtsdesign erstellen*

Bei den für den SQL Server 2000 nachgelieferten Reporting Services mussten diese Berichte über das Visual Studio erstellt werden. Dadurch ist die Zielgruppe jener, die einen Bericht designen, stark eingeschränkt gewesen. Denn Berichte werden in Unternehmen nicht immer nur von Entwicklern generiert. Deshalb gibt es bei der aktuellen Version einen *Report Builder*, mit dem unabhängig vom Visual Studio Berichte erstellt werden können. Dieses Programm ist sehr einfach zu bedienen und erinnert im Handling an ein Grafikprogramm.

Mit dem *Reportmanager* kann eine webbasierte Berichtsplattform generiert und konfiguriert werden. In Kombination mit einem *Internet Information Server* (IIS) können Benutzer interaktiv mit Berichten arbeiten. Insbesondere können Parameter für Berichte eingegeben werden. Es ist konfigurierbar, wie ein Bericht mit Daten gefüllt werden soll. So kann zum Beispiel bei sehr statischen Daten festgelegt werden, dass die Daten nur nach einem festgelegten Intervall neu eingelesen werden.

Verwenden Sie die Reporting Services, wenn Sie Ihren Mitarbeitern und Kunden vordefinierte, gut designte Berichte mit überschaubarem Aufwand zur Verfügung stellen möchten.

# 10.5 Web-Services

Web-Services sind eine neue Technologie, um Informationen jeglicher Art zur Verfügung zu stellen. Der SQL Server ist auf diesen Zug aufgesprungen und bietet die Möglichkeit, über Web-Services auf Daten zuzugreifen. Der große Vorteil besteht darin, dass dadurch kein eigener Web-Server notwendig wird, da der SQL Server selber die nötigen Protokolle zur Verfügung stellt. Aus einer 3-Tier-Anwendung wird dabei auf einmal eine 2-Tier-Anwendung. Somit kann mit allen Technologien, die auf ein Web-Service zugreifen können, auch mit dem SQL Server in Kontakt getreten werden.

Über Web-Services können zur Verfügung gestellt werden:

▶ Gespeicherte Prozeduren

▶ Skalarfunktionen

▶ Transact-SQL-Anweisungen

Um diese Funktionalität zu nutzen, muss auf dem SQL Server ein HTTP-Endpunkt definiert werden.

In der Praxis kann der Einsatz von Web-Services unter anderem folgende Vorteile bieten:

▶ Man kann sich den Einsatz eines Web-Servers sparen, wenn er nicht aus anderen Gründen sowieso schon erfolgt.

▶ Man kann mittels HTTP und über Port 80 auf den SQL Server zugreifen. Dies ist in der Praxis über eine Firewall hinweg öfter möglich als über Port 1433 mit TCP/IP.

▶ Einfache Integration mit Microsoft-Entwicklungswerkzeugen.

▶ Einfache Konfiguration der Sicherheit.

Mit den Web-Services stell Microsoft eine weitere Möglichkeit für den Datenzugriff zur Verfügung, die den aktuellen Entwicklungen und Trends entspricht.

# 10.6 SQL Service Broker

Der Service Broker ist eines jener Features, wo erst die Zukunft zeigen wird, wie sie von den Anwendern angenommen werden.

Dieses Feature zielt auf große verteilte Anwendungen ab. Der Service Broker verwaltet Warteschlangen, die mit SQL-Anweisungen gefüttert werden können. Die Inhalte der Warteschlange werden dann der Reihe (Queue) nach abgehandelt. Diese Warteschlangen können nicht nur am lokalen Server positioniert sein, sondern auch remote abgearbeitet werden.

Anwendungen, die auf Warteschlangen basieren, setzen auf einem anderen Anwendungsverständnis auf, als wir es in der Regel gewohnt sind. Betrachten wir dies an folgendem Beispiel: Viele von Ihnen haben sicher schon eine Domänenregistrierung vorgenommen und können sich daher in diesen Vorgang hineindenken.

Wenn Sie eine Domäne registrieren möchten, ist der erste Schritt üblicherweise, dass Sie auf einer Webseite recherchieren, ob die gewünschte Domäne noch verfügbar ist. In einer Online-Applikation würden Sie eine Schaltfläche klicken, und die Domäne würde Ihnen gehören. So einfach ich es aber bekanntlich nicht.

Sie reichen den Antrag bei einer akkreditierten Registrierungsstelle ein. Und hier kommt die Warteschlange ins Spiel. Alle Ihre Eingaben, unter Umständen Zusatzinformationen – denken wir zum Beispiel an Dokumente, wenn es sich um eine Sunrise-Registrierung handelt –, werden in der Warteschlange eingereiht. Ihr Antrag steht in der Queue und wird – wenn er an der Reihe ist – bearbeitet. Und wenn Sie der Erste in der Reihe für diese Domäne gewesen sind, werden Sie sie erhalten.

Anweisungen, die nach einem solchen Schema ablaufen, sind Warteschlangenanwendungen. Es wird interessant sein, in ein bis zwei Jahren zu sehen, wie dieses Feature in der Praxis angenommen und eingesetzt wird. Ganz klar ist festzustellen, dass dieses Feature eigene Anwendungstypen mit ganz darauf abgestimmten Anforderungen erfordert.

# 10.7 Notification Services

Die *Notification Services* sind ein Zusatzdienst des SQL Servers, der es Ihnen erlaubt, Informationen über verschiedenste Kanäle zu verteilen. Diesen werden meistens E-Mail und SMS sein, aber auch andere Verteilerwege sind möglich.

Angebotene Services können abonniert werden. Die Verteilung von Neuigkeiten kann über verschiedenste Ereignisse gesteuert werden. Auch eine rein zeitgesteuerte Verteilung ist möglich.

Auch dieses Feature erweitert die Palette an Funktionalitäten, die nicht zum Datenbankkernbereich gehören, aber die Integration in komplexe Systeme und die Anbindung der Datenbank zur Außenwelt erleichtern sollen.

# A Anhang

## A.1 Die Tabellen der Datenbank WAWI

Die Beispieldatenbank WAWI besteht aus mehreren Tabellen, die alle miteinander in Beziehung stehen. Das gesamte Datenbankmodell der Anwendung ist im Datenbank-diagramm *diagWAWI* ersichtlich. Um Ihnen einen besseren Überblick über die Gesamt-lösung zu verschaffen, haben wir einige Teildiagramme erstellt, die wir Ihnen in diesem Anhang erläutern.

### Artikel

In der Tabelle *tblArtikel* sind die Artikelstammdaten gespeichert. Da jeder Artikel von einem bestimmten Lieferanten geliefert wird, steht die Artikeltabelle mit der Tabelle *tblLieferanten* in Beziehung. Die Tabelle *tblLieferanten* enthält sämtliche Lieferantenstammdaten.

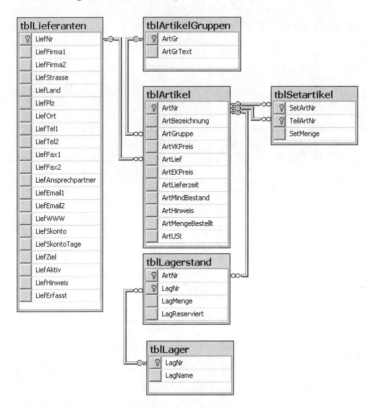

*Abbildung A.1: Artikel, Lager und Lieferanten*

Jeder Artikel ist einer Artikelgruppe zugeordnet. Diese werden in der Tabelle *tblArtikel-Gruppen* gespeichert.

Über die Tabelle *tblSetartikel* können einzelne Artikel zu Sets zusammengefasst werden, um als solches gemeinsam verkauft zu werden.

Die Lagerstände der einzelnen Artikel sind in der Tabelle *tblLagerstand* ersichtlich. Diese ist sowohl übe die Artikelnummer mit der Tabelle *tblArtikel* als auch über die Lagernummer mit der Tabelle *tblLager* verknüpft.

### Lieferantenbeziehungen

Bestellungen, die bei Lieferanten aufgegeben werden, werden in der Tabelle *tblBestellungen* gespeichert.

Der Inhalt jeder Bestellung ist in der Tabelle *tblBestellungenPositionen* zu finden. Diese ist einerseits mit der Bestellung und andererseits mit der Artikeltabelle verknüpft.

Um zu dokumentieren, an welchen Lieferanten eine Bestellung geschickt wird, steht die Tabelle *tblBestellungen* mit der Tabelle *tblLieferanten* in Beziehung.

Außerdem wird in jeder Bestellung gespeichert, von welchem Mitarbeiter sie erstellt worden ist. Deshalb steht die Tabelle *tblBestellungen* mit der Tabelle *tblPersonal* in Beziehung.

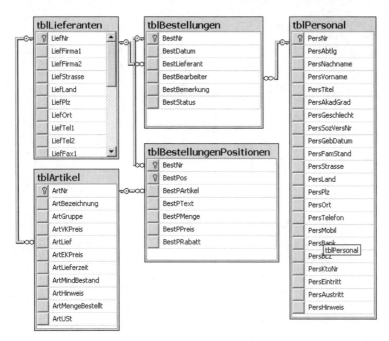

*Abbildung A.2: Lieferanten, Bestellungen, Artikel*

Auf jede Bestellung folgt später ein Wareneingang. Dieser wird in der Tabelle *tblWareneingang* erfasst. Die gelieferten Artikel werden in der mit dieser Tabelle in Beziehung stehenden Tabelle *tblWareneingangPositionen*, die wiederum mit der Tabelle *tblArtikel* in Beziehung steht.

Auch beim Wareneingang wird protokolliert, welcher Mitarbeiter die Waren übernommen hat. Deshalb besteht eine Beziehung der Tabelle *tblWareneingang* mit der Tabelle *tblPersonal*.

Um die Zuordnung zum Lieferanten abzubilden, steht die Tabelle *tblWareneingang* auch mit der Tabelle *tblLieferanten* in Beziehung.

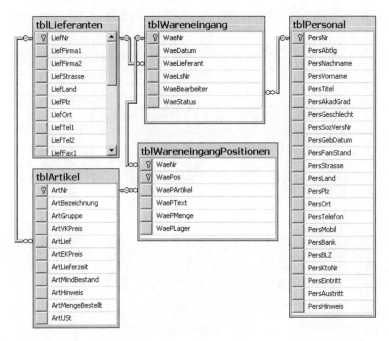

*Abbildung A.3: Artikel, Wareneingang, Lieferanten*

## Aufträge, Lieferscheine und Rechnungen

Der Kontakt zu Kunden kann sich auf verschiedene Art und Weise manifestieren. Kunden können Aufträge erteilen. Aus diesen Aufträgen können entweder zuerst Lieferscheine und danach Rechnungen resultieren oder direkt Rechnungen erstellt werden. Wenn ein Kunde direkt im Geschäft etwas mitnimmt, kann das entweder sofort fakturiert werden, oder es wird vorerst ein Lieferschein erstellt. Da es so viele verschiedene Abläufe gibt, die aufeinander folgen können – und später auch nachvollziehbar sein müssen –, stehen die Tabellen *tblAuftrag* und *tblAuftragPosition*, die Tabellen *tblLieferschein* und *tblLieferscheinPosition* sowie die Tabellen *tblRechnungen* und *tblRechnungenPosition* untereinander in Beziehung.

Die Tabellen *tblAuftrag*, *tblLieferschein* und *tblRechnungen* sind jeweils mit der Tabelle *tblKunden* verknüpft. Die Positionen jeder dieser drei Tabellen stehen mit der Tabelle *tblArtikel* in Beziehung.

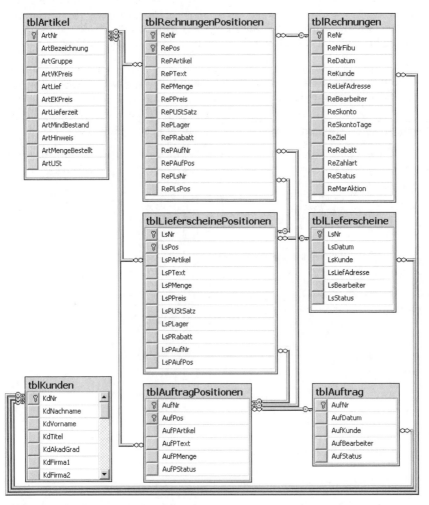

*Abbildung A.4: Aufträge, Lieferscheine, Rechnungen*

## Kunden

Die Stamminformationen der Kunden werden in der Tabelle *tblKunden* gespeichert.

Um den Kunden gezielt Prospekt- und anderes Informationsmaterial zukommen zu lassen, werden die Interessen der Kunden in der Tabelle *tblKundenInteressen* gespeichert. Hier erfolgt die Zuordnung zu den Interessen, die ihrerseits in der Tabelle *tblInteressen* abgelegt sind.

Von Zeit zu Zeit werden verschiedene Marketingaktionen durchgeführt, wie zum Beispiel der Versand von Prospekten. Diese Aktionen werden in der Tabelle *tblMarketingaktionen* vermerkt. Um später nachvollziehen zu können, welcher Kunde von welcher Aktion betroffen gewesen ist, wird dies in der Tabelle *tblAktionskunden* gespeichert. Hier wird der Nummerncode der Marketingaktion gemeinsam mit der Kundennummer abgelegt.

Zur Vereinheitlichung der Schreibweisen in der Korrespondenz werden Informationen wie Briefkopf und Briefanrede in der Tabelle *tblAnreden* gespeichert und dem Geschlecht des Kunden zugeordnet.

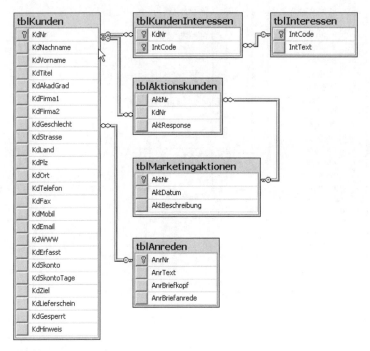

*Abbildung A.5: Kunden*

## Personal

Alle Informationen über die Mitarbeiter werden in der Tabelle *tblPersonal* gespeichert. Diese steht mit der Tabelle *tblAbteilungen* in Beziehung, um die Mitarbeiter den Abteilungen, in denen sie arbeiten, zuordnen zu können. Um bei diversen Vorgängen nachvollziehen zu können, von welchem Mitarbeiter sie durchgeführt worden sind, wird die Personalnummer in den entsprechenden Tabellen vermerkt. Daraus ergeben sich Beziehungen der Tabelle *tblPersonal* zu den Tabellen *tblBestellungen*, *tblWareneingang*, *tblAuftrag*, *tblLieferscheine* und *tblRechnungen*.

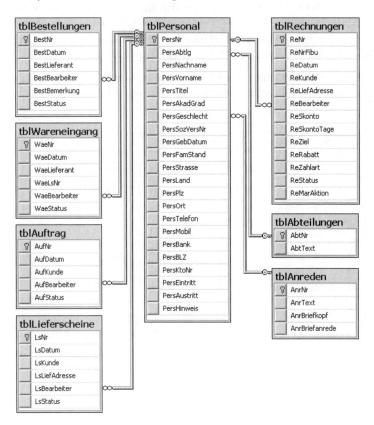

*Abbildung A.6: Personal*

# Stichwortverzeichnis